KB111687

초보자도 쉽게 배우는

엑셀 2019 길라잡이

김영주 지음

정보문화사
Information Publishing Group

**초보자도 쉽게 배우는
엑셀 2019 길라잡이**

초판 1쇄 발행 | 2020년 2월 10일
초판 4쇄 발행 | 2024년 4월 15일

지 은 이 | 김영주
발 행 인 | 이상만
발 행 처 | 정보문화사

편집진행 | 노미라

주　　소 | 서울시 종로구 동숭길 113
전　　화 | (02)3673-0037(편집부) / (02)3673-0114(代)
팩　　스 | (02)3673-0260
등　　록 | 1990년 2월 14일 제1-1013호
홈페이지 | www.infopub.co.kr

I S B N | 978-89-5674-847-4

이 책은 저작권법에 따라 보호받는 저작물이므로 무단 전재와
무단 복제를 금하며, 이 책 내용의 전부 또는 일부를 사용하려면 반드시
저작권자와 정보문화사 발행인의 서면동의를 받아야 합니다.

※ 책값은 뒤표지에 있습니다.
※ 잘못된 책은 구입한 서점에서 바꿔 드립니다.

들어가는 글

한 교육생의 말씀이 생각납니다.

'취합한 데이터의 형식을 통일하기 위해 일주일 내내 고생했는데 1분만에 끝낼 수 있다는 것이 놀랍네요. 미리 알지 못해 억울하지만 이제라도 알게 되어 감사합니다.'

제 강의가 누군가에게 도움을 드렸을 때 보람되고 감사함을 느낍니다.

이 책을 집필하면서 가장 신경 썼던 부분은 '어떻게 하면 실제적으로 도움을 드릴 수 있을까' 하는 것이었습니다. 지면을 통해 엑셀을 체계적으로 이해하고 현업에 활용할 수 있기를 바라며 집필하였습니다. 그러기 위해 핵심 기능을 설명하고, 해당 기능이 적용되는 실무 예제를 실습할 수 있도록 배치하였습니다. 기능 향상 코너에서는 한 단계 더 응용되는 사례를 소개하고, 레슨마다 스스로할 수 있는 예제를 추가하여 학습한 내용을 다질 수 있도록 하였습니다.

블로그나 유튜브 등 다양한 매체를 통해 학습할 수 있는 기회가 많지만, 책을 통해 학습하면 한 호흡으로 체계적인 습득을 할 수 있습니다. 이러한 기대에 부응하기 위해 좋은 예제를 엄선하여 체계적으로 학습할 수 있도록 노력하였습니다. 필자의 노력이 학습하는 모든 분들께 그대로 전달되기를 진심으로 바랍니다.

1년여의 시간 동안 꼼꼼하게 편집을 챙겨주신 정보문화사, 격려와 지지로 응원해준 가족과 가정교회 식구들께 감사의 인사를 드립니다. 마지막으로 이 책을 통해 만나게 될 독자들이 엑셀을 잘 활용하여 퇴근 후 여유 있는 삶을 누릴 수 있기를 바랍니다. 감사합니다.

김영주

about this book

이 책을 보는 방법

이 책은 엑셀 2019 최신 버전을 기반으로 집필되었습니다. 엑셀 2019에서 새롭게 추가된 기능부터 자주 사용하는 메뉴까지 총 9개의 테마로 구성되어 있습니다. 각 작업에 대한 내용을 빠짐없이 설명해주어 입문자도 쉽게 따라할 수 있도록 친절하게 구성되어 있습니다.

레슨 제목 및 발문
각 레슨의 제목과 배워볼 내용에 대해 간략하게 설명합니다.

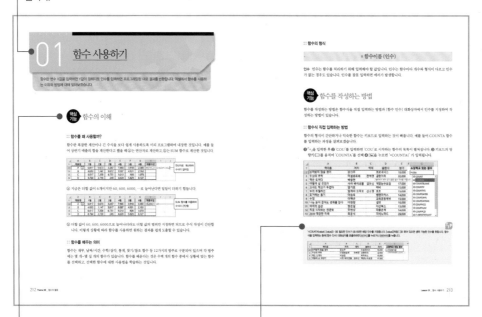

핵심 기능
프로그램을 시작하면서 기본적인 메뉴 설명부터 활용하는 방법까지 세세하게 알려줍니다. 실습하기에 앞서 핵심적인 기능을 배우고 익혀 프로그램에 한층 더 가까워질 수 있습니다.

Tip
작업의 효율을 향상시키기 위한 유용한 정보와, 저자의 풍부한 실전 노하우를 알려줍니다.

기능 실습

핵심 기능에서 배운 내용을 직접 실습해보면서 익힐 수 있는 차례입니다. 예제 파일과 완성 파일을 모두 제공함으로써 직접 프로그램을 실행해볼 수 있으며, 따라하기 방식의 설명으로 한 단계씩 차근차근 이해할 수 있습니다.

예제 파일/완성 파일

학습에 필요한 예제 파일을 자료실에서 다운받아 실습하고, 완성 파일과 비교해볼 수 있습니다.

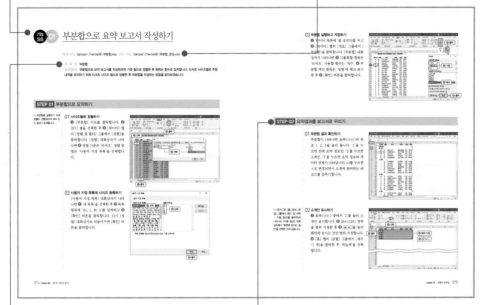

키워드/길라잡이

실습하는 데 필요한 키워드를 미리 알아보고, 어떤 상황에서 주로 쓰이는지 가이드 역할을 해줍니다.

STEP 따라하기

직접 실습해 볼 수 있는 과정을 스텝으로 구분하여 따라해 볼 수 있습니다.

기능 향상

기본적인 기능을 배우고 스킬을 높이기 위한 내용으로 가득합니다. 추가적으로 배우면 활용도가 높은 기능을 설명해주고, 활용하는 방법에 대해서도 안내합니다.

실무테크닉

더 이상 부연 설명 없이 배운 것을 확인할 수 있는 마지막 기회입니다. 조건을 제시하고 직접 실습해 볼 수 있도록 하는 단계로 첨부된 예제 파일 위에 실습을 마무리할 수 있습니다.

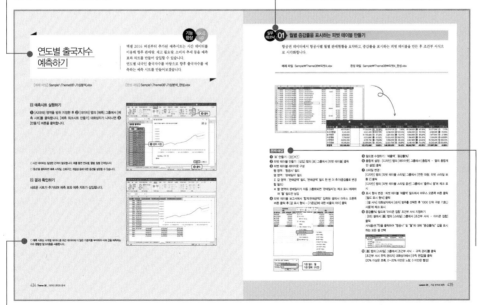

노하우

제시된 조건을 수행함으로써 배운 내용을 복습하고, 완성 파일과 확인하여 학습 성취도를 높일 수 있습니다.

Note

알아두면 좋을 내용을 정리해서 보여주며, 실전에서 유용하게 쓰이는 노하우를 소개합니다.

 이 책을 공부하는 순서

흐름을 한 눈에 알아보고 시작하기

❶ 엑셀 2019 살펴보기

엑셀 2019에 새롭게 추가된 기능을 살펴보고, 화면 구성, 엑셀 시작 옵션 설정, 리본 메뉴 및 빠른 실행 도구 모음 편집 방법을 살펴봅니다.

❷ 엑셀 데이터 입력

문자, 날짜, 시간, 숫자 데이터의 특징과 규칙적인 데이터를 빠르게 입력하는 방법, 수식을 작성하는 방법에 대해 살펴봅니다.

❸ 워크시트 편집과 데이터 가공

워크시트를 편집하고, 손쉽게 범위를 지정하고, 다양한 외부 데이터를 엑셀에 맞게 가공하는 방법에 대해 살펴봅니다.

❹ 셀 서식과 조건부 서식의 활용

데이터의 표시 형식, 글꼴, 맞춤 등에 대한 셀 서식과 조건을 만족하는 곳을 강조하여 시각화하는 조건부 서식에 대해 살펴봅니다.

❺ 창 제어와 인쇄

여러 창을 동시에 열어 데이터 비교, 창 정렬, 창 나누기, 틀 고정 등의 창 제어와 관련된 기능과 인쇄 옵션에 대해 살펴봅니다.

❻ 함수의 활용

엑셀을 사용하는 많은 이유 중 하나인 함수의 종류를 알아보고, 문제 해결하는 과정과 함수를 사용하는 방법에 대해 살펴봅니다.

❼ 데이터를 시각화하는 차트

엑셀 차트의 종류와 특징을 알아보고, 실무에서 많이 사용하는 몇 개의 차트를 만들어가며 차트 작성과 편집법을 살펴봅니다.

❽ 데이터 관리와 분석

많은 양의 데이터를 사용하기 위한 기능인 정렬, 필터, 부분합, 피벗 테이블 등을 알아보고 현업에서 활용하는 사례를 살펴봅니다.

❾ 양식 컨트롤과 매크로

양식 컨트롤을 삽입한 후 찾기/참조함수로 연결하면 입체적인 문서를 만들 수 있고, 자동 매크로를 이용하면 어려운 코딩을 자동으로 완성합니다. 특히 매크로는 엑셀의 고급 기능으로 기본이 되는 개념 위주로 살펴봅니다.

예제 파일의 구성

본문에 사용된 모든 예제 파일과 완성 파일은 정보문화사 홈페이지(infopub.co.kr) 자료실에서 다운로드 가능합니다. ZIP 파일을 다운받아 압축을 풀어 책과 함께 학습하며 따라할 수 있습니다.

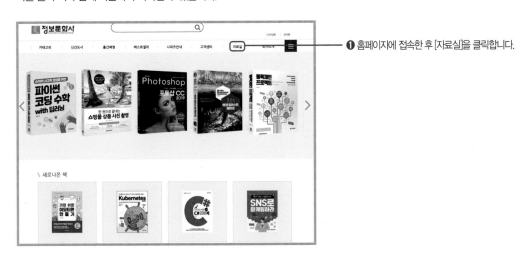

❶ 홈페이지에 접속한 후 [자료실]을 클릭합니다.

❷ 하단의 검색란에 '엑셀 2019'를 입력하여 검색합니다.

❸ 다운로드 받고자 하는 도서의 제목을 클릭한 후 해당 파일을 다운로드 받으면 됩니다.

학습하면서 궁금한 사항은 저자 이메일(seederyj@hanmail.net)로 문의주시면 답변 드리겠습니다.

완성 파일 미리 보기

Theme 02 방과후 강사료 계산

방과후 학교 수강료 및 시간당 강사료 계산

날짜:

학생당 1인당 수강료	수강인원	합계	주당 수강회수	1일 수강시간	한달 (4주강의)	시간당 수강료
30,000	50	1,500,000	1	4	4	93,750
30,000	50	1,500,000	1	3	4	125,000
30,000	50	1,500,000	1	2	4	187,500
30,000	50	1,500,000	1	1	4	375,000
30,000	40	1,200,000	1	4	4	75,000
30,000	40	1,200,000	1	3	4	100,000
30,000	40	1,200,000	1	2	4	150,000
30,000	40	1,200,000	1	1	4	300,000
30,000	30	900,000	1	4	4	56,250
30,000	30	900,000	1	3	4	75,000
30,000	30	900,000	1	2	4	112,500
30,000	30	900,000	1	1	4	225,000
30,000	20	600,000	1	4	4	37,500
30,000	20	600,000	1	3	4	50,000
30,000	20	600,000	1	2	4	75,000
30,000	20	600,000	1	1	4	150,000
30,000	15	450,000	1	4	4	28,125
30,000	15	450,000	1	3	4	37,500
30,000	15	450,000	1	2	4	56,250
30,000	15	450,000	1	1	4	112,500
25,000	50	1,250,000	1	4	4	78,125
25,000	50	1,250,000	1	3	4	104,167
25,000	50	1,250,000	1	2	4	156,250
25,000	50	1,250,000	1	1	4	312,500
25,000	40	1,000,000	1	4	4	62,500
25,000	40	1,000,000	1	3	4	83,333
25,000	40	1,000,000	1	2	4	125,000
25,000	40	1,000,000	1	1	4	250,000
25,000	30	750,000	1	4	4	46,875
25,000	30	750,000	1	3	4	62,500
25,000	30	750,000	1	2	4	93,750
25,000	30	750,000	1	1	4	187,500
25,000	20	500,000	1	4	4	31,250
25,000	20	500,000	1	3	4	41,667
25,000	20	500,000	1	2	4	62,500
25,000	20	500,000	1	1	4	125,000
25,000	15	375,000	1	4	4	23,438
25,000	15	375,000	1	3	4	31,250
25,000	15	375,000	1	2	4	46,875
25,000	15	375,000	1	1	4	93,750

Theme 02 다른 시트 값 가져오기

지점별 고객 불만 접수 현황 집계

구분	1월	2월	3월	4월	5월	6월	7월	8월	9월	10월	11월	12월
본점	216	319	253	244	247	212	276	346	364	322	293	305
반포점	82	70	101	99	95	83	98	59	86	92	129	66
코엑스점	76	71	96	81	131	100	52	51	87	111	96	87
강서점	86	127	101	75	79	108	103	134	101	92	98	85
노원점	102	53	60	93	107	81	97	74	57	93	95	127

Theme 02 데이터 입력

2019학년도 방과후학교 제1기 모집 안내

시작일: 2019-03-02
종료일: 2019-05-31

구분	개설강좌	대상학년	요일	시작시간	종료시간	장소
수학 및 인문	주산	1~3	월	13:00	14:35	2-5반교실
	한자 속독	3~6	화	13:50	15:25	제2과학실
	독서 논술	3~6	수	15:30	17:05	2-4반
음악	플루트	2~6	월	13:50	15:25	2학년연구실
	기타	1~6	화	14:40	16:15	제2과학실
	가야금	1~6	월	14:40	16:15	2-1반교실
	바이올린	3~6	수	14:40	16:15	2-2반교실
	피아노	1~6	수	14:40	16:15	피아노실
	첼로	1~6	목	13:50	15:25	2-3반교실
체육	방송댄스	1~6	금	13:00	14:35	체육관
	생활축구	1~6	목	14:40	16:15	체육관
	농구	1~6	수	13:50	15:25	체육관
	음악줄넘기	1~6	수	14:40	16:15	체육관
	배드민턴	3~6	목	15:30	17:05	체육관

Theme 02 매출 현황

1/4분기 매출 현황

분류	제품명	1월	2월	3월	합계
음료	OK 체리 셰이크	6,264	4,737	5,002	16,003
	미왕 초콜릿 드링크	6,339	6,146	6,460	18,945
	태양 100% 오렌지 주스	4,418	4,860	5,679	14,957
	태원 라이트 맥주	4,842	5,634	4,189	14,665
	현진 커피 밀크	5,397	6,235	4,405	16,037
	콜롬비아산 원두커피	5,545	4,420	5,872	15,837
	태일 적포도주	5,955	5,443	4,162	15,560
	트로피컬 칵테일	5,003	5,254	4,931	15,188
	삼화 콜라	6,238	5,317	5,752	17,307
		6,192	4,976	4,005	15,173
	소계	56,193	53,022	50,457	159,672
곡류	신성 시리얼	6,026	5,099	5,251	16,376
	한성 통밀가루	6,432	4,193	6,282	16,907
	알파 콘 플레이크	4,125	5,374	6,453	15,952
	한성 옥수수 가루	5,685	6,475	5,716	17,876
	싱가폴 통산 옥수수	4,885	6,334	5,162	16,381
	소계	27,153	27,475	28,864	83,492
육류	알피 왕갈비 훈제육	4,086	5,571	4,581	14,238
	뉴티산 상등록 쇠고기	6,311	4,960	5,727	16,998
	한림 훈제 통닭	5,249	6,441	6,049	17,739
	앨리스 포장육	4,479	5,049	4,136	13,664
	소계	20,125	22,021	20,493	62,639
유제품	바닐라 아이스크림	5,612	6,014	4,666	16,292
	대일 포장 치즈	5,352	5,657	5,905	16,914
	대일 파마쌍 치즈	4,281	6,263	4,087	14,631
	특제 버터	6,108	5,562	4,411	16,081
	한라 연유	6,103	6,032	6,175	18,310
	OK 바닐라 셰이크	4,664	6,062	4,871	15,597
	한라 웰론 아이스크림	6,164	5,443	5,596	17,203
		5,269	6,415	6,135	17,819
	소계	43,553	47,448	41,846	132,847
합계		147,024	149,966	141,660	438,650

Theme 03 시트 보호

1/4분기 매출 현황

분류	제품명	1월	2월	3월	합계
음료	OK 체리 셰이크	1,264	4,737	5,002	11,003
	미왕 초콜릿 드링크	2,339	6,146	6,460	14,945
	태양 100% 오렌지 주스	4,418	4,860	5,679	14,957
	알파콘 맥주	4,842	5,634	11,189	21,665
	태일 라이트 맥주	5,397	6,235	4,405	16,037
	현진 커피 밀크	5,545	4,420	5,872	15,837
	콜롬비아산 원두커피	5,955	5,443	4,162	15,560
	태일 적포도주	5,003	5,254	4,931	15,188
	트로피컬 칵테일	6,238	5,317	5,752	17,307
	상화 콜라	6,192	4,976	4,005	15,173
	소계	47,193	53,022	57,457	157,672
곡류	신성 시리얼	12,026	5,099	5,251	22,376
	한성 통밀가루	6,432	4,193	6,282	16,907
	알파 콘 플레이크	4,125	5,374	6,453	15,952
	한성 옥수수 가루	5,685	6,475	5,716	17,876
	싱가를 원산 옥수수	4,885	6,334	5,162	16,381
	소계	33,153	27,475	28,864	89,492
육류	알파 왕갈비 훈제육	4,086	5,571	4,581	14,238
	뉴티산 상등록 쇠고기	6,311	4,960	5,727	16,998
	한림 훈제 통닭	5,249	6,441	6,049	17,739
	앨리스 포장육	4,479	5,049	4,136	13,664
	소계	20,125	22,021	20,493	62,639
유제품	바닐라 아이스크림	5,612	6,014	4,666	16,292
	대일 포장 치즈	5,352	5,657	5,905	16,914
	대일 파마쌍 치즈	4,281	6,263	4,087	14,631
	특제 버터	2,108	5,562	4,411	12,081
	한라 연유	6,103	6,032	6,175	18,310
	한라 분유	4,664	6,062	4,871	15,597
	OK 바닐라 셰이크	6,164	5,443	5,596	17,203
	한라 웰론 아이스크림	5,269	6,415	6,135	17,819
	소계	39,553	47,448	41,846	128,847
합계		140,024	149,966	148,660	438,650

Theme 03 데이터 가공

이룸CS 연수내역

구분	과정명	시작일	종료일	장소	수료자
품질관리	현장품질관리기본	2019-05-18	2019-05-21	평택	30
품질관리	관리자용위한전략적품질경영	2019-05-18	2019-05-21	평택	25
품질관리	현장품질관리기본	2019-05-18	2019-05-21	부산	29
정보화교육	엑셀2019	2019-05-18	2019-05-21	부산	15
리더십/경영	간부역량평가	2019-05-25	2019-05-28	평택	21
정보화교육	엑셀2019	2019-05-25	2019-05-28	부산	28
조직문화	긍정조직워크샵1기	2019-05-25	2019-05-28	평택	22
품질관리	관리자용위한전략적품질경영	2019-05-25	2019-05-28	부산	27
정보화교육	파워포인트2019	2019-06-01	2019-06-04	부산	22
리더십/경영	소통리더십	2019-06-01	2019-06-04	평택	26
정보화교육	한글2018	2019-06-01	2019-06-04	평택	30
품질관리	현장품질관리기본	2019-06-01	2019-06-04	부산	24
정보화교육	한글2019	2019-06-01	2019-06-04	부산	24
정보화교육	파워포인트2019	2019-06-08	2019-06-11	평택	30
품질관리	현장품질관리기본	2019-06-08	2019-06-11	부산	25
조직문화	긍정조직워크샵2기	2019-06-08	2019-06-11	부산	21
조직문화	스마트혁신과정	2019-06-08	2019-06-11	평택	22

Theme 02 수식 작성

성명	2018년	2019년	증감율	성명	2018년	2019년	증감율
김영주	135,370	222,055	64.0%	조시영	16,122	16,522	2.5%
배은혜	72,453	105,015	44.9%	이예준	11,933	11,978	0.4%
이소연	82,081	82,742	0.6%	이한구	11,054	11,125	0.6%
조흥식	58,193	52,603	-9.6%	조서영	5,855	6,606	12.8%
박세찬	38,826	45,122	16.2%	채지수	3,820	3,670	-3.9%
김준혁	33,407	38,193	14.3%	서강심	1,667	1,240	-25.6%
진영록	32,447	36,449	12.3%	채소연	3,122	1,081	-65.4%
조유원	17,200	26,680	55.1%	유현진	1,860	1,056	-43.2%
천선모	23,918	23,056	-3.6%	이예준	3,390	391	-88.5%
조찬영	17,173	22,694	32.1%	박지민	2,641	234	-91.1%
이예원	15,527	18,223	17.4%	송묘겸	54	18	-66.7%

Theme 03 매출 현황

1/4분기 매출현황

제품명	1월	2월	3월	합계
신성 시리얼	4,666	1,189	2,176	8,031
한성 통밀가루	3,304	3,354	6,292	12,950
알파 콘 플레이크	2,697	2,055	6,401	10,902
한성 옥수수 가루	625	2,022	8,767	11,414
싱가폴 통산 옥수수	2,013	3,581	1,727	7,326

2/4분기 매출현황

제품명	4월	5월	6월	합계
신성 시리얼	6,908	7,346	4,492	18,746
한성 통밀가루	500	1,177	9,961	11,638
알파 콘 플레이크	6,375	8,565	4,778	19,718
한성 옥수수 가루	4,954	6,280	6,183	17,417
싱가폴 통산 옥수수	3,818	8,291	7,730	19,839

3/4분기 매출현황

제품명	7월	8월	9월	합계
신성 시리얼	8,031	6,476	4,571	19,078
한성 통밀가루	3,071	9,298	8,136	20,505
알파 콘 플레이크	2,697	8,335	8,716	19,748
한성 옥수수 가루	725	5,567	8,401	14,693
싱가폴 통산 옥수수	6,724	7,492	8,493	15,173

4/4분기 매출현황

제품명	10월	11월	12월	합계
신성 시리얼	1,896	2,083	5,020	13,599
한성 통밀가루	12,000	2,619	4,070	14,689
알파 콘 플레이크	4,594	3,818	8,299	16,711
한성 옥수수 가루	5,742	2,837	2,149	10,728
싱가폴 통산 옥수수	9,677	7,542	4,860	22,079

2019매출현황

제품명	1/4분기	2/4분기	3/4분기	4/4분기
신성 시리얼	8,031	18746	19078	13599
한성 통밀가루	12,950	11638	20505	14689
알파 콘 플레이크	10,902	20036	19748	16711
한성 옥수수 가루	11,414	17417	14693	10728
싱가폴 통상 옥수수	7,326	19839	17690	22079

Theme 02 참조 유형

노선별 탑승률 및 여행자비율

나라	노선	항공사	공급좌석	여객계	탑승률(%)	여행자비율(%)
중국	구이린	A	3,591	2,066	57.5%	0.6%
		B	632	404	63.9%	0.1%
	광저우	A	21,800	16,982	78.0%	4.6%
		B	26,081	19,369	74.3%	5.2%
	난징	A	11,234	8,476	75.4%	2.3%
		B	7,564	72.4%	72.4%	1.5%
	베이징	A	29,671	21,795	73.5%	5.9%
		B	29,704	21,982	74.0%	5.9%
		C	21,447	14,873	69.3%	4.0%
	소계		151,924	111,711	73.5%	30.0%
말레이시아	코타키나발루		12,090	8,825	73.0%	2.4%
			11,658	9,407	80.7%	2.5%
	쿠알라룸푸르		17,930	14,099	78.6%	3.8%
			17,904	14,895	83.2%	4.0%
	소계		59,582	47,226	79.3%	12.7%
베트남	다낭	A	16,830	14,664	87.1%	3.9%
		B	10,992	9,088	82.7%	2.4%
		C	23,415	18,110	77.3%	4.9%
			23,436	21,281	90.8%	5.7%
	하노이	A	34,530	29,131	84.4%	7.8%
		B	11,616	9,438	81.3%	2.5%
		C	31,976	28,714	89.8%	7.7%
	호치민	A	39,694	28,792	72.5%	7.7%
		B	25,909	21,884	84.5%	5.9%
		C	41,748	32,170	77.1%	8.6%
	소계		260,146	213,272	82.0%	57.3%
합계			471,652	372,209	78.9%	100.0%

근무시간표

성명 : 강백호	시급 : ₩10,000			
날짜	출근	퇴근	근무시간	비고
2019-06-03 (월)	9:00	18:00	8:00	
2019-06-04 (화)	9:00	18:00	8:00	
2019-06-05 (수)	10:00	18:00	7:00	지각
2019-06-07 (금)	9:00	17:00	7:00	
2019-06-10 (월)	10:00	19:00	8:00	1시간 늦게 출근
2019-06-11 (화)	9:00	18:00	8:00	
2019-06-12 (수)	9:00	18:00	8:00	
2019-06-13 (목)	9:00	18:00	8:00	
2019-06-14 (금)	10:00	18:00	7:00	지각
2019-06-17 (월)	9:00	17:00	7:00	조퇴
2019-06-18 (화)	9:00	18:00	8:00	
2019-06-19 (수)	9:00	18:00	8:00	
2019-06-20 (목)	9:00	18:00	8:00	
2019-06-21 (금)	9:00	18:00	8:00	
합계			108:00	₩1,080,000

Theme 04 날짜와 시간

경상수지 및 무역수지

단위:백만불

구분	2015년	2016년		2017년		2018년	
		금액	전년대비(%)	금액	전년대비(%)	금액	전년대비(%)
경상수지 (경상수지)	105,940	99,243	▼(-6.3%)	75,231	▼(-24.2%)	76,409	▲(1.6%)
경상수지 (상품수지)	122,269	118,895	▼(-2.8%)	113,593	▼(-4.5%)	111,867	▼(-1.5%)
경상수지 (서비스수지)	-14,917	-17,737	▲(18.9%)	-36,734	▲(107.1%)	-29,737	▼(-19.0%)
경상수지 (본원소득수지)	3,572	3,852	▲(7.8%)	5,337	▲(38.6%)	2,778	▼(-47.9%)
경상수지 (이전소득수지)	-4,985	-5,767	▲(15.7%)	-6,965	▲(20.8%)	-8,499	▲(22.0%)
무역수지	90,257	89,410	▼(-0.9%)	95,216	▲(6.5%)	69,657	▼(-26.8%)

한국은행「국제수지통향」

Theme 04 양수와 음수

정보문화사

2019년 6월 비용

품명	규격	단위	수량	재료비(단가)	재료비(금액)	노무비(단가)	노무비(금액)	경비(단가)	경비(금액)	계(금액)	비고
총계			220	22,367	280,560	72,827	1,456,540	25,233	504,660	2,241,760	
소계			50	5,368	82,570	5,274	105,480	157	3,140	191,190	
램프교체	AA-150W	EA	20	1,261	25,220	1,512	30,240	45	900	56,360	
램프교체	AA-175W	EA	20	1,628	32,560	1,747	34,940	52	1,040	68,540	
램프교체	AA-200W	EA	10	2,479	24,790	4,015	40,300	60	1,200	66,290	
소계			50	4,034	68,340	9,180	182,000	199	3,980	254,320	
램프교체	BB-250W	EA	20	1,350	27,000	2,500	50,000	77	1,540	78,540	
램프교체	BB-400W	EA	20	1,450	30,000	3,500	70,000	66	1,320	100,320	
램프교체	BB-150W	EA	10	1,234	12,340	6,100	62,000	56	1,120	75,460	
소계			30	5,524	55,760	5,687	113,740	179	3,580	173,080	
램프교체	CC-175W	EA	10	1,900	19,000	1,900	38,000	59	1,180	58,180	
램프교체	CC-200W	EA	10	1,800	18,000	1,800	36,000	91	1,820	55,820	
램프교체	CC-250W	EA	10	1,876	18,760	1,987	39,740	29	580	59,080	
소계			30	501	5,010	4,910	98,200	384	7,680	110,890	
안정기교체	AA-150W	EA	10	350	3,500	1,583	31,660	198	3,960	39,120	
안정기교체	AA-175W	EA	10	28	280	1,982	39,640	99	1,980	41,900	
안정기교체	AA-200W	EA	10	123	1,230	1,345	26,900	87	1,740	29,870	
소계			30	3,211	32,110	24,468	489,360	8,724	174,480	695,950	
안정기교체	BB-250W	EA	10	1,234	12,340	9,823	196,460	670	13,400	222,200	
안정기교체	BB-400W	EA	10	990	9,900	6,755	135,100	7,852	157,040	302,040	
안정기교체	BB-150W	EA	10	987	9,870	7,890	157,800	202	4,040	171,710	
소계			30	3,677	36,770	23,388	467,760	15,590	311,800	816,330	
안정기교체	CC-175W	EA	10	2,345	23,450	9,878	197,560	7,650	153,000	374,010	
안정기교체	CC-200W	EA	10	345	3,450	6,755	135,100	88	1,760	140,310	
안정기교체	CC-400W	EA	10	987	9,870	6,755	135,100	7,852	157,040	302,010	

Theme 05 비용

분기별 결산보고

제품	1사분기			2사분기			3사분기			4사분기		
	1월	2월	3월	4월	5월	6월	1월	2월	3월	4월	5월	6월
A	883	169	365	183	336	470	299	460	714	143	367	48
B	49	229	619	778	169	471	262	511	385	630	431	628
C	765	828	19	604	688	12	734	793	559	502	380	280
D	439	358	495	765	414	782	489	753	884	876	287	414
E	286	816	430	148	326	660	686	162	702	631	30	194
F	43	271	680	430	525	225	384	261	19	169	539	536
G	211	538	44	426	579	677	845	696	742	833	578	871
H	305	545	661	598	432	317	644	622	786	294	412	250
I	413	614	421	523	821	488	299	766	19	473	771	340
J	872	392	533	853	689	226	337	422	682	632	28	755
K	558	803	770	117	647	676	776	609	517	730	606	354
L	615	706	494	189	800	741	265	56	561	571	113	450
M	826	270	712	157	86	618	51	437	139	318	592	606
N	632	825	700	639	240	696	815	507	322	348	883	427

Theme 04 선택영역의 가운데로

2019년 서울시 배달음식 콜수

시간대	족발/보쌈	중국음식	치킨	피자		총합계
10시	504	1,842	416	566	▼	3,328
11시	829	2,806	1,066	1,412	▬	6,113
12시	833	3,036	1,565	1,627		7,061
13시	765	2,723	1,612	1,548		6,648
14시	790	2,408	1,639	1,555		6,392
15시	911	2,194	1,825	1,553		6,483
16시	1,128	2,208	2,132	1,728		7,196
17시	1,490	2,588	2,705	2,047	▲	8,830
18시	1,685	2,874	3,394	2,426	▲	10,379
19시	1,559	2,606	3,377	2,325	▲	9,867
20시	1,299	2,007	3,028	2,013	▲	8,347
21시	1,083	1,218	2,955	1,866		7,122
22시	882	856	2,797	1,497	▬	6,032
23시	555	746	2,187	579	▼	4,067
총합계	15,465	35,362	34,254	23,294		108,375

Theme 04 조건부 서식

1월 경비 현황						2월 경비 현황				
항목	총무	인사	회계	전산	개발	항목	총무	인사	회계	전산	개발
복리후생비	691,017	180,284	367,184	869,064	413,066	복리후생비	817,471	890,071	795,681	688,723	733,992
통신비	944,519	803,048	564,959	336,273	528,885	통신비	414,415	149,963	474,279	820,336	525,845
지급임차료	770,558	727,922	838,958	745,595	261,878	지급임차료	171,718	591,893	728,760	552,617	305,369
차량유지비	168,084	834,432	678,149	270,751	747,975	차량유지비	351,919	739,405	472,654	275,797	300,653
소모품비	852,941	733,601	862,391	527,380	646,588	소모품비	271,909	352,239	545,066	961,619	710,815
접대비	177,935	786,092	468,343	698,960	882,356	접대비	638,817	817,425	214,889	615,965	195,719

3월 경비 현황						4월 경비 현황				
항목	총무	인사	회계	전산	개발	항목	총무	인사	회계	전산	개발
복리후생비	209,138	730,414	766,685	465,197	751,597	복리후생비	747,278	141,169	463,741	518,078	506,277
통신비	637,553	779,980	863,499	484,821	274,317	통신비	230,475	918,614	369,214	490,619	539,950
지급임차료	551,165	786,479	359,773	169,160	542,507	지급임차료	729,192	978,902	786,235	743,750	284,420
차량유지비	799,987	859,974	551,475	459,657	835,044	차량유지비	750,921	838,726	983,658	502,969	371,898
소모품비	419,952	390,301	920,634	881,778	904,272	소모품비	276,593	395,404	476,516	730,462	809,288
접대비	698,249	305,330	511,330	509,316	763,582	접대비	923,640	445,124	250,045	452,448	169,237

Theme 05 페이지 나누기

지점별 매출 현황

지점	1분기	2분기	3분기	4분기
부산	580	1,898	1,355	1,623
대전	955	1,995	1,078	1,494
동대구	1,347	2,467	1,175	2,263
전주	1,684	1,300	2,448	1,657

▶ 분기를 선택!!!

분기별 합계
2분기
7,660

Theme 06 choose

NO	서명	구입가	주문수량	합계
1	여행의 이유	12,150	10	121,500
2	편지를 따라가면 너를 만날 수 있을까?	13,500	5	67,500
3	돈의 역사	16,020	9	144,180
4	설민석의 한국사 대모험	10,800	7	75,600
5	공부머리 독서법	14,850	5	74,250
	총합계			483,030

Theme 06 배열 수식

청 구 서

* Description

No	성명	성별	06-03 (월)	06-04 (화)	06-05 (수)	금액
1	이예준	남	○			₩80,000
2	박지민	남	○	○		₩160,000
3	송원경	남			○	₩80,000
4	권성우	남	○	○		₩160,000
5	배영식	남			○	₩80,000
6	김효원	여	○	○		₩160,000
7	김리원	여			○	₩80,000
8	안문숙	여	○	○		₩160,000
9	문효리	여			○	₩80,000
10						₩0
	합계					₩1,040,000

※ 선결재 요청드립니다

※ 총 신청인원 : 9명

Theme 06 찾기 참조 함수

월	가공식품	유제품	곡류	음료	해산물	과자류	건어물	합계	누적합계
1월	3,117	350	1,095	1,206	3,334	4,552	2,063	15,717	15,717
2월	4,024	199	4,783	3,804	4,039	4,715	3,218	24,782	40,499
3월	3,817	2,052	1,674	3,289	154	3,166	2,846	16,998	57,497
4월	120	3,050	4,850	3,979	618	1,893	1,880	16,390	73,887
5월	939	4,596	3,273	4,758	4,022	828	3,144	21,560	95,447
6월	409	3,912	4,267	4,720	2,643	4,082	414	20,447	115,894
7월	1,944	3,179	4,737	561	1,490	1,185	4,033	17,129	133,023
8월	4,237	3,491	2,908	2,142	1,629	1,717	1,337	17,461	150,484
9월	848	4,985	1,001	1,310	1,559	669	3,756	14,128	164,612
10월	3,620	2,689	2,590	2,033	2,335	2,621	2,602	18,490	183,102
11월	4,259	1,375	1,253	3,820	1,502	671	1,065	13,945	197,047
12월	2,623	3,627	5,586	4,499	5,993	5,935	3,540	31,803	228,850

Theme 06 함수 작성

2019년 6월 교육접수 현황

No	지점	성명	성별	나이	과정명	시간	교육비	재료비	납부일
1	반포점	이예준	남	6세	클레이	17:00	60,000	10,000	2019-05-21
2	무역센터점	송원경	남	5세	클레이	16:00	60,000	10,000	2019-05-22
3	반포점	이하솔	여	6세	마술	18:00	70,000	12,000	2019-05-23
4	무역센터점	이정민	여	6세	종이접기	17:00	60,000	10,000	2019-05-24
5	반포점	강린	여	6세	클레이	16:00	60,000	10,000	2019-05-25
6	무역센터점	이지유	여	6세	종이접기	17:00			
7	무역센터점	강윤중	남	7세	종이접기	17:00		10,000	2019-05-26
8	무역센터점	강휘	남	7세	마술	18:00	70,000	12,000	2019-05-27
9	반포점	강온한	남	6세	클레이	16:00	60,000	10,000	2019-05-27
10	반포점	이수환	남	7세	클레이	16:00	60,000	10,000	2019-05-25
11	무역센터점	김수현	남	6세	종이접기	17:00	60,000	10,000	2019-05-21
12	무역센터점	북은빈	여	6세	종이접기	17:00	60,000	10,000	2019-05-23
13	무역센터점	이예원	여	6세	마술	18:00	70,000	12,000	2019-05-25
14	반포점	정현석	남	7세	클레이	16:00	60,000	10,000	2019-05-21
15	반포점	김다은	여	6세	마술	18:00	70,000	12,000	2019-05-27
16	반포점	이도아	여	6세	종이접기	17:00	60,000	10,000	2019-05-24
17	무역센터점	장서윤	여	7세	클레이	16:00			
18	무역센터점	최서윤	여	7세	마술	18:00		12,000	2019-05-24
19	무역센터점	오나연	여	7세	클레이	16:00	60,000	10,000	2019-05-22
20	반포점	이도은	여	7세	종이접기	17:00	60,000	10,000	2019-05-21
21	반포점	이예은	여	6세	클레이	16:00	60,000	10,000	2019-05-23
22	반포점	심영서	남	6세	마술	18:00	70,000	12,000	2019-05-27
23	반포점	이찬우	남	7세	마술	18:00	70,000	12,000	2019-05-27
24	무역센터점	김지민	남	7세	마술	18:00	70,000	12,000	2019-05-24
25	무역센터점	오서준	남	5세	클레이	16:00	60,000	10,000	2019-05-21
26	무역센터점	오하린	여	5세	클레이	16:00			
27	무역센터점	송민서	여	7세	클레이	16:00	60,000	10,000	2019-05-22
28	반포점	김건수	남	7세	마술	18:00	70,000	12,000	2019-05-22
29	무역센터점	김지수	남	8세	마술	18:00	70,000	12,000	2019-05-22
30	무역센터점	박윤서	남	8세	마술	18:00	70,000	12,000	2019-05-23

[교육비 납입/미납 인원수]

구분	인원수
납입자	27
미납자	3

[과정별 인원수]

구분	인원수
종이접기	8
클레이	10
마술	12

[과정별 지점별 인원수]

구분	반포점	무역센터점
종이접기	3	5
클레이	4	6
마술	6	6

Theme 06 count 계열

월	매출계정	매출금액
2019년 1월	자유이용권	112,000
2019년 1월	자유이용권	92,000
2019년 1월	국고보조금	512,550
2019년 1월	본인부담금	0
2019년 1월	본인부담금	120,600
2019년 1월	본인부담금	122,050
2019년 1월	본인부담금	6,400
2019년 1월	본인부담금	40,200
2019년 1월	용품판매	10,000
2019년 1월	용품판매	21,000
2019년 1월	입장료	63,000
2019년 1월	입장료	17,000
2019년 1월	자유이용권	1,240,000
2019년 1월	자유이용권	104,000
2019년 1월	입장료	112,000
2019년 1월	자유이용권	64,000
2019년 1월	입장료	0
2019년 1월	입장료	0
2019년 1월	용품판매	12,727
2019년 1월	용품판매	3,636
2019년 1월	입장료	17,000
2019년 1월	입장료	0
2019년 1월	자유이용권	20,000
2019년 1월	자유이용권	24,000
2019년 1월	자유이용권	134,000

최대값	1,240,000
최소값	0
0을 제외한 최소값	3,636
평균	113,927
0을 제외한 평균	135,627
0,최대값,최소값 제외 평균	84,449

Theme 06 평균

구분	브라우저
Chrome	62.14%
IE	13.81%
Safari	13.71%
Firefox	4.86%
Android	2.18%
Edge	0.90%
Opera	0.65%
BlackBerry	0.61%

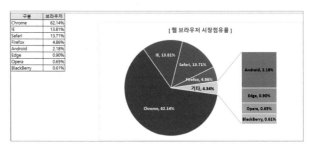

[웹 브라우저 시장점유율]

IE, 13.81% Safari, 13.71% Firefox, 4.86% 기타, 4.34% Chrome, 62.14% Android, 2.18% Edge, 0.90% Opera, 0.65% BlackBerry, 0.61%

Theme 07 원형 대 가로 막대형

구분	예산규모
2015년	3,754,000
2016년	3,864,000
2017년	4,005,000
2018년	4,288,000
2019년	4,696,000
2020년	5,046,000

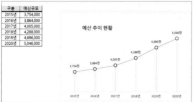

Theme 07 꺾은선형

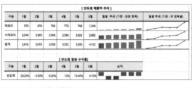

Theme 07 스파크라인

[2019년 사업별 프로젝트 진척도]

구분	진행률	진척도
Project 1	51%	51%
Project 2	64%	64%
Project 3	89%	89%
Project 4	46%	46%
Project 5	88%	88%
Project 6	52%	52%
Project 7	29%	29%
Project 8	69%	69%

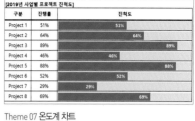

Theme 07 온도계 차트

구분	1월	2월	3월	4월	5월	6월	7월	8월	9월	10월	11월	12월
실적	398	371	383	361	363	356	368	353	358	363	367	369
계획	389	367	381	363	359	357	370	355	356	362	373	364

Theme 07 혼합형

Theme 08 가상분석

		A	B	C	D	E	F
	3	기금명	은행명	1월	2월	3월	금액
	4	교육혁신	강릉	97,292,000	62,924,000	84,003,000	244,219,000
	5	교육혁신	대전	59,123,000	67,077,000	94,626,000	220,826,000
	6	교육혁신	부산	76,746,000	59,275,000	53,079,000	189,100,000
	7	교육혁신	서울	63,146,000	62,974,000	61,193,000	187,313,000
	8	교육혁신 최소		59,123,000	59,275,000	53,079,000	187,313,000
	9	교육혁신 최대		97,292,000	67,077,000	94,626,000	244,219,000
	10	농촌사랑	강릉	68,595,000	75,292,000	64,758,000	208,645,000
	11	농촌사랑	대전	89,815,000	97,090,000	61,589,000	248,494,000
	12	농촌사랑	대전	87,641,000	69,262,000	83,237,000	240,140,000
	13	농촌사랑	수원	78,458,000	97,645,000	81,416,000	257,519,000
	14	농촌사랑	전주	67,129,000	90,694,000	93,744,000	251,567,000
	15	농촌사랑	창원	60,738,000	62,451,000	53,987,000	177,176,000
	16	농촌사랑 최소		60,738,000	62,451,000	53,987,000	177,176,000
	17	농촌사랑 최대		89,815,000	97,645,000	93,744,000	257,519,000
	18	지역발전	강릉	82,435,000	62,357,000	89,585,000	234,377,000
	19	지역발전	수원	72,538,000	50,069,000	64,762,000	187,369,000
	20	지역발전	전주	93,366,000	76,464,000	80,358,000	250,188,000
	21	지역발전	전주	86,933,000	68,268,000	92,250,000	247,451,000
	22	지역발전	전주	75,243,000	88,616,000	93,507,000	257,366,000
	23	지역발전	전주	70,997,000	59,283,000	70,268,000	200,548,000
	24	지역발전	제주	55,675,000	69,585,000	88,025,000	213,285,000
	25	지역발전	창원	68,866,000	97,678,000	67,863,000	234,407,000
	26	지역발전 최소		55,675,000	50,069,000	64,762,000	187,369,000
	27	지역발전 최대		93,366,000	97,678,000	93,507,000	257,366,000
	28	전체 최소값		55,675,000	50,069,000	53,079,000	177,176,000
	29	전체 최대값		97,292,000	97,678,000	94,626,000	257,519,000

Theme 08 부분합

행 레이블	합계 : 매출
▣가공 식품	3696100
알파 특선 튀김 다시마	1056000
유림 사과 홍조림	2640100
▣곡류	2570450
신성 시리얼	161000
신성 쌀 튀김 과자	354750
싱가풀 원산 옥수수	608000
필로 믹스	146700
한성 옥수수 가루	266000
한성 통밀가루	1034000
▣과자류	16188300
대양 마말레이드	5743600
미미 스카치 캔디	195000
미왕 계피 캔디	708400

Theme 08 피벗

주 문 서

No.

발행일:	2019년 11월 19일	사 업 소 재 지	서울 서초구 양재2동 123-23
수 신:	대 표 이 사	상 호	씨뿌리는가게
참 조:	김영주 貴下	대 표 자 성 명	김 영 주 (인)
		전 화 번 호	(02) 555-5000

아래와 같이 주문합니다.

합계금액 (공급가액+세액)	일금이십이만구천구백원정 (₩229,900)				
No.	품명	구입	단가	수량	금액
1	복사용지 A4 (box)	☑	34,000	1	34,000
2	복사용지 B5 (75g, box)	☐	35,570	1	-
3	복사용지 A3 (box)	☐	32,000	1	-
4	잉크젯 전용지 A4 (box)	☑	37,000	4	148,000
5	종이 칼라 파일 A4 10P	☑	2,500	7	17,500
6	종이 팡 파일 A4 10P	☑	2,400	1	2,400
7	클리어파일 고무명 A4 10P	☑	1,200	1	1,200
8	파일철 서류 홀립화일 A4	☑	5,900	1	5,900
Remark				공급금액	209,000
복사용지 A4, B5, A3 는 75g/m²				부가세	20,900
				합계	229,900

Theme 09 양식 컨트롤

엑셀 2019

Theme **03**

워크시트 편집과
데이터 가공

엑셀 2019에 새롭게 추가된 기능을 살펴보고,
화면 구성, 엑셀 시작 옵션 설정, 리본메뉴 및 빠른 실행 도구 모음 편집,
파일 저장하는 방법을 살펴보겠습니다.

엑셀 2019 살펴보기

LESSON 01 엑셀 2019의 새 기능

엑셀 2019 버전에 새롭게 추가된 함수와 차트 종류를 알아보고, 향상된 시각효과와 피벗 테이블, 편리해진 엑셀 기능을 알아보 겠습니다.

핵심 기능 ◦ 엑셀 2019의 새로운 기능

⠿ 새로운 함수

텍스트 함수 범주의 concat, textjoin, 논리함수 범주의 ifs, switch, 통계함수 범주의 maxif, minif 함 수가 추가되었습니다.

	A	B	C	D	E
1	이름	도시	구	동	주소(textjoin)
2	김영주	서울특별시	강남구	역삼동	=TEXTJOIN(" ",TRUE,B2:D2)
3	배은혜	창원시	성산구	대방동	창원시 성산구 대방동
4	서장금	수원시	권선구	권선동	수원시 권선구 권선동
5	채소연	서울특별시	종로구	종로1가	서울특별시 종로구 종로1가
6	채치수	광주광역시	서구	화정동	광주광역시 서구 화정동
7	이소연	부산광역시	서구	대신동	부산광역시 서구 대신동
8	조홍식	대전광역시	서구	둔산동	대전광역시 서구 둔산동
9	안정훈	대구광역시	수성구	수성동	대구광역시 수성구 수성동
10	김소미	인천광역시	남동구	구월동	인천광역시 남동구 구월동
11	박세진	서울특별시	영등포구	여의도동	서울특별시 영등포구 여의도동

	A	B	C	D	E	F	G
2	소속	사원명	평균	평가			
3	품질보증	이예준	78	=IFS(C3>=90,"상",C3>=80,"중",TRUE,"하")			
4	자재팀	송원겸	81	중			
5	기계정비	이하율	90	상			
6	구매팀	이정인	83	중			
7	기계정비	강린	86	중			
8	품질보증	이지유	67	하			
9	자재팀	강동윤	74	하			
10	기계정비	강휘	86	중			
11	자재팀	강은찬	78	하			

⠿ 새로운 차트 추가

지리 정보 데이터를 연동하여 표시하는 지도 차트와 마케팅에 많이 사용되는 깔때기(funnel) 차트가 추 가되었습니다.

:: SVG 파일 삽입

SVG(Scalable Vector Graphic) 파일을 삽입하여
문서를 시각적으로 꾸밀 수 있습니다.
필터가 적용된 SVG를 삽입하여 문서, 워크시트 및 프
레젠테이션을 시각적으로 꾸밀 수 있습니다.

:: 셀 선택 취소

셀 범위를 지정하던 중 잘못 선택했다면 원하는 셀이나 범위를 취소할 수 있습니다.

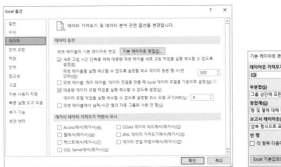

:: 향상된 피벗테이블

자주 사용하는 피벗 테이블 레이아웃을 기본값으로 설정할 수 있는 '옵션' 명령이 추가되었습니다. 예를
들어 부분합, 총합, 빈 셀 표시 여부 등에 대한 옵션과 레이아웃 표시 방법을 설정한 다음, 기본값으로 설
정하면 이후로 작성하는 피벗 테이블은 그 레이아웃으로 바로 작성되어 편리합니다.

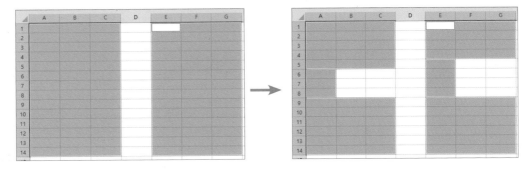

:: 개선된 자동 완성

엑셀 자동 완성이 유연해졌습니다. 예를 들어 NETWORKDAYS
함수를 사용하려는데 철자가 기억나지 않아 '=DAY'라고 입력
하면 자동으로 'DAY'로 시작하는 함수뿐만 아니라 'DAY'를
포함하는 모든 함수를 표시하므로 사용하기 편리합니다.

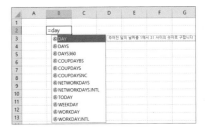

02 엑셀 2019 화면 구성 살펴보기

엑셀의 구조와 화면 구성을 살펴보고, 구성 요소들의 기능에 대해 알아보겠습니다. 또한 리본 메뉴와 빠른 실행 도구 모음을 편집하는 방법을 알아보겠습니다.

 핵심 기능 엑셀 구조 파악하기

엑셀을 실행하면 '통합 문서1'이라는 새 문서가 열립니다. 이 통합 문서가 하나의 엑셀 파일이 되며, 하나의 엑셀 파일은 여러 개의 시트로 구성될 수 있습니다. 또한 하나의 워크시트는 무수히 많은 셀로 이루어져 있습니다.

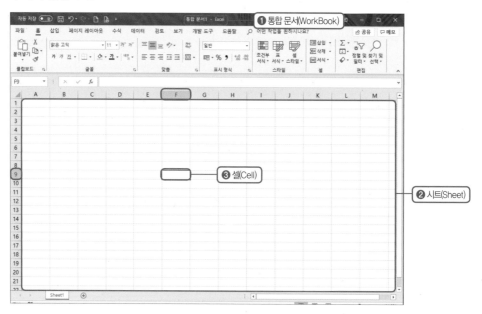

❶ **통합 문서(WorkBook)** 하나의 파일을 의미합니다.

❷ **시트(Sheet)** 시트는 '워크시트', '차트시트', '매크로 시트', '대화상자 시트'가 있지만 통상적으로 '시트'라고 하면 '워크시트'를 말합니다. 엑셀을 실행하면 1개의 워크시트가 제공되고 필요에 따라 원하는 개수만큼 추가할 수 있습니다. 만약, 통합 문서 시트 수를 기본 5개로 지정하고 싶다면 [파일] 탭의 - [옵션]을 클릭합니다. [Excel 옵션] 대화상자의 '포함할 시트 수'를 수정한 후 엑셀을 재실행하면 기본 시트 수가 5개로 수정됩니다. 하나의 시트는 1,048,576×16,384의 셀로 이루어져 있습니다.

❸ **셀(Cell)** 워크시트 안에서 행과 열이 만나는 곳으로 데이터를 입력합니다. 셀에는 주소가 부여되는데 행 머리글과 열 머리글을 읽으면 됩니다. 현재 셀 포인터가 위치한 곳의 셀 주소는 [F9]입니다.

핵심기능 〉 엑셀 화면 구성 살펴보기

● 오피스 365로 집필하여 업데이트 시점에 따라 화면 구성 위치가 조금씩 다를 수 있습니다.

엑셀의 전체 화면 구성을 살펴보고, 각 구성 요소들의 기능에 대해 알아보겠습니다.

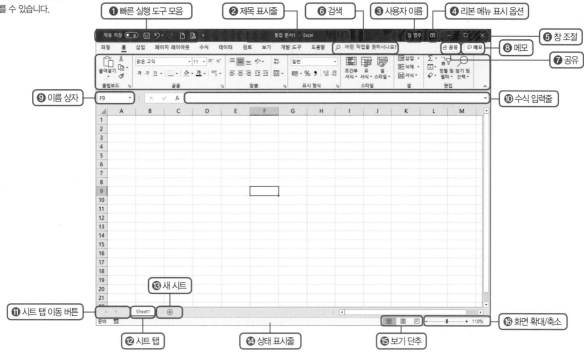

❶ **빠른 실행 도구 모음** 자주 사용하는 명령을 모아 놓은 곳으로 추가/제거할 수 있습니다.

❷ **제목 표시줄** 현재 작업 중인 파일명이 표시됩니다.

❸ **사용자 이름** 계정에 로그인 했을 경우 사용자 이름이 표시됩니다.

❹ **리본 메뉴 표시 옵션** '리본 메뉴 자동 숨기기', '탭 표시', '탭 및 명령 표시' 중 하나를 선택하여 리본 메뉴 표시 방법을 설정합니다.

❺ **창 조절** 현재 문서의 창을 최소화, 복원/최대화, 닫기합니다.

❻ **검색** 작업할 명령을 검색하여 실행합니다.

❼ **공유** 온라인에 저장된 통합 문서를 다른 사용자와 공유합니다.

❽ **메모** 오피스365에 추가된 대화형 메모를 작업 창의 형태로 펼치거나 닫습니다.

❾ **이름 상자** 선택된 셀의 주소가 표시되며 이름을 정의하거나 정의된 이름을 확인합니다.

❿ **수식 입력줄** 현재 선택된 셀의 데이터 또는 수식을 확인합니다.

⓫ **시트 탭 이동 버튼** 시트 개수가 많아 가려진 시트를 볼 수 있도록 시트 탭 화면을 이동합니다.

⓬ **시트 탭** 시트 이름이 표시되며 시트가 여러 개일 경우 클릭하여 선택합니다.

⓭ **새 시트** 새 워크시트를 추가합니다.

⓮ **상태 표시줄** 현재 작업 상태를 표시하며, 상태 표시줄에서 마우스 오른쪽 버튼을 클릭하면 상태 표시줄에 표시할 메뉴를 표시/해제 할 수 있습니다.

⓯ **보기 단추** '기본', '레이아웃 보기', '페이지 나누기 미리 보기' 세 개의 보기 중 작업 상황에 따라 선택합니다.

⓰ **화면 확대/축소 슬라이더** 화면 확대/축소 배율을 설정합니다.

엑셀 실행하기

엑셀을 실행하면 백스테이지 화면이 나타나며 [홈], [새로 만들기], [열기]라는 탭이 나타납니다. 새 문서
를 열어 작업할 것인지, 기존 파일을 열 것인지에 따라 원하는 명령을 선택합니다.

● 백스테이지에서 Esc 를 누르면
새 통합 문서가 열립니다.

❶ **홈** [새로 만들기]와 [열기]에 있는 명령이 혼합되어 있습니다.
❷ **새로 만들기** 새로 만들기와 관련된 명령이 있습니다.
❸ **열기** 열기와 관련된 명령이 있습니다.

새 문서 만들기

● Ctrl + N 을 누르면 새 통합 문
서가 열립니다.

[새로 만들기]를 클릭하여 새 통합 문서를 만들거나 온라인에서 제공하는 서식 파일을 다운로드하여 작
업합니다.

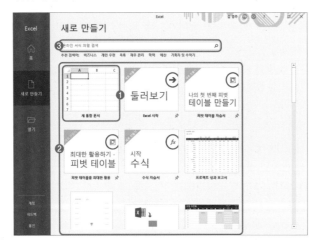

❶ **새 통합 문서** 빈 워크시트에서 작업을 시작합니다.
❷ **제공되는 서식 파일 목록** 온라인상의 서식 파일을 다운로드하여 작업합니다.
❸ **검색란** 원하는 키워드를 검색하여 서식 파일을 다운로드합니다.

:: 열기

◉ Ctrl + O 를 누르면 열기 백스테이지가 나타나고, Ctrl + F12 를 누르면 [열기] 대화상자가 나타납니다.

[열기]를 클릭하여 작성한 파일 또는 공유된 파일을 엽니다.

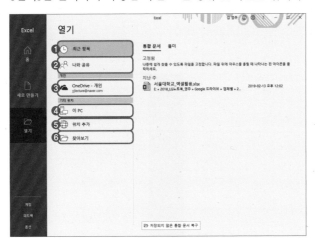

❶ **최근 항목** 최근에 작성한 파일을 쉽게 열 수 있습니다.
❷ **나와 공유** 공유된 파일을 쉽게 열 수 있습니다.
❸ **OneDrive - 개인** OneDrive에 저장된 파일을 열 수 있습니다.
❹ **이 PC** PC의 기본 파일 위치로 설정된 폴더가 표시됩니다.
❺ **위치 추가** 클라우드 저장소인 OneDrive와 비즈니스용 OneDrive 위치에 새 계정을 추가할 수 있습니다.
❻ **찾아보기** [열기] 대화상자를 나타냅니다. 특정한 경로의 파일을 찾아 열 수 있습니다.

바로 가기 키로 파일을 열거나 저장할 때 Backstage 표시하지 않기

Ctrl + O 를 누르거나 Ctrl + S 를 눌렀을 때 Backstage를 표시하지 않고 [열기], [다른 이름으로 저장] 대화상자가 나타나도록 하려면 [Excel 옵션]의 설정을 변경합니다. [파일] 탭의 [옵션]을 클릭한 후 [Excel 옵션] 대화상자에서 [저장] 탭을 선택합니다. '바로 가기 키로 파일을 열거나 저장할 때 Backstage 표시 안 함'에 체크 표시한 후 [확인] 버튼을 클릭합니다.

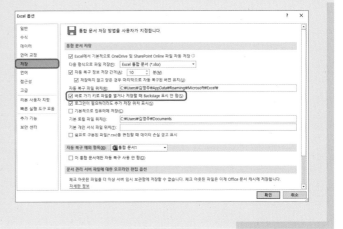

엑셀 시작 화면 표시하지 않기

엑셀을 실행하면 작업을 선택할 수 있는 시작 화면이 나타납니다. 이 시작 화면에서 원하는 작업을 선택합니다. 그러나 엑셀을 실행하여 빈 문서를 열어 작업하는 것이 대부분이라면 시작 옵션 없이 곧장 빈 문서가 열리도록 하는 것이 편리합니다.

1 [파일] 탭의 [옵션]을 클릭합니다.

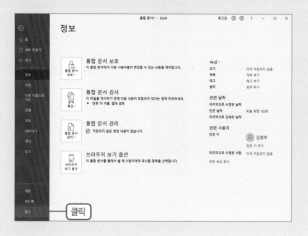

2 [Excel 옵션] 대화상자가 나타나면 '이 응용 프로그램을 시작할 때 시작 화면 표시'에 체크 표시를 해제한 후 [확인] 버튼을 클릭합니다. Alt + F4 을 눌러 엑셀을 종료한 후 다시 엑셀을 실행합니다.

3 다음과 같이 곧장 빈 문서가 열립니다.

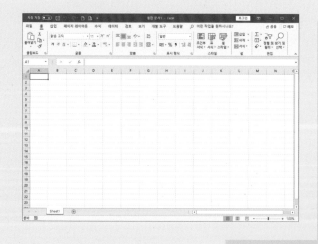

해상도에 따라 다르게 표시되는 리본 메뉴

리본 메뉴는 화면 해상도에 따라 다르게 보입니다. 1100×800의 해상도에서 [홈] 탭을 클릭했을 때의 리본 메뉴입니다.

1920×1028의 해상도에서 [홈] 탭을 클릭했을 때의 리본 메뉴입니다.

참고로 이 책은 해상도 1100×800이 설정된 상태에서 집필하였습니다.

 리본 메뉴와 빠른 실행 도구 모음 편집하기

엑셀은 리본 메뉴, 빠른 실행 도구 모음, 바로 가기 키를 이용해 명령을 실행합니다. 여기서는 리본 메뉴와 빠른 실행 도구 모음을 사용자에 맞게 편집하는 방법을 알아보겠습니다.

⠿ 빠른 실행 도구 모음 편집

◉ 빠른 실행 도구 모음의 위치는 리본 메뉴 위쪽 또는 아래쪽에 위치하도록 설정할 수 있습니다.

빠른 실행 도구 모음에 자주 사용하는 명령을 추가하면 리본 메뉴에서 실행하는 것보다 빠르게 실행할 수 있습니다. 빠른 실행 도구 모음에 원하는 명령을 추가하는 방법은 세 가지가 있습니다.

1 빠른 실행 도구 모음 사용자 지정을 클릭하여 원하는 명령을 체크 또는 해제하여 편집합니다.

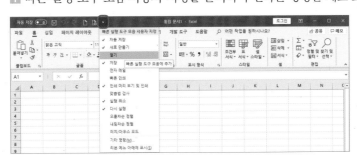

○ 터치/마우스 모드
터치를 지원하는 노트북 사용 시
명령 간격을 넓히면 터치가 편리
합니다. [빠른 실행 도구 모음 사
용자 지정]을 클릭하여 '터치/마우
스 모드'를 빠른 실행 도구 모음에
추가합니다. '명령 간격 최적화'에
서 '마우스'모드와 '터치' 모드 중
원하는 모드를 선택합니다.

2 리본 메뉴에서 원하는 명령을 선택한 후 마우스 오른쪽 버튼을 클릭하여 [빠른 실행 도구 모음에 추가] 명령을 선택하여 추가합니다.

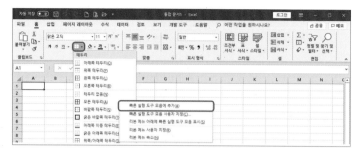

3 [Excel 옵션] 대화상자에서 편집합니다. **1** 빠른 실행 도구 모음 사용자 지정을 클릭한 후 **2** '기타 명령'을 선택하면 [Excel 옵션] 대화상자가 나타납니다. 이 대화상자에서 원하는 명령을 찾아 추가 또는 제거합니다.

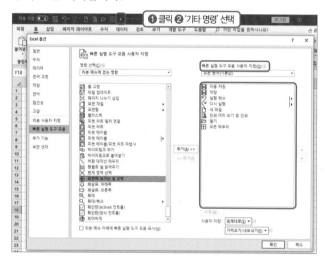

:: 리본 메뉴 편집

기본적으로 주어진 리본 메뉴를 편집하거나 사용자가 자주 사용하는 명령을 모아 둔 리본 메뉴를 만들 수 있습니다.

사용자 지정 리본 메뉴를 추가하려면 **1** 임의의 리본 메뉴 위에서 마우스 오른쪽 버튼을 클릭하여 **2** [리본 메뉴 사용자 지정]을 클릭합니다.

만약, [도움말] 위에서 마우스 오른쪽 버튼을 클릭하여 [리본 메뉴 사용자 지정]을 선택했다면 추가될 메뉴는 [도움말] 메뉴 뒤에 추가됩니다.

○ 리본 메뉴를 숨기거나 나타내
려면 Ctrl+F1을 누릅니다.

○ 리본 메뉴를 숨기거나 나타내
려면 임의의 리본 탭을 더블클릭
합니다.

[Excel 옵션] 대화상자가 나타나면 ❸ [새 탭], [새 그룹], [이름 바꾸기] 버튼을 통해 새로운 리본 탭, 그
룹을 추가하고 이름을 변경합니다. ❹ '명령 선택'에서 원하는 명령을 선택한 후 [추가] 버튼을 클릭하여
새로운 리본 메뉴를 만듭니다.

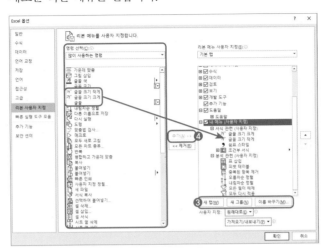

:: 빠른 실행 도구 모음과 리본 메뉴 초기화

편집했던 빠른 실행 도구 모음과 리본 메뉴를 초기화하려면 [Excel 옵션] 대화상자에서 '원래대로'를 클
릭합니다. 편집했던 빠른 실행 도구 모음과 리본 메뉴를 초기화하려면 [Excel 옵션] 대화상자에서 [원
래대로] 버튼을 클릭한 후 '모든 사용자 지정 다시 설정'을 클릭합니다.

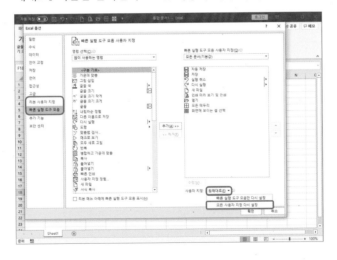

다음과 같은 경고 창이 나타나면 [예]를 클릭하여 초기화합니다.

빈도수 높은 명령 빠른 실행 도구 모음에 추가하기

키 워 드 　빠른 실행 도구 모음 편집

길라잡이 　빈번하게 사용하는 명령인 '새로 만들기', '열기', '인쇄 미리 보기 및 인쇄', '모든 테두리', '모두 지우기', '모두 선택' 명령을 빠른 실행 도구 모음에 추가하고, 빠른 실행 도구 모음 위치를 리본 메뉴 아래로 배치하는 방법을 알아보겠습니다.

01 빠른 실행 도구 모음 사용자 지정에서 추가하기

❶ '빠른 실행 도구 모음 사용자 지정' 을 클릭하여 ❷ '새로 만들기'를 클릭 합니다. 동일한 방법으로 ❸ '열기', ❹ '인쇄 미리 보기 및 인쇄'를 클릭하 여 추가합니다.

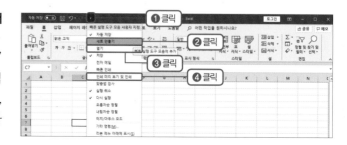

02 리본 메뉴에서 직접 추가하기

❶ [홈] 탭 - [글꼴] 그룹의 [테두리 - 모든 테두리] 명령 위에서 ❷ 마우 스 오른쪽 버튼을 클릭합니다. ❸ [빠 른 실행 도구 모음에 추가]를 클릭합 니다.

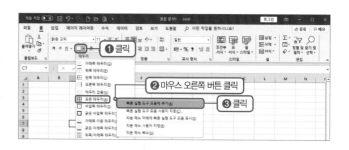

● 주의

빠른 실행 도구 모음에 추가 할 때 하위 명령이 있는 아이 콘 위에서 ◇ 지우기 ▾ 마우스 오른쪽 버튼을 클릭하면 하위 명령이 있는 상태로 추가되 고, 하위 명령이 없는 아이콘 위에서 ◇ 모두 지우기(A)을 추 가하면 해당 명령만 추가됩니 다.

03 리본 메뉴에서 직접 추가하기

❶ [홈] 탭 - [편집] 그룹의 [지우기 - 모두 지우기] 명령 위에서 ❷ 마우 스 오른쪽 버튼을 클릭합니다. ❸ [빠 른 실행 도구 모음에 추가]를 클릭합 니다.

04 [Excel 옵션] 대화상자 나타내기

❶ '빠른 실행 도구 모음 사용자 지정'을 클릭하여 ❷ '기타 명령'을 클릭합니다.

05 [Excel 옵션] 대화상자에서 추가하기

[Excel 옵션] 대화상자가 나타나면 ❶ '리본 메뉴에 없는 명령'을 선택합니다. ❷ '모두 선택'을 선택한 후 ❸ [추가] 버튼을 클릭하고 ❹ [확인] 버튼을 클릭합니다.

◉ 명령은 가나다순으로 표시되므로 스크롤바를 이동하여 찾습니다.

◉ '모두 선택' 명령은 워크시트에 개체가 삽입되어 있을 경우 모든 개체를 한 번에 선택하는 명령입니다.

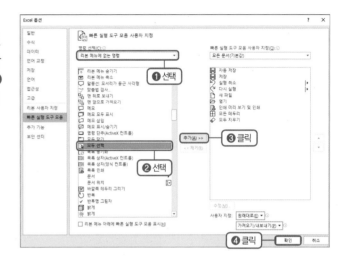

06 빠른 실행 도구 모음 위치 이동하기

❶ '빠른 실행 도구 모음 사용자 지정'을 클릭하여 ❷ '리본 메뉴 아래에 표시'를 클릭합니다.

07 완성

다음과 같이 빠른 실행 도구 모음에 원하는 명령이 추가되고, 빠른 실행 도구 모음이 리본 메뉴 아래로 이동됩니다.

'내 메뉴' 만들기

키 워 드 리본 메뉴 편집

길라잡이 빈번하게 사용하는 명령을 빠른 실행 도구 모음에 모두 추가하면 아이콘이 너무 많아 찾기 힘들 수 있습니다. 나만의 리본 메뉴를 만들어 그룹별로 분리하면 명령을 찾기 위해 이 메뉴 저 메뉴 이동하지 않고 한 곳에서 명령을 실행할 수 있으므로 편리합니다. 내 리본 메뉴를 만드는 방법을 알아보겠습니다.

◉ 만약 [보기] 탭 위에서 마우스 오른쪽 버튼을 클릭하면 새 리본 메뉴는 [보기] 탭 뒤에 나타납니다.

01 [Excel 옵션] 대화상자 나타내기

❶ [도움말] 탭 메뉴 위에서 마우스 오른쪽 버튼을 클릭하여 ❷ [리본 메뉴 사용자 지정]을 클릭합니다.

02 [새 탭] 추가하기

[Excel 옵션] 대화상자가 나타나면 [새 탭] 버튼을 클릭합니다.

03 새 탭 이름 바꾸기

❶ '새 탭(사용자 지정)'을 선택한 후
❷ [이름 바꾸기] 버튼을 클릭하여
❸ 임의의 이름 '내 메뉴'를 입력하고
❹ [확인] 버튼을 클릭합니다.

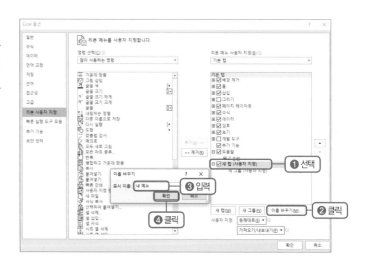

04 새 그룹 이름 바꾸기

❶ '새 그룹(사용자 지정)'을 선택한 후 ❷ [이름 바꾸기] 버튼을 클릭합니다. ❸ 임의의 기호를 선택한 후 ❹ 임의의 이름 '서식'을 입력하고 ❺ [확인] 버튼을 클릭합니다.

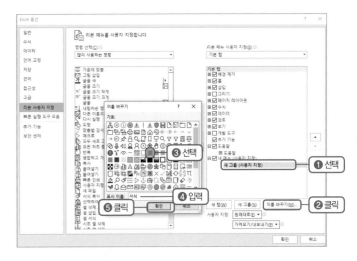

05 원하는 명령 추가하기

◎ 리본 메뉴에 없는 명령을 추가하려면 '명령 선택'에서 '리본 메뉴에 없는 명령'을 선택한 후 원하는 명령을 추가합니다.

❶ '명령 선택'에서 '기본 탭'을 선택한 후 ❷ 추가하고 싶은 명령을 선택하고 ❸ [추가] 버튼을 클릭합니다. ❹ 동일한 방법으로 원하는 명령을 추가한 후 ❺ [확인] 버튼을 클릭합니다.

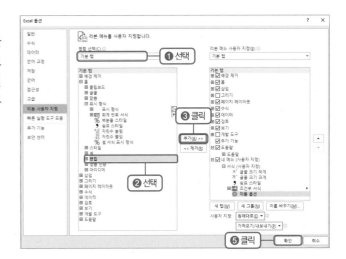

06 완성

다음과 같이 [내 메뉴]가 생성되고, '서식' 그룹에 추가한 명령들이 추가됩니다.

메뉴 명령
순서 변경하기

빠른 실행 도구 모음과 리본 메뉴에 추가한 명령 또는 원래 있던 명령들의 순서를 변경하는 방법에 대해 알아보겠습니다.

1 [Excel 옵션] 대화상자 나타내기

❶ '빠른 실행 도구 모음 사용자 지정'을 클릭한 후 ❷ [기타 명령]을 클릭합니다.

2 빠른 실행 도구 모음 명령 순서 변경하기

[Excel 옵션] 대화상자가 나타나면 ❶ [빠른 실행 도구 모음] 탭이 선택되어 있는지 확인합니다. ❷ 이동할 임의의 명령을 선택한 후 ❸ 위로 이동(ㆍ), 아래로 이동(ㆍ) 버튼을 눌러 원하는 위치로 이동합니다.

③ 리본 메뉴 순서 변경하기

❶ [리본 사용자 지정] 탭을 선택한 후 ❷ 이동할 리본 메뉴를 선택합니다. 여기서는 [페이지 레이아웃] 탭을 선택한 후 ❸ 위로 이동(▲), 아래로 이동(▼) 버튼을 눌러 원하는 위치로 이동합니다. ❹ 이동이 끝났으면 [확인] 버튼을 클릭합니다.

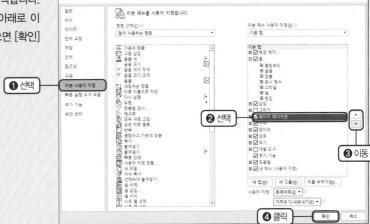

④ 완성

다음과 같이 [페이지 레이아웃] 탭이 이동되고, 빠른 실행 도구 모음의 명령도 순서가 변경되어 있습니다.

NOTE

리본 메뉴 축소하기
워크시트 화면을 넓게 보기 위해 리본 메뉴를 축소하려면 단축키 Ctrl + F1 을 눌러 전환하거나 임의의 리본 탭을 더블클릭합니다. 다시 축소를 해제할 때에도 Ctrl + F1 을 누르거나 임의의 리본 탭을 더블클릭합니다.

03

통합 문서
저장하기

마이크로소프트 계정으로 로그인하기, 오피스 배경 및 테마 변경하기, 저장 위치 설정 및 다른 파일 형식으로 저장하는 방법에 대해 알아보겠습니다.

핵심기능 오피스에 로그인하기

Microsoft 계정으로 로그인한 후 엑셀을 사용하면 클라우드인 OneDrive에 파일을 저장할 수 있고, 다른 사람과 공유가 쉬우며, 언제 어디서든 파일을 사용할 수 있어 편리합니다.

❶ [파일] 탭 - [계정]을 클릭한 후 ❷ [로그인] 버튼을 클릭합니다.

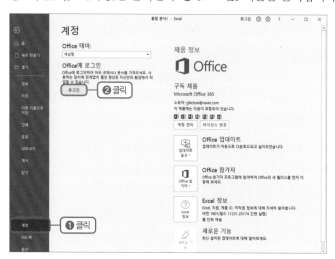

❸ 마이크로소프트 계정을 입력한 후 ❹ [다음] 버튼을 클릭합니다. 만약 계정이 없다면 '새로 만드세요.'를 클릭하여 계정을 만듭니다.

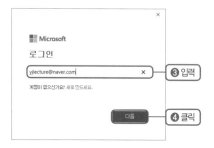

● 사용하는 엑셀 버전을 확인하려면 [파일] 탭 [계정]을 클릭하여 제품 정보를 확인합니다.

또한 계정에 로그인하면 Office 배경과 테마를 변경할 수 있습니다.

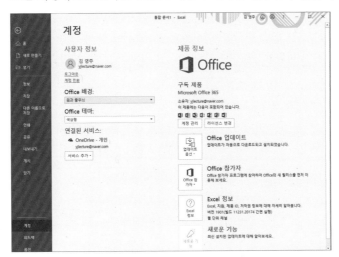

핵심 기능 다른 이름으로 저장 Backstage 알아보기

▓ Backstage 살펴보기

● F12를 누르면 [다른 이름으로 저장] 대화상자가 나타납니다.

[파일] 탭의 [저장]을 클릭하거나 [다른 이름으로 저장]을 클릭하면 Backstage 화면이 나타납니다. 파일을 저장하려는 위치에 따라 원하는 곳을 선택하여 저장합니다.

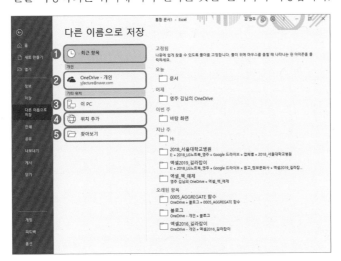

❶ **최근 항목** 최근에 사용했던 위치 목록이 날짜별로 표시됩니다. 원하는 위치를 선택하여 저장합니다.

❷ **OneDrive - 개인** 마이크로소프트 계정에 로그인되어 있다면 OneDrive에 있는 폴더 목록이 표시됩니다. 원하는 위치를 선택하여 저장합니다.

○ PDF 저장 옵션
PDF로 저장할 때 인쇄 품질
을 높이는 '표준(온라인 게시
및 인쇄)'과 파일 크기를 줄
이는 '최소 크기(온라인 게
시)'를 선택할 수 있습니다.

❸ **이 PC** 기본 저장 위치로 설정되어 있는 곳의 폴더 목록이 나타납니다. 옵션을 변경하지 않았다면 기본 저장 위치는 C:\Users\사용자이름\Documents입니다.

❹ **위치 추가** 클라우드 공간인 SharePoint와 OneDrive의 계정을 추가할 수 있습니다.

❺ **찾아보기** [열기] 대화상자를 표시하여 저장할 위치를 지정합니다.

다른 형식으로 저장하기

엑셀 파일을 다른 형식(PDF, CSV 등)으로 저장하려면 ❶ 저장할 위치를 선택한 후 ❷ ▾을 눌러 ❸ 원하는 형식을 선택합니다. ❹ 파일 이름을 입력하고 ❺ [저장] 버튼을 클릭합니다.

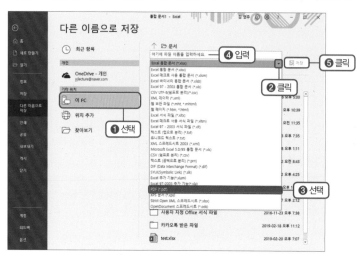

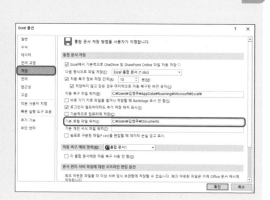

기본 저장 위치 변경

기본 저장 위치는 파일을 열거나 저장할 때 기본으로 지정되는 경로입니다. 이 경로를 변경하려면 [파일] 탭의 [옵션]을 클릭합니다. 나타나는 [옵션] 대화상자에서 [저장] 탭을 클릭한 후 '기본 로컬 파일 위치'를 변경합니다.

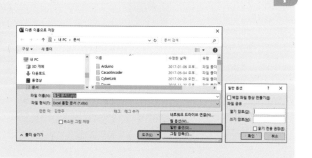

암호 사용하여 저장하기

문서를 저장하기 위해 F12를 누릅니다. [다른 이름으로 저장] 대화상자가 나타나면 [도구] – [일반 옵션]을 클릭하여 열기 암호와 쓰기 암호를 지정하여 문서를 보호할 수 있습니다.

팀원과 공유하여 작업하기

예제 파일 Sample\Theme01\일정표.xlsx   완성 파일 Sample\Theme01\일정표_완성.xlsx

키 워 드 파일 공유
길라잡이 클라우드에 파일을 저장하면 팀원과 파일을 공유하여 공동 작업할 수 있습니다. 가입하면 무료로 사용할 수 있는
OneDrive에 파일을 저장하고 원하는 팀원 또는 지인과 파일을 공유하는 방법에 대해 알아보겠습니다.

01 OneDrive에 저장하기

❶ [파일] 탭의 [다른 이름으로 저장]을 클릭한 후 ❷ 저장 위치를 'OneDrive – 개인'을 선택합니다. ❸ 저장할 폴더를 지정하고 파일명 입력 후 ❹ [저장] 버튼을 클릭합니다.

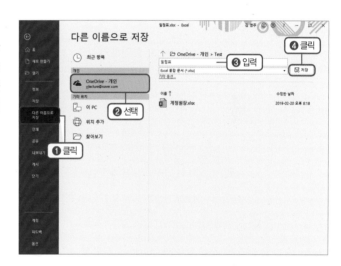

02 공유하기

❶ 제목 표시줄을 확인하면 파일이 OneDrive에 저장된 것을 확인할 수 있습니다. ❷ [공유] 버튼을 클릭합니다.

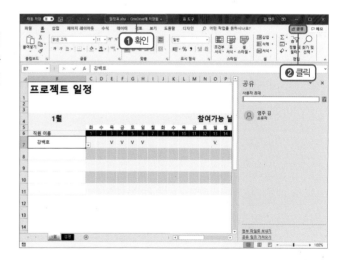

● 다수에게 공유하려면 작업 창 하단의 '공유 링크 가져오기'를 클릭하여 링크를 복사한 후 SNS 등으로 공유합니다.

03 사용자 초대하기

❶ 사용자 초대에 공유할 팀원 또는 지인의 메일 주소를 입력합니다. ❷ 권한에서 '편집 가능'을 선택하고 ❸ 메시지를 작성한 후 ❹ [공유] 버튼을 클릭합니다.

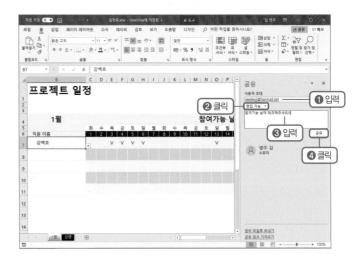

04 편집 가능자 확인하기

공유 작업 창에 소유자와 편집 가능한 사람의 이름이 표시됩니다.

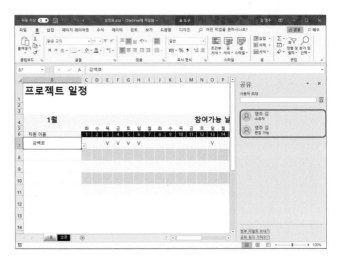

05 초대된 사람 메일 확인하기

초대된 사람이 메일을 확인합니다. 공유된 파일을 [OneDrive에서 보기] 버튼을 클릭합니다.

06 내용 편집하기

공유된 파일이 웹에서 열립니다. 내용을 편집합니다.

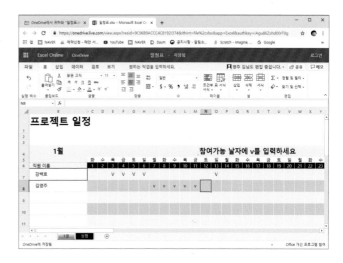

07 소유자 화면에서 확인하기

소유자 화면에서 확인하면 소유자 외에 편집자가 있음을 확인할 수 있고, 내용이 추가되어 있습니다.

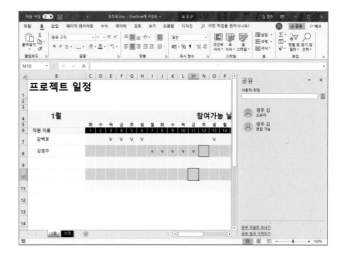

08 초대된 편집자 작업 종료하기

초대된 편집자가 편집을 끝낸 후 웹상의 엑셀 창을 닫으면 소유자 화면에서 편집자가 사라집니다. 이렇게 공동 작업으로 일정표를 완성할 수 있습니다.

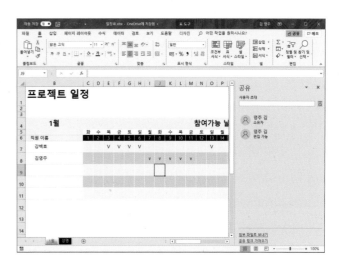

엑셀 데이터의 종류와 특징을 이해하면 정확한 계산 결과를 얻고
엑셀의 기능을 효율적으로 다룰 수 있습니다. 문자, 날짜, 시간,
숫자 데이터의 특징과 규칙적인 데이터를 빠르게 입력하는 방법,
수식을 작성하는 방법에 대해 알아보겠습니다.

엑셀
데이터 입력

01 데이터 입력하기

데이터를 입력, 수정, 삭제하는 방법과 데이터 종류와 특징을 이해하고 입력하는 방법, 셀에 스티커처럼 삽입하는 주석형 메모와 엑셀 2019에 추가된 대화형 메모에 대해 알아보겠습니다.

핵심기능 입력/수정/삭제

데이터 입력

⊙ 데이터 입력 중에 Esc를 누르면 입력이 취소됩니다.

데이터 입력 후 Enter를 누르거나 방향키를 누르면 데이터 입력을 완료합니다. 한 셀에 여러 줄을 입력하려면 Alt+Enter를, 범위를 지정한 곳에 동일한 데이터가 입력되도록 하려면 Ctrl+Enter를 누릅니다.

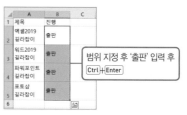

데이터 수정

입력한 데이터를 수정하려면 해당 셀을 더블클릭하거나, 수식 입력줄을 클릭 혹은 F2를 누릅니다.

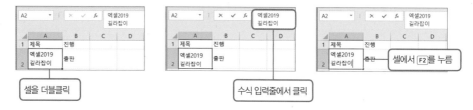

데이터 삭제

입력한 데이터를 지우려면 범위를 지정하고 Del을 누릅니다. 그러나 데이터가 입력된 셀에 서식이 지정되어 있거나 메모가 삽입되어 있거나 하이퍼링크가 설정되어 있다면 [홈] 탭의 [편집] 그룹에서 [지우기] 명령을 통하여 지웁니다.

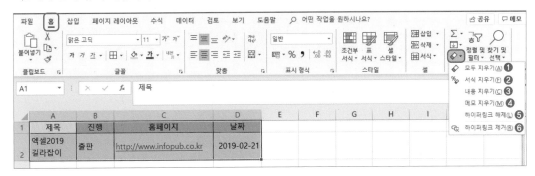

❶ **모두 지우기** 데이터, 서식, 메모, 하이퍼링크를 모두 지웁니다.
❷ **서식 지우기** 셀에 지정된 서식을 지웁니다.
❸ **내용 지우기** 셀에 입력된 데이터(내용)를 지웁니다. Del 을 누르는 것과 동일합니다.
❹ **메모 지우기** 셀에 삽입된 메모를 지웁니다.
❺ **하이퍼링크 해제** 설정된 하이퍼링크를 해제합니다.
❻ **하이퍼링크 제거** 설정된 하이퍼링크를 해제하고, 하이퍼링크 서식을 지웁니다.

핵심
기능 ▶ 데이터 종류 이해하기

엑셀 데이터의 종류는 숫자, 날짜, 시간, 문자가 있습니다. 날짜와 시간을 엑셀이 요구하는 형식으로 입력하면 숫자로 처리되므로 숫자, 날짜, 시간은 계산할 수 있지만 문자는 계산할 수 없습니다.

⠿ 숫자 데이터

⊙ 숫자를 괄호 속에 입력하면 음수로 입력됩니다. 예를 들어 (10)을 입력하면 −10이 됩니다.

숫자는 15자리까지 입력 가능하며 기본적으로 오른쪽 정렬됩니다.

◢	A		B	C		D
1			숫자사례 1			숫자사례 2
2	❶		500	❺		123456789012345
3	❷		9.85042E+12	❻		1234567890123450000
4	❸		#########	❼		1/5
5	❹		₩367,000	❽		010

❶ 숫자는 기본적으로 오른쪽 정렬됩니다.
❷ 열 너비보다 긴 숫자를 입력하거나 12자리 이상 입력하면 지수 서식으로 표시됩니다. 정수형으로 표시하려면 표시 형식을 '숫자'로 지정합니다.
❸ 열 너비보다 긴 숫자를 지정했을 때 서식이 지정된 숫자는 ###으로 표시됩니다. 셀 너비를 늘리면 숫자를 제대로 표시합니다.

❹ 통화기호(₩, $)나 쉼표(,)를 숫자와 같이 입력하면 기호는 서식으로 표시되고, 셀에는 숫자만 입력됩니다.

❺ 숫자는 15자리까지만 입력 가능합니다.

❻ 15자리를 넘어가면 16자리부터는 0으로 입력됩니다.

❼ 분수 (1/5)를 입력하려면 '0'을 입력, 한 칸 띄고, '1/5'를 입력합니다.

❽ 숫자를 문자로 입력하려면 Apostrophe(')를 입력한 후 숫자를 입력합니다.

날짜 데이터

⦿ 오늘 날짜를 입력하는 단축키는 Ctrl + ; 입니다.

날짜는 연, 월, 일 구분기호를 하이픈(-)이나 슬래시(/)로 입력합니다. 그래야만 날짜(일련번호)로 처리합니다. 엑셀의 날짜는 1900-1-1을 일련번호 1, 1900-1-2를 2, 1900-1-3을 3, … 으로 처리합니다.

	A	B	C	D
1		키보드로 입력	셀에 표시된 형태	실제 입력된 형태
2	❶	2019-03-02	2019-03-02	2019-03-02
3	❷	3-2	03월 02일	2019-03-02
4	❸	2019-3	Mar-19	2019-03-01
5	❹	19-3-2	2019-03-02	2019-03-02
6	❺	97-3-2	1997-03-02	2019-03-02
7	❻	Ctrl+;	2019-03-02	2019-03-02

❶ 연, 월, 일 구분기호를 하이픈(-)으로 입력하면 날짜(일련번호)로 처리합니다.

❷ 연도를 생략하여 입력하면 '○월 ○일'로 표시되고, '○○○○-○○-○○일'로 입력됩니다.

❸ 일을 생략하여 입력하면 1일로 입력됩니다.

❹ 연도를 두 자리(00~29) 입력하면 2000~2029 사이의 연도로 인식합니다.

❺ 연도를 두 자리(30~99) 입력하면 1930~1999 사이의 연도로 인식합니다.

❻ Ctrl + ; 을 입력하면 컴퓨터에 설정된 오늘 날짜가 자동 입력됩니다.

시간 데이터

⦿ 현재 시간을 입력하는 단축키는 Ctrl + Shift + ; 입니다.

시간은 시, 분, 초 구분기호를 콜론(:)으로 입력합니다. 엑셀은 24시를 1, 12시를 0.5, 6시를 0.25로 처리합니다. 즉, 0~1 사이의 실수값으로 처리합니다.

한자 입력

한자를 글자단위로 변환하려면 한글 입력 후 한자를 누릅니다. 단어 단위로 변환하려면 전체를 입력한 후 범위를 지정하고 한자를 누릅니다.

❶ '2019년 예산 현황'을 입력합니다.

❷ 텍스트를 범위 지정한 후 한자를 누릅니다.

❸ 단어 단위로 추천되면 해당되는 한자를 선택하여 변환합니다.

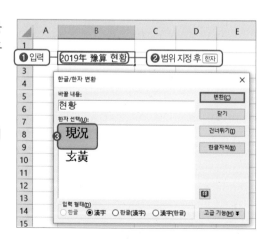

◦◦ 특수문자 입력

엑셀에서 특수문자를 입력하는 방법은 두 가지가 있습니다.

1 [삽입] 탭의 [기호] 그룹 - [기호]를 클릭하여 나타나는 대화상자에서 삽입합니다.

○ 자음입력+[한자]를 눌러 특수문자를 입력하는 방법은 windows가 제공하는 기능이므로 워드, 파워포인트 등에서도 사용할 수 있습니다.

2 자음을 입력한 후 [한자]를 누릅니다.

예를 들어 **①** 'ㄹ' 입력 **②** [한자] 누름 **③** [tab] 누름 **④** 목록에서 원하는 기호를 선택하여 삽입합니다.

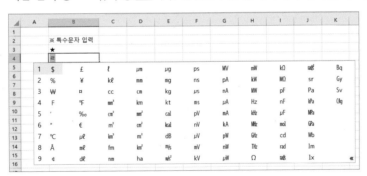

핵심기능 대화형 메모와 주석 메모

메모는 이전 버전부터 있었던 기능으로 엑셀 2019 버전에 대화형 메모 기능이 추가되었습니다.

◦◦ 대화형 메모

새롭게 추가된 대화형 메모는 클라우드에 파일을 저장해 두고 공동 작업 시 대화형으로 메모할 수 있어 편리합니다. [검토] 탭의 [메모] 그룹에서 [새 메모]를 클릭하거나 마우스 오른쪽 버튼을 클릭하여 [새 메모]를 클릭합니다.

메모를 작성한 후 '게시(▶)'를 클릭하거나 Ctrl + Enter를 누릅니다.

◉ 대화형 메모는 메모와 회신 스레드로 구성됩니다.

[검토] 탭의 [메모] 그룹에서 [메모 표시]를 클릭하여 작업 창이 나타나면 메모를 편집/삭제할 수 있습니다.

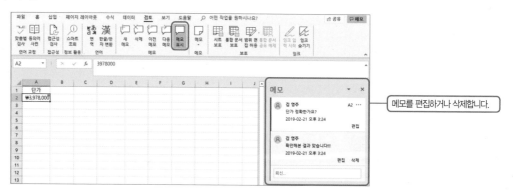

메모를 편집하거나 삭제합니다.

:: 주석 메모

● 단축키 Shift+F2를 눌러 주석 메모를 삽입할 수도 있습니다.

이전 버전부터 있어 왔던 기능으로 특정 셀에 주석 형태로 메모를 삽입합니다. [검토] 탭의 [메모] 그룹에서 [메모 – 새 메모]를 클릭하거나 마우스 오른쪽 버튼을 클릭하여 [새 메모]를 클릭합니다.

노란색 바탕에 주석 형태의 메모가 삽입되면 주석을 입력한 후 상자 바깥쪽을 클릭합니다.

주석 메모를 표시/숨기기하거나 편집하려면 마우스 오른쪽 버튼을 클릭하거나 [검토] 탭의 [메모] 그룹에서 원하는 명령을 선택합니다.

❶ **메모 편집** 메모를 편집합니다.

❷ **이전 메모** 메모가 여러 개 삽입되어 있을 경우 이전 메모로 이동합니다.

❸ **다음 메모** 메모가 여러 개 삽입되어 있을 경우 다음 메모로 이동합니다.

❹ **메모 표시/숨기기** 해당 셀의 메모를 표시하거나 숨깁니다.

❺ **모든 메모 표시** 셀에 삽입된 모든 메모를 표시하거나 숨깁니다.

❻ **댓글로 변환** 주석 메모를 대화형 메모로 변환합니다.

데이터 입력! 이렇게 하면 쉽다!!

예제 파일 Sample\Theme02\데이터입력.xlsx **완성 파일** Sample\Theme02\데이터입력_완성.xlsx

키 워 드 데이터 입력
길라잡이 방과 후 학교 모집안내문을 작성하면서 날짜 데이터, 시간 데이터를 입력하고, Alt + Enter 와 Ctrl + Enter 조합키를 활용하여 입력의 효율을 높이는 방법을 알아보겠습니다.

● 연도를 생략하고 '6-1'을 입력하면 올해연도로 입력됩니다.

01 날짜 데이터 입력하기

❶ [C3] 셀에 '2019-6-1'을 입력하고 Enter 를 누릅니다. ❷ [C4] 셀에 '2019-8-31'을 입력하고 Enter 를 누릅니다.

TIP

만약 오늘 날짜를 입력하려면 Ctrl + ; 을 눌러 자동 입력합니다.

	2019학년도 방과후학교 제2기 모집 안내						
시작일:	2019-06-01	❶입력 후 Enter					
종료일:	2019-08-31			❷입력 후 Enter			
구분	개설강좌	대상학년	요일	시작시간	종료시간	장소	
수학 및 인문	주산	1~3	월	13:00	14:35	2-5반교실	
	한자 속독	3~6	화	13:50	15:25	제2과학실	
	독서 논술	3~6	수	15:30	17:05	2-4반	
음악	플루트	2~6	월	13:50	15:25	2학년연구실	
	기타	1~6	화	14:40	16:15	제2과학실	
	가야금	1~6	월	14:40	16:15	2-1반교실	
	바이올린	3~6	수	14:40	16:15	2-2반교실	
	피아노	1~6	수	14:40	16:15	피아노실	
	첼로	1~6	목	13:50	15:25	2-3반교실	

● 한 셀에 두 줄 이상 입력하려면 Alt + Enter 를 누릅니다.

02 한 셀에 두 줄 입력하기

❶ [B16] 셀에 '체육'을 입력하고 Enter 를 누릅니다. ❷ [C16] 셀에 '방송'을 입력하고 Alt + Enter, '댄스'를 입력한 후 Enter 를 누릅니다. 나머지 영역을 그림과 같이 입력합니다.

음악	플루트	2~6	월	13:50	15:25	2학년연구실	
	기타	1~6	화	14:40	16:15	제2과학실	
	가야금	1~6	월	14:40	16:15	2-1반교실	
	바이올린	3~6	수	14:40	16:15	2-2반교실	
	피아노	1~6	수	14:40	16:15	피아노실	
	첼로	1~6	목	13:50	15:25	2-3반교실	
체육	방송 댄스			❷입력 후 Alt + Enter			
	생활 축구						
	농구						
	음악 줄넘기						
	배드민턴						

❶입력 후 Enter

03 동일한 데이터 한꺼번에 입력하기

❶ [D16:D19] 영역을 범위 지정한 후 ❷ '1~6'을 입력하고 [Ctrl]+[Enter]를 누릅니다.

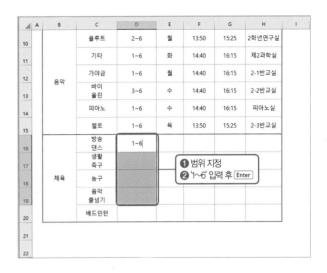

04 데이터 입력하기

범위 지정한 영역에 동일한 데이터가 입력됩니다. ❶ [D20] 셀에 '3~6'을 입력합니다.

05 시간 데이터 입력하기

❶ [E16:E20] 영역에 그림과 같이 요일을 입력합니다. ❷ [F16:F20], [G16:G20] 영역에 시간 데이터를 입력합니다. 시간 데이터의 '시:분' 구분기호는 콜론(:)으로 입력합니다.

◎ '초'를 생략하고 입력하면 0초로 입력됩니다.

◎ 시간을 입력할 때 '시'는 생략할 수 없습니다. '3분 20초'를 입력하려면 '0:3:20'을 입력합니다.

06 동일한 데이터 한꺼번에 입력하기

❶ [H16:H20] 영역을 범위 지정하고 ❷ '체육관'을 입력한 후 `Ctrl`+`Enter`를 누릅니다.

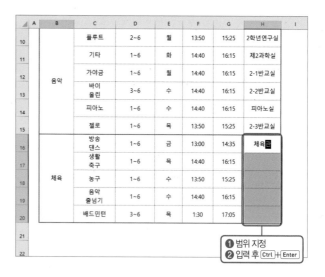

❶ 범위 지정
❷ 입력 후 `Ctrl`+`Enter`

07 완성

다음과 같이 완성됩니다.

	B	C	D	E	F	G	H	I
10		플루트	2~6	월	13:50	15:25	2학년연구실	
11		기타	1~6	화	14:40	16:15	제2과학실	
12	음악	가야금	1~6	월	14:40	16:15	2-1반교실	
13		바이올린	3~6	수	14:40	16:15	2-2반교실	
14		피아노	1~6	수	14:40	16:15	피아노실	
15		첼로	1~6	목	13:50	15:25	2-3반교실	
16		방송댄스	1~6	금	13:00	14:35	체육관	
17		생활축구	1~6	목	14:40	16:15	체육관	
18	체육	농구	1~6	수	13:50	15:25	체육관	
19		음악줄넘기	1~6	수	14:40	16:15	체육관	
20		배드민턴	3~6	목	1:30	17:05	체육관	
21								
22								

신용카드 번호 (16자리 이상 숫자) 입력하기

엑셀에서 신용카드 번호를 입력하면 15자리까지는 입력되지만 16자리 이후는 0으로 입력됩니다. 이는 엑셀의 유효 자릿수가 15자리이기 때문에 15자리 이후 숫자는 0으로 변경되기 때문입니다. 신용카드처럼 15자리 이상의 숫자를 입력하는 방법에 대해 알아보겠습니다.

1 신용카드 번호가 입력될 영역인 ❶ [A] 열 머리글을 클릭하여 [A] 열을 범위 지정합니다. ❷ Ctrl + 1 을 눌러 [셀 서식] 대화상자를 호출, ❸ [표시 형식] 탭에서 '텍스트'를 선택하고 ❹ [확인] 버튼을 클릭합니다.

2 신용카드 번호 16자리를 입력합니다. 텍스트 서식이 지정된 곳에 숫자를 입력하였으므로 셀 오류 표시가 나타납니다.

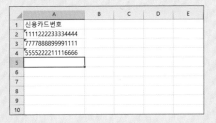

3 신용카드 번호가 입력된 영역을 ❶ 범위 지정한 후 ❷ ⬇ 를 클릭하고, ❸ [오류 무시]를 클릭합니다.

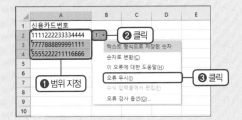

4 다음과 같이 신용카드 번호가 입력됩니다.

NOTE

엑셀은 10가지의 오류 검사 규칙을 지정해두고 있습니다. 이 규칙에 어긋나면 셀 오류 표시가 나타납니다. 현재의 상황은 의도적으로 숫자를 텍스트로 입력한 것이기에 오류를 무시합니다.

오류 검사 규칙은 [파일] 탭 – [옵션]을 클릭하여 [Excel 옵션] 창을 열고 [수식] 탭을 선택하면 오류 검사 규칙 10가지를 확인할 수 있습니다.

02 데이터 입력! 쉽고 빠르게 하기

데이터 입력을 도와주는 자동 완성, 규칙이 있는 데이터를 자동으로 채우는 자동 채우기, 입력된 데이터의 패턴을 분석하여 채우는 빠른 채우기에 대해 알아보겠습니다.

핵심 기능 자동 완성으로 데이터 빠르게 입력하기

자동 완성은 셀에 먼저 입력된 데이터를 분석해 첫 글자를 입력하면 자동으로 완성하는 기능입니다. 자동 완성은 [파일] 탭의 [옵션]을 클릭하여 나타나는 [Excel 옵션] 대화상자의 [고급] - '셀 내용을 자동 완성'에 체크되어 있을 때 가능합니다.

● 자동 완성은 연속된 영역일 때 가능하며 빈 셀 이후는 되지 않습니다.

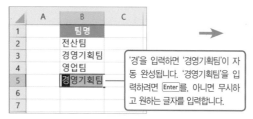

'경'을 입력하면 '경영기획팀'이 자동 완성됩니다. '경영기획팀'을 입력하려면 Enter를, 아니면 무시하고 원하는 글자를 입력합니다.

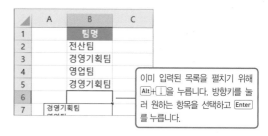

이미 입력된 목록을 펼치기 위해 Alt + ↓을 누릅니다. 방향키를 눌러 원하는 항목을 선택하고 Enter를 누릅니다.

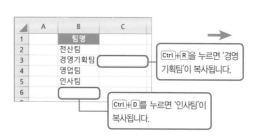

Ctrl + R을 누르면 '경영기획팀'이 복사됩니다.

Ctrl + D를 누르면 '인사팀'이 복사됩니다.

규칙적인 데이터 빠르게 입력하기

일정한 간격으로 늘어나거나 감소하는 날짜/숫자 데이터는 자동 채우기 기능을 이용하면 빠르게 입력할 수 있습니다. 자동 채우기는 셀 포인터의 오른쪽 아래 모서리 사각형 점, 즉 채우기 핸들을 드래그합니다.

● 메뉴를 이용하여 규칙적인 데이터를 입력하려면 [홈] 탭의 [편집] 그룹에서 [채우기 - 계열]을 클릭합니다.

문자 또는 숫자는 복사됨

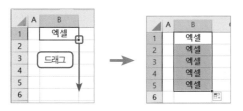

▲ 문자 : 채우기 핸들을 드래그하여 복사합니다.

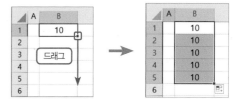

▲ 숫자 : 채우기 핸들을 드래그하여 복사합니다.

문자+숫자는 자동 채우기됨

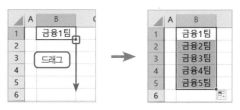

▲ 문자+숫자 조합으로 1씩 증가하며 채우기합니다.

1씩 증가하며 채우기

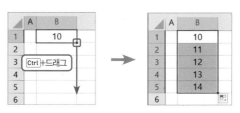

▲ Ctrl+드래그하면 1씩 증가하며 채우기합니다.

▲ 자동 채우기 옵션( )을 클릭하여 '연속 데이터 채우기'를 선택합니다.

원하는 간격으로 채우기

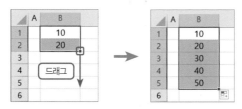

▲ 두 값의 차이인 10씩 증가하며 채우기합니다.

:: 날짜 자동 채우기

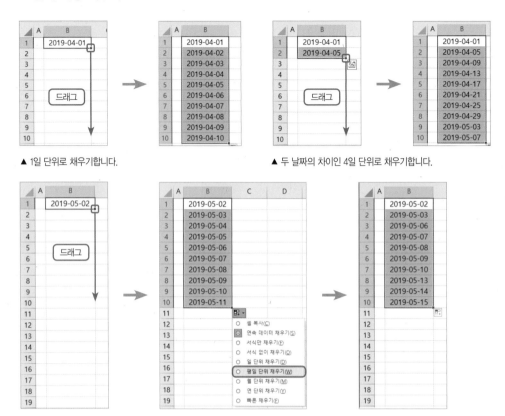

▲ 1일 단위로 채우기합니다.

▲ 두 날짜의 차이인 4일 단위로 채우기합니다.

▲ '자동 채우기 옵션'에서 '평일 단위 채우기'를 선택하면 주말을 제외한 평일 단위로 채우기합니다.

연속 데이터 채우기 명령 이용하기

메뉴를 이용하여 규칙적인 데이터를 입력하려면 초기
값을 입력하고 데이터를 입력할 범위를 지정한 후 [홈]
탭의 [편집] 그룹에서 [채우기 - 계열]을 클릭합니다.

[연속 데이터] 대화상자가 나타나면 원하는 단계 값을
입력하고 [확인]을 클릭하여 연속 데이터를 채웁니다.

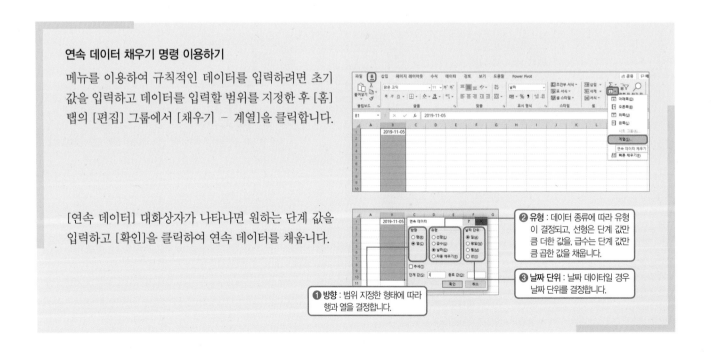

❶ 방향 : 범위 지정한 형태에 따라
행과 열을 결정합니다.

❷ 유형 : 데이터 종류에 따라 유형
이 결정되고, 선형은 단계 값만
큼 더한 값을, 급수는 단계 값만
큼 곱한 값을 채웁니다.

❸ 날짜 단위 : 날짜 데이터일 경우
날짜 단위를 결정합니다.

핵심 기능 자주 사용하는 목록 등록하여 쉽게 입력하기

업무적으로 자주 사용하는 목록이 있을 경우 사용자 지정 목록에 등록한 후, 항목명만 입력하면 자동으로 채우기할 수 있습니다.
[파일] 탭의 [옵션]을 클릭하여 나타나는 [Excel 옵션] 대화상자에서 [고급] 탭을 클릭합니다. 스크롤바를 아래쪽으로 내려 [사용자 지정 목록 편집]을 클릭합니다.

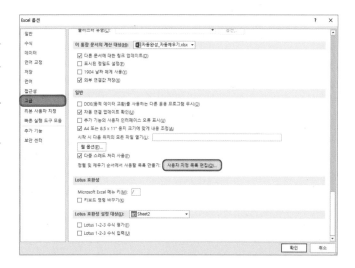

[사용자 지정 목록]에는 자주 사용할 만한 목록 14가지가 기본으로 등록되어 있습니다. '새 목록'을 선택한 후 원하는 목록을 입력하고 [확인] 버튼을 눌러 원하는 목록을 등록합니다.

▲ 학점 목록을 등록한 후 '학점'을 입력하고 드래그하면 목록을 자동 채우기합니다.

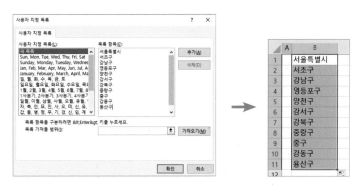

▲ 서울특별시 목록을 등록한 후 '서울특별시'를 입력하고 드래그하면 목록을 자동 채우기합니다.

핵심 기능 패턴을 분석하여 데이터 빠르게 입력하기

엑셀 2013 버전부터 추가된 빠른 채우기는 데이터에 일정한 패턴이 있을 경우 패턴을 분석하여 빠르게 채웁니다.

[A] 열의 전화번호를 참조하여 [B2] 셀에 '010-1234-****'를 입력합니다. 두 번째 셀에서 첫 글자를 입력하면 나머지 값들을 자동으로 감지하여 회색으로 보여줍니다. 원하는 형태가 맞으면 Enter를 눌러 완성합니다.

이와 같이 빠른 채우기가 자동으로 감지되기 위해서는 [파일] 탭의 [옵션]을 클릭하여 나타나는 [Excel 옵션] 대화상자의 '빠른 자동 채우기' 항목이 체크되어 있어야 합니다.

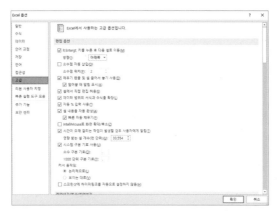

◉ 빠른 채우기는 단축키 Ctrl + E 을 눌러도 됩니다.

메뉴를 통해서 빠른 채우기 하는 방법을 알아보겠습니다. [A] 열의 주소를 참조하여 [B2] 셀에 학교명을 입력합니다. [B2:B8] 영역을 범위 지정한 후 [홈] 탭의 [편집] 그룹에서 [채우기 – 빠른 채우기]를 클릭합니다.

다음과 같이 학교명이 한 번에 채우기됩니다.

자동 채우기로 보고서 양식 빠르게 만들기

예제 파일 Sample\Theme02\자동채우기.xlsx 완성 파일 Sample\Theme02\자동채우기_완성.xlsx

키 워 드 자동 채우기
길라잡이 규칙이 있는 데이터를 자동 채우기로 빠르게 입력하고 자주 입력하는 제품명을 사용자 지정 목록에 추가한 후 필요할 때마다 자동 채우기 기능으로 입력하는 방법을 알아보겠습니다.

STEP 01 사용자 지정 목록에 제품명 등록하기

01 사용자 지정 목록 등록하기

[파일] 탭의 [옵션]을 클릭합니다.

02 사용자 지정 목록 대화상자 열기

[Excel 옵션] 대화상자가 나타나면 ❶ [고급] 탭을 클릭한 후 ❷ 스크롤바를 아래로 내립니다. ❸ [사용자 지정 목록 편집] 버튼을 클릭합니다.

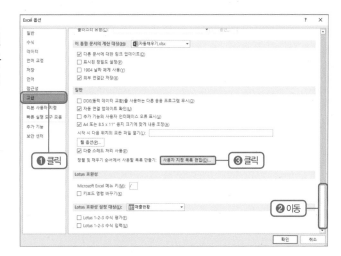

03 '새 목록' 클릭하기

[사용자 지정 목록] 대화상자가 나타나면 '새 목록'을 클릭합니다.

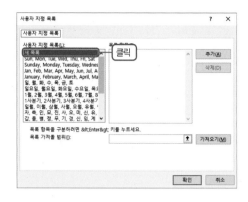

04 제품명 목록 가져오기

❶ '목록 가져올 범위'에 커서를 두고 ❷ [제품명] 시트를 클릭합니다. ❸ [A1:A10] 영역을 범위 지정한 후 ❹ [가져오기] 버튼을 클릭합니다.

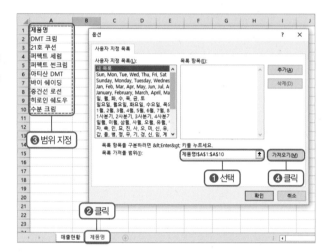

◉ [가져오기]를 하지 않고 대화상자에서 원하는 목록을 직접 입력해도 됩니다.

05 목록 항목 확인하기

다음과 같이 ❶ '목록 항목'에 입력된 것을 확인한 후 ❷ [확인] 버튼을 클릭합니다.

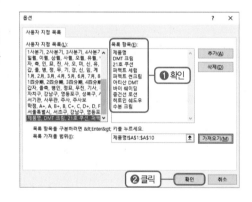

06 등록 완료하기

[Excel 옵션] 대화상자가 다시 나타
나면 [확인] 버튼을 클릭합니다.

STEP 02 자동 채우기로 보고서 양식 만들기

01 일련번호 채우기

❶ [매출현황] 시트를 클릭한 후 ❷
[B5] 셀에 '1'을 입력합니다. ❸ [B5]
셀 채우기 핸들을 Ctrl+드래그합니다.

02 제품명 자동 채우기

❶ [C4] 셀에 '제품명'을 입력한 후 ❷
[C4] 셀의 채우기 핸들을 [C13] 셀
까지 드래그합니다.

03 셀 너비 자동 조정하기

[C] 열과 [D] 열 머리글 사이 경계선을 더블클릭하여 셀 너비를 자동 조정합니다.

04 문자+숫자 자동 채우기

❶ [D3] 셀에 '영업1팀'을 입력한 후 ❷ 채우기 핸들을 [L3] 셀까지 드래그합니다.

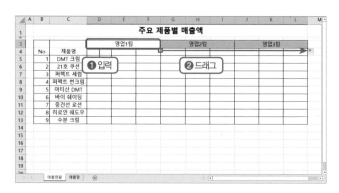

05 데이터 입력하기

[D4:F4] 영역에 '내수', '수출', '합계'를 입력합니다.

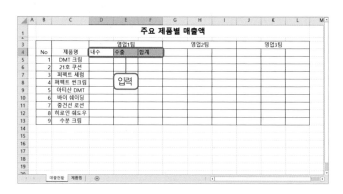

06 세 항목 자동 채우기

[D4:F4] 영역의 채우기 핸들을 드래그하여 [L4] 셀까지 드래그하여 자동 채우기합니다.

기능실습 02 빠른 채우기로 데이터 가공하기

예제 파일 Sample\Theme02\빠른채우기.xlsx 완성 파일 Sample\Theme02\빠른채우기_완성.xlsx

키 워 드 빠른 채우기
길라잡이 엑셀 2013 버전부터 추가된 빠른 채우기 기능을 이용하여 입력된 주소에서 소재지와 학교이름을 분리하고, 전화번호를 부분적으로 '*' 처리하는 방법을 알아보겠습니다.

● [C3] 셀에 '역촌동'을 입력하고 [C3:C29] 영역을 범위 지정한 후 [홈] 탭의 [편집] 그룹에서 [채우기 - 빠른 채우기]를 클릭하거나 Ctrl + E 을 눌러도 됩니다.

01 소재지 분리하기

❶ [C3] 셀에 '역촌동'을 입력한 후 ❷ [C4] 셀에 '남'을 입력하면 자동으로 나머지 소재지가 감지됩니다. 감지된 내용이 맞으면 ❸ Enter 를 누릅니다.

02 학교명 분리하기

❶ [D3] 셀에 '서울신초등학교'를 입력하고 ❷ [D4] 셀에 '연'을 입력하면 자동으로 나머지 학교가 감지됩니다. 감지된 내용이 맞으면 ❸ Enter 를 누릅니다.

03 전화번호 보호하기

❶ [E3] 셀에 '02-252-****'를 입력하고 ❷ [E4] 셀에 '0'을 입력하면 자동으로 나머지 전화번호가 감지됩니다. 감지된 내용이 맞으면 ❸ Enter 를 누릅니다.

자주 쓰는 기호
자동 고침에 등록하여
사용하기

입력하기 불편한 기호 또는 텍스트를 자동 고침에 등록해 두면 준말을 입력하여 기호 또는 텍스트를 자동 입력할 수 있으므로 편리합니다. 자동 고침 옵션에서 입력 오류에 대한 설정을 하면 입력 오류를 줄일 수 있습니다. 자동 고침 옵션에 대해 알아보겠습니다.

◉ 자주 쓰는 기호를 자동 고침에 등록하여 사용하기

보통 '내수·수출'을 입력할 경우, 'ㄱ'을 입력한 후 한자를 눌러 기호 목록이 나타나면 가운뎃점(·)을 찾아 입력합니다. 이런 번거로움을 피하기 위하여 (.)을 입력하면 자동으로 가운뎃점(·)이 입력되도록 하는 방법을 실습합니다.

1 [파일] 탭의 [옵션]을 클릭합니다. [Excel 옵션] 대화상자가 나타나면 ❶ [언어 교정] 탭을 클릭한 후 ❷ [자동 고침 옵션] 버튼을 클릭합니다.

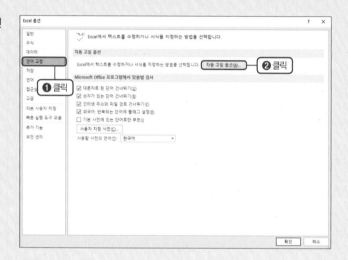

2 [자동 고침] 대화상자가 나타나면 ❶ '입력'란에 (.)을 입력하고, ❷ '결과'란에 'ㄱ'을 입력한 후 ❸ 한자를 누릅니다. 기호가 나타나면 ❹ Tab을 눌러 기호 목록을 펼칩니다. ❺ 가운뎃점(·)을 선택한 후 ❻ [추가] 버튼, ❼ [확인] 버튼을 차례대로 클릭합니다.

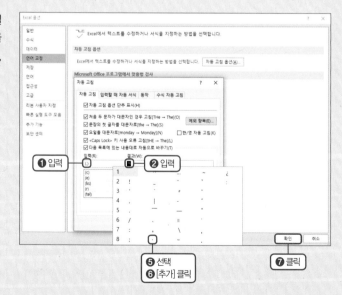

3 '내수', (.), '수출'을 입력하면 자동으로 (.)은 가운뎃점(·)으로 변경됩니다.

○ 한/영 자동 고침 예외 항목 설정하기

한/영 자동 고침은 한글에 없는 단어나 영어에 없는 단어를 쓰면 [한/영] 키가 자동으로 동작합니다. 예를 들어 'Ctrl'을 입력하면 'Ct기'로 자동 고침하거나 'dprtpf'을 입력하면 '엑셀'로 자동 고침합니다. 대부분은 편리하나 'Ctrl' 같이 자주 입력하는 단어일 경우는 불편하므로 예외 항목을 설정하는 것이 좋습니다. 예외 항목을 설정하는 과정을 살펴봅니다.

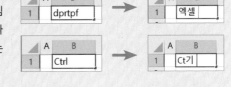

1 [파일] 탭의 [옵션]을 클릭합니다. [Excel 옵션] 대화상자가 나타나면 [언어 교정] 탭을 클릭한 후 [자동 고침 옵션] 버튼을 클릭합니다.

2 [자동 고침] 대화상자가 나타나면 [예외 항목] 버튼을 클릭합니다.

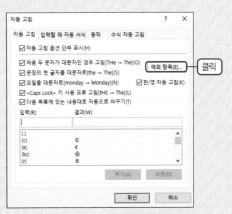

3 [자동 고침 예외] 대화상자가 나타나면 ❶ [한/영 자동 고침] 탭을 선택합니다. ❷ '고치지 않을 단어'에 'Ctrl'을 입력한 후 ❸ [추가] 버튼을 클릭합니다. ❹ [확인] 버튼을 클릭하여 예외 항목 등록을 완료합니다.

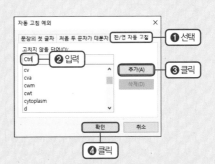

LESSON

03 수식 원리 이해하고 작성하기

엑셀에서 가장 중요한 부분은 수식을 활용하는 것입니다. 수식을 작성하는 방법과 수식에 사용되는 연산자의 종류를 알아보고 엑셀 계산 방식의 특징인 셀 참조를 이해하고 셀 이름을 정의하여 수식에 활용하는 방법을 알아보겠습니다.

핵심기능 ▶ 수식 작성하기

수식 작성하는 법

셀에 처음 입력되는 글자가 등호(=)일 경우 수식으로 인식합니다. 수식을 입력한 후 Enter를 누르면 해당 셀에는 결과값이 나타나고 수식 입력줄에는 수식이 표시됩니다.

수식 작성 형식 = 피연산자 ❶ 연산자 ❷ 피연산자 ❶

❶ 숫자, 문자, 셀 주소 등
❷ 산술 연산자, 비교 연산자, 문자열 연결 연산자 등

수식을 작성할 때 주로 셀을 참조하여 계산하는데, 수식에 문자를 직접 입력하는 경우는 따옴표로 묶어 줍니다.

:: 연산자 종류 및 우선순위

수식을 작성할 때 사용되는 연산자의 종류는 다음과 같습니다.

구분	연산자	기능	예
산술 연산자	+	더하기	=3+2
	−	빼기	=3−2
	*	곱하기	=3*2
	/	나누기	=8/2
	^	거듭제곱	=2^3
	%	백분율	=10%
문자열 연결 연산자	&	문자열과 문자열을 연결	=5&"등"
비교 연산자	=	같다	=7=8
	>	크다	=7>5
	>=	크거나 같다	=7>=7
	<	작다	=7<8
	<=	작거나 같다	=7<=8
	<>	같지 않다	=7<>8
참조 연산자	콜론(:)	연속된 셀 범위를 참조	=SUM(A1:A5)
	콤마(,)	떨어진 셀 범위를 참조	=SUM(A1,A5)
	공백( )	두 개의 참조에서 교차되는 셀을 참조	=A2:E2 C1:C6

연산자의 우선순위는 다음과 같으며 우선순위를 변경하려면 괄호( )를 이용합니다.

우선순위	기능	연산자
1	참조 연산자	콜론(:), 콤마(,), 공백( )
2	백분율	%
3	음수	−
4	거듭제곱	^
5	곱하기/나누기	*, /
6	더하기/빼기	+, −
7	문자열 연결 연산자	&
8	비교 연산자	=, <>, <=, >=

∷ 수식 오류 메시지

수식 작성 시 상황에 따라 오류가 발생할 수 있는데 오류의 종류와 원인을 알면 해결방법을 쉽게 찾을 수 있습니다. 수식 작성 후 발생하는 오류의 종류, 원인, 해결방법은 다음과 같습니다.

오류	원인	해결방안
#DIV/0!	어떤 값을 0으로 나누었을 때	0이나 빈 셀로 나누지 않도록 합니다.
#VALUE!	문자 또는 공백이 연산에 포함되었을 때	연산에 문자 또는 공백이 포함되지 않도록 합니다.
#NUM	함수의 인수 영역에 지원되지 않는 형식을 사용했을 때 수식의 결과가 너무 큰 값 또는 작은 값일 때	인수를 바르게 지정합니다.
#NAME?	함수 이름 또는 정의한 이름을 잘못 입력했을 때	함수 이름 또는 정의한 이름을 정확히 입력합니다.
#N/A	찾기/참조 함수에서 찾는 값이 참조 범위 안에 없을 때	참조 범위에서 찾는 값을 확인합니다.
#REF!	셀 참조가 유효하지 않을 때 예 참조한 영역이 삭제되었을 경우	참조한 영역이 삭제되거나 이동되었는지 확인합니다.
#NULL	지정한 범위에 교차 지점이 없을 때	참조 연산자 중 공백( ) 연산자 사용 시 지정한 범위에 교차 지점이 있도록 합니다.
######	수식의 결과 값 보다 셀 너비가 좁은 경우	셀 너비를 넓혀 줍니다.

셀에서 수식 표시하기

수식을 작성하면 셀에는 수식의 결과가 표시되고, 수식 입력 줄을 통하여 수식을 확인합니다. 해당 셀에서 수식을 확인하고 싶다면 단축키 Ctrl+~을 누릅니다. 또는 [수식] 탭의 [수식 분석] 그룹에서 [수식 표시]를 클릭합니다. 원래 상태로 되돌리려면 Ctrl+~을 누르거나 [수식] 탭의 [수식 분석] 그룹에서 [수식 표시]를 클릭합니다.

전년대비 증감률 계산하기

예제 파일 Sample\Theme02\수식작성.xlsx 완성 파일 Sample\Theme02\수식작성_완성.xlsx

키 워 드 수식 작성

길라잡이 [산술연산] 시트에서 전년대비 증감률을 계산하고 [문자열연산] 시트에서 떨어진 주소를 한 셀에 연결하는 수식을
작성하겠습니다. 이 수식을 통하여 산술 연산자와 문자열 연결 연산자를 적용하는 방법을 알아보겠습니다.

STEP 01 증감률 계산하기

01 ❶ [산술연산] 시트를 클릭합니다.
❷ [E4] 셀에서 전년대비 증감률 수
식 「=(D4-C4)/C4」을 입력한 후
❸ Enter를 누릅니다.

02 ❶ [E4] 셀의 채우기 핸들을 [E14]
셀까지 드래그하여 복사합니다. 이미
설정되어 있는 테두리 서식을 유지하
기 위하여 ❷ 자동 채우기 옵션(📋▾)
을 클릭하여 ❸ [서식 없이 채우기]를
클릭합니다.

03 [홈] 탭의 [표시 형식] 그룹에서 '백분율 스타일(%)'을 클릭합니다.

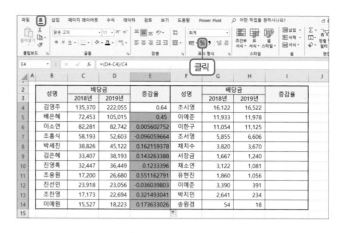

04 이어서 [홈] 탭의 [표시 형식] 그룹에서 '자릿수 늘림(%)'을 클릭합니다.

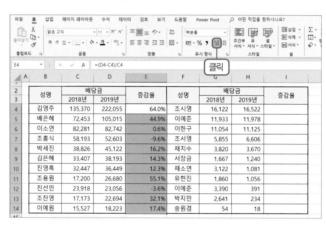

◉ 복사는 단축키 Ctrl + C 를 눌러도 됩니다.

05 이어서 데이터 위에서 ❶ 마우스 오른쪽 버튼을 클릭하여 ❷ [복사]를 클릭합니다.

◉ 상대 참조는 P.72를 참고합니다.

06 [I4] 셀을 선택한 후 Enter 를 눌러 붙여넣기합니다. 수식이 상대 참조 복사되므로 떨어진 부분도 복사가 가능합니다.

STEP 02 문자열 연산자로 주소 라벨 만들기

주소를 연결하는 작업은 빠른 채우기 기능을 이용해도 됩니다. 빠른 채우기는 P.58을 참고합니다.

01 ❶ [문자열연산] 시트를 클릭합니다. 분리된 주소를 한 셀에서 조인하기 위해 ❷ [E2] 셀에 수식 「=B2&" "&C2&" "&" "&D2」을 입력한 후 ❸ Enter를 누릅니다.

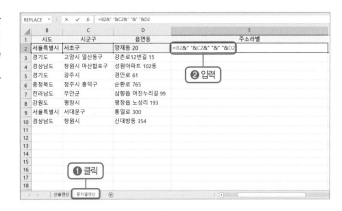

02 [E2] 셀의 채우기 핸들을 [E10] 셀까지 드래그하여 수식을 복사합니다.

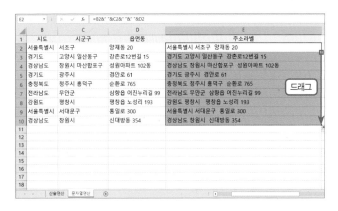

핵심 기능 ➤ 수식의 핵심!! 참조 유형 이해하기

:: 셀 참조 방식 이해하기

엑셀의 수식은 셀 참조 방식을 사용합니다. 셀 참조 방식이란 수식을 작성할 때 숫자를 직접 입력하지 않고, 숫자가 입력된 셀을 참조하여 작성하는 것을 말합니다. 예를 들어 수식 「=100+200」이 아닌 수식 「=A1+B1」으로 작성합니다.

REPLACE ▼	:	× ✓ *fx*	=A1+A2	
◢	A	B	C	D
1	100			
2	200			
3	=A1+A2			

이렇게 셀을 참조하여 수식을 작성하면 셀의 값이 변경될 경우 자동으로 수식 결과가 변경됩니다. 또한 같은 형태의 수식은 여러 번 작성할 필요 없이 한 번만 작성한 후 복사하여 사용할 수 있습니다. 수식을 복사할 때 참조하는 셀을 변경할 것인지 고정할 것인지에 따라 **상대 참조, 절대 참조, 혼합 참조**로 구분합니다.

:: 상대 참조

수식을 작성하면 상대 참조가 기본입니다. 수식을 아래로 복사하면 행을 상대 참조합니다.

◢	A	B	C	D	E	F	G
1	구분	과목1	과목2	과목3	합계		수식
2	A	88	70	67	225		=B2+C2+D2
3	B	59	80	81	220		=B3+C3+D3
4	C	45	90	93	228		=B4+C4+D4

수식을 오른쪽으로 복사하면 열을 상대 참조합니다.

◢	A	B	C	D
1	구분	과목1	과목2	과목3
2	A	88	70	67
3	B	59	80	81
4	C	45	90	93
5	합계	192	240	241
6				
7	수식	=B2+B3+B4	=C2+C3+C4	=D2+D3+D4

:: 절대 참조

수식을 복사할 때 참조 셀을 고정시키는 유형으로 「$B$6」 형태를 띱니다.

◢	A	B	C	D	E
1	부서	연산	비율(%)		수식
2	영업1팀	1,500,000	22.9%		=B2/$B$6
3	영업2팀	2,000,000	30.5%		=B3/$B$6
4	영업3팀	1,590,000	24.2%		=B4/$B$6
5	영업4팀	1,470,000	22.4%		=B5/$B$6
6	합계	6,560,000	100.0%		=B6/$B$6

혼합 참조

상대참조와 절대 참조가 혼합된 형태로 수식을 복사할 때, 행만 고정하거나 열만 고정합니다. 수식을 작성한 후 양쪽 방향(아래쪽, 오른쪽)으로 복사할 경우에는 상대 참조, 절대 참조, 행만 고정, 열만 고정 네 가지 경우를 고려합니다.

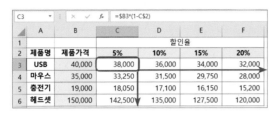

참조 유형 변경하기

참조한 셀의 참조 유형을 변경하려면 F4를 누릅니다. F4를 누를 때마다 다음과 같은 순서대로 참조 유형을 변경합니다.

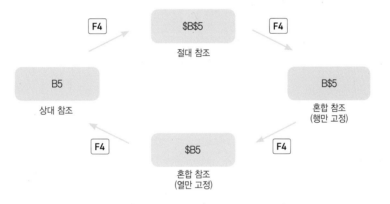

 기능 실습 01

노선별 탑승률과 여행자 비율 계산하기

예제 파일 Sample\Theme02\참조유형.xlsx 완성 파일 Sample\Theme02\참조유형_완성.xlsx

키 워 드 상대 참조, 절대 참조
길라잡이 노선별 탑승률과 여행자 비율을 계산하면서 상대 참조와 절대 참조를 이해하고, F4를 눌러 참조유형을 변경하는 방법을 알아보겠습니다.

01 탑승률 계산하기(여객계/공급좌석)

❶ [탑승률] 시트를 클릭합니다.

❷ [F4] 셀에 수식 「=E4/D4」를 입력한 후 Enter를 누릅니다.

	A	B	C	D	E	F	G
1			노선별 탑승률 및 여행자비율				
3	나라	노선	항공사	공급좌석	여객계	탑승률(%)	여행자비율(%)
4		구이린	A	3,591	2,066	=E4/D4	
5			B	632	404		
6		광저우	A	21,600	16,982		
7			B	26,081	19,369		
8	중국	난징	A	11,234	8,476		
9			B	7,964	5,764		
10			A	29,671	21,795		
11		베이징	B	29,704	21,982		
12			C	21,447	14,873		
13		소계		151,924	111,711		
14		코타키나발루	A	12,090	8,825		
15			B	11,658	9,407		
16	말레이시아	쿠알라룸푸르	A	17,930	14,099		
17			B	17,904	14,895		
18		소계		59,582	47,226		
19			A	16,830	14,664		
20			B	10,992	9,088		

❷ 입력

❶ 클릭

탑승률 할인가격

02 여행자 비율 계산하기(여객계/여객계 합계)

[G4] 셀에 수식 「=E4/$E$30」을 입력한 후 Enter를 누릅니다. 수식을 아래로 복사하면 합계는 [E30] 셀로 고정되어야 하므로 [E30]에서 F4를 눌러 절대 참조로 변경합니다.

	A	B	C	D	E	F	G
1			노선별 탑승률 및 여행자비율				
3	나라	노선	항공사	공급좌석	여객계	탑승률(%)	여행자비율(%)
4		구이린	A	3,591	2,066	0.5753272	=E4/$E$30
5			B	632	404		
6		광저우	A	21,600	16,982		
7			B	26,081	19,369		
8	중국	난징	A	11,234	8,476		
9			B	7,964	5,764		
10			A	29,671	21,795		
11		베이징	B	29,704	21,982		
12			C	21,447	14,873		
13		소계		151,924	111,711		
14		코타키나발루	A	12,090	8,825		
15			B	11,658	9,407		
16	말레이시아	쿠알라룸푸르	A	17,930	14,099		
17			B	17,904	14,895		
18		소계		59,582	47,226		
19			A	16,830	14,664		
20			B	10,992	9,088		

입력 후 Enter

탑승률 할인가격

03 수식 복사하기

❶ [F4:G4] 영역의 채우기 핸들을 [F30:G30] 영역까지 드래그하여 수식을 복사합니다. ❷ 자동 채우기 옵션(⚏▾)을 클릭한 후 [서식 없이 채우기]를 클릭하여 이미 설정된 테두리 서식을 보존합니다.

◉ 백분율 스타일(%)은 숫자에 100을 곱한 후 '%' 기호를 표시합니다.

04 백분율 스타일 지정하기

[F4:G30] 영역이 지정된 상태에서 [홈] 탭의 [표시 형식] 그룹에서 [백분율스타일(%)]을 클릭합니다.

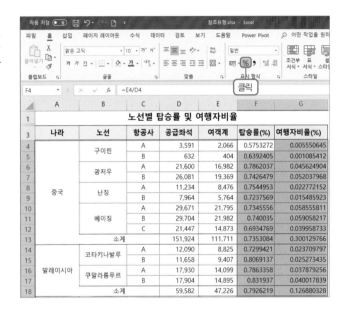

05 소수 첫째 자리까지 표시하기

[F4:G30] 영역이 범위 지정된 상태에서 [홈] 탭의 [표시 형식] 그룹에서 [자릿수 늘림(⚏)]을 클릭합니다.

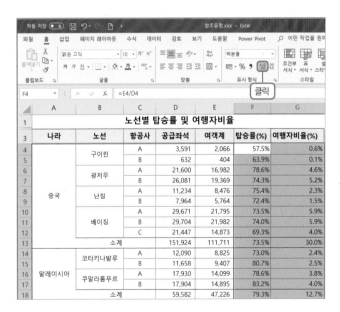

여행자 인원수에 따라 할인금액 계산하기

예제 파일 Sample\Theme02\참조유형.xlsx 완성 파일 Sample\Theme02\참조유형_완성.xlsx

키 워 드 혼합 참조
길라잡이 여행지별로 상품가격이 정해져 있습니다. 패키지 인원수에 따라 할인율을 적용한 상품가격을 계산하면서 혼합 참조를 알아보겠습니다.

● 수식 이해
600,000원을 5% 할인했을 때의 가격은 600,000*95% 이므로 수식 600,000*(1-5%) 로 합니다.

01 할인가격 계산하기(가격*(1-할인율))
❶ [할인가격] 시트를 클릭합니다.
❷ [D4] 셀에 수식 「=$C4*(1-D$3)」을 입력한 후 Enter를 누릅니다. 참조 유형은 F4를 눌러 혼합 참조로 변경합니다.

02 수식 복사하기
[D4] 셀의 채우기 핸들을 [D7] 셀까지 드래그하여 수식을 복사합니다.

03 복사 및 쉼표 스타일 적용하기
❶ [D4:D7] 영역의 채우기 핸들을 [H4:H7] 영역까지 드래그하여 수식을 복사합니다. ❷ 이어서 [홈] 탭의 [표시 형식] 그룹에서 [쉼표 스타일 (,)]을 클릭합니다.

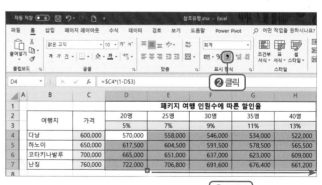

이름 정의하여 수식에 활용하기

자주 참조하는 셀 또는 범위를 이름 정의하면 수식 작성 시 셀 또는 범위 대신 이름을 사용하여 작성할 수 있습니다. 그림과 같이 [C2] 셀을 '주간시급'으로 이름 정의하면 수식 작성이 편리하고 수식을 이해하기도 쉽습니다.

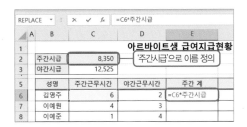

이름은 기본적으로 시트명을 포함한 절대 참조로 정의됩니다.

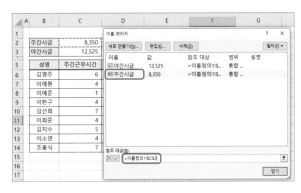

이름 정의하는 세 가지 방법

1 '이름 상자'에서 정의하기

❶ 이름 정의할 영역을 범위 지정한 후 ❷ 이름 상자에서 원하는 이름을 입력한 후 Enter를 누르면 정의됩니다. 이름 정의 시, 첫 글자는 반드시 문자로 시작해야 하며 특수문자, 띄어쓰기를 포함할 수 없습니다.

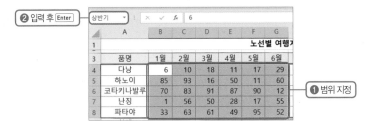

2 '선택 영역에서 만들기' 명령을 이용하기

범위 지정한 영역의 첫 행, 왼쪽 열의 타이틀을 이름으로 정의할 수 있습니다.

❶ 이름 정의할 영역을 범위 지정한 후 ❷ [수식] 탭의 [정의된 이름] 그룹에서 [선택 영역에서 만들기]

를 클릭합니다. ❸ [선택 영역에서 이름 만들기] 대화상자가 나타나면 제목으로 사용할 항목을 선택한 후 ❹ [확인] 버튼을 클릭합니다.

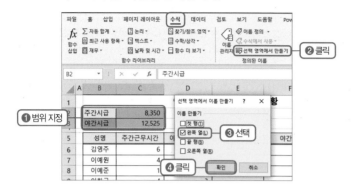

이름 상자의 내림 버튼(▼)을 클릭하면 정의한 이름 목록을 확인할 수 있습니다.

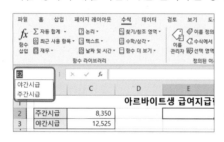

● 이름은 문자로 시작해야 하며 특수문자, 띄어쓰기를 포함할 수 없습니다. 이름은 최대 255자까지 입력할 수 있습니다.

3 '이름 정의' 명령을 이용하여 정의하기

이름 정의 시 고정된 범위뿐만 아니라 수식을 넣어 이름 정의할 수도 있습니다.

❶ 범위를 지정한 후 ❷ [수식] 탭의 [정의된 이름] 그룹에서 [이름 정의]를 클릭합니다. ❸ 원하는 이름을 입력한 후 [확인] 버튼을 클릭합니다.

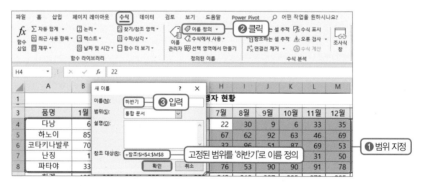

다음 그림은 수식으로 이름 정의한 사례입니다. '참조 대상'에 원하는 수식을 작성합니다.

정의한 이름 편집 및 삭제하기

정의한 이름을 편집하거나 삭제하려면 [수식] 탭의 [정의된 이름] 그룹에서 [이름 관리자]를 클릭합니다.

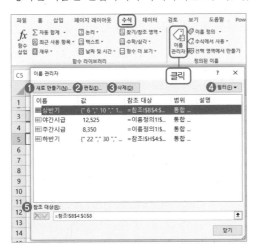

❶ **새로 만들기** [새 이름] 대화상자를 호출하여 이름을 정의합니다.

❷ **편집** 정의한 이름을 편집합니다.

❸ **삭제** 정의한 이름을 삭제합니다.

❹ **필터** 정의한 이름을 다양한 종류별로 필터합니다.

❺ **참조 대상** 정의한 이름의 범위를 확인할 수 있고, 범위를 수정할 수 있습니다.

정의한 이름이 많을 경우 이름 종류별로 필터하면 편리하게 확인, 편집, 삭제할 수 있습니다.

ⓐ **워크시트에 있는 이름** 지정한 워크시트에서 사용할 수 있도록 정의한 이름을 필터합니다.

ⓑ **통합 문서에 있는 이름** 통합 문서에서 사용할 수 있는 이름을 필터합니다.

ⓒ **오류가 있는 이름** #REF 등의 오류가 있는 이름을 필터합니다.

ⓓ **오류가 없는 이름** 오류가 없는 이름을 필터합니다.

ⓔ **정의된 이름** 인쇄 영역 설정, 고급 필터 등의 작업에 따라 엑셀에서 자동으로 정의한 이름을 필터합니다.

ⓕ **표 이름** 표로 정의한 이름을 필터합니다.

이름 정의하여 아르바이트비 계산하기

예제 파일 Sample\Theme02\이름정의.xlsx 완성 파일 Sample\Theme02\이름정의_완성.xlsx

키 워 드 이름 정의하기
길라잡이 수식에서 참조할 셀을 [선택 영역에서 만들기] 라는 명령으로 이름 정의 후, 정의한 이름을 수식에 참조하는 방법을 학습하겠습니다.

01 이름 정의하기

❶ [이름정의1] 시트를 클릭합니다.
❷ [B2:C3] 영역을 범위 지정한 후
❸ [수식] 탭의 [정의된 이름] 그룹에서 [선택 영역에서 만들기]를 클릭합니다.

💿 왼쪽 열의 이름에 띄어쓰기가 들어있다면 자동으로 띄어쓰기를 '언더바(_)'로 변경하여 정의합니다.

02 '왼쪽 열'로 이름 만들기

[선택 영역에서 이름 만들기] 대화상자가 나타나면 ❶ '왼쪽 열'에 체크 표시한 후 ❷ [확인] 버튼을 클릭합니다.

03 정의한 이름 확인하기

❶ [C2] 셀을 선택한 후 ❷ '이름 상자'를 확인하면 '주간시급'으로 이름 정의되어 있습니다.

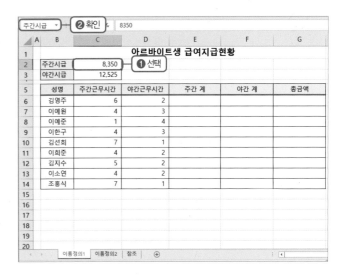

◉ 정의한 이름을 수식에 작성할 때 직접 입력해도 되지만 F3을 누르면 정의한 이름 목록이 나타납니다. 수식에 사용할 이름을 선택한 후 더블클릭하여 입력할 수도 있습니다.

04 주간 계 계산하기

[E6] 셀에 수식 「=C6*주간시급」을 입력한 후 Enter를 누릅니다.

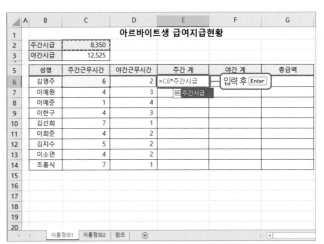

05 야간 계 계산하기

[F6] 셀에 수식 「=D6*야간시급」을 입력한 후 Enter를 누릅니다.

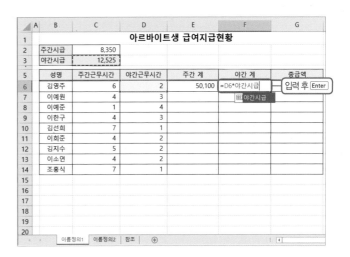

06 총금액 계산하기

[G6] 셀에 수식 「=E6+F6」을 입력한 후
Enter 를 누릅니다.

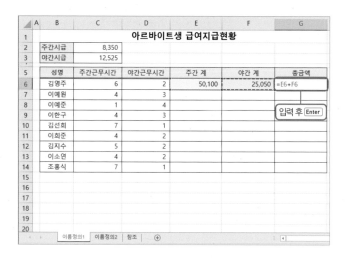

07 수식 복사하기

[E6:G6] 영역의 채우기 핸들을 [E14:
G14] 영역까지 드래그하여 수식을 복사
합니다.

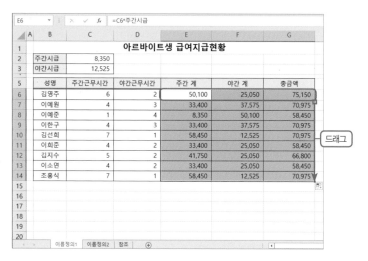

이름 정의하여 상반기/하반기 집계하기

예제 파일 Sample\Theme02\이름정의.xlsx 완성 파일 Sample\Theme02\이름정의_완성.xlsx

키 워 드 이름 정의하기
길라잡이 수식에서 참조할 범위를 '이름 상자'에서 정의하고, 정의한 이름을 수식에 참조하는 방법을 알아보겠습니다.

◉ 이름상자에 정의할 이름을 입력한 후 [Enter]를 누르지 않으면 정의되지 않으므로 반드시 [Enter]를 누릅니다.

01 이름 정의하기

❶ [참조] 시트를 클릭합니다.
❷ [B4:G8] 영역을 범위 지정한 후
❸ 이름 상자에 '상반기'를 입력한 후
[Enter]를 누릅니다.

02 이름 정의하기

❶ [H4:M8] 영역을 범위 지정한 후
❷ 이름 상자에 '하반기'를 입력한 후
[Enter]를 누릅니다.

정의한 이름 수정하기
이름 상자는 이름 정의할 수 있지만 수정할 수는 없습니다. 이름을 수정하려면 [수식] 탭의 [정의된 이름] 그룹에서 [이름 관리자]를 클릭하여 수정합니다.

03 상반기 집계하기

❶ [이름정의2] 시트를 클릭합니다.

❷ [B4] 셀에 「=SUM(상반기)」를 입력한 후 Enter를 누릅니다.

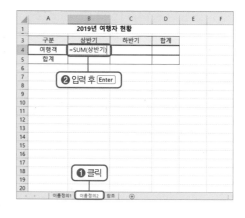

◉ 수식 작성 시 정의한 이름이 기억나지 않으면 F3을 누릅니다. 이름 목록이 나타나면 수식에 사용할 이름을 더블클릭합니다.

04 하반기 집계하기

[C4] 셀에 「=SUM(하반기)」를 입력한 후 Enter를 누릅니다.

05 합계 계산하기

❶ [B4:D5] 영역을 범위 지정한 후 ❷ [수식] 탭의 [함수 라이브러리] 그룹에서 [자동 합계(∑자동 합계 ▾)]를 클릭합니다.

06 쉼표 스타일 지정하기

❶ [B4:D5] 영역이 범위 지정된 상태에서 ❷ [홈] 탭의 [표시 형식] 그룹에서 [쉼표 스타일(▾)]을 클릭합니다.

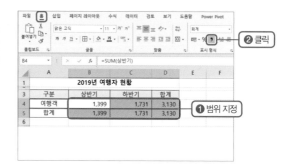

조건에 맞는 다른 시트의 값 자동으로 가져오기

지점별(본점, 반포점, 코엑스점, 강서점, 노원점) 시트에 데이터가 있습니다. 집계 시트에 하나의 수식을 작성하여 지점별/월별 조건에 맞는 값을 자동으로 가져오는 방법을 알아보겠습니다.

【예제 파일】Sample\Theme02\다른시트값가져오기.xlsx

【완성 파일】Sample\Theme02\다른시트값가져오기_완성.xlsx

1 [본점] 시트 확인하기

본점의 1월~12월까지의 합계는 [C11:N11] 영역에 있습니다.

신고 사유	1월	2월	3월	4월	5월	6월	7월	8월	9월	10월	11월	12
직원 불친절	6	10	18	11	17	29	22	30	9	6	33	
제품 불량	85	93	16	50	11	60	67	62	92	63	46	
교환 불편	70	83	91	87	90	12	32	96	51	87	69	
환불 불가	1	56	50	28	17	55	45	71	85	49	31	
시설 불편	33	63	61	49	95	52	76	53	90	90	91	
편의시설 부족	14	3	6	12	9	1	15	18	17	14	3	
기타	7	11	11	7	8	3	19	16	20	13	20	
합계	216	319	253	244	247	212	276	346	364	322	293	

본점 고객불만 접수 현황

2 [본점] 시트의 1월 합계 수동으로 가져오기

[C4] 셀에서 [본점] 시트의 [C11] 셀의 값을 가져오는 수식은 「=본점!C11」입니다.

[C4] 셀에 수식을 입력하는 방법은 ❶ '=' 입력 ❷ [본점] 시트 클릭 ❸ [C11] 셀 클릭 후 ❹ Enter를 누릅니다.

이 수식을 반포점, 코엑스점, 강서점, 노원점에서 각각 작성해야 하므로 상당히 번거롭습니다. 한 번의 수식으로 값을 가져오기 위해 해당 수식은 Del을 눌러 지웁니다.

지점별 고객 불만 접수 현황 집계

구분	1월	2월	3월	4월	5월	6월	7월	8월	9월	10월	11월	12월
본점	=본점!C11											
반포점												
코엑스점												
강서점												
노원점												

NOTE

「=본점!C11」에서 '!'는 시트명과 셀 주소를 구분하는 기호입니다. 즉, '본점 시트의 C11셀 값을 참조합니다.'라는 수식입니다.

3 [본점] 시트의 1월 합계 자동으로 가져오기

[C4] 셀에 수식 「=INDIRECT($B4&"!"&ADDRESS(11,COLUMN(),4))」을 입력한 후 Enter를 누릅니다.

지점별 고객 불만 접수 현황 집계

구분	1월	2월	3월	4월	5월	6월	7월	8월	9월	10월	11월	12월
본점	=INDIRECT($B4&"!"&ADDRESS(11,COLUMN(),4))											
반포점												

입력 후 Enter

4 수식 복사

[C4] 셀의 채우기 핸들을 [C8] 셀까지 드래그하여 수식을 복사합니다.

5 수식 복사

이어서 [C4:C8] 영역의 채우기 핸들을 [N4:N8] 영역까지 드래그하여 수식을 복사합니다. 해당 시트의 지점을 참조하여 자동으로 값을 가져옵니다.

● 수식 이해

[C4] 셀의 수식 「=INDIRECT($B4&"!"&ADDRESS(11,COLUMN(),4))」은 6장의 찾기/참조 함수를 학습한 후에 이해하는 것이 좋습니다.

- INDIRECT 함수는 텍스트로 지정된 셀 주소를 반환합니다. 형식은 INDIRECT(텍스트로된 셀 주소)입니다.
- ADDRESS 함수는 ( ) 속에 지정한 인수에 해당하는 셀 주소를 반환합니다. 형식은 ADDRESS(행, 열, 참조 유형)입니다.
- COLUMN() 함수는 수식이 작성되는 셀의 열 번호를 반환합니다. 현재 수식은 [C4] 셀에 작성되어 있으므로 COLUMN()의 결과는 '3'입니다.

수식 「=INDIRECT($B4&"!"&ADDRESS(11,COLUMN(),4))」을 해부하면

❶ COLUMN() : 3

❷ ADDRESS(11,COLUMN(),4)) : ADDRESS(11,3,4) 은 ADDRESS(행,열,상대참조) 이므로 'C11'입니다.

❸ INDIRECT($B4&"!"&ADDRESS(11,COLUMN(),4)) : INDIRECT($B4&"!"&C11) 이므로 INDIRECT('본점!C11')입니다.

　즉, '본점' 시트의 [C11] 셀의 값을 가져옵니다.

04 데이터 입력! 입력 오류를 줄이고 정확하게 입력하기

데이터 유효성 검사 기능은 입력하는 데이터의 정확도를 높이거나 이미 입력된 데이터에서 잘못 입력된 데이터를 찾을 수 있는 기능입니다.

 핵심 기능 데이터 유효성 검사로 데이터 입력 제한

▪▪ 데이터 유효성 검사 설정하기

데이터 유효성 검사는 셀에 입력할 데이터의 유형, 텍스트 길이, 수식을 적용하여 입력할 데이터를 제한합니다. 유효성 검사 기능을 통하여 데이터의 정확도를 높이고 입력 오류를 줄일 수 있습니다.

유효성 검사 설정은 [데이터] 탭의 [데이터 도구] 그룹에서 [데이터 유효성 검사]를 클릭합니다.

[데이터 유효성] 대화상자가 나타나면 '유효성 조건', '설명 메시지', '오류 메시지' 등을 설정합니다. 설정한 규칙에 따라 입력하는 시점의 데이터를 체크하여 입력을 제한합니다. 데이터 유효성 검사는 키보드로 입력하는 데이터를 체크하므로 복사/붙여넣기로 입력하는 것은 제한할 수 없습니다.

❶ **설정** 다양한 방법으로 유효성 규칙을 설정합니다.
  ⓐ 제한 대상 : 정수, 소수점, 목록, 날짜, 시간, 텍스트 길이, 사용자 지정으로 제한합니다.
  ⓑ 제한 방법 : 제한 대상에서 설정한 종류에 따라 제한 방법은 달라집니다.
❷ **설명 메시지** 유효성 검사가 설정된 셀을 선택하면 설명 메시지를 표시합니다.
❸ **오류 메시지** 설정한 조건에 맞지 않는 데이터를 입력하면 오류 메시지가 나타납니다.
❹ **IME 모드** 영문 전자, 영문, 한글 전자, 한글 등의 IME 모드를 설정합니다.
❺ **모두 지우기** 지정한 범위 안의 유효성 검사 기능을 모두 삭제합니다.

⁞⁞ 데이터 유효성 검사로 잘못 입력된 데이터 찾기

이미 입력된 데이터에 잘못 입력한 데이터를 찾으려면 유효성 검사 기능을 설정한 후에 [데이터] 탭의
[데이터 도구] 그룹에서 [데이터 유효성 검사 – 잘못된 데이터]를 클릭합니다.

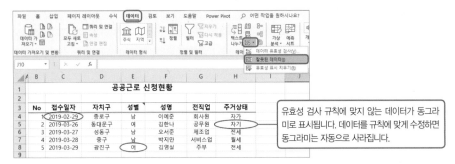

규칙에 맞지 않는 데이터를 동그라미 표시합니다. 동그라미는 데이터를 규칙에 맞게 수정하면 자동으로
사라집니다. 설정된 동그라미 전체를 지우려면 [데이터] 탭의 [데이터 도구] 그룹에서 [데이터 유효성 검
사 – 유효성 표시 지우기]를 클릭합니다.

기준에 맞는 데이터만 입력되도록 설정하기

예제 파일 Sample\Theme02\유효성검사.xlsx 완성 파일 Sample\Theme02\유효성검사_완성.xlsx

키 워 드 데이터 유효성 검사
길라잡이 공공근로 신청자 문서에서 '접수일자', '자치구', '성별', '전직업', '주거상태'에 조건에 맞는 데이터만 입력되도록 유효성 검사를 설정하겠습니다. 유효성 검사에 사용할 목록은 [참조] 시트를 참조합니다.

STEP 01 목록을 이름으로 정의하기

◉ '이동 옵션' 명령은 Theme 030에서 학습할 예정으로 옵션을 선택하여 범위를 설정하는 명령입니다.

01 '이동 옵션' 명령 실행하기

❶ [참조] 시트를 클릭합니다. ❷ [A1: C26] 영역을 범위 지정한 후 ❸ [홈] 탭의 [편집] 그룹에서 [찾기 및 선택 – 이동 옵션]을 클릭합니다.

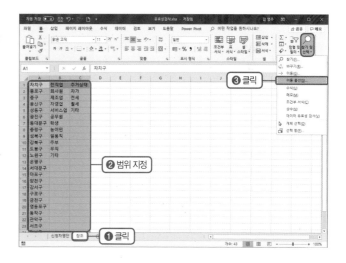

◉ '상수'를 선택하면 지정한 범위 안에서 빈 셀을 제외한 모든 셀을 범위 지정합니다.

02 데이터 입력된 부분만 범위 지정하기

[이동 옵션] 대화상자가 나타나면 ❶ '상수'를 선택한 후 ❷ [확인] 버튼을 클릭합니다.

03 범위 지정한 첫 행을 이름으로 정의하기

다음과 같이 데이터가 입력된 영역만 범위 설정됩니다. 범위 지정한 영역을 이름 정의하기 위하여 ❶ [수식] 탭의 [정의된 이름] 그룹에서 [선택 영역에서 만들기]를 클릭합니다.

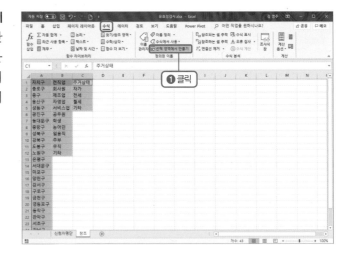

04 이름 만들기

[선택 영역에서 이름 만들기] 대화상자에서 ❶ '첫 행'에 체크 표시한 후 ❷ [확인] 버튼을 클릭합니다.

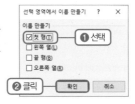

05 정의한 이름 확인하기

이름 상자에서 내림 버튼(▼)을 클릭하여 이름 정의된 것을 확인합니다.

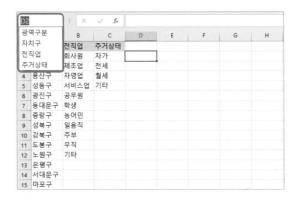

데이터 목록을 이름 정의하는 이유

데이터 유효성 검사의 조건을 '목록'으로 지정할 경우, 직접 원본을 입력해도 되지만 원본의 양이 많으면 시트에 입력한 후 참조하는 것이 좋습니다. 엑셀 2007 버전은 참조할 원본이 다른 시트에 있으면 직접 참조할 수 없으므로 참조 영역을 이름 정의한 후 [데이터 유효성]에서 원본으로 사용할 수 있습니다. 엑셀 2010 이후 버전도 이름 정의 후 참조하는 것이 더 효율적입니다.

01 유효성 검사 명령 실행하기

❶ [신청자명단] 시트를 클릭합니다.
❷ [C] 열 머리글을 선택한 후 ❸ [데이터] 탭의 [데이터 도구] 그룹에서 [데이터 유효성 검사]를 클릭합니다.

◉ 접수일자는 2019년 날짜만 입력되도록 설정합니다.

02 유효성 조건 설정하기

[데이터 유효성] 대화상자가 나타나면 다음과 같이 유효성 조건을 설정합니다.

❶ 제한 대상: 날짜
❷ 제한 방법: 해당 범위
❸ 시작 날짜: 2019-01-01
❹ 끝 날짜: 2019-12-31

◉ 설명메시지는 유효성 검사가 설정된 셀을 선택하면 표시합니다.

03 설명 메시지 입력하기

❶ [설명 메시지] 탭을 클릭한 후
❷ 제목과 설명 메시지를 입력합니다.

04 오류 메시지 입력하기

❶ [오류 메시지] 탭을 클릭하여 ❷ 제목과 오류 메시지를 입력한 후 ❸ [확인] 버튼을 클릭합니다.

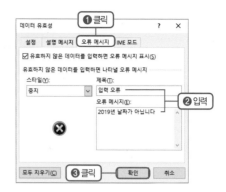

05 설명 메시지 확인하기

[C] 열 임의의 셀을 선택하면 설명 메시지가 나타납니다.

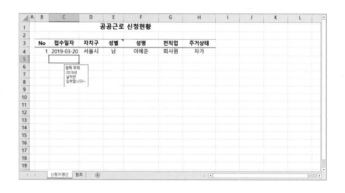

◉ [취소] 버튼을 클릭하면 입력을 취소합니다.

06 오류 메시지 확인하기

[C] 열 임의의 셀에서 2019년 날짜가 아닌 값을 입력한 후 Enter를 누르면 오류 메시지 창이 나타납니다. [다시 시도] 버튼을 클릭한 후 조건에 맞는 날짜를 입력합니다.

01 자치구에 유효성 검사 설정하기

❶ [D] 열 머리글을 선택한 후 ❷ [데이터] 탭의 [데이터 도구] 그룹에서 [데이터 유효성 검사]를 클릭합니다.

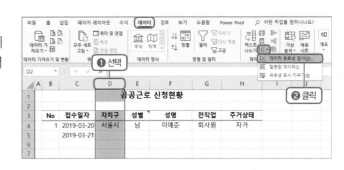

02 유효성 조건 설정하기

◉ 이름 정의한 목록을 원본으로 사용하려면 등호(=)를 입력한 후 이름을 입력합니다.

[데이터 유효성] 대화상자가 나타나면 ❶ 제한 대상에서 '목록'을 선택하고, ❷ 원본에 「=자치구」를 입력한 후 ❸ [확인] 버튼을 클릭합니다.

03 설정한 유효성 검사 확인하기

◉ 목록에서 선택하여 입력하거나 직접 타이핑하여 입력할 수 있습니다. '자치구'라는 이름으로 정의한 범위 내의 값만 입력할 수 있습니다.

◉ 주의
복사하여 붙여넣기하면 유효성 검사 기능이 무시되므로 모든 값을 붙여넣기할 수 있습니다.

[D] 열 임의의 셀을 클릭하면 드롭다운(▼)이 나타납니다. 드롭다운(▼)을 클릭하여 목록이 펼쳐지면 원하는 값을 선택하여 입력합니다.

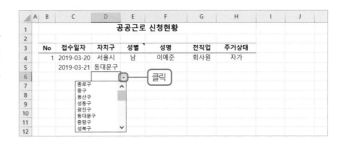

04 성별에 유효성 검사 설정하기

❶ [E] 열 머리글을 선택한 후 ❷ [데이터] 탭의 [데이터 도구] 그룹에서 [데이터 유효성 검사]를 클릭합니다.

05 유효성 조건 설정하기

[데이터 유효성] 대화상자가 나타나면 ❶ 제한 대상에서 '목록'을 선택하고, 원본에 ❷「남, 여」를 입력한 후 ❸ [확인] 버튼을 클릭합니다.

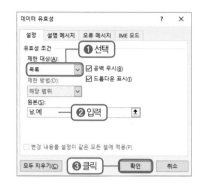

◉ [E] 열 임의의 셀에서 Alt + ↓를 눌러도 목록이 펼쳐집니다.

06 설정한 유효성 검사 확인하기

[E] 열 임의의 셀을 클릭하여 드롭다운(▼)이 나타나는지 확인합니다. 드롭다운(▼)을 클릭하여 유효성 검사 기능이 설정된 것을 확인합니다.

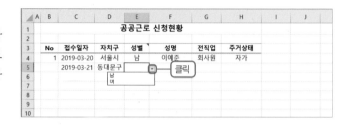

07 전직업에 유효성 검사 설정하기

❶ [G] 열 머리글을 선택한 후 ❷ [데이터] 탭의 [데이터 도구] 그룹에서 [데이터 유효성 검사]를 클릭합니다.

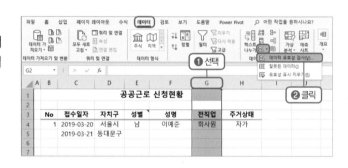

08 유효성 조건 설정하기

[데이터 유효성] 대화상자가 나타나면 ❶ 제한 대상에서 '목록'을 선택하고, ❷ 원본에 「=전직업」을 입력한 후 ❸ [확인] 버튼을 클릭합니다.

09 주거 상태에 유효성 검사 설정하기

❶[H] 열 머리글을 선택한 후 ❷[데이터] 탭의 [데이터 도구] 그룹에서 [데이터 유효성 검사]를 클릭합니다.

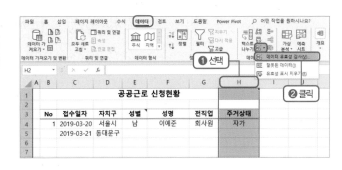

10 유효성 조건 설정하기

[데이터 유효성] 대화상자가 나타나면 ❶제한 대상에서 '목록'을 선택하고, ❷원본에 「=주거상태」를 입력한 후 ❸[확인] 버튼을 클릭합니다.

11 완성

유효성 검사 기능이 설정되어 조건에 맞는 값만 입력할 수 있습니다.

중복 데이터 입력 제한하기

예제 파일 Sample\Theme02\중복데이터.xlsx 완성 파일 Sample\Theme02\중복데이터_완성.xlsx

키 워 드 유효성 검사
길라잡이 거래처 관리 대장의 업체 코드를 입력할 때, 업체 코드 글자 수가 5자이고, 한 번 입력된 업체코드는 입력하지 못하도록 제한하는 데이터 유효성 검사를 설정하겠습니다.

01 데이터 유효성 명령 실행하기

❶ [A] 열 머리글을 지정한 후 ❷ [데이터] 탭의 [데이터 도구] 그룹에서 [데이터 유효성 검사]를 클릭합니다.

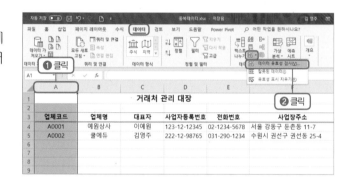

02 유효성 조건 설정하기

● 유효성 조건을 수식으로 설정하려면 '제한 대상'을 '사용자 지정'으로 선택합니다.

업체코드의 글자수가 5자이면서 한 번 입력된 코드는 입력하지 못하게 하는 조건을 설정하겠습니다. [데이터 유효성] 대화상자가 나타나면 ❶ 제한 대상에서 '사용자 지정'을 선택하고, ❷ 수식에 「=AND(LEN(A1)=5, COUNTIF(A:A,A1)〈2)」을 입력합니다.

수식 이해
AND(조건1, 조건2, …) 함수는 모든 조건을 동시에 만족할 때 참을 반환합니다(P.255 참고).
COUNTIF(비교 범위, 조건) 함수는 비교 범위에서 조건을 만족하는 개수를 셉니다(P.218 참고).
LEN(텍스트) 함수는 텍스트의 문자수를 반환합니다(P.269 참고).
수식 「=AND(LEN(A1)=5,COUNTIF(A:A,A1)〈2)」은 AND(글자수가 5자이고, 중복이 아닌 값)만 입력하겠다는 의미입니다.

03 오류 메시지 입력하기

❶ [오류 메시지] 탭을 클릭하여,
❷ 제목과 오류 메시지를 임의로 입력
한 후 ❸ [확인] 버튼을 클릭합니다.

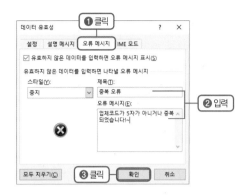

04 유효성 검사 확인하기(문자수)

[A] 열 임의의 셀에 문자수가 5자가
아닌 값을 입력하면 오류 창이 나타납
니다. [다시 시도]를 클릭하여 바르게
입력합니다.

05 유효성 검사 확인하기(중복 값)

[A] 열 임의의 셀에 중복된 값을 입력
하면 오류 창이 나타나므로 [다시 시
도]를 클릭하여 바르게 입력합니다.
이제 업체코드 문자수가 5자이면서
중복이 아닌 값만 입력할 수 있도록
설정되었습니다.

대분류에 따라 달라지는 소분류 (이중 유효성 검사)

제품분류에 입력하는 값에 따라 제품목록이 달라지는 이중 유효성 검사를 설정하겠습니다. 이 기능은 INDIRECT 함수와 같이 사용하는데 INDIRECT 함수에 대한 내용은 Theme 06을 참조하고, 여기서는 이중 유효성 검사 설정 방법을 알아보겠습니다.

【예제 파일】Sample\Theme02\이중유효성.xlsx　　　　　【완성 파일】Sample\Theme02\이중유효성_완성.xlsx

[주문현황] 시트와 [참조] 시트가 있습니다. [참조] 시트에는 제품 분류별 제품명이 입력되어 있습니다. [참조] 시트를 참조하여 [주문현황] 시트의 [B] 열에서 '유제품'을 입력하면 [C] 열에 유제품 관련 제품 목록이 펼쳐지고, [B] 열에서 '음료'를 입력하면 [C] 열에 음료 관련 제품 목록이 펼쳐지도록 이중 유효성 검사를 설정합니다.

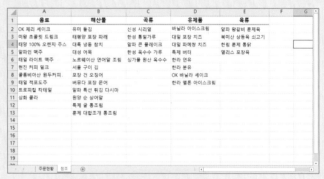

1 이름 정의하기

❶ [참조] 시트의 ❷ [A1:E1] 영역을 범위 지정한 후 ❸ 이름 상자에 임의의 이름 '제품분류'를 입력하고 Enter를 누릅니다.

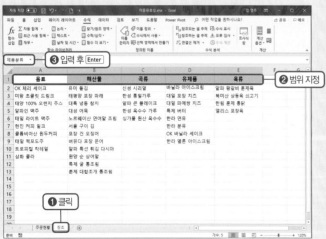

2 데이터 입력된 부분만 범위 지정하기

❶ [A1:E18] 영역을 범위 지정한 후 ❷ [홈] 탭의 [편집] 그룹에서 [찾기 및 선택 - 이동 옵션]을 클릭합니다.

3 '상수' 옵션 선택하기

[이동 옵션] 대화상자가 나타나면 ❶ '상수'를 선택한 후 ❷ [확인] 버튼을 클릭합니다.

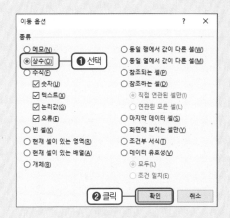

4 첫 행의 제목을 이름으로 정의하기

❶ [수식] 탭의 [정의된 이름] 그룹에서 [선택 영역에서 만들기]를 클릭합니다. [선택 영역에서 이름 만들기] 대화상자가 나타나면 ❷ '첫 행'을 선택한 후 ❸ [확인] 버튼을 클릭합니다.

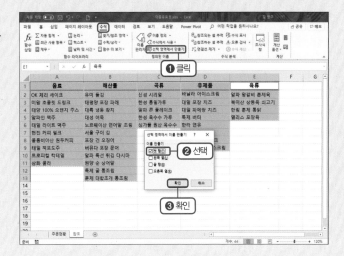

5 정의한 이름 확인하기

이름 상자의 내림 버튼(▼)을 눌러 정의한 이름을 확인합니다.

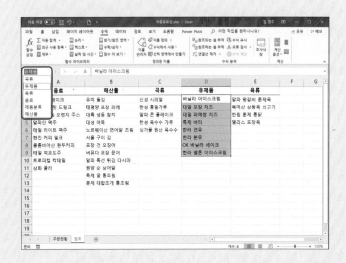

6 제품 분류에 유효성 검사 설정하기

❶ [B] 열 머리글을 선택한 후 ❷ [데이터] 탭의 [데이터 도구] 그룹에서 [데이터 유효성 검사]를 클릭합니다.

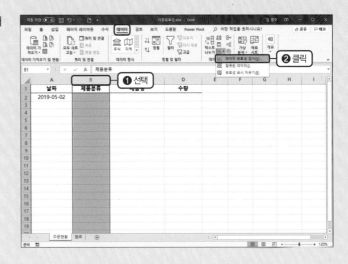

7 유효성 조건 설정하기

[데이터 유효성] 대화상자가 나타나면 ❶ 제한 대상에 '목록'을 선택한 후 ❷ 원본에 「=제품분류」를 입력한 후 ❸ [확인] 버튼을 클릭합니다.

8 제품 분류 입력하기

[B2] 셀에 드롭다운(▾)을 눌러 임의의 값을 선택하여 입력합니다.

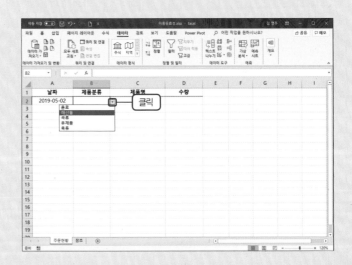

9 제품명에 이중 유효성 검사 설정하기

❶ [C2] 셀을 선택한 후 ❷ `Ctrl`+`Shift`+`↓`를 눌러 [C] 열 끝까지 범위 지정합니다. ❸ [데이터] 탭의 [데이터 도구] 그룹에서 [데이터 유효성 검사]를 클릭합니다.

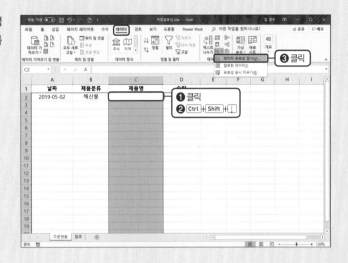

10 유효성 조건 수식으로 설정하기

[데이터 유효성] 대화상자가 나타나면 ❶ 제한 대상에 '목록'을 선택한 후 ❷ 원본에 「=INDIRECT(B2)」를 입력한 후 ❸ [확인] 버튼을 클릭합니다.

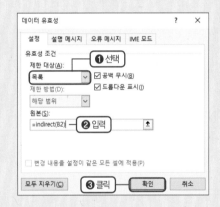

11 완성

[C2] 셀에서 드롭다운(▼)을 클릭합니다. [B2] 셀에서 입력된 분류에 따라 다른 제품 목록이 펼쳐집니다.

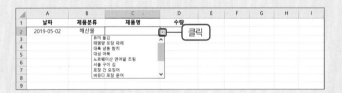

자동으로
참조 범위 확장하기

유효성 검사에서 목록의 원본으로 참조하는 범위가 고정되면 나중에 추가한 내용은 참조되지 않는 문제가 발생합니다. 데이터양 증가에 따라 참조 범위를 자동 확장하기 위해 '표'를 적용하겠습니다(P.394 참조). 여기서는 유효성 검사의 가변적인 참조 범위를 위해 '표'를 활용하겠습니다.

【예제 파일】Sample\Theme02\범위자동확장.xlsx　　　　【완성 파일】Sample\Theme02\범위자동확장_완성.xlsx

P.98의 「기능향상 – 대분류에 따라 달라지는 소분류 (이중 유효성 검사)」를 보면, 제품명이 추가되어도 '음료'로 정의한 부분은 [A2:A11] 영역으로 고정되므로 [주문현황] 시트에서 제품명을 입력할 때 목록에 나타나지 않습니다. 데이터가 늘어나면 늘어난 곳까지 '음료'로 정의하는 방법을 알아보겠습니다.

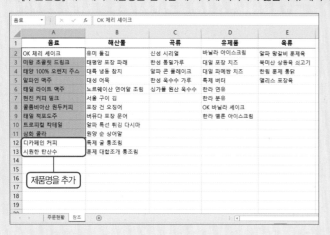

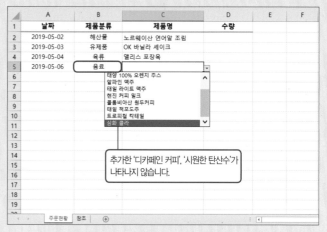

1 현재 파일을 열면 이미 정의된 이름이 있습니다. 정의된 이름을 삭제하기 위하여 ❶ [수식] 탭의 [정의된 이름] 그룹에서 [이름 관리자]를 클릭합니다. ❷ 그림과 같이 이름을 선택한 후 ❸ [삭제] 버튼을 클릭합니다.

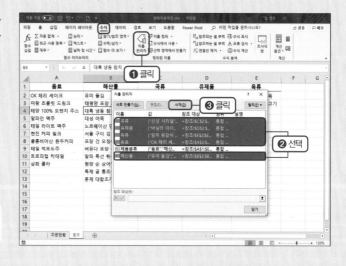

NOTE

이름을 선택할 때, 연속된 범위는 Shift 를 누르고, 떨어진 범위는 Ctrl 을 누른 상태로 선택합니다.

2 경고 창이 나타나면 [확인] 버튼을 클릭합니다.

3 다시 [이름 관리자] 대화상자로 되돌아오면 [닫기] 버튼을 클릭합니다.

4 ❶ [A1:A11] 영역을 범위 지정한 후 ❷ [삽입] 탭의 [표 - 표]를 클릭합니다.

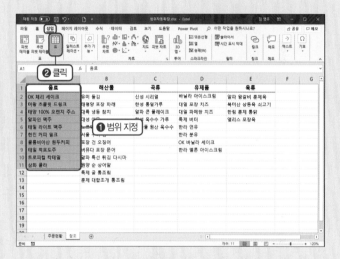

5 [표 만들기] 대화상자가 나타나면 ❶ '머리글 포함'에 체크 표시한 후 ❷ [확인] 버튼을 클릭합니다.

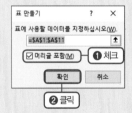

6 표가 만들어지면 표 도구 [디자인] 탭의 [속성] 그룹에서 표 이름에 '표1'
을 지우고 '음료'를 입력한 후 Enter를 누릅니다.

입력 후 Enter

7 동일한 방법 즉, 따라하기 **4**~**6**의 과정을 반복하여 아래의 영역을
'표'로 만든 다음 표의 이름을 변경합니다.

[B1:B13] 영역: 해산물
[C1:C6] 영역: 곡류
[D1:D9] 영역: 유제품
[E1:E5] 영역: 육류

8 [참조] 시트의 [A12:A13] 영역에 임의의 이름을 추가 입력합니다.

입력

9 ❶ [주문현황] 시트를 클릭하여 ❷ [B] 열에 '음료'를 입력합니다.
❸ [C] 열에서 드롭다운(▼)을 클릭하여 스크롤바를 아래로 내리면 **8**에
서 추가한 음료가 표시됩니다.

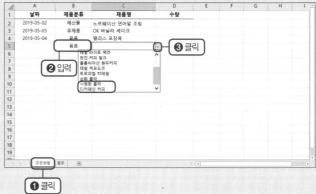

❸ 클릭
❷ 입력
❶ 클릭

자동합계로 소계/합계 한 번에 계산하기

소계와 합계를 계산할 때 SUM 수식을 직접 입력하지 않고, 자동합계(∑ 자동 합계 ▾)를 클릭하여 계산하면 합계 계산 시 이중 계산되지 않고 소계만 합한 결과를 반환하므로 편리합니다. 자동합계(∑ 자동 합계 ▾) 몇 번의 클릭으로 보고서 를 완성해보겠습니다.

예제 파일 Sample\Theme02\매출현황.xlsx   **완성 파일** Sample\Theme02\매출현황_완성.xlsx

---

문제 해결

❶ **합계 계산하기** : [G4:G35] 영역을 범위 지정한 후 자동합계(∑ 자동 합계 ▾)를 클릭 합니다.

❷ **소계 계산하기** : [D14:F14], [D20:F20], [D25:F25], [D34:F34] 영역을 범위 지정 한 후 자동합계(∑ 자동 합계 ▾)를 클릭합니다.

떨어져 있는 영역을 범위 지정하는 방법 **1** 범위를 지정한 후 Ctrl 을 누른 상태 로 범위를 더해갑니다. 즉, [D14:F14] 영역을 범위 지정한 후 Ctrl 을 누른 상태로 [D20:F20], [D25:F25], [D34:F34] 영역을 범위 지정합니다.

떨어져 있는 영역을 범위 지정하는 방법 **2** [D4:F34] 영역을 범위 지정한 후 [홈] 탭의 [편집] 그룹에서 [찾기 및 선택 – 이동 옵션]을 클릭합니다. [이동 옵션] 대 화상자에서 '빈 셀'을 선택하여 범위 지정합니다.

❸ **합계 계산하기** : [C35:F35] 영역을 범위 지정한 후 자동합계(∑ 자동 합계 ▾)를 클 릭합니다.

1/4분기 매출 현황

분류	제품명	1월	2월	3월	합계
음료	OK 체리 셰이크	6,264	4,737	5,002	16,003
	미왕 초콜릿 드링크	6,339	6,146	6,460	18,945
	태양 100% 오렌지 주스	4,418	4,860	5,679	14,957
	알파인 맥주	4,842	5,634	4,189	14,665
	태일 라이트 맥주	5,397	6,235	4,405	16,037
	현진 커피 밀크	5,545	4,420	5,872	15,837
	콜롬비아산 원두커피	5,955	5,443	4,162	15,560
	태일 적포도주	5,003	5,254	4,931	15,188
	트로피컬 칵테일	6,238	5,317	5,752	17,307
	삼화 콜라	6,192	4,976	4,005	15,173
	소계	56,193	53,022	50,457	159,672
곡류	신성 시리얼	6,026	5,099	5,251	16,376
	한성 통밀가루	6,432	4,193	6,282	16,907
	알파 콘 플레이크	4,125	5,374	6,453	15,952
	한성 옥수수 가루	5,685	6,475	5,716	17,876
	싱가폴 원산 옥수수	4,885	6,334	5,162	16,381
	소계	27,153	27,475	28,864	83,492
육류	알파 왕갈비 훈제육	4,086	5,571	4,581	14,238
	북미산 상등육 쇠고기	6,311	4,960	5,727	16,998
	한림 훈제 통닭	5,249	6,441	6,049	17,739
	엘리스 포장육	4,479	5,049	4,136	13,664
	소계	20,125	22,021	20,493	62,639
유제품	바닐라 아이스크림	5,612	6,014	4,666	16,292
	대일 포장 치즈	5,352	5,657	5,905	16,914
	대일 파메쌍 치즈	4,281	6,263	4,087	14,631
	특제 버터	6,108	5,562	4,411	16,081
	한라 연유	6,103	6,032	6,175	18,310
	한라 분유	4,664	6,062	4,871	15,597
	OK 바닐라 셰이크	6,164	5,443	5,596	17,203
	한라 멜론 아이스크림	5,269	6,415	6,135	17,819
	소계	43,553	47,448	41,846	132,847
	합계	147,024	149,966	141,660	438,650

엑셀 데이터는 범위를 지정한 후 편집할 수 있는데 많은 양의 데이터를
마우스로 드래그하여 범위 지정하는 것은 한계가 있습니다.
상황에 맞게 효율적으로 범위 지정하는 방법과 외부 데이터를 편집 및
가공하는 방법, 시트 탭을 편집하거나 활용하는 방법에 대해 알아보겠습니다.

워크시트 편집과
데이터 가공

01 셀 선택과 상황별 범위 지정하기

엑셀에서 어떤 작업을 하든 셀을 선택하고 범위를 지정합니다. 데이터양이 많지 않을 땐 범위 지정이 어렵지 않지만 데이터양이 많으면 어려움을 겪는 경우가 발생합니다. 범위를 지정하는 단축키 및 옵션을 살펴보겠습니다.

원하는 셀 선택 및 범위 지정

셀 이동 및 범위 지정 단축키

특정 셀을 선택, 이동, 범위 지정할 때 단축키를 활용하는 것이 편리하므로 단축키를 알아보겠습니다. 자주 사용하는 단축키는 다음과 같습니다.

우선순위	기능	연산자
셀 이동	Tap	오른쪽으로 한 셀씩 이동
	Shift + Tap	왼쪽으로 한 셀씩 이동
	Enter	아래쪽으로 한 셀씩 이동
	Shift + Enter	위쪽으로 한 셀씩 이동
	Ctrl + ↓	입력된 데이터 맨 아래쪽 셀로 이동
	Ctrl + →	입력된 데이터 맨 오른쪽 셀로 이동
	Ctrl + ↑	입력된 데이터 맨 위쪽 셀로 이동
	Ctrl + ←	입력된 데이터 맨 왼쪽 셀로 이동
	Ctrl + Home	시트의 첫 번째인 [A1] 셀로 이동
	Ctrl + End	데이터가 입력된 마지막 셀로 이동
범위 지정	Ctrl + A	셀 포인터가 빈 셀에 있으면 시트 전체 선택 셀 포인터가 데이터가 입력된 곳에 있으면 데이터 영역 전체 선택
	Ctrl + Shift + ↓	셀 포인터가 위치한 곳에서 데이터가 입력된 맨 아래쪽 셀까지 범위 지정
	Ctrl + Shift + →	셀 포인터가 위치한 곳에서 데이터가 입력된 맨 오른쪽 셀까지 범위 지정
	Ctrl + Shift + ↑	셀 포인터가 위치한 곳에서 데이터가 입력된 맨 위쪽 셀까지 범위 지정
	Ctrl + Shift + ←	셀 포인터가 위치한 곳에서 데이터가 입력된 맨 왼쪽 셀까지 범위 지정
	Ctrl + Space Bar	셀 포인터가 위치한 곳의 열 전체 선택
	Shift + Space Bar	셀 포인터가 위치한 곳의 행 전체 선택

범위 확인	Ctrl + .	지정한 범위를 확인하기 위해 Ctrl + . 을 누르면 지정된 모서리 끝으로 이동 예 ① Ctrl + A 를 눌러 데이터 영역 전체를 범위 지정 ② Ctrl + . 을 누르면 왼쪽 위 → 오른쪽 위 → 오른쪽 아래 → 왼쪽 아래로 순환하며 이동

이름 상자 활용하여 이동 및 범위 지정하기

이름 상자에서 원하는 셀 주소를 입력한 후 Enter 를 누르면 해당 위치로 이동합니다.
이름 상자에서 원하는 셀 주소를 입력한 후 Shift + Enter 를 누르면 범위를 지정합니다.

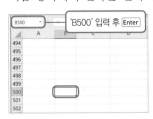

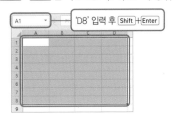

연속된 범위 지정하기

연속된 영역을 범위 지정하려면 다음과 같은 방법을 사용합니다.

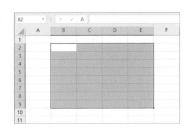

1 범위 지정할 영역을 마우스로 드래그합니다.
2 범위 지정할 영역을 Shift 를 누른 상태로 화살표(→, ↓, ←, ↑)를 누릅니다.
3 범위 지정할 영역을 F8 을 누른 후 화살표(→, ↓, ←, ↑)를 누릅니다. 범위 설정 해제는 F8 을 누르거나 Esc 를 누릅니다.
4 범위 지정할 시작 위치를 선택한 후 Shift 를 누른 상태로 끝 위치를 클릭합니다.

떨어진 범위 지정하기

첫 번째 영역을 범위 지정한 후 Ctrl 을 누른 상태로 다른 영역을 범위 지정합니다.

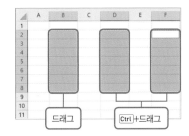

지정한 범위 일부분 취소하기

엑셀 2019 버전이나 오피스 365는 범위를 잘못 지정했을 경우 취소할 수 있습니다. Ctrl 을 누른 상태로 취소할 범위를 드래그합니다.

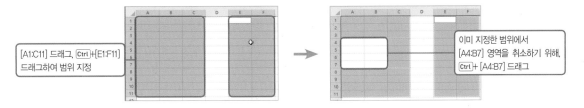

∷ 데이터가 입력된 전체를 범위 지정하기

임의의 데이터 위에서 Ctrl+A를 누르면 데이터가 입력된 전체 범위를 지정합니다. 데이터 밖 임의의 셀에서 Ctrl+A를 누르면 워크시트 전체를 범위 지정합니다.

데이터 위 임의의 셀에서 Ctrl+A를 누르면 데이터가 입력된 전체 영역을 범위 지정

∷ 제목 행을 제외하고 전체 데이터 범위 지정하기

출발 셀에서 Ctrl+Shift+→을 누르고, Ctrl+Shift+↓을 누르면 데이터가 입력된 오른쪽 끝, 아래쪽 끝까지 범위 지정합니다.

○ Ctrl+Shift+방향키는 빈 셀 바로 전까지 범위를 지정합니다. 해당 이미지는 빈 셀로 보이지만 수식이 입력되어 있어 빈 셀이 아니므로 [K18] 셀까지 범위 지정합니다.

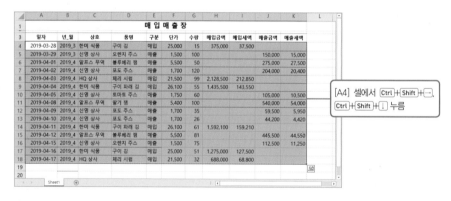

[A4] 셀에서 Ctrl+Shift+→, Ctrl+Shift+↓ 누름

핵심 기능 ▶ '이동 옵션' 명령으로 범위 지정

빈 셀 혹은 데이터가 입력된 셀, 화면에 보이는 셀만을 지정하는 등의 옵션을 선택하여 범위를 지정하려면 [홈] 탭의 [편집] 그룹에서 [찾기 및 선택 – 이동 옵션]을 클릭합니다. '이동 옵션' 명령은 범위 선택을 효율적으로 하는 쓰임새가 많은 명령이니 꼭 기억하시기 바랍니다.

▲ '이동 옵션' 명령을 이용하여 '빈 셀'만 범위 지정

[이동 옵션] 대화상자에서 지정할 수 있는 옵션은 다음과 같습니다.

❶ **메모** 메모가 삽입된 모든 셀을 선택합니다.

❷ **상수** 수식을 제외한 데이터가 입력된 모든 셀을 선택합니다.

❸ **수식** 수식이 입력된 모든 셀을 선택합니다.

❹ **빈 셀** 빈 셀을 모두 선택합니다.

❺ **현재 셀이 있는 영역** 선택한 셀이 포함된 인근 모든 데이터 영역을 선택합니다.

❻ **현재 셀이 있는 배열** 배열 수식으로 묶인 셀 하나를 선택한 후 해당 옵션을 실행하면 집합으로 묶인 모든 셀을 선택합니다.

❼ **개체** 모든 개체를 선택합니다.

❽ **동일 행에서 값이 다른 셀** 범위 지정한 행에서 값이 다른 셀을 선택합니다. 두 개 이상의 행을 선택한 경우 선택 영역의 각 행을 비교합니다.

❾ **동일 열에서 값이 다른 셀** 범위 지정한 열에서 값이 다른 셀을 선택합니다. 두 개 이상의 열을 선택한 경우 선택 영역의 각 열을 비교합니다.

❿ **참조되는 셀** 지정한 범위 내에서 수식에서 참조하는 셀을 선택합니다.

⓫ **참조하는 셀** 지정한 범위 내에서 수식이 작성된 셀을 선택합니다.

⓬ **마지막 데이터 셀** 마지막으로 데이터가 입력된 셀을 선택합니다.

⓭ **화면에 보이는 셀만** 지정한 범위 내에서 숨겨진 셀을 제외하고 화면에 보이는 셀만 선택합니다.

⓮ **조건부 서식** 조건부 서식이 지정된 모든 셀을 선택합니다.

⓯ **데이터 유효성** 유효성 검사가 지정된 모든 셀을 선택합니다.

 **기능실습 01** 빈 칸에 바로 위 셀 값 한꺼번에 채우기

예제 파일 Sample\Theme03\빈셀채우기.xlsx **완성 파일** Sample\Theme03\빈셀채우기_완성.xlsx

키 워 드 빈 셀 채우기
길라잡이 병합되어 있는 셀을 해제하고, 각 칸에 해당하는 지역명과 시군구를 한꺼번에 채우는 방법을 학습하겠습니다.

완성예제 미리 보기

지역	시군구	상품군	2018년	2019년
부산	사상구	컴퓨터및주변기기	5,003	6,086
		가전·전자·통신기기	34,453	35,579
		소프트웨어	781	713
		사무·문구	779	811
창원	성산구	컴퓨터및주변기기	1,102	3,443
		가전·전자·통신기기	12,071	10,263
		소프트웨어	196	219
	마산 합포구	서적	368	342
		사무·문구	314	311
		기타	9,012	7,767
수원	권선구	컴퓨터및주변기기	455	295
		가전·전자·통신기기	2,336	1,935
		소프트웨어	741	845
		서적	727	651
		사무·문구	548	521
전주	덕진구	컴퓨터및주변기기	182	139
		가전·전자·통신기기	7,623	7,510
		소프트웨어	138	97
		서적	366	380
	완산구	사무·문구	176	160
		음반·비디오·악기	233	239
		의류및패션관련상품	56,620	59,080
		스포츠·레저용품	1,319	1,585
		화장품	10,178	8,091
		아동·유아용품	927	569
서울	강남구	컴퓨터및주변기기	9	3
		가전·전자·통신기기	35	18
		소프트웨어	3	0
		서적	3	1
	중랑구	사무·문구	1	2
		음반·비디오·악기	1	
		의류및패션관련상품	102	91
	영등포구	스포츠·레저용품	6	2
		화장품	10	3
		아동·유아용품	2	1
		음·식료품	28	17

지역	시군구	상품군	2018년	2019년
부산	사상구	컴퓨터및주변기기	5,003	6,086
부산	사상구	가전·전자·통신기기	34,453	35,579
부산	사상구	소프트웨어	781	713
부산	사상구	사무·문구	779	811
창원	성산구	컴퓨터및주변기기	1,102	3,443
창원	성산구	가전·전자·통신기기	12,071	10,263
창원	성산구	소프트웨어	196	219
창원	마산 합포구	서적	368	342
창원	마산 합포구	사무·문구	314	311
창원	마산 합포구	기타	9,012	7,767
수원	권선구	컴퓨터및주변기기	455	295
수원	권선구	가전·전자·통신기기	2,336	1,935
수원	권선구	소프트웨어	741	845
수원	권선구	서적	727	651
수원	권선구	사무·문구	548	521
전주	덕진구	컴퓨터및주변기기	182	139
전주	덕진구	가전·전자·통신기기	7,623	7,510
전주	덕진구	소프트웨어	138	97
전주	덕진구	서적	366	380
전주	완산구	사무·문구	176	160
전주	완산구	음반·비디오·악기	233	239
전주	완산구	의류및패션관련상품	56,620	59,080
전주	완산구	스포츠·레저용품	1,319	1,585
전주	완산구	화장품	10,178	8,091
전주	완산구	아동·유아용품	927	569
서울	강남구	컴퓨터및주변기기	9	3
서울	강남구	가전·전자·통신기기	35	18
서울	강남구	소프트웨어	3	0
서울	강남구	서적	3	1
서울	중랑구	사무·문구	1	2
서울	중랑구	음반·비디오·악기	1	
서울	중랑구	의류및패션관련상품	102	91
서울	영등포구	스포츠·레저용품	6	2
서울	영등포구	화장품	10	3
서울	영등포구	아동·유아용품	2	1
서울	영등포구	음·식료품	28	17

병합된 셀을 해제하고, 구간별 값을 한꺼번에 채웁니다.

01 셀 병합 해제하기

❶ [B3:C38] 영역을 범위 지정한 후 ❷ [홈] 탭의 [맞춤] 그룹에서 [병합하고 가운데 맞춤]을 클릭하여 셀 병합을 해제합니다.

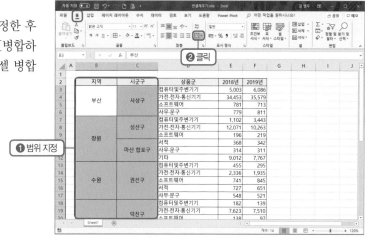

02 이동 옵션 명령 실행하기

[B3:C38] 영역이 범위 지정된 상태에서 ❶ [홈] 탭의 [편집] 그룹에서 [찾기 및 선택 - 이동 옵션]을 클릭합니다.

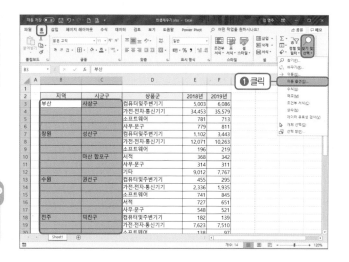

> TIP
> [이동 옵션] 대화상자를 호출하려면 F5 를 누른 후 [옵션] 버튼을 클릭합니다.

03 '빈 셀' 옵션 선택하기

[이동 옵션] 대화상자가 나타나면 ❶ '빈 셀'을 선택한 후 ❷ [확인] 버튼을 클릭합니다.

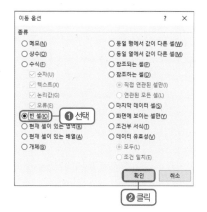

◉ 모든 범위가 지정된 상태
에서 「=」을 입력하면 하이라
이트 된 셀에 「=」이 입력됩
니다. 「=」이 입력된 셀의 바
로 위 셀을 마우스로 클릭한
후 Ctrl + Enter 를 누릅니다.

04 한꺼번에 입력하기

빈 셀만 범위 지정된 것을 확인한 후
수식 「=B3」을 입력하고, Ctrl + Enter 를
누릅니다.

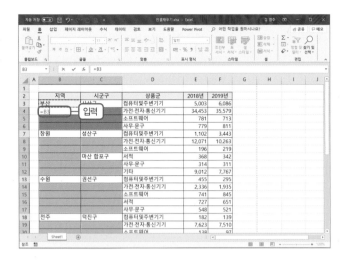

05 확인하기

다음과 같이 빈 셀에 바로 위 셀의 값
이 채우기됩니다.

LESSON
02
'복사/붙여넣기' 활용하기

입력한 데이터를 다른 위치로 이동하거나 복사할 때 다양한 옵션을 선택하여 붙여넣기할 수 있습니다. 상황에 따라 적절한 붙여넣기 옵션을 선택하는 방법을 알아보겠습니다.

붙여넣기 옵션 알아보기

복사/붙여넣기는 복사할 영역을 범위 지정한 후 [홈] 탭 - [클립보드] 그룹에서 [복사]를 클릭하거나 Ctrl + C 를 누른 후 원하는 위치에서 Ctrl + V 또는 Enter 를 누릅니다.

만약, 복사한 데이터의 서식 또는 값 등의 특정 속성만을 붙여넣기하려면 붙여넣기 옵션을 선택합니다. 붙여넣기 옵션은 데이터를 복사한 후 붙여넣기할 위치에서 마우스 오른쪽 버튼을 클릭하거나 [홈] 탭의 [클립보드] 그룹에서 [붙여넣기]를 클릭하여 선택합니다.

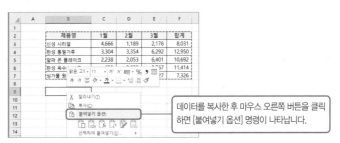

데이터를 복사한 후 마우스 오른쪽 버튼을 클릭하면 [붙여넣기 옵션] 명령이 나타납니다.

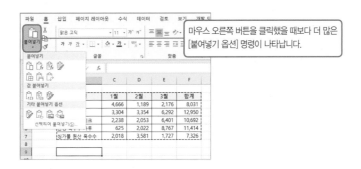

마우스 오른쪽 버튼을 클릭했을 때보다 더 많은 [붙여넣기 옵션] 명령이 나타납니다.

붙여넣기 옵션에 대한 모든 옵션을 확인하려면 [선택하여 붙여넣기] 대화상자를 나타냅니다. [선택하여 붙여넣기] 대화상자는 데이터를 복사한 후 Ctrl + Alt + V 을 누르거나 마우스 오른쪽 버튼을 클릭하여 [선택하여 붙여넣기] 명령을 클릭합니다.

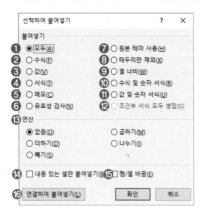

❶ **모두** 복사한 데이터의 서식, 수식 등 모든 내용을 붙여넣기합니다.

❷ **수식** 복사한 데이터의 수식만 붙여넣기합니다.

❸ **값** 복사한 데이터의 수식 결과를 붙여넣기합니다.

❹ **서식** 복사한 영역의 셀 서식을 붙여넣기합니다.

❺ **메모** 복사한 영역의 셀 메모를 붙여넣기합니다.

❻ **유효성 검사** 복사한 영역의 유효성 검사 설정을 붙여넣기합니다.

❼ **원본 테마 사용** 복사한 영역의 모든 내용과 서식을 붙여넣기합니다.

❽ **테두리만 제외** 복사한 영역의 테두리 서식을 제외하고 붙여넣기합니다.

❾ **열 너비** 복사한 영역의 열 너비를 붙여넣기합니다.

❿ **수식 및 숫자 서식** 복사한 영역의 수식, 숫자 서식을 붙여넣기합니다.

⓫ **값 및 숫자 서식** 복사한 영역의 값, 숫자 서식을 붙여넣기합니다.

⓬ **조건부 서식 모두 병합** 복사한 영역의 조건부 서식과 붙여넣기 할 영역의 조건부 서식을 병합하여 붙여넣기합니다.

⓭ **연산** 복사한 데이터의 값을 연산(더하기/빼기/곱하기/나누기)으로 붙여넣기합니다.

⓮ **내용 있는 셀만 붙여넣기** 복사한 영역에 빈 셀이 있을 경우 빈 셀의 서식은 제외하고 붙여넣기합니다.

⓯ **행/열 바꿈** 복사한 데이터의 행과 열을 바꿔 붙여넣기합니다.

⓰ **연결하여 붙여넣기** 복사한 영역을 수식으로 연결하여 붙여넣기합니다.

값/연산/서식/그림으로 붙여넣기

예제 파일 Sample\Theme03\붙여넣기.xlsx **완성 파일** Sample\Theme03\붙여넣기_완성.xlsx

키 워 드 값만 붙여넣기, 연산으로 붙여넣기, 서식 붙여넣기, 그림으로 붙여넣기
길라잡이 붙여넣기 옵션 중 많이 활용되는 값, 연산, 서식, 그림으로 붙여넣기 옵션을 실습하고, 상황에 따라 붙여넣기 옵션을 적절하게 선택하는 방법을 알아보겠습니다.

STEP 01 값만 붙여넣기

01 복사하기

❶ [값만복사] 시트를 선택합니다.
❷ [F3:F7] 영역을 범위 지정한 후 수식 입력줄을 확인하면 합계 수식이 작성되어 있습니다. ❸ Ctrl+C 를 눌러 복사합니다.

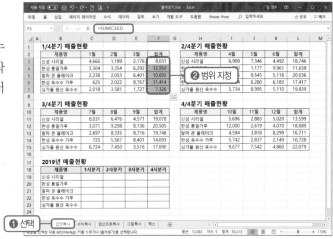

02 붙여넣기한 후 에러 확인하기

[C19] 셀을 선택한 후 Ctrl+V 을 누르면 #REF! 에러가 발생합니다. 이는 [F] 열의 수식 「=SUM(C3:E3)」을 [C] 열로 붙여넣기하면 상대 참조 복사되기 때문입니다. 즉 [C] 열에서 왼쪽으로 3칸 이전 열이 없으므로 에러가 발생합니다.

● 주의
[F3:F7] 영역의 복사가 해제
되면 붙여넣기 옵션 메뉴가
나타나지 않습니다.
이때는 다시 [F3:F7] 영역을
범위 지정한 후 Ctrl+C를
눌러 복사합니다.

03 값만 붙여넣기

이런 경우는 수식의 결과값만 붙여넣
기합니다. ❶ 다시 [C19] 셀에서 마우
스 오른쪽 버튼을 클릭하여 ❷ [값]을
클릭합니다.

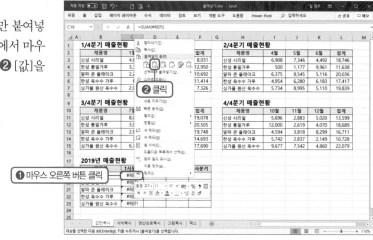

04 2사분기~4사분기 값만 붙여넣기

2사분기, 3사분기, 4사분기의 값도
동일한 방법으로 붙여넣기합니다.

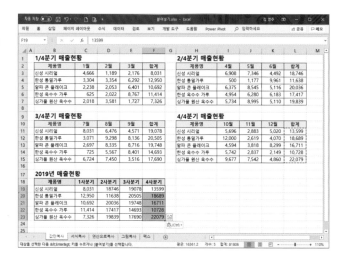

01 제목 서식 복사하기

❶ [서식복사] 시트를 클릭합니다. 청주 공장의 서식을 안산 공장 데이터에 적용하기 위해 ❷ [B2] 셀을 선택한 후 ❸ [홈] 탭의 [클립보드] 그룹에서 [서식 복사(✎)]를 클릭합니다.

02 제목 서식 붙여넣기

복사한 서식을 붙여넣기할 셀인 [B10] 셀을 클릭하여 붙여넣기합니다.

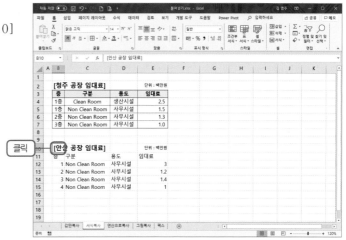

◉ [서식 복사] 아이콘을 클릭하면 서식 붙여넣기를 한 번 할 수 있습니다. [서식 복사] 아이콘을 더블클릭하면 서식 붙여넣기를 연속으로 할 수 있습니다.

03 표 서식 복사하기

❶ [B3:E7] 영역을 범위 지정한 후 ❷ [홈] 탭의 [클립보드] 그룹에서 [서식 복사]를 클릭합니다.

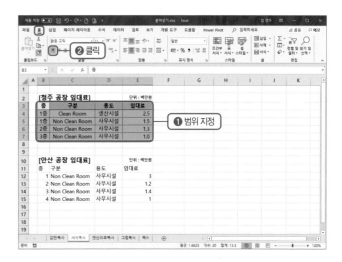

04 표 서식 붙여넣기

[B11] 셀을 클릭하여 표의 서식을 붙여넣기합니다.

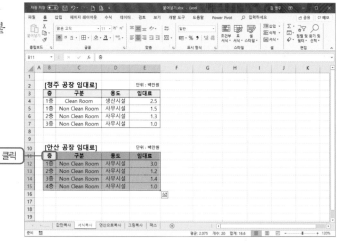

STEP 03 연산으로 복사하기

● 연산으로 붙여넣기할 때 표시 형식 서식도 복사되므로 쉼표 스타일을 미리 적용합니다.

01 복사할 값 입력하기

❶ [연산으로복사] 시트를 클릭합니다. 임대료가 백만 원 단위로 입력되어 있습니다. 원 단위로 변경하기 위해 ❷ [G3] 셀에 「1000000」을 입력한 후 ❸ [홈] 탭의 [표시 형식] 그룹에서 [쉼표 스타일(**,**)]을 클릭합니다.

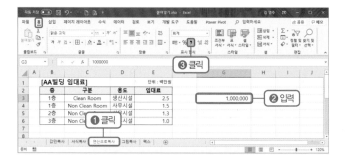

02 선택하여 붙여넣기 명령 선택하기

❶ [G3]에서 Ctrl+C을 눌러 복사합니다. ❷ [E3:E6] 영역을 범위 지정하고 ❸ 마우스 오른쪽 버튼을 클릭한 후 ❹ [선택하여 붙여넣기]를 클릭합니다.

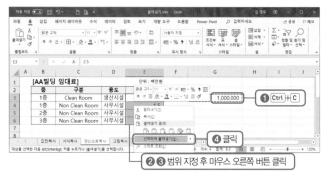

03 '곱하기', '테두리만 제외' 옵션 선택하기

[선택하여 붙여넣기] 대화상자가 나타나면 ❶ '곱하기'와 '테두리만 제외'를 선택한 후 ❷ [확인] 버튼을 클릭합니다.

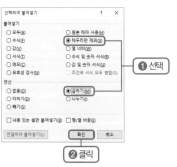

04 완성

다음과 같이 완성합니다.

T₁P

만약 붙여넣기의 결과가 「####」으로 나타난다면 셀 너비가 좁은 것이므로 셀 너비를 넓혀줍니다. [E] 열과 [F] 열 사이 경계선을 더블클릭하면 자동으로 폭이 맞춰집니다.

05 '단위:원'으로 수정하기

[G3] 셀의 내용을 지우고, [E1] 셀의 내용을 '단위:원'으로 수정합니다.

STEP 04 | 그림으로 복사하기

01

❶ [팩스] 시트를 클릭합니다. 팩스 양식 부분인 ❷ [B2:E11] 영역을 범위 지정한 후 Ctrl + C 를 누릅니다.

●[홈] 탭의 [클립보드] 그룹에서 [연결된 그림]으로 붙여넣기 하면 [팩스] 시트의 원본과 연결되므로 원본을 변경하면 연결된 그림도 같이 변경됩니다.

02

❶ [그림복사] 시트를 클릭한 후 ❷ [홈] 탭의 [클립보드] 그룹에서 [붙여넣기 - 그림(🖼)]을 클릭합니다. 표를 그림으로 붙여넣기하면 셀 너비가 다른 표를 하나의 시트에 배치할 수 있습니다.

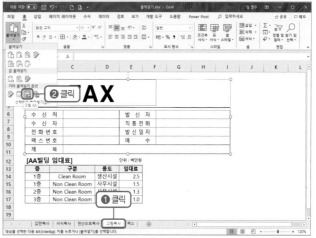

기존 대여 날짜에서 7일 연장하기

입력된 날짜에서 일수를 더하거나 빼야 할 때 복사/선택하여 붙여넣기를 활용할 수 있습니다. 대여일자에서 7일 연장하는 방법을 학습하겠습니다.

【예제 파일】Sample\Theme03\날짜연장.xlsx

【완성 파일】Sample\Theme03\날짜연장_완성.xlsx

1 날짜가 입력된 곳만 범위 지정하기

❶ 임의의 셀에 '7'을 입력하고 Ctrl + C 를 눌러 복사합니다. ❷ [E4:E17] 영역을 범위 지정한 후 ❸ [홈] 탭의 [편집] 그룹에서 [찾기 및 선택 – 이동 옵션]을 클릭합니다.

2 '상수'만 선택하기

[이동 옵션] 대화상자가 나타나면 ❶ '상수'를 선택한 후 ❷ [확인] 버튼을 클릭합니다.

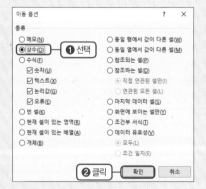

3 '더하기'로 붙여넣기

❶ Ctrl + Alt + V 를 눌러 [선택하여 붙여넣기] 대화상자가 나타나면 ❷ '더하기' 항목을 선택한 후 ❸ [확인] 버튼을 클릭합니다.

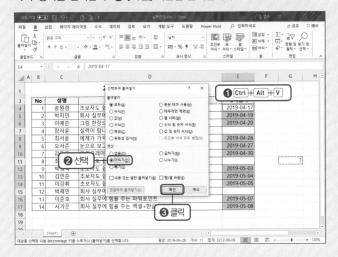

4 확인 및 표시 형식 변경하기

대여일자가 7일 연장되고 날짜 서식이 지워졌습니다. [홈] 탭의 [표시 형식] 그룹에서 '간단한 날짜'를 선택합니다.

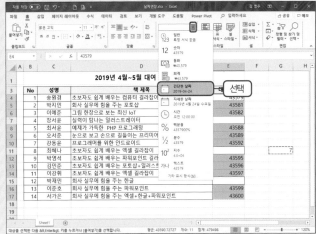

5 완성

기존 대여일자에서 7일 연장된 것을 확인합니다.

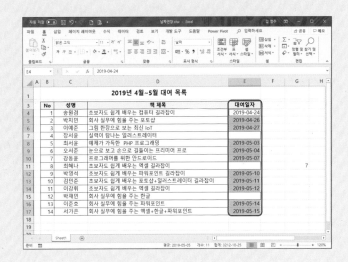

NOTE

행/열 바꿈

데이터의 행/열을 바꿔야 하는 경우 [선택하여 붙여넣기] 대화상자에서 '행/열 바꿈'을 이용할 수 있습니다.
① [A2:L2] 영역을 범위 지정한 후 Ctrl + C 를 눌러 복사합니다.
② Ctrl + Alt + V 을 눌러 [선택하여 붙여넣기] 대화상자를 호출합니다.
③ '행/열 바꿈'에 체크 표시한 후 [확인] 버튼을 클릭하여 완성합니다.

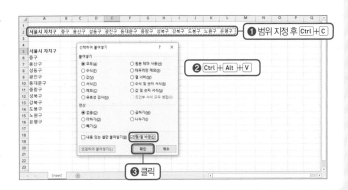

03 여러 워크시트에서 작업하기

엑셀은 하나의 파일에 여러 개의 시트를 추가하여 작업할 수 있습니다. 시트를 추가/삭제/편집하는 방법과 시트 간 계산하는 방법을 알아보겠습니다.

핵심 기능 워크시트 다루기

시트(Sheet)의 종류는 워크시트, 차트시트, 매크로시트 등이 있지만 일반적으로 시트란 워크시트를 말합니다. 엑셀을 실행하면 기본으로 하나의 워크시트가 주어지지만 필요에 따라 필요한 수만큼 추가할 수 있습니다.

워크시트 추가/삭제

엑셀을 실행하면 워크시트의 개수는 하나가 제공됩니다. 기본 워크시트의 개수를 조정하려면 [파일] 탭의 [옵션]을 클릭하여 [Excel 옵션] 창에서 '포함할 시트 수'를 수정합니다. 기본 시트 수를 수정한 후에 엑셀을 종료한 후 다시 실행하면 적용됩니다.

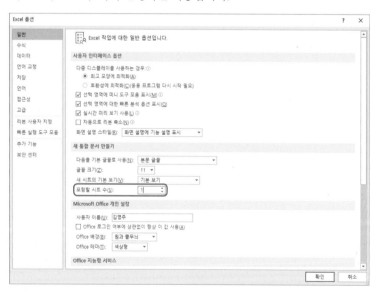

현재 작업하는 파일의 시트를 추가하려면 시트 탭의 ⊕를 클릭하거나 임의의 시트 위에서 마우스 오른쪽 버튼을 클릭하여 [삽입] 버튼을 클릭합니다. 시트를 삭제하려면 시트 위에서 마우스 오른쪽 버튼을 클릭하여 [삭제] 버튼을 클릭합니다.

워크시트 다중 선택 및 해제

워크시트를 다중으로 선택하여 작업하면 선택한 시트에 동일한 작업이 이루어지므로 편리합니다. 예를 들어 여러 시트의 동일 셀에 같은 내용을 입력하거나 서식을 변경하거나 계산 작업을 한 번에 할 수 있습니다.

시트를 다중으로 선택할 때 인접한 시트를 선택하려면 Shift를 누르고, 떨어진 시트를 선택하려면 Ctrl을 누른 상태로 원하는 시트를 선택합니다.

연속된 범위의 시트를 선택하려면 ❶ 클릭, ❷ Shift+클릭
여러 개의 시트가 선택되면 제목 표시줄에 [그룹]으로 표시됩니다.

▲ 연속된 범위의 시트를 선택할 경우

떨어진 범위의 시트를 선택하려면 ❶ 클릭, ❷ Ctrl+클릭
여러 개의 시트가 선택되면 제목 표시줄에 [그룹]으로 표시됩니다.

▲ 떨어진 범위의 시트를 선택할 경우

◉ 엑셀 2019 또는 오피스 365는 전체 시트가 선택된 경우에 임의의 시트를 선택하면 전체 선택을 해제합니다.

시트 해제는 선택되지 않는 시트를 선택하거나, 마우스 오른쪽 버튼을 클릭하여 [시트 그룹 해제]를 클릭

▲ 시트 선택을 해제할 경우

시트 이동 및 복사

통합 문서 내에서 시트를 이동하려면 원하는 위치로 드래그합니다.

통합 문서 내에서 시트를 복사하려면 원하는 위치로 Ctrl+드래그합니다.

다른 통합 문서로 이동하거나 복사하려면 해당 시트 위에서 마우스 오른쪽 버튼을 클릭하여 [이동/복사] 명령을 선택합니다.

[이동/복사] 대화상자에서 이동/복사할 문서를 선택하고, 시트의 위치를 선택한 후 [확인] 버튼을 클릭합니다.

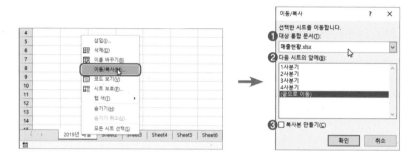

❶ **대상 통합 문서** 이동하거나 복사할 통합 문서를 선택합니다.

❷ **다음 시트의 앞에** 이동하거나 복사할 시트 위치를 선택합니다.

❸ **복사본 만들기** 체크 표시하면 해당 위치로 복사되고, 체크 해제하면 이동합니다.

여러 시트 내용 동시에 계산하기

예제 파일 Sample\Theme03\매출현황.xlsx **완성 파일** Sample\Theme03\매출현황_완성.xlsx

키 워 드 빈 셀 일괄 선택, 여러 시트 참조
길라잡이 매출현황.xlsx 파일에는 4개의 시트가 있습니다. 각 시트에는 1/4분기~4/4분기까지의 매출현황이 입력되어 있습니다. 4개 시트의 소계와 합계를 동시에 계산하고, 시트 복사하여 연간 매출현황 시트를 만든 후 연간 매출을 집계하겠습니다.

STEP 01 4개의 시트에서 소계와 합계 동시에 계산하기

01 4개 시트에서 빈 셀만 범위 지정하기
❶ [1사분기] 시트를 선택한 후 ❷ Shift 를 누른 상태로 [4사분기] 시트를 클릭합니다. ❸ [D4:F34] 영역을 범위 지정한 후 ❹ [홈] 탭의 [편집] 그룹에서 [찾기 및 선택 – 이동 옵션]을 클릭합니다.

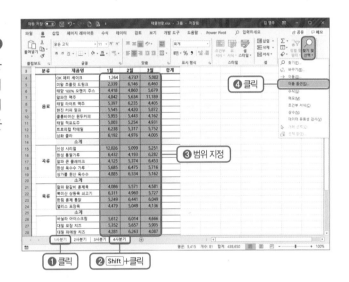

02 '빈 셀' 선택하기
[이동 옵션] 대화상자가 나타나면 ❶ '빈 셀'을 선택한 후 ❷ [확인] 버튼을 클릭합니다.

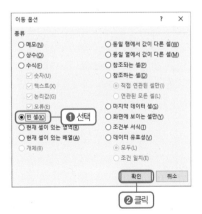

03 소계 계산하기

[홈] 탭의 [편집] 그룹에서 [Σ 자동 합계 ▾]을 클릭합니다.

04 합계 계산하기

❶ [D4:G35] 영역을 범위 지정한 후 ❷ [홈] 탭의 [편집] 그룹에서 [Σ 자동 합계 ▾]를 클릭합니다.

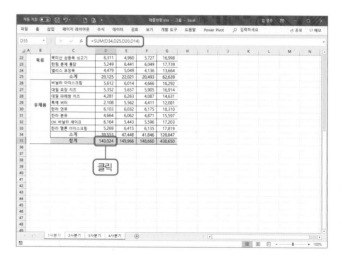

◉주의
합계를 아래쪽에 계산할 경우는 소계를 대상으로 자동 계산되지만 위쪽에 계산할 경우는 자동으로 되지 않으므로 SUBTOTAL 함수를 사용해야 합니다.

05 합계 확인하기

[D35] 셀을 선택한 후 수식 입력줄의 수식 「=SUM(D34,D25,D20,D14)」을 확인하면 소계를 대상으로 계산된 것을 알 수 있습니다. Σ 자동 합계 ▾ 를 눌러 합계를 계산하면 소계를 대상으로 합계를 계산합니다.

06 모든 시트에서 확인하기

각 시트를 클릭하면 [1사분기], [2사분기], [3사분기], [4사분기] 모든 시트에서 소계와 합계가 계산된 것을 확인할 수 있습니다.

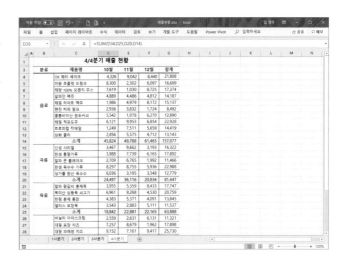

STEP 02 시트 복사하여 [연간실적] 시트 만들기

01 시트 복사 후 내용 수정하기

❶ [4사분기] 시트를 Ctrl+드래그하여 시트 복사합니다. ❷ 복사된 사본 시트를 더블클릭한 후 '연간실적'으로 이름 변경합니다. ❸ [B1] 셀의 제목을 '2019년 연간 매출 현황'으로 수정합니다. ❹ [D:F] 열 머리글을 범위 지정한 후 마우스 오른쪽 버튼을 클릭하여 ❺ [삭제]를 클릭합니다.

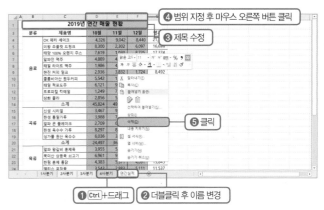

02 기존 내용 지우기

3개의 열을 삭제하였으므로 수식에 에러가 발생했습니다. [D4:D35] 영역을 범위 지정한 후 Del 을 눌러 지웁니다.

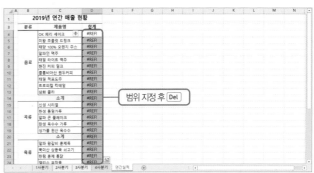

03 1~4사분기 합계 계산하기

[D4] 셀에 수식 「=SUM(」을 입력합니다.

04 1~4사분기 합계 계산하기

❶ [1사분기] 시트를 선택한 후 ❷ Shift를 누른 상태로 [4사분기]를 클릭하고 ❸ [G4] 셀을 클릭합니다. 수식 입력 줄의 수식을 확인한 후 Enter를 누릅니다.

TIP

수식 입력 줄의 수식 「=SUM('1사분기:4사분기'!G4」은 [1사분기]부터 [4사분기] 시트까지 [G4] 셀의 합계를 계산한다는 의미입니다.

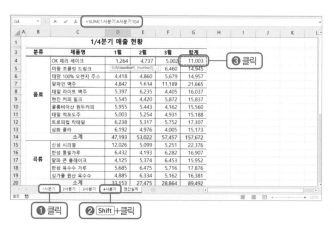

05 완성 및 수식 복사하기

합계가 계산되면 [D4] 셀의 채우기 핸들을 [D35] 셀까지 드래그합니다.

06 '서식 없이 채우기' 선택하기

자동 채우기 옵션(📋)을 클릭하여 '서식 없이 채우기'를 선택합니다.

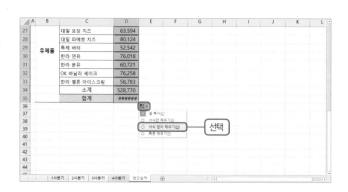

수식 보호하기

수식이 작성된 보고서에서 작성된 수식을 숨기고 변경하지 못하도록 수식을 보호하는 방법에 대해 알아보겠습니다.

【예제 파일】Sample\Theme03\시트보호.xlsx　　　【완성 파일】Sample\Theme03\시트보호_완성.xlsx

1 엑셀의 모든 셀은 기본적으로 '셀 잠금' 상태입니다. '셀 잠금' 상태일 때, '시트 보호'하면 잠긴 셀을 보호합니다. 수식이 입력된 부분만 보호하기 위해 모든 셀의 잠금 상태를 해제하는 작업을 합니다.

데이터가 입력되지 않은 **①** 빈 셀에서 Ctrl+A을 눌러 전체 워크시트를 선택합니다. **②** Ctrl+1을 눌러 [셀 서식] 대화상자가 나타나면 [보호] 탭에서 **③** '잠금'에 체크 표시를 해제한 후 **④** [확인] 버튼을 클릭합니다.

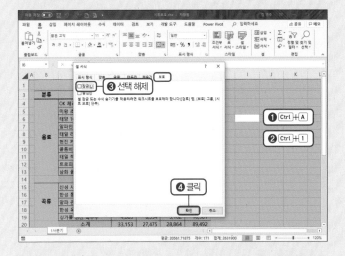

2 **①** [D4:G35] 영역을 범위 지정한 후 **②** [홈] 탭의 [편집] 그룹에서 [찾기 및 선택 – 이동 옵션]을 클릭합니다.

3 [이동 옵션] 대화상자가 나타나면 **①** '수식'을 선택한 후 **②** [확인] 버튼을 클릭합니다.

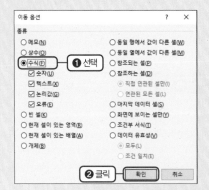

4 수식이 입력된 곳만 범위가 지정되면 **①** Ctrl+1을 눌러 [셀 서식] 대화상자를 호출합니다. [보호] 탭에서 **②** '잠금', '숨김'에 체크 표시한 후 **③** [확인] 버튼을 클릭합니다.

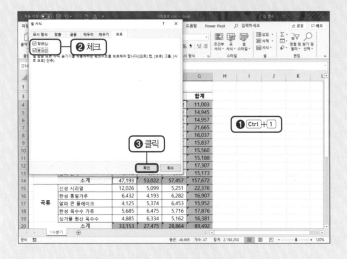

NOTE

'숨김'은 수식이 들어 있는 셀을 선택했을 때, 수식 입력줄에서 수식을 숨기겠다는 의미입니다. 단, 시트 보호가 되었을 때 숨겨집니다.

5 [검토] 탭의 [보호] 그룹에서 [시트 보호]를 클릭합니다.

6 [시트 보호] 대화상자가 나타나면 ① '시트 보호 해제 암호'를 입력한 후 ② [확인] 버튼을 클릭합니다. 여기서는 임의의 암호 '12345'를 입력합니다.

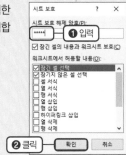

7 [암호 확인] 대화상자가 나타나면 ① 다시 한 번 암호 '12345'를 입력한 후 ② [확인] 버튼을 클릭합니다.

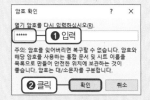

8 수식이 들어 있던 셀 [G4] 셀을 선택한 후 수식 입력줄을 확인하면 아무것도 보이지 않습니다. 또한 편집하기 위해 더블클릭하면 시트 보호되어 있다는 경고 창이 나타나며 편집할 수 없습니다. 수식이 들어 있지 않은 셀은 어디든 편집할 수 있습니다.

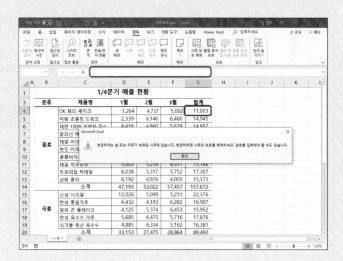

NOTE

통합 문서 구조 보호

통합 문서의 구조를 보호하려면, 즉 시트 이동, 삭제, 삽입, 숨기기, 시트 이름을 변경할 수 없도록 하려면 ① [검토] 탭의 [변경 내용] 그룹에서 [통합 문서 보호]를 클릭합니다. [구조 및 창 보호] 대화상자에서 ② '구조'에 체크 표시한 후 ③ [확인] 버튼을 클릭하면 보호할 수 있습니다.

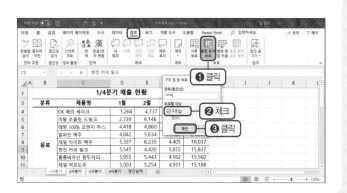

04 데이터 가공 및 편집하기

ERP에서 내려 받은 데이터 또는 여러 경로를 통해 받은 데이터를 확인하면 불필요한 공백이 들어 있거나, 계산되지 않거나, 데이터 구조가 맞지 않는 등 다양한 문제가 있습니다. 이러한 문제를 해결하는 방법에 대해 알아보겠습니다.

핵심기능 〉 데이터를 한꺼번에 변경하거나 제거하기

○ 찾기 단축키는 Ctrl + F, 바꾸기 단축키는 Ctrl + H 를 누릅니다.

불필요한 데이터를 제거하거나 특정 값을 찾아 원하는 값으로 변경할 때 찾기/바꾸기 기능을 사용합니다. 찾기/바꾸기 기능은 [홈] 탭의 [편집] 그룹에서 [찾기 및 선택 – 바꾸기]를 클릭합니다.

[찾기 및 바꾸기] 대화상자의 [옵션] 버튼을 클릭하면 더 다양한 옵션으로 값을 찾거나 바꿀 수 있습니다.

❶ **서식** 특정 서식이 지정된 것만 찾거나 바꿀 수 있습니다.
❷ **범위** '시트'를 선택하면 현재 시트에서, '통합 문서'를 선택하면 현재 문서의 모든 시트에서 찾습니다.
❸ **검색** 행(오른쪽) 방향으로 찾을지, 열(아래) 방향으로 찾을지를 결정합니다.
❹ **찾는 위치** 찾는 위치를 결정하는 옵션으로 수식, 값, 메모 중에서 선택할 수 있습니다.
❺ **대/소문자 구분** 대문자와 소문자를 구분하려면 체크합니다.
❻ **전체 셀 내용 일치** '찾을 내용'이 전체 셀 내용과 일치하는 것만 찾으려면 체크합니다.
❼ **전자/반자 구분** 전자와 반자를 구분하여 찾으려면 체크합니다.

불필요한 공백 일괄 제거하기

예제 파일 Sample\Theme03\데이터가공.xlsx 완성 파일 Sample\Theme03\데이터가공_완성.xlsx

키 워 드 공백 제거

길라잡이 데이터에 불필요한 공백이 있으면 많은 문제의 원인이 됩니다. 찾기 및 바꾸기 기능을 이용하여 불필요한 공백을 한꺼번에 제거하는 방법을 알아보겠습니다.

01 찾기 및 바꾸기 명령 실행하기

❶ [공백제거] 시트를 클릭합니다.
❷ [B4:C22] 영역을 범위 지정한 후
❸ [홈] 탭의 [편집] 그룹에서 [찾기 및 선택 – 바꾸기]를 클릭합니다.

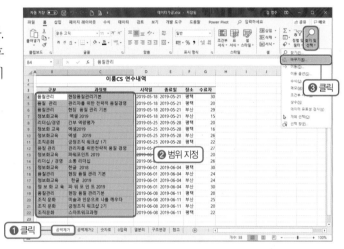

02 공백 찾아 제거하기

[찾기 및 바꾸기] 대화상자가 나타나면 ❶ '찾을 내용'에 Space Bar 를 눌러 공백을 입력하고 ❷ [모두 바꾸기] 버튼을 클릭합니다.

03 확인하기

"54개 항목이 바뀌었습니다."라는 정보 창이 나타나면 [확인] 버튼을 클릭하고, 다시 [찾기 및 바꾸기] 대화상자로 되돌아가면 [닫기] 버튼을 클릭합니다. 불필요한 공백이 일괄 제거된 것을 확인할 수 있습니다.

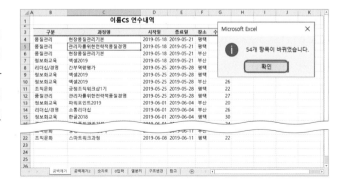

외부에서 가져온 데이터가 계산되지 않을 때

예제 파일 Sample\Theme03\데이터가공.xlsx **완성 파일** Sample\Theme03\데이터가공_완성.xlsx

키 워 드 공백 제거
길라잡이 셀 앞이나 뒤에 들어 있는 공백은 눈에 띄지 않아 확인하기가 어렵습니다. 또한 외부에서 가져온 데이터일 경우 공백을 확인하였더라도 [찾기 및 바꾸기] 기능으로 찾지 못할 때가 있습니다. 이런 문제를 해결하는 방법을 알아보겠습니다.

01 수식 확인하기

❶ [공백제거2] 시트를 클릭합니다.
❷ [C9] 셀을 선택한 후 ❸ 수식 입력줄을 확인하면 「=SUM(C4:C8)」 수식이 입력되어 있습니다. 그러나 수식의 결과는 '0'입니다. 이는 더하는 값이 숫자가 아니기 때문에 계산되지 않은 것입니다.

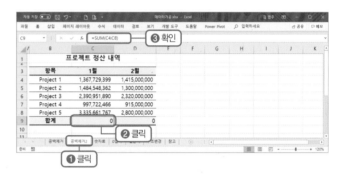

02 계산되지 않는 원인 찾기

❶ [C4] 셀을 선택한 후 ❷ 수식 입력줄의 숫자 뒷부분을 클릭하면 숫자와 간격이 떨어진 곳에서 커서가 깜박입니다. 이는 숫자 뒤에 빈 칸이 있다는 의미로 이 빈 칸 때문에 계산되지 않은 것입니다.

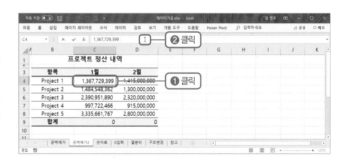

03 찾기/바꾸기 명령 실행하기

❶ [C4:D8] 영역을 범위 지정한 후 ❷ [홈] 탭의 [편집] 그룹에서 [찾기 및 선택 – 바꾸기]를 클릭합니다.

04 공백 찾아 바꾸기

[찾기 및 바꾸기] 대화상자가 나타나면 ❶ '찾을 내용'에 Space Bar 를 눌러 공백을 입력하고, ❷ [모두 바꾸기] 버튼을 클릭합니다. 다음과 같이 찾지 못했다는 경고 창이 나타나면 ❸ [확인] 버튼을 클릭합니다. 공백을 찾지 못하므로 다른 방법으로 공백을 찾아야 합니다.

◉ 수식 입력 줄의 공백 범위 지정은 Shift + → 를 눌러 지정할 수도 있습니다.

05 공백 복사하여 붙여넣기

공백을 복사하기 위해 ❶ 수식 입력 줄 숫자 뒤쪽의 빈 공백을 범위 지정한 후 Ctrl + C 를 누릅니다. ❷ '찾을 내용'에 Ctrl + V 를 눌러 공백을 붙여넣기 합니다. ❸ [모두 바꾸기] 버튼을 클릭합니다.

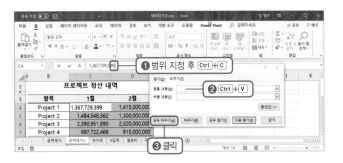

06 확인하기

"10개 항목이 바뀌었습니다."라는 정보 창이 나타나면 [확인] 버튼을 클릭하고, 다시 [찾기 및 바꾸기] 대화상자로 되돌아가면 [닫기] 버튼을 클릭합니다. 빈 공백이 제거되어 계산 결과도 바르게 나타납니다.

와일드카드를 문자로 처리하여 바꾸기

규격의 '*'를 'x'로 변경하기 위해 [찾기 및 바꾸기] 대화상자에서 찾을 내용에 '*', 바꿀 내용에 'x'를 입력한 후 [모두 바꾸기]를 하면 모든 데이터가 x로 변경됩니다. 이는 엑셀에서 '*'를 와일드카드로 처리하기 때문입니다.

와일드카드(*)를 문자로 처리하기 위해 '*' 앞에 물결표(~)를 입력합니다. 찾을 내용에 "~*"를 입력하면 문자 '*'을 찾아서 'x'로 바꾸기합니다.

문자 형태를 실제 숫자/날짜로 변경하기

예제 파일 Sample\Theme03\데이터가공.xlsx 완성 파일 Sample\Theme03\데이터가공_완성.xlsx

키 워 드 텍스트 나누기, 연산으로 붙여넣기
길라잡이 전산에서 내려받은 데이터에 날짜와 숫자가 문자 형태로 되어 있어 계산되지 않거나 피벗 테이블에서 날짜를 그룹화하지 못할 때가 있습니다. 문자 형태를 날짜와 숫자로 변환하는 방법을 알아보겠습니다.

STEP 01 날짜 변환하기

01 데이터 상태 확인하기

❶ [숫자로] 시트를 클릭합니다. [B] 열의 날짜가 '2019-01-01' 형식이 아닌 '20190101'의 형태로 입력되어 있습니다. [E] 열의 금액은 문자 형태로 입력되어 있어 셀 오류(초록색 세모) 표시가 나타납니다. ❷ⓘ를 클릭하면 '숫자로 변환' 명령이 있어 쉽게 숫자로 변환할 수 있습니다. 그러나 외부에서 가져온 데이터일 경우 셀 오류 표시가 나타나지 않는 경우가 발생할 수 있습니다. 이런 경우 1을 곱하는 방법으로 해결할 수 있습니다.

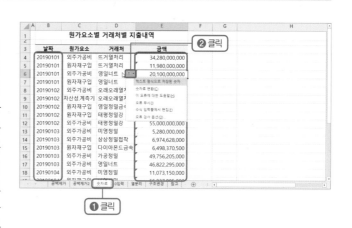

02 텍스트 나누기로 날짜 형식 변환하기

❶ [B4:B28] 영역을 범위 지정한 후 ❷ [데이터] 탭의 [데이터 도구] 그룹에서 [텍스트 나누기]를 클릭합니다. 텍스트를 쪼개는 것이 목적이 아닌 형식을 변경하는 것이 목적이므로 1단계와 2단계는 다음으로 넘어갑니다.

03 텍스트 마법사 1단계

[텍스트 마법사] 1단계 대화상자가 나타나면 [다음] 버튼을 클릭합니다.

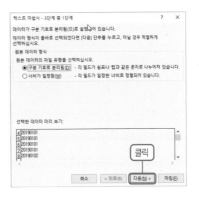

04 텍스트 마법사 2단계

[텍스트 마법사] 2단계 대화상자가 나타나면 [다음] 버튼을 클릭합니다.

05 텍스트 마법사 3단계

[텍스트 마법사] 3단계 대화상자가 나타나면 ❶ '열 데이터 서식'에서 '날짜'를 선택한 후 ❷ [마침]을 클릭합니다.

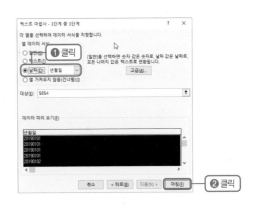

06 열 너비 자동 맞추기

[B] 열과 [C] 열 머리글 경계선을 더블클릭하여 셀 너비를 자동 맞춤하면 다음과 같이 날짜 형식으로 변환됩니다.

● [선택하여 붙여넣기] 대
화상자는 단축키 Ctrl + Alt
+ V 를 눌러 호출할 수도 있
습니다.

01 선택하여 붙여넣기

❶ 임의의 셀 [H4] 에 '1'을 입력한 후
Ctrl + C 를 눌러 복사합니다.
❷ [E4:E28] 영역을 범위 지정한 후
범위 지정한 영역 위에서 마우스 오른
쪽 버튼을 클릭하여 ❸ [선택하여 붙
여넣기]를 클릭합니다.

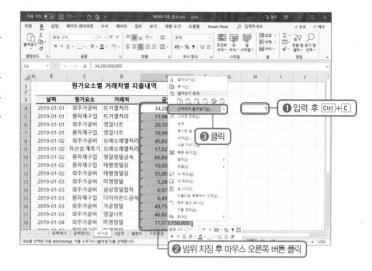

02 연산으로 붙여넣기

[선택하여 붙여넣기] 대화상자가 나
타나면 ❶ '테두리만 제외', '곱하기'
를 선택한 후 ❷ [확인] 버튼을 클릭
합니다.

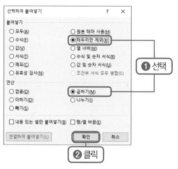

03 완성

숫자로 변환된 것을 확인하고, [홈] 탭
의 [표시 형식] 그룹에서 [쉼표 스타
일]을 클릭합니다.

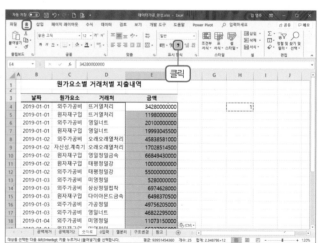

빈 셀에
0 한꺼번에
입력하기

데이터 중간에 있는 여러 빈 셀에 0이나 동일한 값을 한 번에 입력하는 방법을 알아보겠습니다. [이동 옵션] 명령의 '빈 셀'을 선택하고 Ctrl + Enter 를 누르면 빠르게 입력할 수 있습니다.

【예제 파일】Sample\Theme03\데이터가공.xlsx　　　　　　　　【완성 파일】Sample\Theme03\데이터가공_완성.xlsx

1 문제점 확인하기

[0입력] 시트를 클릭합니다. [G4] 셀에 세 과목에 대한 평균이 AVERAGE 함수로 계산되어 있으나 빈 셀을 제외한 평균입니다. AVERAGE 함수는 빈 셀을 평균에서 제외한 결과를 반환하기 때문입니다. 빈 셀에 0점을 입력해야 세 과목에 대한 평균이 계산되므로 빈 셀에 '0'을 입력하는 방법을 알아보겠습니다.

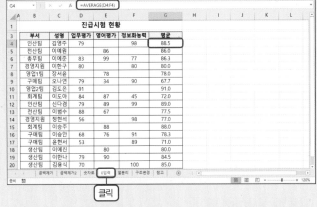

2 [이동 옵션] 명령 실행하기

❶ [D4:F20] 영역을 범위 지정한 후 ❷ [홈] 탭의 [편집] 그룹에서 [찾기 및 선택 – 이동 옵션]을 클릭합니다.

3 '빈 셀'만 범위 지정하기

[이동 옵션] 대화상자가 나타나면 ❶ '빈 셀'을 선택하고, ❷ [확인] 버튼을 클릭합니다.

④ 확인하기

다음과 같이 빈 셀만 범위가 지정됩니다.

⑤ 0 한꺼번에 입력하기

'0'을 입력한 후 Ctrl+Enter를 누릅니다. '0'을 포함하여 평균이 다시 계산됩니다.

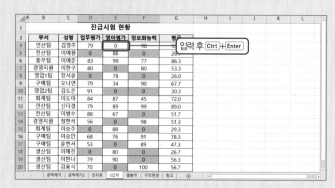

NOTE

전체 셀 일치하는 것만 바꾸기

성적표에서 '0'을 제거하기 위해서 [찾기 및 바꾸기] 대화상자를 이용하여 '0'을 제거하면 '80'점의 '0'도 제거되어 '8'점이 되는 오류가 발생합니다.

이런 경우에는 [찾기 및 바꾸기] 대화상자에서 [옵션]을 클릭하여 '전체 셀 내용 일치'에 체크 표시한 후 [모두 바꾸기]를 합니다.

줄 바꿈으로 입력된 데이터 열 분리하기

필요한 경우 Alt+Enter를 눌러 한 셀에 두 줄 이상의 데이터를 입력하지만, 다시 줄 바꿈을 기준으로 셀을 분리해야 할 때가 있습니다. 이때 활용하기 편리한 [텍스트 나누기] 기능을 알아보겠습니다. 텍스트 나누기는 P.138을 참고합니다.

【예제 파일】 Sample\Theme03\데이터가공.xlsx

【완성 파일】 Sample\Theme03\데이터가공_완성.xlsx

1 ❶ [열분리] 시트를 클릭합니다. ❷ [A1:A19] 영역을 범위 지정한 후 ❸ [데이터] 탭의 [데이터 도구] 그룹에서 [텍스트 나누기]를 클릭합니다.

2 [텍스트 마법사] 1단계 대화상자가 나타나면 ❶ '구분 기호로 분리됨'을 선택한 후 ❷ [다음] 버튼을 클릭합니다.

NOTE

해당 데이터는 Alt+Enter 기호로 줄 바꿈되어 있으므로 구분 기호로 분리합니다.

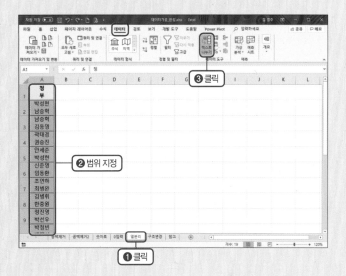

3 [텍스트 마법사] 2단계 대화상자가 나타나면 ❶ 구분 기호에서 '기타'를 선택한 후 ❷ Alt 를 누른 상태로 '10'을 입력합니다. 데이터 미리 보기에서 셀 분리되는 것을 확인한 후 ❸ [다음] 버튼을 클릭합니다.

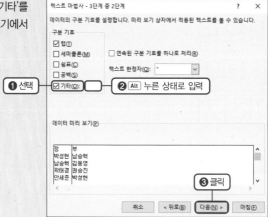

○주의
'10'은 반드시 키보드 오른쪽에 있는 숫자 키패드의 '10'을 입력해야 합니다.

4 [텍스트 마법사] 3단계 대화상자가 나타나면 [마침] 버튼을 클릭합니다.

5 다음과 같이 셀 분리됩니다.

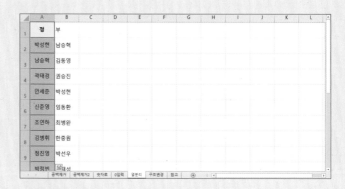

6 서식을 지정하여 보기 좋게 편집하여 완성합니다.

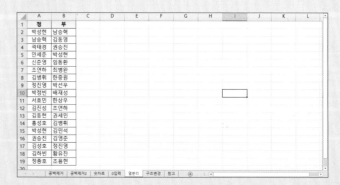

데이터 구조 변경하기

외부에서 가져온 데이터의 구조는 제품명에 따라 '구분' 필드가 두 개의 행('입고'와 '불량')으로 나뉘어져 있습니다. 이러한 구조는 데이터를 관리하기에 적절하지 않으므로 '구분' 필드를 '입고'와 '불량' 필드로 나누어야 합니다. 수식으로 '불량' 필드를 만들고 불필요한 행을 삭제하여 데이터 구조를 변경합니다.

예제 파일 Sample\Theme03\데이터가공.xlsx　　　　　**완성 파일** Sample\Theme03\데이터가공_완성.xlsx

날짜	제품명	단위	구분	수량
2017-06-25	밝은형광등	SET	입고	100
			불량	20
2017-06-25	파이프갓등	SET	입고	200
			불량	0
2017-06-25	펜단트형광등	SET	입고	250
			불량	35
2017-06-25	반갓형광등	SET	입고	300
			불량	0
2017-06-25	벽부등	SET	입고	200
			불량	2
2017-06-25	직갓등	SET	입고	300
			불량	0
2017-06-25	직부등	SET	입고	300
			불량	2
2017-06-25	벽부등	SET	입고	250
			불량	15
2017-06-25	방폭등	SET	입고	200
			불량	15
2017-06-25	매입등	SET	입고	500
			불량	20
2017-06-25	매입등	SET	입고	200
			불량	10
2017-06-25	문주등	SET	입고	400
			불량	50
2017-06-25	가로등	SET	입고	200
			불량	0
2017-06-25	투광등	SET	입고	300
			불량	5
2017-06-26	탐조등	SET	입고	200
			불량	10
2017-06-26	밝은형광등	SET	입고	100
			불량	20

날짜	제품명	단위	입고	불량
2017-06-25	밝은형광등	SET	100	20
2017-06-25	파이프갓등	SET	200	0
2017-06-25	펜단트형광등	SET	250	35
2017-06-25	반갓형광등	SET	300	0
2017-06-25	벽부등	SET	200	2
2017-06-25	직갓등	SET	300	0
2017-06-25	직부등	SET	300	2
2017-06-25	벽부등	SET	250	15
2017-06-25	방폭등	SET	200	15
2017-06-25	매입등	SET	500	20
2017-06-25	매입등	SET	200	10
2017-06-25	문주등	SET	400	50
2017-06-25	가로등	SET	200	0
2017-06-25	투광등	SET	300	5
2017-06-26	탐조등	SET	200	10
2017-06-26	밝은형광등	SET	100	20
2017-06-26	파이프갓등	SET	200	0
2017-06-26	펜단트형광등	SET	250	35
2017-06-26	반갓형광등	SET	300	0
2017-06-26	벽부등	SET	200	2
2017-06-26	직갓등	SET	200	0
2017-06-26	직부등	SET	300	1
2017-06-26	벽부등	SET	240	1
2017-06-26	방폭등	SET	200	15
2017-06-27	매입등	SET	300	20
2017-06-27	매입등	SET	200	5
2017-06-27	문주등	SET	400	50
2017-06-27	가로등	SET	200	0
2017-06-27	투광등	SET	300	5
2017-06-27	탐조등	SET	200	10
2017-06-27	밝은형광등	SET	100	20
2017-06-27	파이프갓등	SET	200	0
2017-06-27	펜단트형광등	SET	250	35

문제 해결

❶ [구조변경] 시트를 클릭합니다.

❷ [G2] 셀에 '불량'을 입력합니다.

❸ [G3] 셀에 불량을 가져오기 위해 수식 「=F4」을 입력합니다.

❹ [G3] 셀의 표시 형식이 날짜 형태로 변경되면 [홈] 탭의 [표시 형식] 그룹에서 [숫자]를 클릭합니다.

❺ [G3] 셀을 채우기 핸들을 더블클릭하여 수식을 복사합니다.

❻ [G3:G92] 영역을 범위 지정한 상태에서 Ctrl+C 를 눌러 복사합니다.

❼ 범위 지정한 영역인 [G3:G92] 위에서 마우스 오른쪽 버튼을 클릭하여 붙여넣기 옵션에서 '값'을 선택합니다.

❽ [B3:B92] 영역을 범위 지정한 후 [홈] 탭의 [편집] 그룹에서 [찾기 및 선택 – 이동 옵션]을 클릭하여 '빈 셀'을 선택합니다.

❾ 빈 셀만 범위 지정된 것이 확인되면 Ctrl+- 을 누릅니다. [삭제] 대화상자가 나타나면 '행 전체'를 선택한 후 [확인] 버튼을 클릭합니다.

❿ 불필요한 [E] 열 머리글을 선택한 후 마우스 오른쪽 버튼을 클릭한 후 [삭제]를 클릭합니다.

⓫ [E2] 셀에 '입고'를 입력하여 완성합니다.

셀에 입력된 데이터의 표시 형식, 글꼴, 맞춤에 대한 서식을 지정하는
셀 서식과 조건을 만족하는 곳을 강조하여 데이터 탐색을 수월하게 하고
데이터를 시각화하는 조건부 서식에 대해 알아보겠습니다.

셀 서식과 조건부 서식의 활용

PASSION

COMPETENCE

MOTIVATION

IDEAS

VISION

01 자주 사용하는 기본 서식 다루기

데이터를 입력하거나 확보한 후 먼저 하는 작업은 데이터에 맞게 서식을 설정하는 것입니다. 글꼴, 맞춤, 표시 형식, 테두리 등 기본이 되는 서식에 대해 살펴보겠습니다.

핵심기능 셀 서식 다루기

자주 사용하는 셀 서식은 [홈] 탭의 [글꼴], [맞춤], [표시 형식] 그룹에서 원하는 서식을 선택하여 사용할 수 있습니다.

더 다양한 종류의 서식은 [셀 서식] 대화상자를 호출하여 사용합니다. 대화상자를 호출하는 방법은 세 가지가 있습니다.

1 리본 메뉴 각 그룹의 대화상자 호출(ㄥ)을 클릭합니다.
2 단축키 Ctrl + 1을 누릅니다.
3 마우스 오른쪽 버튼을 클릭하여 나타나는 [셀 서식] 메뉴를 클릭합니다.

다양한 셀 서식 관련 명령 중에서 많이 사용되는 맞춤 명령인 '선택 영역의 가운데로', '균등 분할(들여쓰기)'는 보고서 작성 시 표 내의 텍스트를 깔끔하게 정렬합니다.

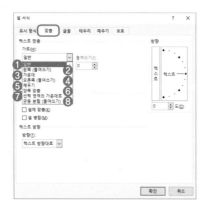

가로 맞춤 종류	결과	설명
1 일반	정보문화사	맞춤 서식이 없음
2 왼쪽(들여쓰기)	정보문화사	지정한 수 만큼 들여쓰기한 후 왼쪽 맞춤
3 가운데	정보문화사	가운데에 맞춤
4 오른쪽(들여쓰기)	정보문화사	지정한 수 만큼 들여쓰기한 후 오른쪽 맞춤
5 채우기	정보문화사정보문화사정보문화사	셀 공백에 내용을 반복하여 채움
6 양쪽맞춤	양쪽 맞춤은 좌/우 양 끝에 내용을 맞춤	셀 양쪽 끝에 내용을 맞춤
7 선택영역의 가운데로	정보문화사	셀을 병합하지 않고 내용을 가운데맞춤
8 균등분할 (들여쓰기)	정 보 문 화 사	양쪽 끝에 지정한 수 만큼 들여쓰기한 후 글자 간격을 균등하게 분할

보고서에 빠르게 서식 지정하기

예제 파일 Sample\Theme04\기본서식.xlsx 완성 파일 Sample\Theme04\기본서식_완성.xlsx

키 워 드 테두리, 왼쪽(들여쓰기), 균등 분할(들여쓰기), 소계 계산
길라잡이 테두리, 셀 병합, 균등 분할(들여쓰기) 등 보고서 작성 시 사용하는 기본 서식을 빠르게 적용하는 방법을 알아보겠습니다.

완성예제 미리 보기

미세먼지 저감장치 계획		
부처명	사업명	예산
환경부	1. 전기차 보급 및 충전인프라 구축	5403
	2. 수소연료전지차 보급	1421
	3. 노후 경유차 조기폐차 지원	1206
	4. 매연저감장치 부착 지원	222
	5. 지하역사 미세먼지 개선대책	200
	소계	8452
산업자원부	1. 신재생 에너지 보급 지원	2670
	2. 신재생 에너지 금융지원	2340
	3. 청정화력 핵심기술 개발	99
	소계	5109
산림청	1. 미세먼지 저감 도시숲 조성	402
	2. 산림휴양녹색공간조성	675
	소계	1077
과학기술부	1. 기후변화 대응기술개발	906
	2. 미세먼지범부처 프로젝트	87
	소계	993
해양수산부	1. LNG벙커링 핵심기술개발 및 체계구축	55
	2. 선박배출 미세먼지 통합 저감 기술 개발	25
	소계	80
	합계	15711

미세먼지 저감장치 계획		
부처명	사업명	예산
환 경 부	1. 전기차 보급 및 충전인프라 구축	5,403
	2. 수소연료전지차 보급	1,421
	3. 노후 경유차 조기폐차 지원	1,206
	4. 매연저감장치 부착 지원	222
	5. 지하역사 미세먼지 개선대책	200
	소계	8,452
산 업 자 원 부	1. 신재생 에너지 보급 지원	2,670
	2. 신재생 에너지 금융지원	2,340
	3. 청정화력 핵심기술 개발	99
	소계	5,109
산 림 청	1. 미세먼지 저감 도시숲 조성	402
	2. 산림휴양녹색공간조성	675
	소계	1,077
과 학 기 술 부	1. 기후변화 대응기술개발	906
	2. 미세먼지범부처 프로젝트	87
	소계	993
해 양 수 산 부	1. LNG벙커링 핵심기술개발 및 체계구축	55
	2. 선박배출 미세먼지 통합 저감 기술 개발	25
	소계	80
합계		15,711

01 부처별 '병합하고 가운데 맞춤' 설정하기

❶ [B4:B9] 영역을 범위 지정한 후 ❷ Ctrl 을 누른 상태로 [B10:B13], [B14:B16], [B17:B19], [B20:B22], [B23:C23] 영역을 범위 지정한 후 ❸ [홈] 탭의 [맞춤] 그룹에서 [병합하고 가운데 맞춤(⊞)]을 클릭합니다.

02 부처별 테두리 설정하기

❶ [B3:D3] 영역을 범위 지정한 후
❷ Ctrl 을 누른 상태로 [B4:D9], [B10:
D13], [B14:D16], [B17:D19],
[B20:D22], [B23:D23] 영역을 범
위 지정한 후 ❸ 단축키 Ctrl + 1 을 누
릅니다. [셀 서식] 대화상자가 나타나
면 [테두리] 탭을 클릭한 후 ❹ 다음과
같이 ⓐ, ⓑ, ⓒ, ⓓ을 지정한 후 ❺ [확
인] 버튼을 클릭합니다.

03 소계 부분 테두리 설정하기

❶ [C9:D9] 영역을 범위 지정한 후 ❷
Ctrl 을 누른 상태로 [C13:D13], [C16:
D16], [C19:D19], [C22:D22]를 영
역을 범위 지정한 후 ❸ 단축키 Ctrl +
1 을 누릅니다. [셀 서식] 대화상자가
나타나면 [테두리] 탭을 클릭한 후
❹ 다음과 같이 ⓐ, ⓑ를 지정한 후
❺ [확인] 버튼을 클릭합니다.

● 모든 영역을 범위 지정하
여 한번에 테두리를 설정할
수도 있지만 한 영역만 테두
리를 설정한 후 나머지 영역
은 "방금 전 기능 재실행(F4)"
을 이용하여 완성할 수도 있
습니다.

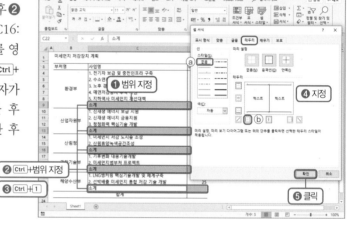

04 소계 부분 강조하기

이어서 [홈] 탭의 [글꼴] 그룹에서
[굵게]를 클릭하고, [채우기 색] '흰
색, 배경1, 5% 더 어둡게'를 선택합
니다. 범위는 그대로 지정된 상태여야
합니다.

05 소계 영역 범위 지정하기 1

❶ [D4:D22] 영역을 범위 지정한 후
❷ F5 를 눌러 [이동] 대화상자가 나타
나면 ❸ [옵션] 버튼을 클릭합니다.

06 소계 영역 범위 지정하기 2

[이동 옵션] 대화상자가 나타나면
❶ '빈 셀'을 선택한 후 ❷ [확인] 버튼
을 클릭합니다.

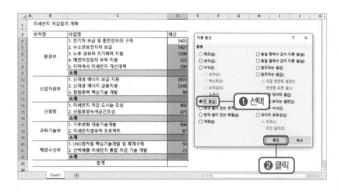

07 소계 계산하기

소계가 입력될 부분만 선택되면 [홈]
탭의 [편집] 그룹에서 [∑ 자동 합계 ▾]를
클릭합니다.

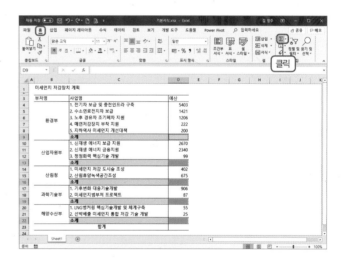

08 합계 계산하기

[D23] 셀에 셀 포인터를 두고 [홈] 탭의 [편집] 그룹에서 [∑자동 합계 ▾]를 클릭합니다.

소계와 합계를 계산할 때 [∑자동 합계 ▾]를 눌러 계산하면 소계 후 합계는 이중계산하지 않고, 소계를 대상으로 결과를 반환합니다. 즉 수식 「=SUM(D22,D19,D16,D13,D9)」을 반환합니다.

09 합계 확인하기

다음과 같이 [D23] 셀에는 소계의 합만 SUM 됩니다.

10 쉼표 스타일 적용하기

❶ [D4:D23] 영역을 범위 지정한 후 ❷ [홈] 탭의 [표시 형식] 그룹에서 [쉼표 스타일(,)]을 클릭합니다.

11 제목 아래선 이중 테두리로 설정하기

❶ [B3:D3] 영역을 범위 지정한 후
❷ [홈] 탭의 [글꼴] 그룹에서 [아래쪽 이중 테두리]를 클릭합니다.

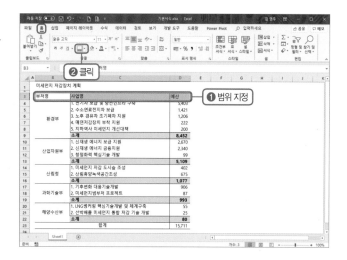

12 제목과 합계 강조하기

❶ [B3:D3] 영역을 범위 지정한 후
❷ Ctrl을 누른 상태로 [B23:D23] 영역을 범위 지정합니다. ❸ [홈] 탭의 [글꼴] 그룹에서 [굵게]를 클릭하고, [채우기 색]에서 '흰색, 배경1, 15% 더 어둡게'를 선택합니다.

13 왼쪽 들여쓰기

❶ [C4:C22] 영역을 범위 지정한 후
❷ Ctrl+1을 누릅니다. [셀 서식] 대화상자가 나타나면 [맞춤] 탭에서 ❸ '왼쪽(들여쓰기)'을 선택한 후 ❹ 들여쓰기 '1'을 지정하고 ❺ [확인] 버튼을 클릭합니다.

14 균등 분할(들여쓰기)하기

❶ [B4:B22] 영역을 범위 지정한 후
❷ Ctrl+1을 누릅니다. [셀 서식] 대화상자가 나타나면 ❸ [맞춤] 탭에서 '균등 분할 (들여쓰기)'을 선택한 후 ❹ 들여쓰기 '1'을 지정하고 ❺ [확인] 버튼을 클릭합니다.

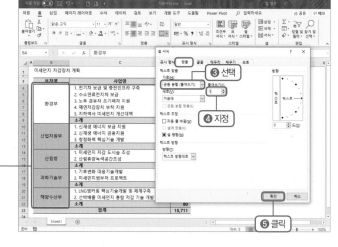

15 메인 제목 서식 지정하기

❶ [B1] 셀을 선택한 후 ❷ [홈] 탭의 [글꼴] 그룹에서 '굵게'를 선택하고, ❸ 글꼴 크기 '12'를 지정합니다.

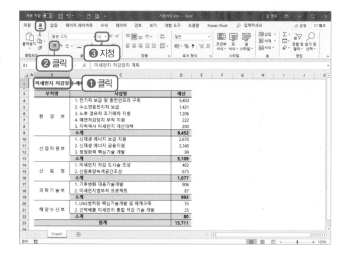

16 메인 제목 '병합하고 가운데 맞춤' 설정하기

❶ [B1:D1] 영역을 범위 지정한 후
❷ [홈] 탭의 [맞춤] 그룹에서 [병합하고 가운데 맞춤(🔲)]을 클릭하여 완성합니다.

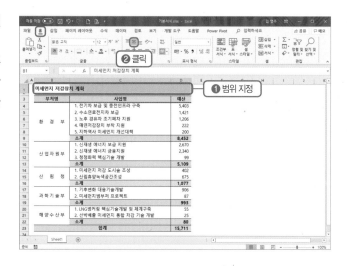

병합하지 않고
가운데 맞춤 설정하기

셀이 병합된 상태로 잘라내거나 복사/붙여넣기하면 "병합된 셀에서는 실행할 수 없습니다.", "복사 영역과 붙여 넣을 영역의 크기가 달라서 이 항목을 붙여 넣을 수 없습니다."라는 에러가 발생합니다. 이런 경우는 '선택 영역의 가운데로' 명령을 사용합니다.

【예제 파일】Sample\Theme04\선택영역의가운데로.xlsx　　　【완성 파일】Sample\Theme04\선택영역의가운데로_완성.xlsx

■ 잘라내기 실행 시 에러 발생

❶ [D] 열 머리글을 선택한 후 Ctrl + X 를 눌러 잘라냅니다. 그러면 "병합된 셀에서는 실행할 수 없습니다."라는 에러가 발생합니다.
이는 [B1:N1]까지 범위가 병합되어 있기 때문입니다.

NOTE

[D] 열 머리글을 선택한 후 마우스 오른쪽 버튼을 클릭하여 [잘라내기]를 클릭해도 됩니다.

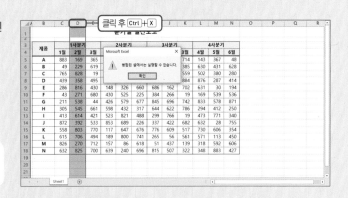

■ 복사/붙여넣기 실행 시 에러 발생

❶ [D] 열 머리글을 선택한 후 Ctrl + C 를 눌러 복사합니다. ❷ 임의의 [P3] 셀을 선택한 후 Ctrl + V 를 눌러 붙여넣기하면 "복사 영역과 붙여넣을 영역의 크기가 달라서 이 항목을 붙여넣을 수 없습니다."라는 에러가 발생합니다.

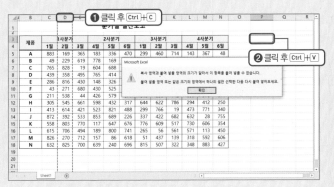

■ 병합된 셀 해제하기

❶ [B1] 셀을 선택한 후 ❷ [홈] 탭의 [맞춤] 그룹에서 [병합하고 가운데 맞춤]을 클릭하여 병합된 셀을 해제합니다.

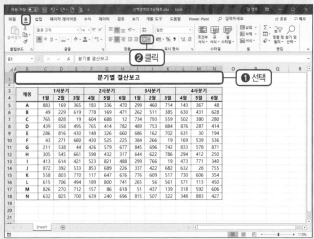

4 선택 영역의 가운데로 설정하기

① [B1:N1] 영역이 범위 지정된 상태에서 `Ctrl`+`1`을 누릅니다. [셀 서식] 대화상자가 나타나면 ② [맞춤] 탭에서 '선택 영역의 가운데로' 명령을 선택한 후 ③ [확인] 버튼을 클릭합니다.

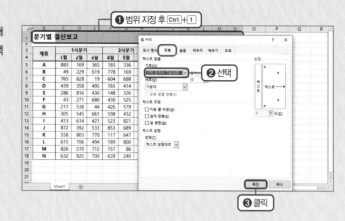

5 결과 확인하기

'분기별 결산보고'라는 제목이 [B1:N1] 영역의 가운데 맞춤되었지만 각각의 셀은 병합되지 않은 상태입니다. 임의의 셀 [E1]을 클릭하여 병합되지 않았음을 확인합니다.

6 방금 전 실행(선택영역의 가운데로)한 기능 재실행하기

[C3:N3] 영역을 범위 지정한 후 `F4`를 누릅니다.

NOTE

`F4`는 방금 전에 실행한 명령을 재실행하는 단축키입니다.

7 결과 확인하기

'O분기' 글자가 각각의 영역에서 병합되지 않고 가운데 맞춤됩니다. 임의의 셀 [H3]을 클릭하여 병합되지 않았음을 확인합니다.

02 사용자 지정 표시 형식 다루기

표시 형식이란 셀에 입력한 문자, 숫자, 날짜, 시간 데이터를 원하는 형태로 표시하는 것을 말합니다. 데이터 종류별로 다양한 표시 형식을 제공하지만 사용자가 직접 표시 형식을 만들면 더 효과적으로 데이터를 표시할 수 있습니다.

핵심기능 _ 사용자 지정 표시 형식 규칙 이해하기

워크시트에서 마우스 오른쪽 버튼을 클릭하여 [셀 서식] 명령을 클릭하거나 Ctrl+1을 누르면 [셀 서식] 대화상자가 나타납니다. [표시 형식] 탭에서 데이터 종류별로 표시 형식을 지정할 수 있습니다.

데이터에 표시 형식을 적용하면 다양한 형태로 표시할 수 있습니다.

❶ **일반** 특정 표시 형식을 지정하지 않습니다.

❷ **숫자** 소수 자릿수, 음수 표시 형식, 천 단위 구분 기호 사용 여부를 지정합니다.

❸ **통화** 원화, 달러, 유로 등의 여러 가지 통화 기호를 지정합니다.

❹ **회계** 원화, 달러, 유로 등의 여러 가지 통화 기호를 지정합니다. 통화 표시 형식과 다른 점은 통화 기호 위치가 다르고, 음수 표시 형식을 지정할 수 없습니다.

❺ **날짜** 날짜에 대한 표시 형식을 지정합니다.

❻ **시간** 시간에 대한 표시 형식을 지정합니다.

❼ **백분율** 셀 값에 100을 곱한 후 '%' 기호를 표시합니다.

❽ **분수** 지정한 분수 형식에 따라 소수를 분수로 표시합니다.

❾ **지수** 숫자를 지수 표기법(E+n 형식)으로 표시합니다.

❿ **텍스트** 숫자를 텍스트로 처리합니다.

⓫ 기타 숫자를 우편 번호, 전화 번호, 주민등록번호, 한자, 한글로 표시합니다.
⓬ 사용자 지정 표시 형식을 사용자가 만들어 지정합니다.

'사용자 지정'에서 표시 형식을 정의하려면 정의하는 규칙을 이해해야 합니다. 표시 형식을 만들 때 사용하는 기호는 다음과 같은 의미와 기능을 가집니다.

구분	기호	기능	예시
숫자	#	유효한 숫자를 표시 즉, 무효한 0은 표시하지 못함	입력값 | 표시형식 | 결과 1980 | #,### | 1,980 0 | #,### | 0 | #,##0 | 0
	0	• 모든 숫자를 표시 • 자릿수 맞춰 표시	입력값 | 표시형식 | 결과 1 | 00 | 01 2 | 00 | 02 3 | 00 | 03
	?	• 소수점의 위치를 맞출 때 사용 • 0 대신 공백을 넣어 자릿수를 맞춤	입력값 | 표시형식 | 결과 45.123 | ????.??? | 45.123 0.2 | ????.??? | .2 1230.45 | ????.??? | 1230.45
문자	@	문자를 표시	입력값 | 표시형식 | 결과 평창동 | "종로구 "@ | 종로구 평창동 종로1가 | "종로구 "@ | 종로구 종로1가 청운효자동 | "종로구 "@ | 종로구 청운효자동
날짜	y	연도를 표시	
	m	월을 표시	
	d	일을 표시	입력값 | 표시형식 | 결과 2019-05-13 | yyyy.mm.dd | 2019.05.13 2019-05-13 | m/d/yyyy | 5/13/2019 2019-05-13 | mmmm-dd | May-13 2019-05-13 | m/d (aaa) | 5/13 (월) 2019-05-13 | aaaa | 월요일
	ddd	요일을 영문 세 글자 약어로 표시	
	dddd	요일을 영문 Full Name으로 표시	
	aaa	요일을 한글로 표시(예) 월)	
	aaaa	요일을 한글로 표시(예) 월요일)	
시간	h	시간을 0~23으로 표시	
	m	분을 0~59으로 표시	
	s	초를 0~59로 표시	입력값 | 표시형식 | 결과 14:50 | h:m am/pm | 2:50 pm 14:50 | h:m | 14:50 2:00 | h:mm | 2:00 2 | [h] | 48 1:30 | [m] | 90 1:30 | [S] | 5400
	[h]	24시간 이상을 누적하여 표시	
	[m]	60분 이상을 누적하여 표시	
	[s]	60초 이상을 누적하여 표시	
	AM/PM	AM/PM과 함께 12시간제로 표시	
기타	[ ]	• 조건이나 색상을 입력 • 빨강, 녹색, 흰색, 파랑, 노랑, 자홍, 녹청, 검정 가능 그 외 색은 [색n] n:1~56	
	_(언더바)	원하는 위치에 간격을 줄 때 사용	입력값 | 표시형식 | 결과 150000 | #,##0;[빨강]△#,##0 | 150,000 -12300 | #,##0;[빨강]△#,##0 | △12,300 250000 | ₩* #,##0_- | ₩ 250,000
	*	'*' 뒤에 입력한 문자를 셀 너비만큼 반복	
	;	항목을 구분	
	G/표준	특정 표시 형식을 지정하지 않은 상태	

기능실습 01 합계 금액을 한글로 표시하기

예제 파일 Sample\Theme04\표시형식.xlsx **완성 파일** Sample\Theme04\표시형식_완성.xlsx

키 워 드 숫자를 한글로, 사용자 지정 표시 형식
길라잡이 견적서의 합계금액을 한글로 표시하고, 괄호 안에 합계 금액을 통화 형태로 지정하는 표시 형식을 알아보겠습니다.

완성예제 미리 보기

No. _____

견 적 서

발행일: 2019년 05월 14일
수 신: 대 표 이 사
참 조: 강백호 귀하

사업장소재지	서울 종로구 대학로 12길 38
상 호	정보문하사
대 표 자 성 명	이 상 만 (인)
전 화 번 호	(02) 3673-0037

아래와 같이 견적합니다.

합계금액 (공급가액+세액)	금일백육십이만칠백사십원 (₩1,620,740)

No.	품명	수량	단가	공급가액	세액	비고
1	엑셀2019 길라잡이	15	18,000	270,000	27,000	
2	최신IT트렌드	10	12,000	120,000	12,000	
3	파워포인트2019 길라잡이	13	18,000	234,000	23,400	
4	회사 실무에 힘을 실어주는 엑셀	15	18,000	270,000	27,000	
5	엑셀2016 길라잡이	19	18,000	342,000	34,200	
6	아마존 웹 서비스	8	12,800	102,400	10,240	
7	파이썬 200제	10	13,500	135,000	13,500	
	합 계			1,473,400	147,340	

[MEMO]
※ 부가세및 택배비 포함 가격입니다.

01 합계 계산하기

❶ [기타서식] 시트를 클릭하고
❷ [D10] 셀에 수식 「=G21+H21」을
입력한 후 Enter를 누릅니다.

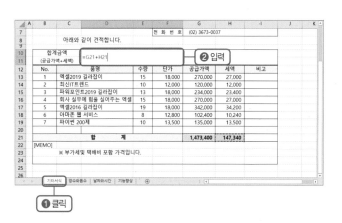

02 합계 참조하기

[G10] 셀에 수식 「=D10」을 입력한 후 Enter를 누릅니다. 합계 금액이 참조됩니다.

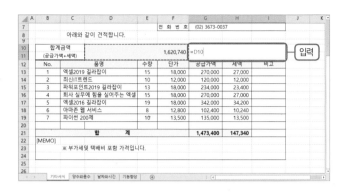

● 단축키 Ctrl + 1 을 눌러도 됩니다.

03 [셀 서식] 대화상자 호출하기

[D10] 셀에서 마우스 오른쪽 버튼을 클릭하여 [셀 서식] 명령을 클릭합니다.

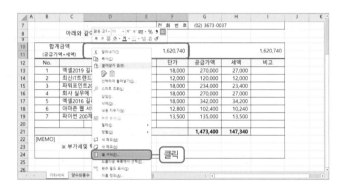

● 금액을 한글로 표시할 때 [표시 형식] 탭에서 '기타'를 선택한 후 '숫자(한글)'을 선택, 다시 '사용자 지정'을 선택하여 '형식'에서 가장 앞쪽에 '금', 가장 뒤쪽에 '원'을 입력하는 방식이 더 편리할 수 있습니다.

04 금액을 한글로 표시하기

[셀 서식] 대화상자가 나타나면 ❶ [표시 형식] 탭에서 '사용자 지정'을 클릭합니다. ❷ '형식'란에 '금[DBNum4] G/표준원'을 입력한 후 ❸ [확인] 버튼을 클릭합니다.

05 [셀 서식] 대화상자 호출하기

[G10] 셀에서 마우스 오른쪽 버튼을 클릭하여 [셀 서식] 명령을 클릭합니다.

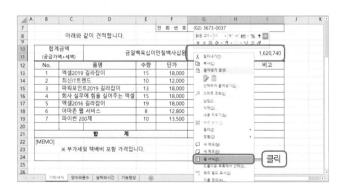

○ '(₩#,##0)'은 숫자 세 자리마다 쉼표(,)를 표시하고 숫자 앞에 통화(₩)를 표시하여 괄호를 묶어 표시하겠다는 의미입니다.

06 금액을 괄호 안에 표시하기

[셀 서식] 대화상자가 나타나면 ❶ [표시 형식] 탭에서 '사용자 지정'을 클릭합니다. ❷ '형식'란에 '(₩#,##0)'을 입력한 후 ❸ [확인] 버튼을 클릭합니다.

07 결과 확인하기

다음과 같이 합계금액이 표시됩니다.

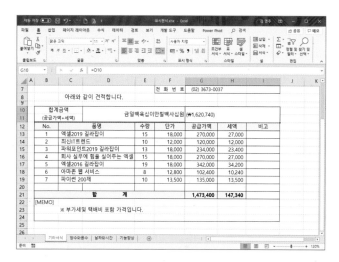

양수와 음수의 서식 다르게 지정하기

예제 파일 Sample\Theme04\표시형식.xlsx **완성 파일** Sample\Theme04\표시형식_완성.xlsx

키 워 드 양수와 음수 구분하여 서식 지정, 사용자 지정 표시 형식, 문자 표시 형식
길라잡이 보고서에서 양수와 음수의 서식을 다르게 지정하고, 입력된 문자의 앞이나 뒤에 동일한 단어를 표시하는 방법을 알아보겠습니다.

완성예제 미리 보기

경상수지 및 무역수지

단위:백만불

구분	2015년	2016년		2017년		2018년	
		금액	전년대비(%)	금액	전년대비(%)	금액	전년대비(%)
경상수지 (경상수지)	105,940	99,243	▼(-6.3%)	75,231	▼(-24.2%)	76,409	▲(1.6%)
경상수지 (상품수지)	122,269	118,895	▼(-2.8%)	113,593	▼(-4.5%)	111,867	▼(-1.5%)
경상수지 (서비스수지)	-14,917	-17,737	▲(18.9%)	-36,734	▲(107.1%)	-29,737	▼(-19.0%)
경상수지 (본원소득수지)	3,572	3,852	▲(7.8%)	5,337	▲(38.6%)	2,778	▼(-47.9%)
경상수지 (이전소득수지)	-4,985	-5,767	▲(15.7%)	-6,965	▲(20.8%)	-8,499	▲(22.0%)
무역수지	90,257	89,410	▼(-0.9%)	95,216	▲(6.5%)	69,657	▼(-26.8%)

한국은행 『국제수지동향』

'경상수지'와 '괄호( )'가 반복적으로
표시되도록 '경상수지 (@)' 서식 지정

양수와 음수를 다르게 서식 시정

01 전년대비(%) 범위 지정하기

❶ [양수와음수] 시트를 선택합니다.
❷ [E5:E10] 영역을 범위 지정한 후
❸ Ctrl 을 누른 상태로 [G5:G10], [I5:I10] 영역을 범위 지정합니다. Ctrl + 1 을 누릅니다.

• 떨어진 영역을 범위 지정할 때, 처음 영역을 범위 지정한 후 Ctrl 을 누른 상태로 다음 영역을 범위 지정합니다.
• 엑셀 2019, 오피스 365 버전은 범위 지정한 영역을 부분 취소할 수 있습니다. 취소하는 방법은 지정된 범위에서 Ctrl 을 누른 상태로 취소하려는 영역을 드래그 합니다.

02 양수와 음수 구분하여 서식 지정하기

[셀 서식] 대화상자가 나타나면 ❶ [표시 형식] 탭에서 '사용자 지정'을 선택한 후 ❷ '형식'에 「[빨강]▲(0.0%);[파랑]▼(-0.0%)」을 입력한 후 ❸ [확인] 버튼을 클릭합니다.

◎ ▲, ▼ 기호를 입력하는 방법은 'ㅁ' 입력 → [한자] → [Tab]을 누른 후 원하는 기호를 선택합니다.

셀 서식에서 양수, 음수, 0의 값을 구분하여 서식을 지정하려면 ';'을 입력합니다.
양수와 음수로 나뉘어 서식을 지정할 때 「양의서식;음의서식」
양수, 음수, 0으로 나뉘어 서식을 지정할 때 「양의서식;음의서식;0의서식」
양수, 음수, 0, 문자로 나뉘어 서식을 지정할 때 「양의서식;음의서식;0의서식;문자의서식」
지금은 양수와 음수로만 구분하므로 「양의서식;음의서식」 형태입니다.
「[빨강]▲(0.0%);[파랑]▼(-0.0%)」
→ 양수는 빨강색에 ▲를 표시하고, 백분율 형태로 소수 첫째 자리까지 표시하여 괄호를 붙입니다.
→ 음수는 파랑색에 ▼를 표시하고, 백분율 형태로 소수 첫째 자리까지 표시하여 음수(-) 기호와 함께 괄호를 붙입니다.

---

03 결과 확인 및 문자 영역 범위 지정하기

양수와 음수가 다르게 표시 형식이 지정된 것을 확인한 후 [B5:B9] 영역을 범위 지정합니다. [Ctrl]+[1]을 눌러 [셀 서식] 대화상자를 호출합니다.

범위 지정 후 [Ctrl]+[1]

---

04 문자가 입력된 부분 표시 형식 지정하기

[셀 서식] 대화상자가 나타나면 ❶ [표시 형식] 탭에서 '사용자 지정'을 선택한 후 ❷ '형식'에 「경상수지 (@)」을 입력한 후 ❸ [확인] 버튼을 클릭합니다. 결과를 확인하면 「경상수지 (상품수지)」 형태가 됩니다.

◎ 「경상수지 (@)」에서 @는 셀에 입력된 문자를 그대로 표시하는 기호입니다.

근무시간 계산하여 인건비 계산하기

예제 파일 Sample\Theme04\표시형식.xlsx **완성 파일** Sample\Theme04\표시형식_완성.xlsx

키 워 드 날짜 표시 형식, 시간 표시 형식, 시간 합계 계산
길라잡이 출근시간과 퇴근시간을 참조하여 근무시간을 계산한 후 근무시간의 합을 계산하겠습니다. 근무시간의 합에 표시형식을 지정하는 방법을 알아보고, 근무시간에 따른 인건비를 계산하는 방법을 알아보겠습니다.

완성예제 미리 보기

근무시간표

성명 : 강백호	시급:	₩10,000		
날짜	출근	퇴근	근무시간	비고
2019-06-03 (월)	9:00	18:00	8:00	
2019-06-04 (화)	9:00	18:00	8:00	
2019-06-05 (수)	10:00	18:00	7:00	지각
2019-06-07 (금)	9:00	17:00	7:00	
2019-06-10 (월)	10:00	19:00	8:00	1시간 늦게 출근
2019-06-11 (화)	9:00	18:00	8:00	
2019-06-12 (수)	9:00	18:00	8:00	
2019-06-13 (목)	9:00	18:00	8:00	
2019-06-14 (금)	10:00	18:00	7:00	지각
2019-06-17 (월)	9:00	17:00	7:00	조퇴
2019-06-18 (화)	9:00	18:00	8:00	
2019-06-19 (수)	9:00	18:00	8:00	
2019-06-20 (목)	9:00	18:00	8:00	
2019-06-21 (금)	9:00	18:00	8:00	
합계			108:00	₩1,080,000

근무시간을 계산합니다.

날짜의 표시 형식을 yyyy-mm-dd (요일)의 형태로 만듭니다.

근무시간의 합을 계산합니다.

근무시간의 합에 시급을 곱하여 인건비를 계산합니다.

◉ 근무시간은 「퇴근시간-출근시간-점심시간」입니다. 엑셀은 24시를 1로 처리하므로 점심시간 1시간은 1/24이 되어 수식 「=(D4-C4)-1/24」으로 근무시간을 계산합니다.

01 근무시간 계산하기

❶ [날짜와시간] 시트를 선택합니다.
❷ [E4] 셀에 수식 「=(D4-C4)-1/24」을 입력한 후 Enter를 누릅니다.

❷ 입력 후 Enter

❶ 클릭

02 계산한 근무시간 복사하기

[E4] 셀의 채우기 핸들을 [E17] 셀까지 드래그하여 수식을 복사합니다.

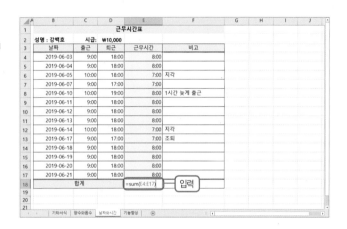

03 근무시간의 합 계산하기

[E18] 셀에 수식 「=SUM(E4:E17)」을 입력한 후 Enter를 누릅니다.

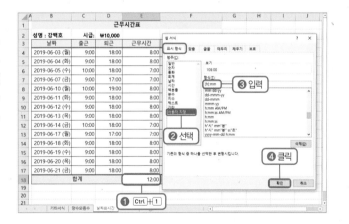

◐ 시간을 표시하는 h는 24시간 이상을 표시하지 못합니다. h에 [ ]을 붙이면 24시간 이상의 누적 시간으로 표시합니다. 마찬가지로 분을 표시하는 m에 [ ]을 붙이면 누적 분으로 표시합니다.

04 근무시간의 합 누적시간으로 표시하기

계산한 근무시간의 합이 「12:00」로 표시됩니다. ❶ 누적된 시간으로 표시하기 위해 [E18] 셀에서 Ctrl+1을 누릅니다. [셀 서식] 대화상자가 나타나면 ❷ [표시 형식] 탭에서 '사용자 지정'을 선택한 후 ❸ '형식'에 「[h]:mm」을 입력하고 ❹ [확인] 버튼을 클릭합니다.

○ [F18] 셀의 108시간은 108
시간으로 입력된 것이 아니
라 표시되는 것입니다. [홈]
탭의 [표시 형식] 그룹에서
표시 형식을 '일반'으로 선
택하면 4.5라는 숫자가 보
입니다. 즉, 엑셀에서 24시
는 1이므로 「4.5*24」을 해야
108시간이 됩니다. 즉, 인건
비 계산은 「근무시간의합*시
급*24」가 됩니다.

05 인건비 계산하기

❶ [F18] 셀에 수식 「=E18*D2*24」을
입력한 후 Enter 를 누릅니다. ❷ [홈]
탭의 [표시 형식] 그룹에서 표시 형식
을 '통화'를 선택합니다.

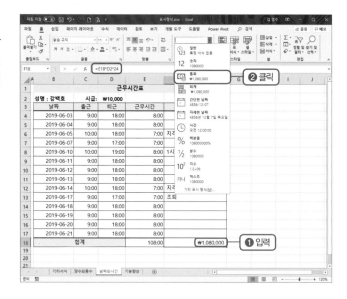

06 날짜에 요일 표시하기

❶ [B4:B17] 영역을 범위 지정한 후
Ctrl + 1 을 누릅니다. [셀 서식] 대화상
자가 나타나면 ❷ [표시 형식] 탭에서
'사용자 지정'을 선택한 후 ❸ '형식'에
「yyyy-mm-dd (aaa)」을 입력한 후
❹ [확인] 버튼을 클릭합니다.

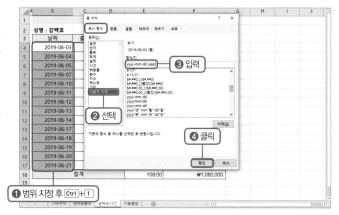

07 확인하기

다음과 같이 완성됩니다.

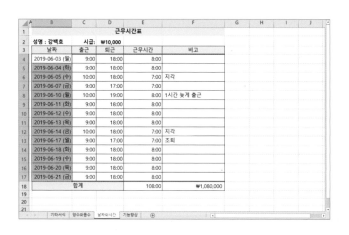

입력된 숫자 앞에 0을 일괄적으로 표시하기

일반적으로 숫자 앞에 '0'은 입력할 수 없으므로 표시형식으로 처리해야 합니다. 숫자 앞쪽에 '0'을 표시할 때 자릿수가 가장 긴 숫자에 맞춰 0을 표시하거나 자릿수에 상관없이 입력된 숫자 앞쪽에 '0' 하나를 표시할 수 있습니다. '0'을 표시하는 방법을 알아보겠습니다.

【예제 파일】 Sample\Theme04\표시형식.xlsx

【완성 파일】 Sample\Theme04\표시형식_완성.xlsx

완성예제 미리 보기

원래숫자
186008
91987
3006
438136
93161
7397
339575
723
68458
78021
499570

자릿수 맞추어 0표시
186008
091987
003006
438136
093161
007397
339575
000723
068458
078021
499570

숫자 앞에 0표시
0186008
091987
03006
0438136
093161
07397
0339575
0723
068458
078021
0499570

1 입력된 가장 긴 숫자의 자릿수에 맞춰 0 표시하기

❶ [기능향상] 시트를 선택합니다. ❷ [B2:B12] 영역을 범위 지정한 후 Ctrl +①을 누릅니다. [셀 서식] 대화상자가 나타나면 ❸ [표시 형식] 탭에서 '사용자 지정'을 선택하고 ❹ '형식'에 「000000」을 입력한 후 ❺ [확인] 버튼을 클릭합니다.

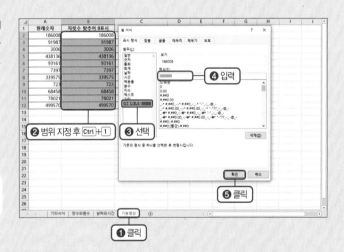

NOTE

'0'은 숫자를 표시하는 기호로 자릿수를 맞춥니다. 가장 긴 숫자가 6자리이므로 '0'을 6개 입력하여 모든 숫자를 6자리로 표시합니다.

② 입력된 숫자 앞쪽에 0을 표시하기

❶ [C2:C12] 영역을 범위 지정한 후 Ctrl+1을 누릅니다. [셀 서식] 대화상자가 나타나면 ❷ [표시 형식] 탭에서 '사용자 지정'을 선택하고 ❸ '형식'에 「"0"G/표준」을 입력한 후 ❹ [확인] 버튼을 클릭합니다.

NOTE

'G/표준'은 입력된 숫자 그대로를 의미합니다. 그러므로 「"0"G/표준」은 입력된 숫자 앞에 '0'을 붙입니다.

③ 확인하기

다음과 같이 결과를 확인합니다.

03 조건부 서식 활용하기

조건부 서식은 조건을 만족하는 곳에 서식을 지정하여 데이터를 탐색하고, 복잡한 데이터를 직관적으로 분석할 수 있도록 시각화합니다. 조건부 서식을 활용하는 방법을 알아보겠습니다.

 조건부 서식 설정/편집/삭제

조건부 서식 설정하기

조건부 서식을 설정하는 방법은 범위를 지정한 후 [홈] 탭의 [스타일] 그룹에서 [조건부 서식]을 클릭합니다. 어떤 서식을 설정할 것인가에 따라 각각의 목적에 해당하는 명령을 선택합니다.

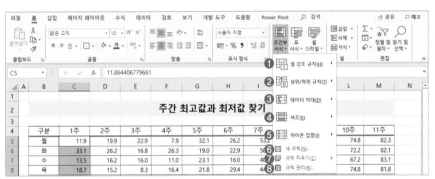

❶ **셀 강조 규칙** 비교 연산자를 기준으로 조건을 만족하는 곳에 서식을 지정합니다.

❷ **상위/하위 규칙** 범위 안에서 상위 값과 하위 값을 찾아 서식을 지정합니다.

❸ **데이터 막대** 셀의 값을 데이터 막대로 나타냅니다.

❹ **색조** 색의 음영, 색조로 데이터 분포와 변화를 표시합니다.

❺ **아이콘 집합** 데이터를 임계값으로 구분합니다.

❻ **새 규칙** 셀 강조 규칙, 상위/하위 규칙에 없는 규칙을 직접 만들 수 있습니다.

❼ **규칙 지우기** 규칙을 삭제합니다.

❽ **규칙 관리** 규칙을 새롭게 만들거나 편집하거나 삭제합니다.

조건부 서식 편집하기

설정한 조건부 서식을 편집하려면 규칙 관리자에서 합니다. 규칙 관리자는 [홈] 탭의 [스타일] 그룹에서 [조건부 서식 – 규칙 관리]를 클릭합니다. 규칙 관리자에서는 새로운 규칙 만들기, 편집하기, 삭제하기, 규칙의 우선순위를 변경할 수 있습니다.

❶ **서식 규칙 표시** 통합 문서의 모든 조건부 서식 규칙을 관리할 수 있습니다. '현재 선택 영역', '현재 워크시트', '시트:시트명' 중에서 선택합니다.

❷ **새 규칙** 새로운 규칙을 만듭니다.

❸ **규칙 편집** 선택한 규칙을 수정합니다.

❹ **규칙 삭제** 선택한 규칙을 삭제합니다.

❺ ∧ ∨ 규칙의 우선순위 순서를 변경합니다.

❻ **규칙(표시 순서대로 적용)** 여러 규칙이 적용된 경우 위쪽에 있는 규칙이 우선됩니다.

❼ **True일 경우 중지** 조건부 서식 규칙을 3개까지만 지원했던 엑셀 2007 이전 버전과의 호환성을 위해 제공합니다. 이 확인란에 체크하면 이전 버전의 조건부 서식이 어떻게 표시되는지 시뮬레이션합니다.

주간 최대값과 최소값에 서식 지정하기

예제 파일 Sample\Theme04\조건부서식.xlsx 완성 파일 Sample\Theme04\조건부서식_완성.xlsx

키 워 드   조건부 서식, 상위/하위 규칙, 서식 복사
길라잡이   주 단위로 최대값과 최소값을 강조하는 조건부 서식을 만듭니다. 1주는 조건부 서식을 직접 만들고, 2주~11주는 1주의 서식을 복사하여 완성합니다.

완성예제 미리 보기

주간 최고값과 최저값 찾기

구분	1주	2주	3주	4주	5주	6주	7주	8주	9주	10주	11주
월	11.9	19.9	22.9	7.9	32.1	26.2	53.2	57.1	43.9	74.8	82.3
화	33.1	26.2	16.8	26.3	19.0	22.9	50.4	50.2	40.5	72.2	82.1
수	13.5	16.2	16.0	11.0	23.1	16.0	40.9	53.0	46.2	67.2	83.1
목	18.7	15.2	8.3	16.4	21.8	29.4	44.3	47.0	39.1	74.8	81.8
금	19.7	19.3	15.9	21.4	26.8	13.2	44.3	56.8	41.1	73.0	80.9
토	18.8	19.7	7.8	21.5	18.0	36.6	38.5	45.3	39.5	72.6	80.6
일	10.9	15.1	11.0	13.7	22.5	19.0	47.0	50.1	44.6	68.9	80.0
평균	10.5	11.0	8.2	9.8	13.6	13.6	26.5	30.0	24.6	41.9	47.6

01 상위 10개 항목 규칙 실행하기

❶ [상위하위] 시트를 클릭합니다.
❷ [C5:C11] 영역을 범위 지정한 후
❸ [홈] 탭의 [스타일] 그룹에서 [조건부 서식 – 상위/하위 규칙 – 상위 10개 항목]을 클릭합니다.

02 최대값 강조하기

[상위 10개 항목] 대화상자가 나타나면 ❶ '1', '진한 녹색 텍스트가 있는 녹색 채우기'를 선택한 후 ❸ [확인] 버튼을 클릭합니다.

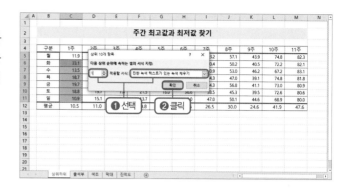

03 하위 10개 항목 규칙 실행하기

이어서 [홈] 탭의 [스타일] 그룹에서 [조건부 서식 – 상위/하위 규칙 – 하위 10개 항목]을 클릭합니다.

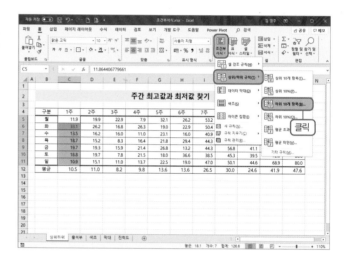

04 최소값 강조하기

[하위 10개 항목] 대화상자가 나타나면 ❶ '1', '진한 빨강 텍스트가 있는 연한 빨강 채우기'를 선택한 후 ❷ [확인] 버튼을 클릭합니다.

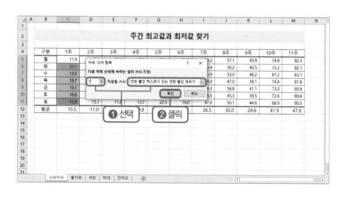

● 서식 복사 아이콘을 클릭하면 붙여넣기를 한 번 하고, 더블클릭하면 연속으로 할 수 있습니다.

05 서식 복사하기

[C5:C11] 영역이 범위 지정된 상태에서 [홈] 탭의 [클립보드] 그룹에서 [서식 복사] 아이콘을 더블클릭합니다.

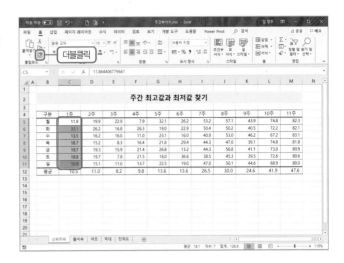

● 주별로 최대값과 최소값을 강조하는 것이므로 조건부 서식이 주별로 설정되어야 합니다. 그래서 서식 붙여넣기도 주별로 각각 해야 합니다.

06 서식 붙여넣기

[D5] 셀을 클릭하면 조건부 서식이 복사되어 최대값과 최소값이 강조됩니다. 같은 방법으로 [E5], [F5], [G5], [H5], [I5], [J5], [K5], [L5], [M5] 셀을 각각 클릭합니다. 서식 붙여넣기가 끝나면 Esc 를 눌러 서식 복사를 해제합니다.

특정 문자를 강조하는 조건부 서식 만들기

예제 파일 Sample\Theme04\조건부서식.xlsx 완성 파일 Sample\Theme04\조건부서식_완성.xlsx

키 워 드 조건부 서식, 셀 강조 규칙, 행 전체 강조
길라잡이 출석부에서 결석 처리 문자인 '/' 글꼴을 빨간색에 굵게 서식을 지정합니다. 또한 결석 일수가 1일 이상인 경우에 전체 행의 배경을 붉은색으로 채우기합니다.

완성예제 미리 보기

굵게 서식, 빨강

순번	학번	학과	이름	1	2	3	4	5	6	7	8	9	10	11	12	13	14	15	출석 ○	결석 /
1	20121111	기계공학과	양미옥	○	○	/	○	○	○	○	○	○	○	○					10	1
2	20121112	기계공학과	배성국	○	○	○	○	○	○	○	○	○	○	○					11	0
3	20121119	기계공학과	남희석	○	○	○	○	○	/	○	○	○	○	○					10	1
4	20121122	기계공학과	차영실	○	○	○	○	○	○	○	○	○	○	○					11	0
5	20121162	기계공학과	양상문	○	○	○	○	○	○	○	○	○	○	○					11	0
6	20130501	전자계산학과	강기태	○	○	○	○	○	○	○	○	○	○	○					11	0
7	20130512	전자계산학과	백강일	○	○	○	/	○	○	○	○	○	/	○					9	2
8	20130608	국어국문학과	한만두	○	○	○	○	○	○	○	○	○	○	○					11	0
9	20130611	국어국문학과	김재박	○	○	○	○	○	○	○	○	○	○	○					11	0
10	20130619	국어국문학과	한무	○	○	○	○	○	○	○	○	○	○	○					11	0
11	20130620	국어국문학과	서태웅	○	/	○	○	○	○	○	/	○	○	○					9	2
12	20130622	국어국문학과	박기성	○	○	○	○	○	○	○	○	○	○	○					11	0
13	20130631	국어국문학과	이응규	○	○	○	○	○	○	○	○	○	○	○					11	0
14	20131101	기계공학과	최백호	○	○	○	○	○	○	○	○	○	○	○					11	0

1회 이상 결석시 전체 행에 붉은색 채우기

◉[F4:T4] 영역을 범위 지정한 후 Ctrl+Shift+[→]을 누르면 더 편리합니다.

01 셀 강조 규칙 명령 실행하기

❶ [출석부] 시트를 클릭합니다.
❷ [F4:T56] 영역을 범위 지정한 후
❸ [홈] 탭의 [스타일] 그룹에서 [조건부 서식 – 셀 강조 규칙 – 같음]을 클릭합니다.

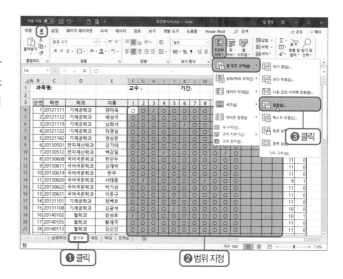

❶ 클릭   ❷ 범위 지정

02 '/'에 사용자 지정 서식 지정하기

[같음] 대화상자가 나타나면 ❶ '/'을 입력하고 ❷ '사용자 지정 서식'을 선택합니다.

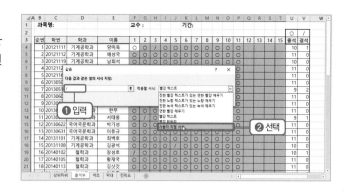

03 글꼴 서식 지정하기

[셀 서식] 대화상자가 나타나면 ❶ [글꼴] 탭에서 '굵게'를 선택하고, 빨강색을 지정한 후 ❸ [확인] 버튼을 클릭합니다. 이어서 나타나는 [같음] 대화상자에서도 [확인] 버튼을 클릭합니다.

04 결과 확인하기

다음과 같이 결석인 '/'에 빨간 글꼴색과 굵게 서식이 지정됩니다.

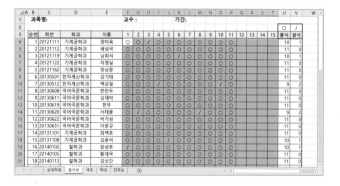

05 1회 이상 결석 시 행 전체 강조하기

❶ [B4:V56] 영역을 범위 지정한 후 ❷ [홈] 탭의 [스타일] 그룹에서 [조건부 서식 - 새 규칙]을 클릭합니다.

◉ [B4:V4] 영역을 범위 지정한 후 [Ctrl]+[Shift]+[↓]을 누르는 것이 더 편리할 수 있습니다.

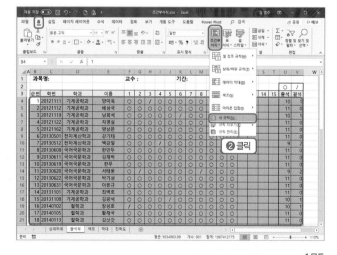

수식 「=$V4〉=1」은 결석 (V열)이 1회 이상이면 서식을 지정하겠다는 의미입니다. '$V4'를 혼합 참조로 지정한 이유는 결석은 V열로 한정되므로 절대 참조, 결석 현황은 4행~56행까지 참조를 변경해야 하므로 상대 참조 지정합니다.

06 규칙 만들기

[새 서식 규칙] 대화상자가 나타나면 ❶ '수식을 사용하여 서식을 지정할 셀 결정'을 선택한 후 ❷ 수식 「=$V4〉=1」을 입력한 후 ❸ [서식] 버튼을 클릭합니다.

07 채우기 색 지정하기

[셀 서식] 대화상자가 나타나면 ❶ [채우기] 탭에서 임의의 색상을 지정한 후 ❷ [확인] 버튼을 클릭합니다. 다시 [새 서식 규칙] 대화상자가 나타나면 [확인] 버튼을 클릭합니다.

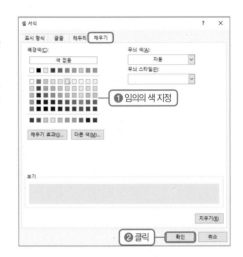

08 결과 확인하기

다음과 같이 완성됩니다.

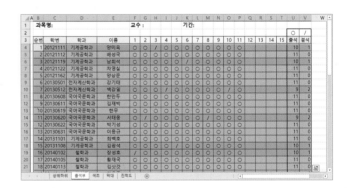

색조와 아이콘 집합으로 데이터 분석하기

예제 파일 Sample\Theme04\조건부서식.xlsx **완성 파일** Sample\Theme04\조건부서식_완성.xlsx

키 워 드 조건부 서식, 색조, 아이콘 집합
길라잡이 서울시 배달음식 콜 수를 시간대별로 정리한 데이터입니다. 숫자만 입력되어 있다면 의미 있는 인사이트를 발견하기 힘들지만 '색조' 시각화를 적용하여 중국음식은 점심시간대와 저녁시간대에 콜수가 집중되고, 치킨은 저녁시간 이후에 집중되는 것을 알 수 있습니다. 아이콘을 확인하면 전체적으로 저녁시간대에 집중되는 것을 확인할 수 있습니다.

완성예제 미리 보기

2019년 서울시 배달음식 콜수

시간대	족발/보쌈	중국음식	치킨	피자		총합계
10시	504	1,842	416	566	▼	3,328
11시	829	2,806	1,066	1,412	▬	6,113
12시	833	3,036	1,565	1,627	▬	7,061
13시	765	2,723	1,612	1,548		6,648
14시	790	2,408	1,639	1,555		6,392
15시	911	2,194	1,825	1,553		6,483
16시	1,128	2,208	2,132	1,728		7,196
17시	1,490	2,588	2,705	2,047	▲	8,830
18시	1,685	2,874	3,394	2,426	▲	10,379
19시	1,559	2,606	3,377	2,325	▲	9,867
20시	1,299	2,007	3,028	2,013	▲	8,347
21시	1,083	1,218	2,955	1,866	▬	7,122
22시	882	856	2,797	1,497	▬	6,032
23시	555	746	2,187	579	▼	4,067
총합계	15,465	35,362	34,254	23,294		108,375

'색조' 시각화를 적용하여 중국음식은 점심시간대와 저녁시간대에 콜 수가 집중되고, 치킨은 저녁시간 이후에 집중되는 것을 알 수 있음

'아이콘' 시각화를 적용하여 배달 음식은 저녁시간대에 집중되는 것을 알 수 있음

01 데이터에 색조 적용하기

❶ [C4:F17] 영역을 범위 지정한 후 ❷ [홈] 탭의 [스타일] 그룹에서 [조건부 서식 - 색조 - '녹색 - 흰색 색조']를 클릭합니다.

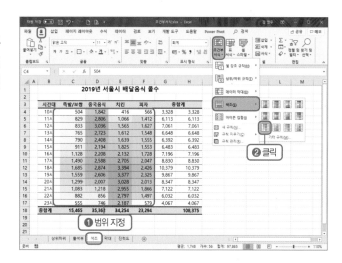

● [G4:G17] 영역은 아이콘을 표시하기 위해 총합계를 [G4:G17], [H4:H17] 영역 두 곳에 계산해 두었습니다.

02 총합계에 아이콘 집합 적용하기

❶ [G4:G17] 영역을 범위 지정한 후 ❷ [홈] 탭의 [스타일] 그룹에서 [조건부 서식 – 아이콘 집합 – 삼각형 3개]를 클릭합니다.

03 규칙관리 실행하기

[G4:G17] 영역이 범위 지정된 상태에서 [홈] 탭의 [스타일] 그룹에서 [조건부 서식 – 규칙 관리]를 클릭합니다.

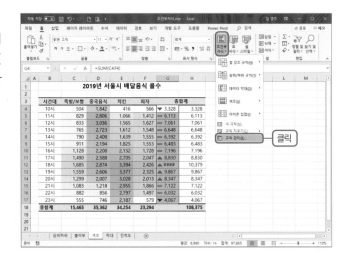

04 규칙 편집하기

[조건부 서식 규칙 관리자] 대화상자가 나타나면 ❶ '아이콘 집합'을 선택한 후 ❷ [규칙 편집]을 클릭합니다.

05 아이콘만 표시하기

[서식 규칙 편집] 대화상자가 나타나면 ❶ '아이콘만 표시'에 체크 표시한 후 ❷ [확인] 버튼을 클릭합니다. 다시 [조건부 서식 규칙 관리자] 대화상자가 나타나면 [확인] 버튼을 클릭합니다.

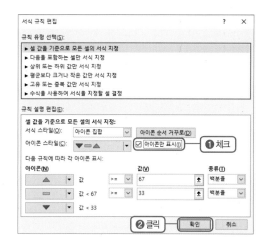

06 [G] 열 너비 줄이기

[G] 열과 [H] 열 사이의 경계선을 드래그하여 열 너비를 줄입니다.

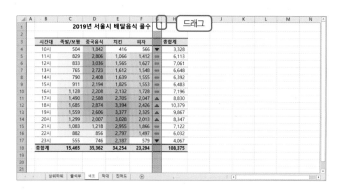

아이콘 집합의 임계값 수정하기

① [홈] 탭의 [스타일] 그룹에서 [조건부 서식 – 규칙 관리]를 클릭합니다.
② [조건부 서식 규칙 관리자] 대화상자가 나타나면 '아이콘 집합' 규칙을 선택한 후 [규칙 편집]을 클릭합니다.
③ [서식 규칙 편집] 대화상자에서 비교 연산자와 임계값을 조정할 수 있습니다. 임계값은 최상위 값부터 최하위 값까지 위에서 아래로 순차적으로 설정합니다. 임계값 설정은 숫자, 백분율, 수식, 백분위수를 선택하여 조정합니다.

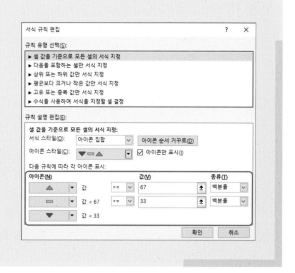

일주일 단위로 서식 지정하기

예제 파일 Sample\Theme04\조건부서식.xlsx 완성 파일 Sample\Theme04\조건부서식_완성.xlsx

키 워 드 표시 형식, 조건부 서식, weekday 함수, 데이터 막대
길라잡이 주별 데이터가 입력된 곳에 날짜와 요일을 표시하는 셀 서식, 토요일과 일요일의 글꼴색을 다르게 지정하는 조건부 서식, 일요일마다 아래쪽 테두리를 설정하는 조건부 서식, 일별 성과에 데이터 막대를 설정하는 조건부 서식을 지정하겠습니다.

완성예제 미리 보기

Date	일별 성과
2019-06-03	1
2019-06-04	10
2019-06-05	2
2019-06-06	3
2019-06-07	5
2019-06-08	2
2019-06-09	1
2019-06-10	6
2019-06-11	4
2019-06-12	6
2019-06-13	7
2019-06-14	3
2019-06-15	2
2019-06-16	5
2019-06-17	9
2019-06-18	6
2019-06-19	2
2019-06-20	4
2019-06-21	2
2019-06-22	3
2019-06-23	4
2019-06-24	2
2019-06-25	2
2019-06-26	5

→

Date	일별 성과
2019-06-03 (월)	1
2019-06-04 (화)	10
2019-06-05 (수)	2
2019-06-06 (목)	3
2019-06-07 (금)	5
2019-06-08 (토)	2
2019-06-09 (일)	1
2019-06-10 (월)	6
2019-06-11 (화)	4
2019-06-12 (수)	6
2019-06-13 (목)	7
2019-06-14 (금)	3
2019-06-15 (토)	2
2019-06-16 (일)	5
2019-06-17 (월)	9
2019-06-18 (화)	6
2019-06-19 (수)	2
2019-06-20 (목)	4
2019-06-21 (금)	2
2019-06-22 (토)	3
2019-06-23 (일)	4
2019-06-24 (월)	2
2019-06-25 (화)	2
2019-06-26 (수)	5

- 일주일 단위로 테두리 설정
- 날짜에 요일 표시하기
- 토, 일요일의 서식 다르게 지정
- 성과를 막대로 드러내기

01 날짜에 요일 표시하기

❶ [막대] 시트를 클릭합니다.
❷ [B3:B56] 영역을 범위 지정한 후 Ctrl + 1을 누릅니다. [셀 서식] 대화 상자가 나타나면 ❸ [표시 형식] 탭에서 '사용자 지정'을 선택하고, ❹ 형식에 「yyyy-mm-dd (aaa)」를 입력한 후 ❺ [확인] 버튼을 클릭합니다.

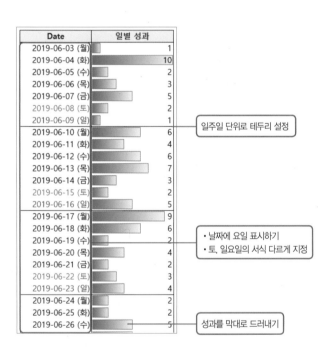

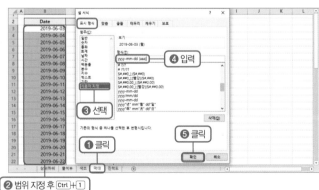

02 토요일을 강조하는 조건부 서식 만들기

❶ [B3:B56] 영역을 범위 지정한 후 ❷ [홈] 탭의 [스타일] 그룹에서 [조건부 서식 - 새 규칙]을 클릭합니다.

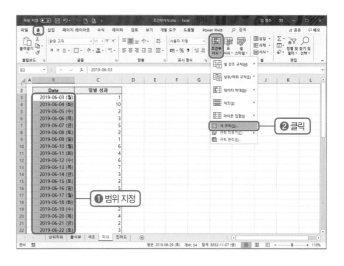

❶ 범위 지정

❷ 클릭

● WEEKDAY 함수는 요일을 반환하는 함수로 일요일은 1, 월요일은 2, 토요일은 7을 반환합니다. WEEKDAY 함수는 P.271을 참조합니다.

03 수식으로 규칙 만들기

[새 서식 규칙] 대화상자가 나타나면 ❶ '수식을 사용하여 서식을 지정할 셀 결정'을 선택한 후 ❷ 수식에 「=weekday ($B3)=7」을 입력한 후 ❸ [서식] 버튼을 클릭합니다.

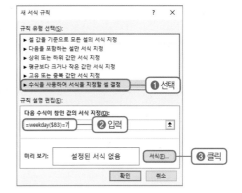

❶ 선택

❷ 입력

❸ 클릭

04 토요일은 파란색으로 지정하기

[셀 서식] 대화상자가 나타나면 ❶ [글꼴] 탭에서 글꼴 색을 파랑으로 선택한 후 ❷ [확인] 버튼을 클릭합니다. 다시 [새 서식 규칙] 대화상자가 나타나면 [확인] 버튼을 클릭합니다.

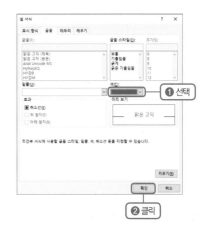

❶ 선택

❷ 클릭

●주의
[B3:B56] 영역이 범위 지정
되어 있어야 합니다.

05 일요일을 강조하는 조건부 서식 만들기

이어서 [홈] 탭의 [스타일] 그룹에서
[조건부 서식 - 새 규칙]을 클릭합니다.

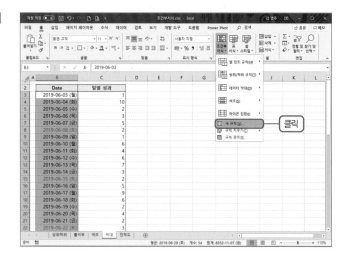

06 수식으로 규칙 만들기

[새 서식 규칙] 대화상자가 나타나
면 ❶ '수식을 사용하여 서식을 지
정할 셀 결정'을 선택한 후 ❷ 수식
「=weekday($B3)=1」을 입력한 후 ❸
[서식] 버튼을 클릭합니다.

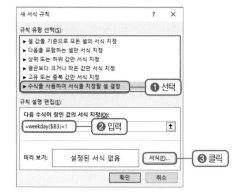

07 일요일은 빨강으로 설정하기

[셀 서식] 대화상자가 나타나면 ❶ [글
꼴] 탭에서 글꼴 색을 빨강으로 선택
한 후 ❷ [확인] 버튼을 클릭합니다. 다
시 [새 서식 규칙] 대화상자가 나타나
면 [확인] 버튼을 클릭합니다.

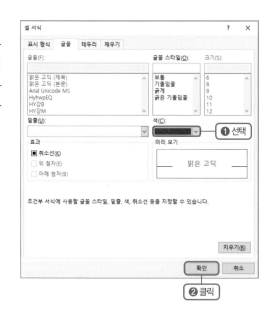

08 결과 확인하기

다음과 같이 토요일은 파란색, 일요일은 빨간색으로 글자색이 변경됩니다.

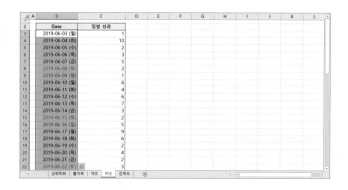

09 새로운 규칙 만들기

❶ [B3:C56] 영역을 범위 지정한 후 ❷ [홈] 탭의 [스타일] 그룹에서 [조건부 서식 – 새 규칙]을 클릭합니다.

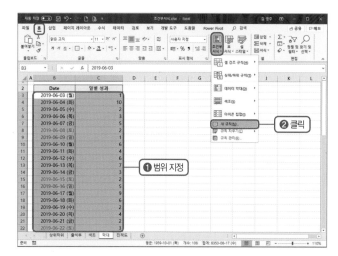

10 수식으로 규칙 만들기

[새 서식 규칙] 대화상자가 나타나면 ❶ '수식을 사용하여 서식을 지정할 셀 결정'을 선택한 후 ❷ 수식 「=weekday($B3)=1」을 입력한 후 ❸ [서식] 버튼을 클릭합니다.

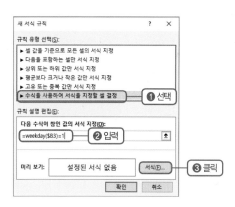

11 일주일 단위로 아래 밑줄 긋기

[셀 서식] 대화상자가 나타나면 ❶ [테두리] 탭에서 선의 스타일을 선택 ❷ 테두리 종류를 선택한 후 ❸ [확인] 버튼을 클릭합니다. 다시 [새 서식 규칙] 대화상자가 나타나면 [확인] 버튼을 클릭합니다.

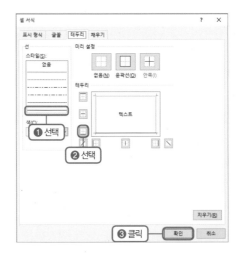

12 성과에 데이터 막대 설정하기

❶ [C3:C56] 영역을 범위 지정한 후 ❷ [홈] 탭의 [스타일] 그룹에서 [조건부 서식 − 데이터 막대]에서 원하는 색상을 선택하여 완성합니다.

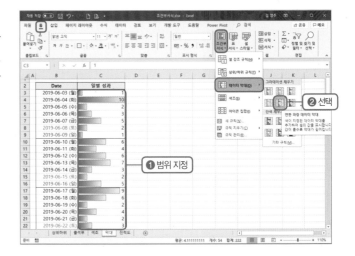

실무 테크닉 — 날짜를 입력하면 진척도를 표시하는 조건부 서식 만들기

시작일과 종료일을 입력하면 기간을 계산하고, 시작일과 종료일에 해당하는 기간을 시각화하는 간트 차트를 조건부 서식으로 만듭니다. 여기서는 여름휴가 일정을 팀원들과 겹치지 않기 위해 휴가일정에 따른 간트 차트를 만들어보겠습니다.

예제 파일 Sample\Theme04\조건부서식.xlsx   **완성 파일** Sample\Theme04\조건부서식_완성.xlsx

성명	시작일	종료일	기간	7/01	7/02	7/03	7/04	7/05	7/06	7/07	7/08	7/09	7/10	7/11	7/12	7/13	7/14	7/15	7/16	7/17	7/18	7/19
배성국	07/01	07/04																				
남희석	07/08	07/12																				
김영실	07/03	07/07																				
박지민	07/10	07/12																				
강기태	07/12	07/15																				
송원겸	07/15	07/19																				
하준우	07/20	07/25																				
김재박	07/23	07/29																				
이예준	07/25	07/28																				
서태웅	07/29	08/02																				

성명	시작일	종료일	기간	7/01	7/02	7/03	7/04	7/05	7/06	7/07	7/08	7/09	7/10	7/11	7/12	7/13	7/14	7/15	7/16	7/17	7/18
배성국	07/01 (월)	07/04 (목)	3박4일																		
남희석	07/08 (월)	07/12 (금)	4박5일																		
김영실	07/03 (수)	07/07 (일)	4박5일																		
박지민	07/10 (수)	07/12 (금)	2박3일																		
강기태	07/12 (금)	07/15 (월)	3박4일																		
송원겸	07/15 (월)	07/19 (금)	4박5일																		
하준우	07/20 (토)	07/25 (목)	5박6일																		
김재박	07/23 (화)	07/29 (월)	6박7일																		
이예준	07/25 (목)	07/28 (일)	3박4일																		
서태웅	07/05 (금)	07/11 (목)	6박7일																		

문제 해결

❶ 시작일(B6:B15)과 종료일(C6:C15)에 요일을 표시하기 위해 [셀 서식]에서 표시 형식을 'mm/dd (aaa)'으로 지정합니다. [셀 서식] 대화상자는 Ctrl+1을 누릅니다.

❷ 기간(D6:D15) 계산을 계산하기 위해 [D6] 셀에서 수식 「=(C6-B6)&"박"&(C6-B6+1)&"일"」을 입력한 후 [D15] 셀까지 복사합니다.

❸ 진척도를 조건부 서식으로 만들기
  ① [E6:AI15] 영역을 범위 지정한 후 [홈] 탭의 [스타일] 그룹에서 [조건부 서식 – 새 규칙]을 클릭합니다.
  ② [새 서식 규칙] 대화상자가 나타나면 '수식을 사용하여 서식을 지정할 셀 결정'을 선택한 후 수식 「=AND(E$5)=$B6,E$5<=$C6)」을 입력하고 [서식] 버튼을 클릭합니다.
  ③ [셀 서식] 대화상자가 나타나면 [채우기] 탭에서 임의의 색상을 선택합니다.
  ④ 시작일과 종료일의 날짜를 변경하면 진척도가 자동으로 변경됩니다.

여러 창을 동시에 열어 데이터를 비교하거나 한 시트의 데이터가 많을 경우
창 정렬, 창 나누기, 틀 고정 등의 명령을 이용하면 편리합니다.
이러한 창 제어와 관련된 기능과 인쇄 옵션에 대해 알아보겠습니다.

창 제어와 인쇄

01 창 제어를 통해 편리한 작업환경 구성하기

한 번에 여러 파일을 열어 작업하기 위한 '창 정렬', 한 시트의 데이터가 많아 화면을 분할하여 작업하기 위한 '나누기' 명령을 통해 창을 제어합니다. [보기] 탭의 [창] 그룹에 있는 '틀 고정', '나누기', '창 정렬' 명령에 대해 알아보겠습니다.

핵심기능 틀 고정/창 나누기/창 정렬

⠿ 틀 고정하기

워크시트에 데이터가 많으면 아래쪽 데이터를 보기 위해 스크롤바를 아래쪽으로 이동합니다. 이때 머리글이 보이지 않아 항목 구분이 어려우므로 데이터 머리글을 고정하여 항상 화면에 표시해야 할 때 '틀 고정' 명령을 사용합니다.

	A	B	C	D	E	F	G
28	2019-05-02	김기수	010-3546-7756	010-3546-****	경기 성남시 분당구 이매동	사업자회원	
29	2019-05-02	김영주	010-2299-8877	010-2299-****	경기 광주시 역동	사업자회원	
30	2019-05-09	이재영	010-8565-5435	010-8565-****			
31	2019-05-09	윤다은	010-2662-9773	010-2662-****			
32	2019-05-09	이예원	010-8726-5116	010-8726-****			
33	2019-05-09	송단	010-5655-9978	010-5655-****	서울시 강남구 개포동	소비자회원	

> 아래쪽 데이터를 볼 때 머리글이 보이지 않아 항목을 구분하기 어렵습니다.

	A	B	C	D	E	F	G
1			2019년 교육참석자 현황				
3	교육일자	성명	전화번호	전화번호	주소	회원구분	비고
28	2019-05-02	김기수	010-3546-7756	010-3546-****	경기 성남시 분당구 이매동	사업자회원	
29	2019-05-02	김영주	010-2299-8877	010-2299-****	경기 광주시 역동	사업자회원	
30	2019-05-09	이재영	010-8565-5435	010-8565-****			
31	2019-05-09	윤다은	010-2662-9773	010-2662-****			
32	2019-05-09	이예원	010-8726-5116	010-8726-****			
33	2019-05-09	송단	010-5655-9978	010-5655-****	서울시 강남구 개포동	소비자회원	

> 3행에서 '틀 고정' 명령이 실행되어 데이터 머리글을 항상 확인할 수 있습니다.

'틀 고정'은 틀 고정할 기준 셀을 선택한 후 [보기] 탭의 [창] 그룹에서 [틀 고정 – 틀 고정]을 클릭합니다.

○ [삽입] 탭의 [표] 그룹에서 [표]를 클릭하여 '표' 기능을 적용하면 틀 고정을 설정할 필요가 없습니다.
'표' 기능은 P.394에서 다룹니다.

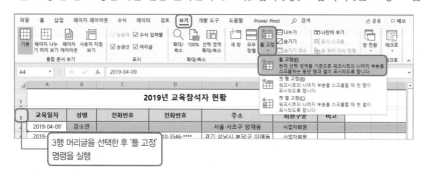

> 3행 머리글을 선택한 후 '틀 고정' 명령을 실행

∷ 창 나누기

◉ 창 나누기는 최대 4개까지 가
능합니다.

워크시트에 데이터가 많으면 작업의 효율성을 위해 창을 분할해 작업할 수 있습니다. 창 나누기를 시작
할 셀에 셀 포인터를 두고 [보기] 탭의 [창] 그룹에서 [나누기]를 클릭합니다. 다시 창 나누기를 해제하
려면 동일한 명령을 클릭하거나 분할 막대를 더블클릭합니다.

◉ 창 나누기와 틀 고정은 동시에
적용되지 않습니다.

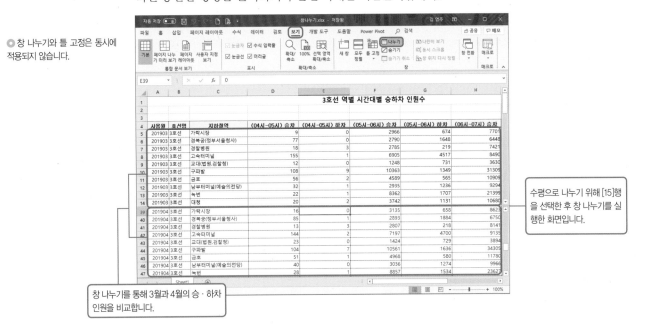

수평으로 나누기 위해 [15]행
을 선택한 후 창 나누기를 실
행한 화면입니다.

창 나누기를 통해 3월과 4월의 승 · 하차
인원을 비교합니다.

∷ 창 정렬하기

엑셀의 문서는 여러 파일과 시트에 나누어 관리될 수 있습니다. 이렇게 독립적으로 존재하는 문서를 한
화면에서 보기 위해 시트 또는 파일별로 새 창을 연 후 '창 정렬'을 합니다. 파일은 열면 별도의 창으로 열
리지만 시트는 [보기] 탭의 [새 창] 명령을 클릭하여 별도의 창으로 열어야 합니다.

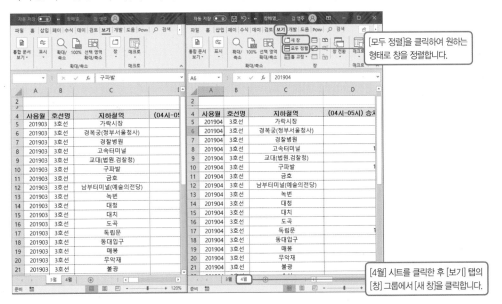

[모두 정렬]을 클릭하여 원하는
형태로 창을 정렬합니다.

[4월] 시트를 클릭한 후 [보기] 탭의
[창] 그룹에서 [새 창]을 클릭합니다.

한 시트의 데이터가 많을 땐 창 나누기를!!

예제 파일 Sample\Theme05\창나누기.xlsx **완성 파일** Sample\Theme05\창나누기_완성.xlsx

키 워 드 창 나누기, 창 나누기 해제
길라잡이 3호선 역별 시간대별 승하차 데이터의 양이 많아 스크롤바를 움직이며 데이터를 탐색하는 번거로운 상황입니다. 원하는 위치에서 '창 나누기'를 실행하여 데이터 탐색을 편하게 할 수 있도록 창을 제어하겠습니다.

◉ 창 나누기 해제는 분할 막대를 더블클릭해도 됩니다.

01 창 나누기와 해제

[E8] 셀에 셀 포인터를 두고 [보기] 탭의 [창] 그룹에서 [나누기]를 클릭하면 셀 포인터를 기준으로 4개의 영역으로 나누어집니다. 다시 [보기] 탭의 [창] 그룹에서 [나누기]를 클릭하면 나누기를 해제합니다.

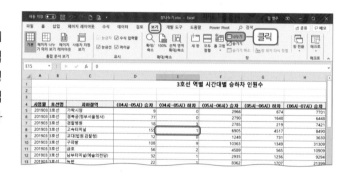

02 수평으로 나누기

❶ [15] 행 머리글을 선택한 후 ❷ [보기] 탭의 [창] 그룹에서 [나누기]를 클릭합니다.

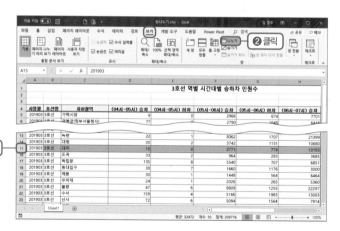

◉ 분할 막대를 드래그하여 분할 영역의 크기를 조절할 수 있습니다.

03 데이터 비교하기

스크롤바를 움직여 원하는 데이터가 표시되도록 합니다. 여기서는 3월과 4월의 데이터를 비교할 수 있는 상태입니다.

여러 파일을 동시에 비교할 땐 창 정렬하기를!!

예제 파일 Sample\Theme05\창배열.xlsx 완성 파일 Sample\Theme05\창배열_완성.xlsx

키 워 드 창 정렬, 틀 고정
길라잡이 여러 파일이나 시트의 내용을 한 화면에서 비교하려면 창 정렬을 이용합니다. 현재 파일에 있는 [3월]과 [4월] 시트의 내용을 한 화면에서 보기 위해 '새 창'을 연 후 창을 정렬하고, '틀 고정' 명령으로 머리글을 고정하는 작업을 하겠습니다.

○ 대상이 시트가 아닌 파일이면 해당 파일을 열어놓고 정렬 명령을 실행하면 됩니다.

01 새 창으로 열기

❶ [4월] 시트를 선택한 후 ❷ [보기] 탭의 [창] 그룹에서 [새 창]을 클릭합니다.

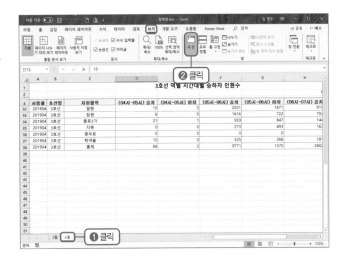

02 창 정렬하기

❶ 제목 표시줄에 '창배열.xlsx – 2'로 창이 하나 더 열린 것을 확인합니다. ❷ [보기] 탭의 [창] 그룹에서 [모두 정렬]을 클릭합니다. [창 정렬] 대화상자가 나타나면 ❸ '세로'를 선택한 후 ❹ [확인] 버튼을 클릭합니다.

실행된 프로그램 간에 창을 전환하는 단축키는 Alt + Tab 이고, 엑셀 창끼리 전환하는 단축키는 Ctrl + Tab 입니다.

03 확인하기

다음과 같이 세로 방향으로 정렬되어 [3월] 시트와 [4월] 시트를 동시에 보면서 작업할 수 있습니다. [3월] 시트에서 스크롤바를 아래쪽으로 드래그하면 머리글이 나타나지 않아 내용 확인이 어렵습니다.

04 틀 고정하기

❶ [3월] 시트에서 [5] 행 머리글을 선택한 후 ❷ [보기] 탭의 [창] 그룹에서 [틀 고정 – 틀 고정]을 클릭합니다. [4월] 시트도 같은 방법으로 틀 고정합니다.

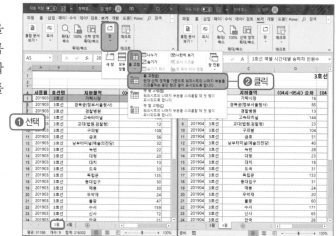

05 확인하기

다음과 같이 스크롤바를 아래쪽으로 드래그하여도 머리글행이 고정되어 있어 데이터 확인 작업이 편리합니다.

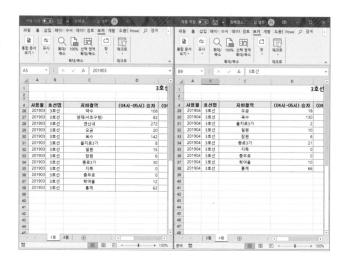

인쇄용 버전과 작업용 버전 관리하기

한 파일을 인쇄용과 작업용 두 가지 작업 상태로 저장했다가 작업 시점마다 필요한 작업 상태를 실행하는 방법이 있습니다. 작업 상태를 저장하는 방법을 알아보고 원하는 작업 상태로 전환하는 방법을 알아보겠습니다.

【예제 파일】 Sample\Theme05\사용자지정보기.xlsx　　【완성 파일】 Sample\Theme05\사용자지정보기_완성.xlsx

◉ 인쇄용 버전 저장하기

인쇄용은 개인 정보인 전화번호를 감추고, 월별로 인쇄하기 위해 필터를 설정하겠습니다.

1 전화번호 감추기

❶ [C] 열 머리글을 선택한 후 마우스 오른쪽 버튼을 클릭하여 ❷ [숨기기] 명령을 클릭합니다.

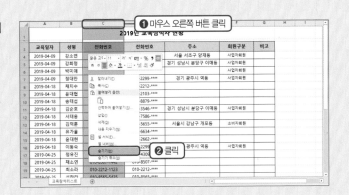

2 필터 설정하기

❶ 데이터 위에 셀 포인터를 두고 ❷ [데이터] 탭의 [정렬 및 필터] 그룹에서 [필터]를 클릭합니다.

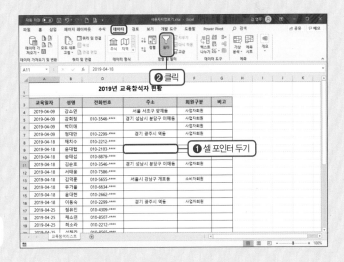

> **NOTE**
> 필터는 P.379를 참고합니다.

3 조건으로 걸러내기

① '교육일자' 필터에서 '5월' 조건을 선택한 후 ② [확인] 버튼을 클릭합니다.

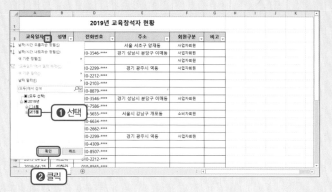

4 사용자 지정 명령 실행하기

개인정보를 숨기고, 필터를 설정한 이 두 단계를 '인쇄용'으로 저장하기 위해서 [보기] 탭의 [통합 문서 보기] 그룹에서 [사용자 지정 보기]를 클릭합니다.

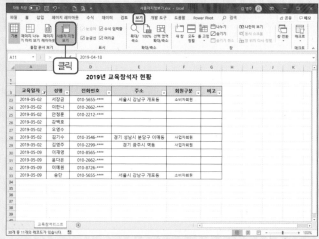

5 인쇄용으로 저장하기

[사용자 지정 보기] 대화상자가 나타나면 ① [추가] 버튼을 클릭합니다. 이어서 [보기 추가] 대화상자에서 ② 임의의 이름 '인쇄용'을 입력한 후 ③ [확인] 버튼을 클릭합니다.

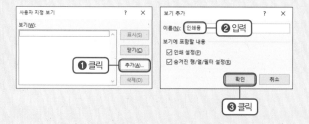

◉ 작업용 버전 저장하기

작업용은 숨기기된 열과 필터를 해제 후 저장하겠습니다.

1 숨기기와 필터 취소하기

① [B:D] 열 머리글을 선택한 후 마우스 오른쪽 버튼을 클릭하여 [숨기기 취소] 명령을 클릭합니다. ② [데이터] 탭의 [정렬 및 필터] 그룹에서 [필터]를 클릭합니다.

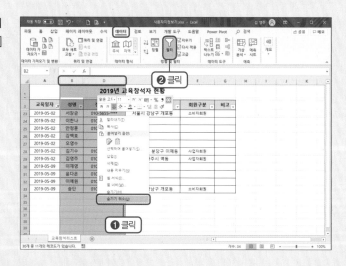

2 작업용 저장하기

[보기] 탭의 [통합 문서 보기] 그룹에서 [사용자 지정 보기]를 클릭합니다.

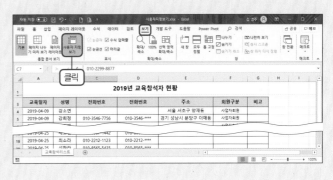

3 작업용으로 저장하기

[사용자 지정 보기] 대화상자가 나타나면 ❶ [추가] 버튼을 클릭합니다. 이어서 [보기 추가] 대화상자에서 ❷ 임의의 이름 '작업용'을 입력한 후 ❸ [확인] 버튼을 클릭합니다.

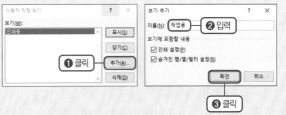

4 원하는 작업 상태 보기로 변경하기

[보기] 탭의 [통합 문서 보기] 그룹에서 [사용자 지정 보기]를 클릭합니다.

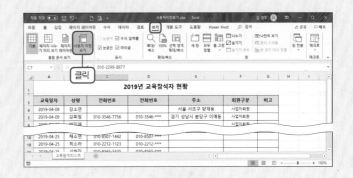

5 원하는 작업 상태 보기로 전환하기

[사용자 지정 보기] 대화상자가 나타나면 ❶ 원하는 보기 상태를 선택한 후 ❷ [표시] 버튼을 클릭합니다. 여기서는 '인쇄용'을 클릭합니다.

6 결과 확인하기

다음과 같이 보기 상태가 전환됩니다. 이렇게 인쇄용 버전에 설정값이 많을 경우에는 '인쇄용'과 '작업용' 보기 상태를 저장해두고 사용하면 편리할 것입니다.

02 인쇄하기

문서 작성을 마치면 인쇄 미리 보기와 인쇄 옵션을 설정한 후 인쇄합니다. 인쇄 용지 방향, 여백, 배율, 머리글/바닥글, 제목행 반복 인쇄, 페이지 번호 등 인쇄 시 설정할 수 있는 다양한 옵션을 살펴보겠습니다.

핵심기능 › 인쇄 미리 보기 및 인쇄

[파일] 탭의 [인쇄]를 클릭하거나 Ctrl+P 를 누르면 인쇄 백스테이지 화면을 표시합니다. 인쇄 백스테이지 화면은 인쇄 옵션을 설정하는 영역과 인쇄 미리 보기 영역으로 나누어집니다. 더 상세한 옵션은 [페이지 레이아웃] 탭에서 설정합니다. 인쇄 백스테이지 화면을 종료하려면 Esc 키를 누르거나 왼쪽 상단의 ◉를 누릅니다.

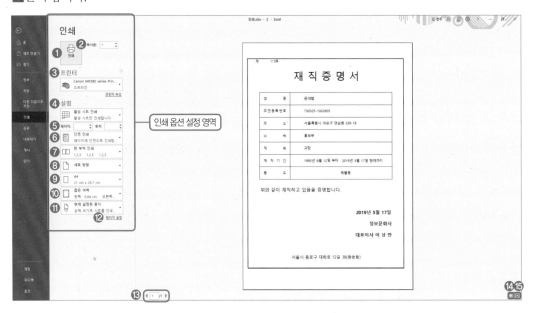

❶ **인쇄** 실제 인쇄를 시작합니다.
❷ **복사본** 인쇄할 매수를 선택합니다.
❸ **프린터** 인쇄할 프린터의 종류를 선택합니다.
❹ **설정** 인쇄 대상을 선택하는 곳으로 '활성 시트 인쇄', '전체 통합 문서 인쇄', '선택 영역 인쇄', '인쇄 영역 무시' 중 하나를 선택합니다.
❺ 일부분만 인쇄하는 경우 「시작 ~ 마지막」 페이지 번호를 '페이지'와 '위치' 영역에 입력합니다.

❻ 단면 인쇄 혹은 양면 인쇄 여부를 결정합니다.

❼ 한 부씩 인쇄할지의 여부를 결정합니다.

❽ '세로 방향'과 '가로 방향' 중 용지의 방향을 선택합니다.

❾ 용지의 크기를 선택합니다.

❿ 용지의 여백을 선택합니다.

⓫ 확대/축소 배율을 설정합니다.

- 현재 설정된 용지 : 실제 크기(100%)로 인쇄합니다.
- 한 페이지에 시트 맞추기 : 모든 내용을 한 장에 인쇄하도록 축소합니다.
- 한 페이지에 모든 열 맞추기 : 문서의 모든 열이 한 장에 들어오도록 축소 인쇄합니다.
- 한 페이지에 모든 행 맞추기 : 문서의 모든 행이 한 장에 들어오도록 축소 인쇄합니다.

⓬ 페이지 설정 더 상세한 옵션을 설정할 수 있는 [페이지 설정] 대화상자를 나타냅니다.

⓭ 현재 페이지를 확인하고 이전 페이지와 다음 페이지로 이동합니다.

⓮ 여백을 표시합니다.

⓯ 미리 보기 화면을 확대/축소합니다.

'인쇄 미리 보기 및 인쇄' 빠른 실행 도구에 등록하기

'인쇄 미리 보기 및 인쇄'를 빠른 실행 도구 모음에 등록한 후 사용하면 빠르게 메뉴에 접근할 수 있어 편리합니다.

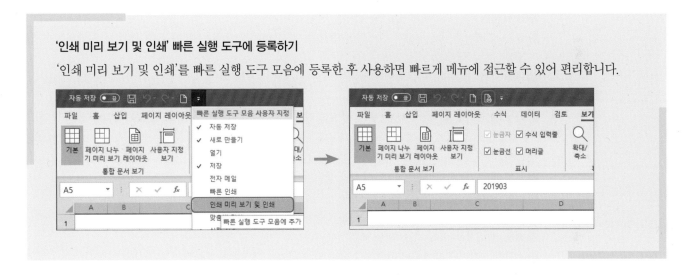

페이지 레이아웃과 머리글/바닥글 설정

⠿ 페이지 레이아웃 설정

인쇄와 관련하여 보다 상세한 설정을 하려면 [페이지 레이아웃] 탭을 이용합니다. [페이지 설정], [크기 조정], [시트 옵션] 그룹이 인쇄 옵션과 관련된 그룹이며 [페이지 설정] 대화상자를 호출하면 더 다양한 옵션을 설정할 수 있습니다.

❶ **여백** '기본', '넓게', '좁게' 중 하나를 선택하거나 '사용자 지정 여백'을 클릭하여 원하는 여백을 직접 지정합니다.

❷ **용지 방향** '가로', '세로' 방향 중 하나를 선택합니다.

❸ **크기** 기본으로 A4 용지가 선택되어 있으며, 목록 이외의 용지는 '기타 용지 크기'를 선택하여 지정합니다.

❹ **인쇄 영역** 많은 내용 중에서 원하는 영역만 인쇄하고 싶을 때 범위 지정한 후 '인쇄 영역 설정'을 선택합니다.

❺ **나누기** 페이지를 나누고 싶은 곳에 셀 포인터를 두고 '페이지 나누기 삽입'을 클릭합니다. [보기] 탭의 [통합 문서 보기] 그룹에서 [페이지 나누기 미리 보기]를 클릭하여 설정하는 것과 동일한 명령입니다.

❻ **배경** 배경으로 표시할 그림을 지정합니다. 실제 인쇄되지는 않습니다.

❼ **인쇄 제목** 매 페이지마다 반복 인쇄할 행이나 열을 선택합니다.

❽ **너비** 원하는 페이지 수에 맞게 인쇄물의 너비(열)를 축소합니다.

❾ **높이** 원하는 페이지 수에 맞게 인쇄물의 높이(행)를 축소합니다.

❿ **배율** 인쇄물의 확대/축소 배율을 조절합니다.

⓫ **눈금선** '보기'에 체크하면 눈금선을 화면에 표시하고, '인쇄'에 체크하면 눈금선을 인쇄합니다.

⓬ **제목** '보기'에 체크하면 행 머리글과 열 머리글을 화면에 표시하고, '인쇄'에 체크하면 행 머리글과 열 머리글을 실제 인쇄합니다.

눈금선, 수식 입력줄, 행 머리글, 열 머리글의 표시 여부는 [보기] 탭의 [표시] 그룹에서 확인란을 체크 또는 해제하여 결정합니다.

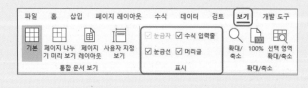

∷ 머리글/바닥글 설정

문서 위쪽이나 아래쪽에 문서 제목, 회사 로고, 페이지 수 등의 정보를 반복적으로 인쇄하는 기능입니다.
머리글/바닥글을 설정하려면 [삽입] 탭의 [텍스트] 그룹에서 [머리글/바닥글]을 클릭합니다.

그러면 페이지 레이아웃 보기 상태로 전환되면서 상황메뉴인 머리글/바닥글 [디자인] 탭이 나타납니다.
머리글/바닥글 [디자인] 탭에 나타나는 명령을 이용하여 여러 정보를 인쇄합니다.

● 페이지 레이아웃 보기 상태에
서 머리글이나 바닥글 영역을 클
릭하여 머리글/바닥글을 설정할
수도 있습니다.

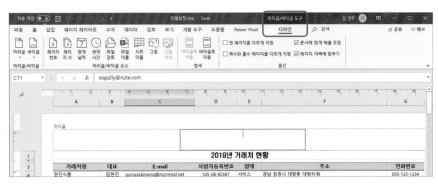

원하는 영역만 인쇄하기

기능 실습 01

예제 파일 Sample\Theme05\인쇄.xlsx **완성 파일** Sample\Theme05\인쇄_완성.xlsx

키 워 드 인쇄 영역 설정, 페이지 가운데 맞춤

길라잡이 전체 중 부분만 인쇄하기 위해 원하는 영역을 범위 지정한 후 [페이지 레이아웃] 탭의 [페이지 설정] 그룹에서 [인쇄 영역 - 인쇄 영역 설정]을 클릭합니다. 또한 내용을 용지의 가운데 맞춤으로 출력하기 위해 [페이지 설정] 대화상자의 [여백] 탭을 활용합니다.

○ 단축키 Ctrl + P 를 눌러 인쇄 미리 보기를 합니다.

01 [인쇄 미리 보기 및 인쇄] 명령 실행하기

❶ [재직 증명서] 시트를 클릭한 후 ❷ 빠른 실행 도구 모음에서 [인쇄 미리 보기 및 인쇄] 명령을 클릭합니다.

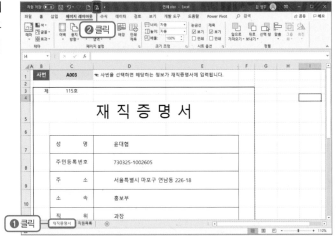

02 미리 보기 상태 확인하기

인쇄 백스테이지에 인쇄 미리 보기가 실행되는데 불필요한 내용이 인쇄되고, 내용이 두 번째 페이지로 넘어간 것이 확인됩니다. Esc 를 눌러 인쇄 백스테이지를 빠져 나옵니다.

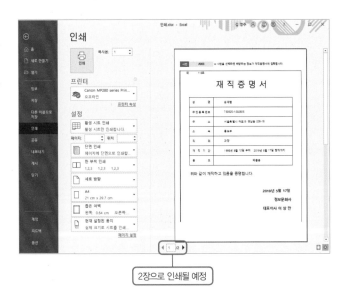

2장으로 인쇄될 예정

◉ 설정한 인쇄 영역을 해제하려면 [페이지 레이아웃] 탭의 [페이지 설정] 그룹에서 [인쇄 영역 – 인쇄 영역 해제]를 클릭합니다.

03 인쇄 영역 설정하기

인쇄를 원하는 영역인 ❶ [B3:F22] 영역을 범위 지정한 후 ❷ [페이지 레이아웃] 탭의 [페이지 설정] 그룹에서 [인쇄 영역 – 인쇄 영역 설정]을 클릭합니다. ❸ Ctrl + P 를 누릅니다.

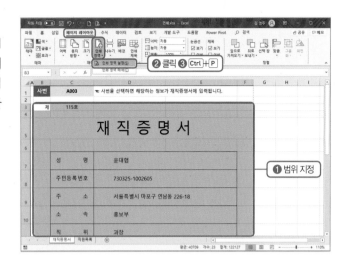

04 [페이지 설정] 대화상자 호출하기

원하는 영역만 인쇄 미리 보기됩니다. 내용을 용지의 수평 가운데 맞춤으로 출력하기 위해서 [페이지 설정]을 클릭합니다.

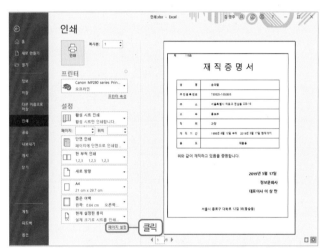

05 페이지 가운데 맞춤 설정하기

[페이지 설정] 대화상자가 나타나면 [여백] 탭에서 페이지 가운데 맞춤을 ❶ '가로'에 체크 표시한 후 ❷ [확인] 버튼을 클릭합니다.

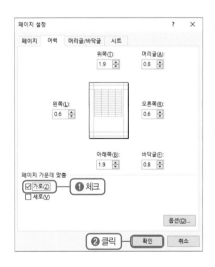

○ 인쇄 백스테이지를 빠져
나가려면 Esc를 누릅니다.

06 결과 확인하기

다음과 같이 용지의 가운데 맞춤으로
인쇄 미리 보기됩니다.

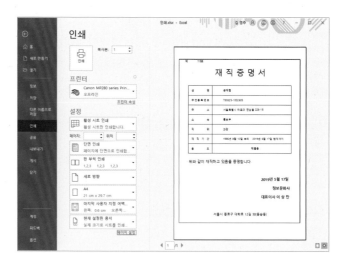

메모 또는 셀 오류 인쇄 여부 결정

셀에 입력한 메모와 셀 오류의 인쇄 여부, 인쇄 방법에 대한 옵션은 [페이지 설정]에서 설정할 수 있습니다.
[페이지 레이아웃] 탭의 [시트 옵션] 그룹에서 '시트 페이지 설정( )' 버튼을 클릭합니다.

[페이지 설정] 대화상자에서 '메모'에 대한 인쇄 옵션과 '셀 오류 표시'에 대한 인쇄 옵션을 선택합니다.

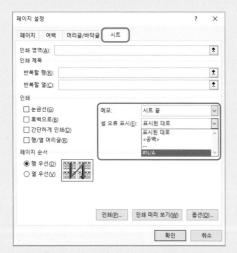

메모는 '시트 끝'이나 '시트에 표시된 대로 인쇄' 중 선택할 수 있고, 셀 오류는 '표시된 대로', '공백', '--', '#NA' 중 선
택할 수 있습니다.

여러 장의 문서 원하는 대로 인쇄하기

예제 파일 Sample\Theme05\인쇄설정.xlsx   완성 파일 Sample\Theme05\인쇄설정_완성.xlsx

키 워 드 여백 설정, 용지 배율 조절, 인쇄 제목 반복 출력, 페이지 번호 매기기
길라잡이 용지 여백을 설정하고 용지 규격을 벗어나는 내용이 있으면 배율을 조정하겠습니다. 단일 데이터가 여러 장에 걸쳐
인쇄될 경우 머리글 행이 매 페이지마다 인쇄되도록 설정하고, 페이지 번호를 매겨보도록 하겠습니다.

Ctrl+P를 눌러도 됩니다.

01 인쇄 미리 보기

빠른 실행 도구 모음에서 '인쇄 미리 보기 및 인쇄'를 클릭합니다.

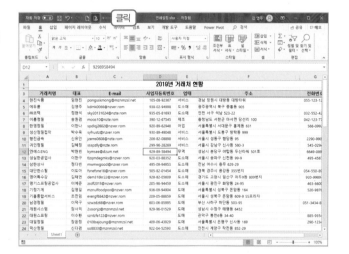

02 여백 조정하기

인쇄 미리 보기 화면이 나타나면 모두 4장짜리 문서가 인쇄될 예정입니다. 실제는 7개의 열로 작성되어 있는데 미리 보기 화면에서 5개의 열만 나타나는 것으로 보아 2개의 열이 다음 장으로 넘어 갔으므로 여백을 '좁게'로 설정합니다.

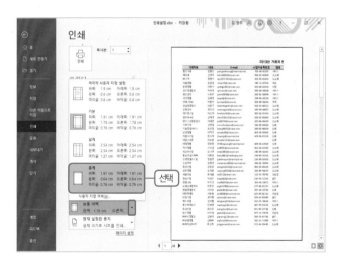

03 한 페이지에 모든 열 맞추기

여백을 최대한 줄였음에도 넘어간 열
이 나타나지 않으므로 '현재 설정된
용지'에서 '한 페이지에 모든 열 맞추
기' 명령을 선택합니다.

04 인쇄 영역 확인하기

한 화면에 모든 열이 들어옵니다.
❶ 전체 페이지 수가 4장에서 2장으
로 줄어들었습니다. 화면 하단의 ❷
'페이지 확대 축소'를 클릭하면 확대
된 화면에서 확인할 수 있습니다.

05 2페이지의 제목 행 확인하기

❶ 2페이지로 넘기면 제목 행이 인쇄
되지 않아 내용 확인이 어렵습니다.
❷ Esc 를 눌러 인쇄 미리 보기를 빠져
나갑니다.

06 인쇄 제목 명령 선택하기

[페이지 레이아웃] 탭의 [페이지 설정] 그룹에서 [인쇄 제목]을 클릭합니다.

07 반복할 인쇄 제목 지정하기

[페이지 설정] 대화상자가 나타나면 ❶ '반복할 행'에 커서를 두고 ❷ [3] 행을 클릭한 후 ❸ [확인] 버튼을 클릭합니다. 결과를 확인하기 위해 ❹ Ctrl + P 를 눌러 인쇄 미리 보기합니다.

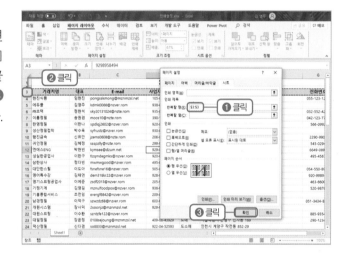

08 인쇄 제목 반복 확인하기

인쇄 미리 보기가 되면 ◀ 1 2 ▶ 에서 다음 페이지를 클릭합니다. 2페이지에도 머리글 행이 출력됩니다. Esc 를 눌러 인쇄 미리 보기를 빠져나갑니다.

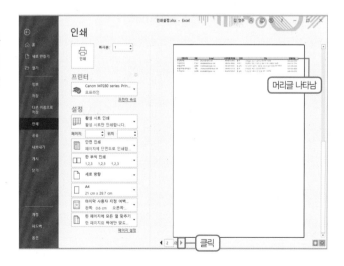

● 머리글/바닥글을 설정하기 위해 [삽입] 탭의 [텍스트 그룹]에서 [머리글/바닥글]을 클릭해도 됩니다.

09 페이지 레이아웃 보기로 전환하기

머리글이나 바닥글을 설정하기 위해 페이지 레이아웃 보기 상태로 전환합니다. [보기] 탭의 [통합 문서 보기] 그룹에서 [페이지 레이아웃 보기]를 클릭하거나 화면 하단에서 '페이지 레이아웃'을 클릭합니다.

10 바닥글에 페이지 번호 매기기

용지의 윤곽이 표시되면 머리글과 바닥글 영역도 표시됩니다. ❶ 바닥글 가운데 영역을 클릭합니다. ❷ 상황 메뉴인 [머리글 및 바닥글] 탭의 [머리글/바닥글 요소] 그룹에서 '페이지 번호' 클릭 ❸ '/' 입력, ❹ '페이지 수'를 클릭합니다.

11 결과 확인하기

워크시트 임의의 셀을 클릭하면 바닥글을 빠져나갑니다. 바닥글 영역을 확인하면 「1/2」형태로 페이지 번호가 매겨져 있습니다.

페이지 레이아웃 보기 상태에서 기본 보기 상태로 전환하려면 [보기] 탭의 [통합 문서 보기] 그룹에서 [기본]을 클릭하거나 화면 하단의 '기본'을 클릭합니다.

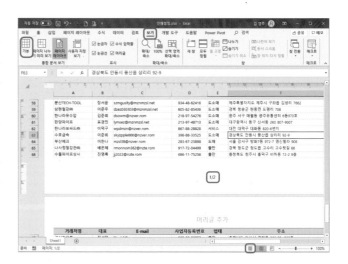

원하는 위치에서
페이지 분할하기

워드프로세서는 내용이 용지에 맞게 인쇄되지만 엑셀 워크시트는 넓게 펼쳐져 있으므로 원하는 위치에서 분할해야 합니다. 인쇄 구분선을 시각적으로 확인하며 분할하려면 [페이지 나누기 미리 보기] 명령을 사용합니다.

【예제 파일】Sample\Theme05\페이지나누기.xlsx   【완성 파일】Sample\Theme05\페이지나누기_완성.xlsx

1 1월, 2월, 3월, 4월의 보고서를 각각의 페이지로 인쇄하기 위해 [보기] 탭의 [통합 문서 보기] 그룹에서 [페이지 나누기 미리 보기]를 클릭하거나 화면 하단의 '페이지 나누기 미리 보기 (🏢)'를 클릭합니다.

NOTE

자동으로 추가된 나누기 선은 파선으로, 수동으로 추가한 선은 실선으로 표시됩니다.

2 자동으로 페이지 나누기된 선의 위치가 맘에 들지 않습니다. [H12] 셀에서 마우스 오른쪽 버튼을 클릭한 후 [페이지 나누기 삽입] 명령을 클릭합니다.

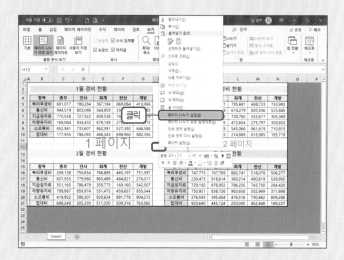

3 수동으로 페이지 나누기한 구분선은 실선으로 표시됩니다. 페이지 인쇄 방향이 '행 우선' (세로 방향)이 기본이므로 '1월', '3월', '2월', '4월' 순서로 인쇄됩니다. 페이지 인쇄 방향을 변경하기 위해 [페이지 레이아웃] 탭의 [페이지 설정] 그룹에서 '페이지 설정(☑)'을 클릭합니다.

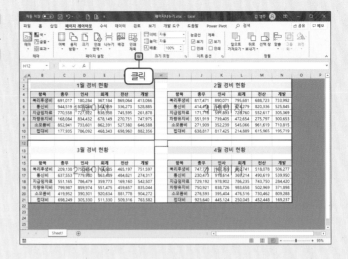

4 [페이지 설정] 대화상자가 나타나면 **①** [시트] 탭에서 '페이지 순서'를 '열 우선'으로 선택한 후 **②** [확인] 버튼을 클릭합니다.

5 다음과 같이 페이지 인쇄 방향이 변경됩니다.

대외비를 표시하는 문서 만들기

중요한 보고서의 배경에 대외비 워터마크 이미지를 삽입하는 방법을 실습하겠습니다. 엑셀은 문서 배경에 이미지를 삽입하는 기능이 없으므로 머리글에서 이미지를 삽입하는 방법을 이용해야 합니다.

예제 파일 Sample\Theme05\비용.xlsx　　　　　**완성 파일** Sample\Theme05\비용_완성.xlsx

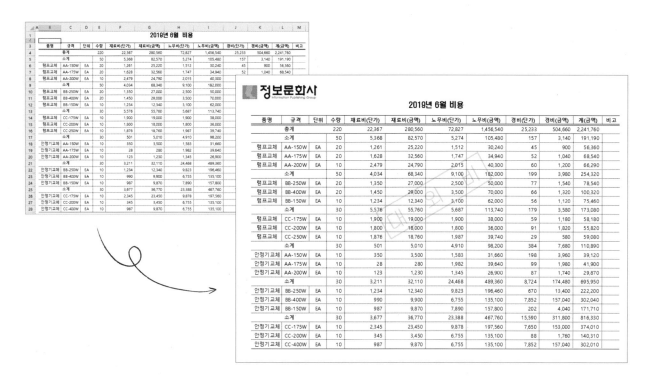

문제 해결

❶ 용지 방향을 가로로 만들기 : [페이지 레이아웃] 탭의 [페이지 설정] 그룹에서 [용지 방향 – 가로]를 선택합니다.

❷ 내용을 용지의 가운데 맞춤하기 : [페이지 레이아웃] 탭의 [페이지 설정] 그룹에서 페이지 설정( )을 선택합니다. [페이지 설정] 대화상자가 나타나면 [여백] 탭에서 '페이지 가운데 맞춤'의 '가로'에 체크 표시한 후 [확인] 버튼을 클릭합니다.

❸ 머리글/바닥글 삽입하기 : [삽입] 탭의 [텍스트] 그룹에서 [머리글/바닥글]을 클릭합니다.

❹ 머리글에 로고 파일 삽입하기 : 머리글 영역이 나타나면 머리글 왼쪽 영역에 커서를 두고 [머리글/바닥글 도구] 상황 메뉴인 [디자인] 탭의 [머리글/바닥글 요소] 그룹에서 [그림]을 클릭합니다. Sample 파일 경로에서 '로고.png'를 선택하여 삽입합니다.

❺ 머리글에 대외비 이미지 파일 삽입하기 : 머리글 영역의 가운데 영역에 커서를 두고 Enter 를 7번 정도 누릅니다. [머리글/바닥글 도구] 상황 메뉴인 [디자인] 탭의 [머리글/바닥글 요소] 그룹에서 [그림]을 클릭합니다. Sample 파일 경로에서 '대외비.png'를 선택하여 삽입합니다.

〈참고〉 Enter 를 7번 정도 누르는 이유는 머리글이 아닌 본문 영역에 '대외비.png' 파일이 나타나게 하기 위함입니다.

❻ 이미지 워터마크 처리하기 : [머리글/바닥글 도구] 상황 메뉴인 [디자인] 탭의 [머리글/바닥글 요소] 그룹에서 [그림 서식]을 클릭합니다. [그림 서식] 대화상자가 나타나면 [그림] 탭에서 '이미지 조절'을 '희미하게'를 선택한 후 [확인] 버튼을 클릭합니다.

❼ 페이지 번호 삽입하기 : 바닥글 영역에 커서를 두고, [머리글/바닥글 도구] 상황 메뉴인 [디자인] 탭의 [머리글/바닥글 요소] 그룹에서 [페이지 번호]를 클릭합니다.

❽ 인쇄 미리 보기 : Ctrl + P 를 눌러 인쇄 미리 보기합니다.

엑셀을 사용하는 많은 이유 중 하나는 함수를 활용하여
문제를 해결하는 것입니다. 이번 테마는 함수의 종류를 알아보고
함수를 이용하여 문제를 해결하는 과정과 함수를 사용하는 방법에 대해
알아보겠습니다.

──────────────────────

함수의
활용

01 함수 사용하기

함수란 변수 X값을 입력하면 Y값이 정해지듯 인수를 입력하면 프로그래밍된 대로 결과를 반환합니다. 엑셀에서 함수를 사용하는 이유와 방법에 대해 알아보겠습니다.

함수를 왜 사용할까?

함수란 복잡한 계산이나 긴 수식을 보다 쉽게 사용하도록 미리 프로그램하여 내장한 것입니다. 예를 들어 상반기 매출의 합을 계산한다고 했을 때 ⓐ는 연산자로 계산하고, ⓑ는 SUM 함수로 계산한 것입니다.

⬛	A	B	C	D	E	F	G	H	I	J
1	제품명	1월	2월	3월	4월	5월	6월	매출의합		
2	A ⓐ	6,817	5,673	3,267	7,965	3,918	2,385	=B2+C2+D2+E2+F2+G2		
3	B	4,033	1,147	9,817	9,587	4,931	2,163			
4	C	6,017	7,358	6,751	9,213	908	1,078			
5	D	8,764	2,730	243	4,620	5,829	8,127			

연산자로 계산하여 수식이 길어짐

ⓐ 지금은 더할 값이 6개이지만 60, 600, 6000, …로 늘어난다면 일일이 더하기 힘듭니다.

⬛	A	B	C	D	E	F	G	H	I	J
1	제품명	1월	2월	3월	4월	5월	6월	매출의합		
2	A ⓑ	6,817	5,673	3,267	7,965	3,918	2,385	=SUM(B2:G2)		
3	B	4,033	1,147	9,817	9,587	4,931	2,163			
4	C	6,017	7,358	6,751	9,213	908	1,078			
5	D	8,764	2,730	243	4,620	5,829	8,127			

SUM 함수를 이용하여 수식이 간단함

ⓑ 더할 값이 60, 600, 6000으로 늘어나더라도 더할 값의 범위만 지정하면 되므로 수식 작성이 간단합니다. 이렇게 상황에 따라 함수를 사용하면 원하는 결과를 쉽게 도출할 수 있습니다.

함수를 배우는 의미

함수는 재무, 날짜/시간, 수학/삼각, 통계, 찾기/참조 함수 등 12가지의 범주로 구분되어 있으며 각 범주에는 몇 개~몇 십 개의 함수가 있습니다. 함수를 배운다는 것은 수백 개의 함수 중에서 상황에 맞는 함수를 선택하고, 선택한 함수에 대한 사용법을 학습하는 것입니다.

:: 함수의 형식

= 함수이름(인수)

인수 인수는 함수를 처리하기 위해 입력해야 할 값입니다. 인수는 함수마다 개수와 형식이 다르고 인수가 없는 경우도 있습니다. 인수를 잘못 입력하면 에러가 발생합니다.

 함수를 작성하는 방법

함수를 작성하는 방법은 함수식을 직접 입력하는 방법과 [함수 인수] 대화상자에서 인수를 지정하여 작성하는 방법이 있습니다.

:: **함수식 직접 입력하는 방법**

함수의 형식이 간단하거나 익숙한 함수는 키보드로 입력하는 것이 빠릅니다. 예를 들어 COUNTA 함수를 입력하는 과정을 살펴보겠습니다.

❶ 「=」을 입력한 후 ❷ 'COU'를 입력하면 'COU'로 시작하는 함수의 목록이 펼쳐집니다. ❸ 키보드의 방향키(①)를 움직여 'COUNTA'를 선택 ❹ [Tab]을 누르면 '=COUNTA(' 가 입력됩니다.

	A	B	C	D	E	F	G
1	책이름	저자	역자	출판사	정가		소장하고 있는 권수
2	상처받지 않을 권리	강신주		프로네시스	16,000		=cou
3	우상의 추락	미셸옹프레	전혜영	글항아리	32,000		COUNT
4	책은 도끼다	박웅현					COUNTA
5	어떻게 살 것인가	사라 베이크웰	김유신	책읽는수요일	17,000		COUNTBLANK
6	교사도 학교가 두렵다	엄기호		따비	15,000		COUNTIF
7	부의 추월차선	엠제이 드마코	신소영	토트	15,000		COUNTIFS
8	포기하는 용기	이승욱		쌤앤파커스	14,000		COUPDAYBS
9	수업	이혁규		교육공동체벗	15,000		COUPDAYS
10	나는 돈이 없어도 경매를 한다	이현정		길벗	16,000		COUPDAYSNC
11	여자의 습관	정은길		다산북스	13,000		COUPNCD
12	지금 시작하는 인문학	주현성		더좋은책	14,000		COUPNUM
13	2030 대담한 미래	최윤식		지식노마드	28,000		COUPPCD
							CUBESETCOUNT

범위에서 비어 있지 않은 셀의 개수를 구합니다

'=COUNTA(value1, [value2]…)로 필요한 인수가 표시되면 해당 인수를 지정합니다. [value2]처럼 [ ]로 묶여 있으면 생략 가능한 인수를 뜻합니다. 함수식을 입력하는 중에 [함수 인수] 대화상자를 호출하려면 [Ctrl]+[A]를 누르거나 [Shift]+[F3]를 누릅니다.

	A	B	C	D	E	F	G	H
1	책이름	저자	역자	출판사	정가		소장하고 있는 권수	
2	상처받지 않을 권리	강신주		프로네시스	16,000		=COUNTA(	
3	우상의 추락	미셸옹프레	전혜영	글항아리	32,000		COUNTA(value1, [value2], ...)	
4	책은 도끼다	박웅현		북하우스	16,000			
5	어떻게 살 것인가	사라 베이크웰	김유신	책읽는수요일	17,000			

[함수 인수] 대화상자에서 작성하기

잘 모르는 함수를 작성할 경우에는 직접 함수식을 입력하기보다 [함수 인수] 대화상자를 이용합니다.
[함수 인수] 대화상자는 함수에 대한 설명과 인수에 대한 설명을 안내하고 있어 설명문을 참조하며 함
수식을 작성할 수 있습니다.

● 함수식을 키보드로 입력하는
중에 [함수 인수] 대화상자를 호출
하려면 Ctrl+A 또는 Shift+F3를
누릅니다.

❶ 함수 라이브러리에서 함수를 선택하기 위해 [수식] 탭의 [함수 라이브러리] 그룹에서 원하는 함수
를 선택합니다.

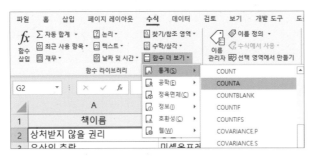

❷ [함수 인수] 대화상자가 나타납니다. 함수와 인수에 대한 설명, 참조한 인수, 함수의 결과를 보여주므
로 확인해가며 작성할 수 있습니다.

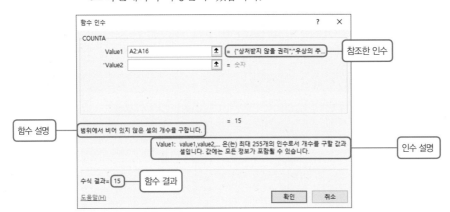

매출 누계 계산하기

예제 파일 Sample\Theme06\함수작성.xlsx 완성 파일 Sample\Theme06\함수작성_완성.xlsx

키 워 드 SUM 함수, 누적 합계
길라잡이 SUM 함수는 합계를 계산하는 함수로 인수는 최대 255개까지 지정할 수 있습니다. SUM 함수를 이용하여 매출의
합과 매출 누계를 계산합니다.

01 합계 계산하기

❶ [I2:I13] 영역을 범위 지정한 후
❷ [수식] 탭의 [함수 라이브러리] 그
룹에서 [자동 합계]를 클릭합니다.

◉ 단순 합계는 직접 함수식
을 작성할 필요 없이 '자동
합계'를 클릭하여 계산합니
다.

02 매출 누계 계산하기

[J2] 셀에서 수식 「=SUM($I$2:I2)」
을 입력한 후 Enter를 누릅니다.

◉ 「=SUM」을 입력한 후
Tab 을 누르면 「=SUM(」로
입력됩니다.

◉ 절대 참조($I$2)는 F4를
누릅니다.

수식 「=SUM($I$2:I2)」을 아래로 복사하면 「=SUM($I$2:I3)」,
「=SUM($I$2:I4)」,「=SUM($I$2:I5)」,...... 참조하는 범위가 하나씩
확장되므로 누계가 계산됩니다.

03 수식 복사하기

[J2] 셀의 채우기 핸들을 [J13] 셀까
지 드래그합니다.

◉ [J2] 셀의 채우기 핸들을
더블클릭해도 됩니다. 단, [J]
열의 왼쪽 열인 [I] 열에 데이
터가 빠짐없이 입력된 경우
에만 가능합니다.

수식에서 참조하는/참조되는 셀 확인하기

수식의 정확도를 검사하거나 오류의 원인을 찾기 위해서 수식과 참조 셀의 관계를 시각적으로 표시하는 '참조하는 셀 추적'과 '참조되는 셀 추적' 명령을 이용하는 방법을 알아보겠습니다.

【예제 파일】Sample\Theme06\참조하는셀.xlsx   【완성 파일】Sample\Theme06\참조하는셀_완성.xlsx

1 수식에 참조되는 셀 추적하기

❶ [J7] 셀에서 [수식] 탭의 [수식 분석] 그룹에서 [참조되는 셀 추적]을 클릭합니다. 그러면 [I2:I7] 영역을 참조하여 [J7] 셀의 수식이 작성된 것을 확인할 수 있습니다. 다시 연결선을 제거하기 위해서 ❷ [수식] 탭의 [수식 분석] 그룹에서 [연결선 제거]를 클릭합니다.

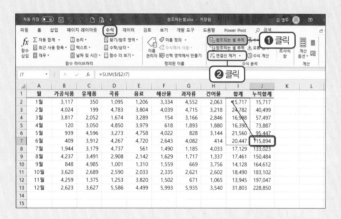

2 참조하는 셀 추적하기

[I2] 셀을 참조하는 수식을 확인하기 위해 ❶ [I2] 셀에서 [수식] 탭의 [수식 분석] 그룹에서 [참조하는 셀 추적]을 클릭합니다. 그러면 [J2:J13] 영역의 모든 수식에서 [I2] 셀을 참조하는 것을 알 수 있습니다. 다시 연결선을 제거하기 위해서 ❷ [수식] 탭의 [수식 분석] 그룹에서 [연결선 제거]를 클릭합니다.

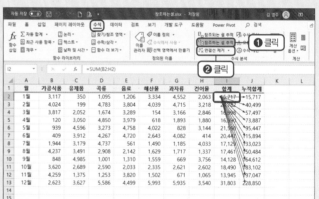

NOTE

[수식] 탭의 [수식 분석] 그룹에서 [참조되는 셀 추적], [참조하는 셀 추적] 명령이 비활성화된 경우에는 [파일] 탭의 [옵션]을 클릭합니다. [Excel 옵션] 대화상자에서 [고급] 탭을 클릭하여 '이 통합 문서의 표시 옵션'에서 '개체 표시'를 '모두'를 선택합니다.

02 통계 함수

데이터 집계용으로 많이 쓰이는 COUNT계열, RANK.EQ, AVERAGEIFS, MAXIFS, MINIFS 등의 함수의 용도와 형식을 알아보고 사례를 들어 알아보겠습니다.

핵심 기능 COUNT 계열, RANK.EQ, MINIFS, MAXIFS, AVERAGEIFS 함수

▒ 개수를 세는 COUNT 계열 함수

■ COUNT 함수

함수 설명	지정한 범위에서 숫자가 입력된 셀의 개수를 셉니다.
함수 형식	COUNT(Value1, Value2, …)
인수 설명	Value1: 개수를 세고 싶은 셀 또는 셀 범위. 인수는 255개까지 가능

■ COUNTA 함수

함수 설명	지정한 범위에서 데이터가 입력된 모든 셀의 개수를 셉니다.
함수 형식	COUNTA(Value1, Value2, …)
인수 설명	Value1: 개수를 세고 싶은 셀 또는 셀 범위. 인수는 255개까지 가능

■ COUNTBLANK 함수

함수 설명	지정한 범위에서 빈 셀의 개수를 셉니다.
함수 형식	COUNTBLANK(Range)
인수 설명	Range : 개수를 세고 싶은 셀 범위

■ COUNTIF 함수

함수 설명	지정한 범위에서 조건을 만족하는 셀의 개수를 셉니다.
함수 형식	COUNTIF(Range, Criteria)
인수 설명	Range : 조건을 검사할 셀 범위 Criteria : 조건

■ COUNTIFS 함수

함수 설명	지정한 범위에서 조건을 만족하는 셀의 개수를 셉니다. 엑셀 2007부터 추가된 함수로 범위 안에서 여러 조건을 만족하는 것의 개수를 셉니다.
함수 형식	COUNTIFS(Criteria_range1, Criteria1, …)
인수 설명	Criteria_range1 : 조건을 검사할 범위 Criteria1 : 조건 범위와 조건은 1~127개까지 가능

:: 순위를 구하는 RANK.EQ, RANK.AVG 함수

■ RANK.EQ 함수

◉ 엑셀 2007 이전 버전은 RANK.EQ와 동일한 RANK 함수를 사용합니다.

함수 설명	수 목록에서 지정한 수의 순위를 반환합니다.
함수 형식	RANK.EQ(Number, Ref, [Order])
인수 설명	Number : 순위를 구하려는 값 Ref : 비교 목록 (수 목록) [Order] : 순위를 매기는 방식으로 0 또는 생략하면 내림차순으로 순위를 매깁니다. 　　　　　0이 아닌 숫자를 입력하면 오름차순으로 순위를 매깁니다.

■ RANK.AVG 함수

함수 설명	RANK.EQ와 동일한 함수로 목록에서 지정한 수의 순위를 반환합니다.공동 순위가 있을 경우 평균 순위를 반환합니다. (예를 들어 1등이 2명이면 1.5등으로 반환)
함수 형식	RANK.AVG(Number, Ref, [Order])
인수 설명	Number : 순위를 구하려는 값 Ref : 비교 목록 (수 목록) [Order] : 순위를 매기는 방식으로 0 또는 생략하면 내림차순으로 순위를 매깁니다. 　　　　　0이 아닌 숫자를 입력하면 오름차순으로 순위를 매깁니다.

∷ 조건에 맞는 최대값/최소값을 구하는 MAXIFS/MINIFS

■ MAXIFS 함수(엑셀 2019, office 365)

● 주의
Max_range 와 Criteria_range
의 크기와 모양이 같지 않으면
#VALUE! 오류를 반환합니다.

함수 설명	지정한 범위에서 조건을 만족하는 최대값을 반환합니다.
함수 형식	MAXIFS(Max_range, Criteria_range1, Criteria1, [Criteria_range2, Criteria2], …)
인수 설명	Max_range : 최대값을 결정할 셀 범위 Criteria_range1: 조건을 검사할 셀 범위 Criteria1 : 조건 범위와 조건은 1~126개까지 가능

■ MINIFS 함수(엑셀 2019, office 365)

● 주의
Min_range와 Criteria_range
의 크기와 모양이 같지 않으면
#VALUE! 오류를 반환합니다.

함수 설명	지정한 범위에서 조건을 만족하는 최소값을 반환합니다.
함수 형식	MINIFS(Min_range, Criteria_range1, Criteria1, [Criteria_range2, Criteria2], …)
인수 설명	Max_range : 최소값을 결정할 셀 범위 Criteria_range1: 조건을 검사할 셀 범위 Criteria1 : 조건 범위와 조건은 1~126개까지 가능

∷ 조건에 맞는 평균을 구하는 AVERAGEIFS

■ AVERAGEIFS 함수

● 주의
Average_range와 Criteria_range
의 크기와 모양이 같아야 합니다.

함수 설명	지정한 범위에서 조건을 만족하는 산술 평균을 반환합니다.
함수 형식	AVERAGEIFS(Average_range, Criteria_range1, Criteria1, [Criteria_range2, Criteria2], …)
인수 설명	Average_range : 평균을 결정할 셀 범위 Criteria_range1: 조건을 검사할 셀 범위 Criteria1 : 조건 범위와 조건은 1~127개까지 가능

여러 조건으로 개수 구하기 – COUNT 계열 함수

예제 파일 Sample\Theme06\통계함수.xlsx 완성 파일 Sample\Theme06\통계함수_완성.xlsx

키 워 드 COUNTA, COUNTBLANK, COUNTIF, COUNTIFS
길라잡이 데이터가 입력된 셀 개수를 세는 COUNTA, 빈 셀의 개수를 세는 COUNTBLANK, 조건을 만족하는 셀의 개수를 세는 COUNTIF, 다중의 조건을 만족하는 셀 개수를 세는 COUNTIFS를 이용하여 교육비 납입자수를 집계하겠습니다.

● 'COUNTA' 함수를 더블클릭해도 됩니다.

01 교육비 납입자수 구하기

❶ [count계열] 시트를 클릭합니다.
❷ [M5] 셀에 「=COU」를 입력한 후
❸ 'COUNTA'를 클릭하고 Tab 을 누릅니다.

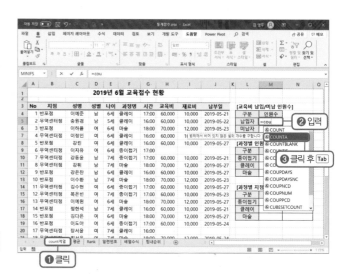

교육비 납입자수는 교육비가 입력된 금액의 수를 셉니다.

02 교육비 납입자수 구하기

「=COUNTA(」가 입력되면 [J4:J33] 영역을 범위 지정한 후 Enter 를 누릅니다.

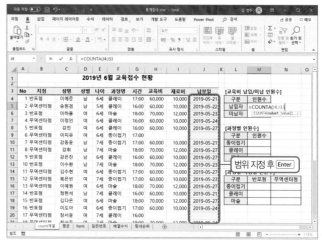

● 함수 입력은 이전 단계처럼 몇 글자 입력한 후 해당 함수를 선택한 후 Tab 을 눌러 입력합니다.

03 교육비 미납자수 구하기

[M6] 셀에 「=COUNTBLANK (J4: J33)」을 입력한 후 Enter 를 누릅니다.

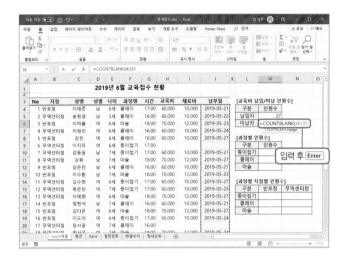

● Shift + F3 을 눌러도 됩니다.

04 과정별 신청자수 구하기

[M10] 셀에 「=COUNTIF(」을 입력한 후 Ctrl + A 를 누릅니다.

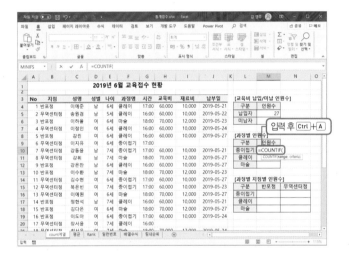

● 수식을 복사하기 전엔 참조 유형을 고려합니다.

05 과정별 신청자수 구하기

[함수 인수] 대화상자가 나타나면 ❶다음과 같이 지정한 후 ❷[확인] 버튼을 구합니다.

Range : $F$4:$F$33
Criteria : L10
과정명($F$4:$F$33)에서 '종이접기(L10)'가 입력된 셀 수를 카운트합니다.

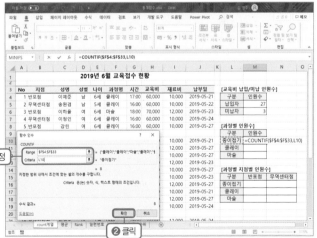

06 수식 복사하기

[M10] 셀의 채우기 핸들을 [M12] 셀까지 드래그하여 수식을 복사합니다.

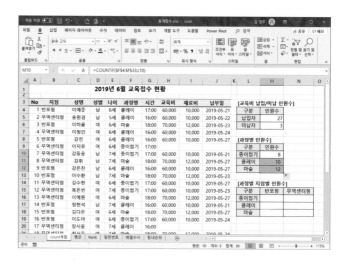

07 지점별 과정별 신청자수 구하기

◉[함수 인수] 대화상자에서 인수 칸을 넘어가려면 Tab, 이전 칸으로 돌아가려면 Shift + Tab 을 누르면 편리합니다.

❶ [M16] 셀에 「=COUNTIFS(」을 입력한 후 Ctrl + A 를 누릅니다. [함수 인수] 대화상자가 나타나면 ❷ 다음과 같이 지정한 후 ❸ [확인] 버튼을 클릭합니다.

Criteria_range1 : $B$4:$B$33
Criteria1 : M$15
Criteria_range2 : $F$4:$F$33
Criteria2 : $L16

지점($B$4:$B$33)이 반포점(M$15)이며, 과정명($F$4:$F$33)이 종이접기($L16)인 셀 수를 카운트합니다.
수식을 작성한 후 양방향으로 복사하기 위해 절대 참조, 상대 참조, 혼합 참조를 고려합니다.

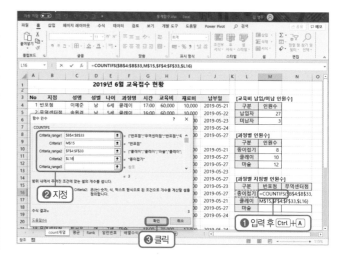

08 수식 복사하기

❶ [M16] 셀의 채우기 핸들을 [M18] 셀까지 드래그합니다. 이어서 ❷ [M16:M18] 영역의 채우기 핸들을 [N16:N18] 영역까지 드래그하여 수식을 복사합니다.

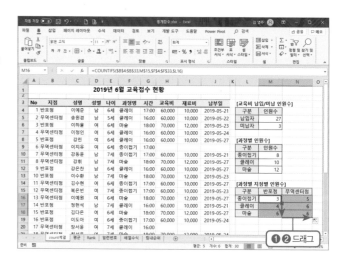

기능실습 02 0, 최대값, 최소값을 제외한 평균 구하기 – AVERAGEIFS, MINIFS, MAXIFS

예제 파일 Sample\Theme06\통계함수.xlsx 완성 파일 Sample\Theme06\통계함수_완성.xlsx

키 워 드   MAX, MIN, AVERAGEIFS, MINIFS, MAXIFS, AVERAGE
길라잡이 매출데이터에서 0, 최대값, 최소값을 제외한 평균을 구하는 방법을 알아보겠습니다. MINIFS, MAXIFS 함수는 엑셀 2019, Office 365에서 사용 가능합니다.

01 최대 매출액 구하기

❶ [평균] 시트를 선택한 후 ❷ [F2] 셀에 수식 「=MAX(C2:C26)」을 입력한 후 Enter를 누릅니다.

> MAX 함수는 참조 범위 안에서 최대값을 반환합니다.

02 최소 매출액 구하기

[F3] 셀에 수식 「=MIN(C2:C26)」을 입력한 후 Enter를 누릅니다.

> MIN 함수는 참조 범위 안에서 최소값을 반환합니다.

● 익숙하지 않거나 인수가
많은 함수는 [함수 인수] 창
을 호출합니다. 함수를 입
력한 후 Ctrl+A를 누르거
나 Shift+F3을 누릅니다.

03 0을 제외한 최소 매출액 구하기

❶ [F4] 셀에 수식 「=MINIFS(」을 입력한 후 Ctrl+A를 누릅니다. [함수 인수] 대화상자가 나타나면 ❷ 다음과 같이 지정한 후 ❸ [확인] 버튼을 클릭합니다.

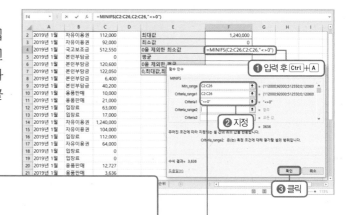

> Min_range : C2:C26 (최소값을 결정할 셀 범위)
> Criteria_range1 : C2:C26 (조건을 검사할 셀 범위)
> Criteria1 : "〈〉0" (조건)
> • MINIFS는 조건을 만족하는 최소값을 반환하는 함수입니다. 조건은 "0을 제외한", 즉 "〈〉0"이 됩니다.
> ⇒ 매출액에서 0을 제외한 최소값을 구합니다.

04 평균 매출액 구하기

[F5]셀에 수식 「=AVERAGE(C2:C26)」을 입력한 후 Enter를 누릅니다.

> AVERAGE 함수는 참조 범위에서 산술 평균을 반환합니다.

05 0을 제외한 평균 매출액 구하기

❶ [F6] 셀에 수식 「=AVERAGEIFS(」을 입력한 후 Ctrl+A를 누릅니다. [함수 인수] 대화상자가 나타나면 ❷ 다음과 같이 지정한 후 ❸ [확인] 버튼을 클릭합니다.

> Average_range : C2:C26 (평균을 계산할 셀 범위)
> Criteria_range1 : C2:C26 (조건을 검사할 셀 범위)
> Criteria1 : "〈〉0" (조건)
> AVERAGEIFS는 지정한 범위에서 조건을 만족하는 산술 평균을 반환합니다.
> 조건은 "0을 제외한", 즉 "〈〉0"이 됩니다.

● [함수 인수] 대화상자에서
Tab 을 누르면 다음 인수 칸
으로 넘어갑니다.

06 0, 최대값, 최소값을 제외한 평균 매출액 구하기

❶ [F7] 셀에 수식 「=AVERAGEIFS(」을 입력한 후 Ctrl+A를 누릅니다. [함수 인수] 대화상자가 나타나면 ❷ 다음과 같이 지정한 후 ❸ [확인] 버튼을 클릭합니다.

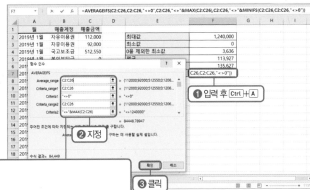

Average_range : C2:C26 (평균을 계산할 셀 범위)
Criteria_range1 : C2:C26 (첫 번째 조건을 검사할 셀 범위)
Criteria1 : "<>0" (첫 번째 조건) ⇦ 0을 제외한
Criteria_range2 : C2:C26 (두 번째 조건을 검사할 셀 범위)
Criteria2 : "<>"&MAX(C2:C26) (두 번째 조건) ⇦ 최대값을 제외한
Criteria_range3 : C2:C26 (세 번째 조건을 검사할 셀 범위)
Criteria3 : "<>"&MINIFS(C2:C26,C2:C26,"<>0") (세 번째 조건) ⇦ 0이 아닌 최소값을 제외한

AVERAGEIFS는 지정한 범위에서 조건을 만족하는 산술 평균을 반환합니다. 조건이 세 개(0, 최대값, 최소값)이므로 Criteria_range, Criteria을 세 번 지정합니다.

순위 구하기 – RANK.EQ, RANK.AVG

예제 파일 Sample\Theme06\통계함수.xlsx **완성 파일** Sample\Theme06\통계함수_완성.xlsx

키 워 드 RANK.EQ, RANK.AVG
길라잡이 평가에 대한 순위를 RANK.EQ와 RANK.AVG 함수로 구한 후 두 함수의 차이를 이해합니다. 순위 결정 방법은 성적표처럼 높은 점수 순으로 순위를 매기려면 내림차순, 100m 달리기처럼 낮은 숫자 순으로 순위를 매기려면 오름차순을 선택합니다.

◉ 함수 이름이 잘못 입력되면 #NAME? 오류가 발생합니다.

01 내림차순으로 순위 매기기

❶ [Rank] 시트를 클릭합니다. ❷ [D2] 셀에 수식 「=RANK.EQ(」을 입력한 후 Ctrl + A 를 누릅니다.

02 함수 인수 지정하기

[함수 인수] 대화상자가 나타나면 ❶ 다음과 같이 지정한 후 ❷ [확인] 버튼을 클릭합니다.

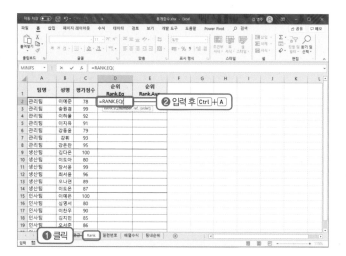

Number : C2 (순위를 구할 점수)
Ref : $C$2:$C$20 (비교할 점수들)
Order : 생략 (0 또는 생략하면 내림차순, 1을 입력하면 오름차순으로 순위 매김)

03 수식 복사하기

[D2] 셀의 채우기 핸들을 [D20] 셀까지 드래그하여 수식을 복사합니다.

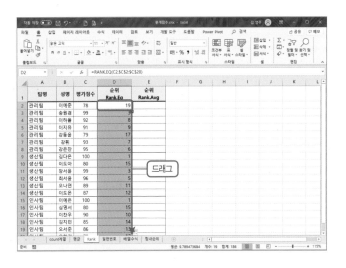

○ RANK.AVG 함수는 공동 순위가 있을 경우 평균 순위를 반환합니다. (예를 들어 1등이 2명이면 1.5등으로 반환)

04 RANK.AVG로 순위 매기기

[E2] 셀에 수식 「=RANK.AVG(」을 입력한 후 Ctrl + A 를 누릅니다.

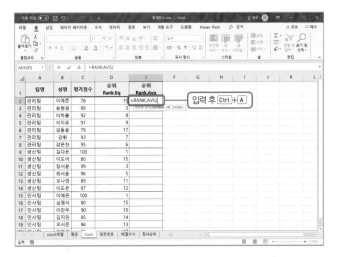

05 함수 인수 지정하기

[함수 인수] 대화상자가 나타나면 ❶ 다음과 같이 지정한 후 ❷ [확인] 버튼을 클릭합니다.

Number : C2 (순위를 구할 점수)
Ref : $C$2:$C$20 (비교할 점수들)
Order : 생략 (0 또는 생략하면 내림차순, 1을 입력하면 오름차순으로 순위 매김)

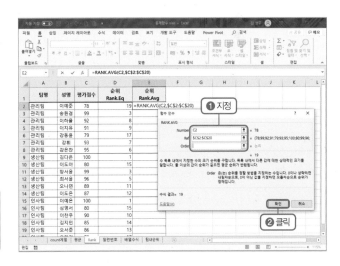

◉ 1등이 두 명이면 RANK.
EQ 함수는 1등으로, RANK.
AVG 함수는 1.5등으로 매깁
니다.

06 수식 복사하기

[E2] 셀의 채우기 핸들을 [E20] 셀
까지 드래그하여 수식을 복사합니다.

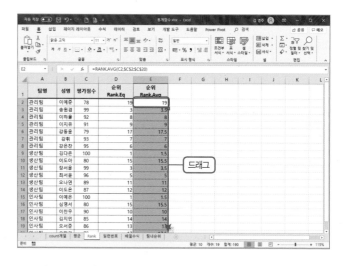

호환성 함수

엑셀 2010 버전부터 함수의 정확도를 개선한 몇 개의 함수가 있습니다. 이렇
게 개선된 함수는 함수 이름이 변경되었는데 변경되기 전 함수를 이전 버전과
의 호환성을 위해 남겨 두었고, 이 함수를 호환성 함수라고 부릅니다. [수식]
탭의 [함수 라이브러리] 그룹에서 [함수 더 보기 - 호환성]을 클릭하면 호환성
함수의 종류를 알 수 있습니다.

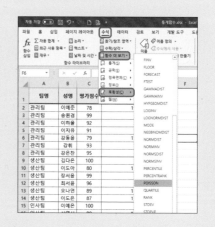

또한 직접 셀에 함수를 입력하면 함수이름 앞에 노란색 느낌표
(!) 아이콘이 표시되는 함수가 있는데, 이 함수들이 호환성 함수
입니다.

병합된 셀에
일련번호 매기기 –
COUNTA 함수

병합된 셀의 크기가 다르면 채우기 핸들을 이용하여 일련번호를 매길 수 없습니다. 이런 경우 번호를 매길 범위를 지정한 후 함수식을 작성하고 Ctrl+Enter를 눌러 완성합니다. Ctrl+Enter는 범위 지정한 영역에 수식을 복사한다는 의미입니다.

【예제 파일】Sample\Theme06\통계함수.xlsx　　　　　【완성 파일】Sample\Theme06\통계함수_완성.xlsx

1 에러 확인하기

[일련번호] 시트를 클릭합니다. [A2] 셀에 '1'을 입력한 후 채우기 핸들 +Ctrl을 드래그하면 병합하려는 모든 셀의 크기가 동일해야 한다는 메시지가 나타납니다.

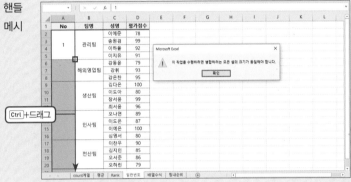

2 COUNTA 함수로 일련번호 매기기

[A2:A20] 영역을 범위 지정한 후 수식 「=COUNTA($B$2:B2)」을 입력하고 Ctrl+Enter를 누릅니다.

3 결과 확인하기

다음과 같이 일련번호가 매겨집니다.

NOTE

수식을 복사하면 「=COUNTA($B$2:B2)」,「=COUNTA($B$2:B3)」,「=COUNTA($B$2:B4)」로 범위가 확장되어 counta의 결과가 1,2,3으로 확장됩니다.

[표1], [표2] 비교하여 다른 항목 체크하기 – COUNTIFS, 조건부 서식

[표1], [표2]의 데이터를 비교하여 학번과 성명이 모두 다른 경우 체크하려 합니다. 조건부 서식과 COUNTIFS 함수를 사용하여 두 표에서 다른 레코드를 체크하는 방법을 알아보겠습니다.

【예제 파일】Sample\Theme06\통계함수.xlsx

【완성 파일】Sample\Theme06\통계함수_완성.xlsx

1 조건부 서식 실행하기

❶ [다른항목] 시트를 클릭합니다. ❷ [F3:G17] 영역을 범위 지정한 후 ❸ [홈] 탭의 [스타일] 그룹에서 [조건부 서식 – 새 규칙]을 클릭합니다.

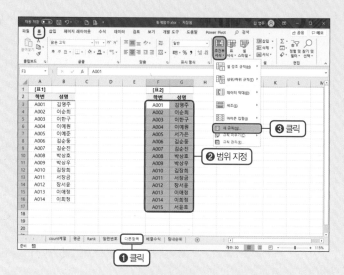

2 규칙 작성하기

[새 서식 규칙] 대화상자가 나타나면 ❶ '수식을 사용하여 서식을 저장할 셀 결정'을 선택하고 ❷ 수식 「=COUNTIFS($A$3:$A$16,$F3,$B$3:$B$16,$G3)=0」을 입력한 후 ❸ [서식] 버튼을 클릭합니다.

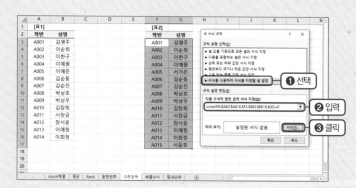

③ 서식 적용하기

[셀 서식] 대화상자가 나타나면 ❶ [채우기] 탭에서 임의의 색을 선택한 후 ❷ [확인] 버튼을 클릭합니다. [새 서식 규칙] 대화상자로 되돌아가면 다시 [확인] 버튼을 클릭합니다.

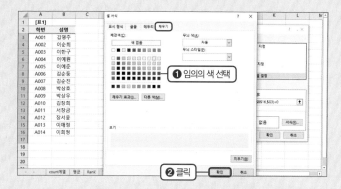

④ 결과 확인하기

다음과 같이 [표1]에 없거나 학번과 성명이 다른 항목에 서식이 지정됩니다.

NOTE

작성한 규칙을 수정하려면 [F3:G17] 영역 중 임의의 셀에 셀 포인터를 두고 [홈] 탭의 [스타일] 그룹에서 [조건부 서식 – 규칙 관리]를 클릭합니다. 해당 규칙을 선택한 후 [규칙 편집]을 클릭하여 규칙을 수정합니다.

배열 수식 이해하기

배열 수식은 데이터를 집합으로 처리합니다. 즉, 여러 셀을 묶어 덩어리 대 덩어리로 연산 식을 쓰고 Ctrl+Shift+Enter를 누르면 집합 단위로 계산합니다. 배열 수식은 부분적으로 내용을 수정하거나 삭제할 수 없으며 배열의 크기는 동일하게 지정해야 합니다.

【예제 파일】Sample\Theme06\통계함수.xlsx　　　【완성 파일】Sample\Theme06\통계함수_완성.xlsx

1 일반 셀 수식으로 합계 계산하기 (구입가*수량)

[배열수식] 시트를 클릭합니다. ❶ [E2] 셀에 수식 「=C2*D2」을 입력한 후 Enter를 누릅니다. ❷ [E2] 셀의 채우기 핸들을 [E6] 셀까지 드래그하여 복사합니다. ❸ Del을 눌러 합계 결과를 지웁니다.

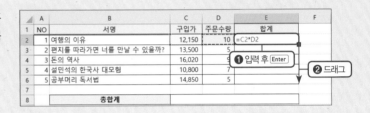

2 배열 수식으로 합계 계산하기

[E2:E6] 영역을 범위 지정한 후 「=C2:C6*D2:D6」을 입력하고 Ctrl+Shift+Enter를 누릅니다.

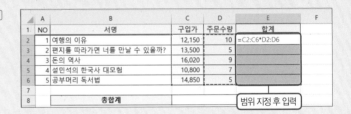

3 배열 수식 확인하기

수식 입력줄을 확인하면 집합{} 기호가 입력됩니다. 집합{} 기호는 키보드로 입력하는 것이 아닌 Ctrl+Shift+Enter를 누르면 자동으로 입력됩니다. 또한 부분적으로 수식을 지우면(예를 들어 [E2] 셀을 선택하고 Del을 누름) "배열의 일부를 변경할 수 없습니다."라는 메시지가 나타납니다.

4 병합된 셀에서 배열 수식 작성하기

[C8] 셀에 배열 수식 「=SUM(C2:C6*D2:D6)」을 입력한 후 Ctrl+Shift+Enter를 누릅니다.

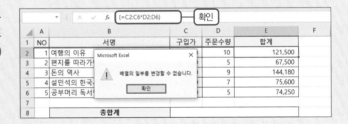

5 에러 확인하기

"병합된 셀에는 배열 수식을 입력할 수 없습니다."라는 에러가 나타납니다. [확인] 버튼을 클릭합니다.

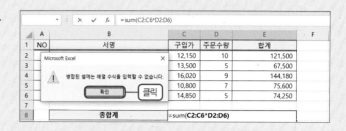

6 배열의 크기를 다르게 지정하기

병합을 해제한 후 [E8] 셀에 배열 수식 「=SUM(C2:C5*D2:D7)」을 입력한 후 Ctrl+Shift+Enter를 누릅니다.

7 에러 확인하기

배열의 크기를 다르게 지정하면 다음과 같이 #N/A 오류가 나타납니다.

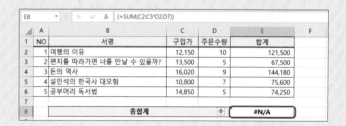

8 배열 수식으로 총합계 계산하기

[E8] 셀에 배열 수식 「=SUM(C2:C6*D2:D6)」을 입력한 후 Ctrl+Shift+Enter를 누릅니다.

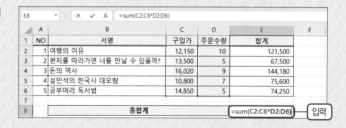

9 결과 확인하기

다음과 같이 총합계가 계산됩니다.

> ### NOTE
>
> 배열 수식 「=SUM(C2:C6*D2:D6)」은 「SUM(집합 * 집합)」에서 대응하는 셀끼리 곱한 후, 그 결과를 SUM하여 반환합니다. 즉, 수식을 풀면「=SUM(C2*D2,C3*D3,C4*D4,C5*D5,C6*D6)」입니다.

A	B	C	D	E	F
1 NO	서명	구입가	주문수량	합계	
2 1	여행의 이유	12,150	10	121,500	
3 2	편지를 따라가면 너를 만날 수 있을까?	13,500	5	67,500	
4 3	돈의 역사	16,020	9	144,180	
5 4	설민석의 한국사 대모험	10,800	7	75,600	
6 5	공부머리 독서법	14,850	5	74,250	
7					
8	총합계			483,030	

전체 등수와
팀별 등수 구하기 –
RANK.EQ, 배열 수식

RANK.EQ 함수로 평가 점수에 대한 등수를 구하고, 배열 수식으로 팀별 등수를 구합니다. 팀별 등수는 팀명이 같고, 점수가 비교 셀보다 크거나 같으면 1등으로 처리합니다.

【예제 파일】Sample\Theme06\통계함수.xlsx

【완성 파일】Sample\Theme06\통계함수_완성.xlsx

1 전체 등수 구하기

❶ [팀내순위] 시트를 클릭합니다. [D2] 셀에 수식 「=RANKEQ(C2,$C$2:$C$20)」을 입력한 후 Enter 를 누릅니다. ❷ [D2] 셀의 채우기 핸들을 [D20] 셀까지 드래그하여 수식을 복사합니다.

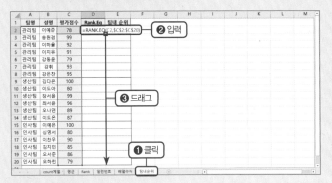

2 팀별 등수 구하기

[E2] 셀에 수식 「=SUM(($A$2:$A$20=A2)*($C$2:$C$20)=C2))」을 입력한 후 Ctrl + Shift + Enter 를 누릅니다.

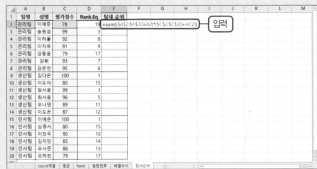

3 수식 복사하기

[E2] 셀의 채우기 핸들을 [E20] 셀까지 드래그하여 수식을 복사합니다.

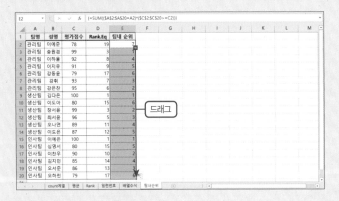

4 배열 수식 이해하기

수식SUM(($A$2:$A$20=A2)*($C$2:$C$20)=C2)) 수식을 풀어보면

➡ SUM((A2=A2, A3=A2, A4=A2, ...A20=A2)*(C2)=C2,C3)=C2,C4)=C2,...C20)=C2)

➡ SUM((1;1;1;1;1;1;0;0;0;0;0;0;0;0;0;0;0;0;0)*(1;1;1;1;1;1;1;1;1;1;1;1;1;1;1;1;1;1;1))

➡ SUM(1;1;1;1;1;1;1;0;0;0;0;0;0;0;0;0;0;0;0)

➡ 7

True=1, False=0입니다.

03 수학 함수

수학 함수는 주로 집계를 내기 위한 용도로 사용합니다. 많이 사용하는 SUMIF, SUMIFS, SUMPRODUCT, SUBTOTAL, AGGREGATE 함수에 대해 알아보겠습니다.

 핵심 기능 SUMIF, SUMIFS, SUMPRODUCT, SUBTOTAL, AGGREGATE 함수

:: 조건을 만족하는 데이터의 합을 구하는 SUMIF, SUMIFS 함수

■ SUMIF 함수

함수 설명	데이터 목록에서 지정한 조건을 만족하는 셀들의 합을 계산합니다. 단, 조건이 하나일 경우만 가능합니다.
함수 형식	SUMIF(Range, Criteria, Sum_range)
인수 설명	Range : 조건을 검사할 셀 범위 Criteria : 조건(숫자, 식, 셀 참조, 텍스트 또는 함수 형식의 조건입니다.) 　　　　　 예를 들어 조건은 20, ")=20", B5, "대리", TODAY() 등의 형태입니다. Sum_range : 실제 합을 계산할 범위

■ SUMIFS 함수

함수 설명	데이터 목록에서 여러 조건을 만족하는 셀들의 합을 계산합니다.
함수 형식	SUMIFS(Sum_range, Criteria_range1, Criteria1, …) Criteria_range와 Criteria는 쌍으로 구성되며 1~127개까지 가능
인수 설명	Sum_range : 실제 합을 계산할 범위 Criteria_range1 : 조건1을 검사할 셀 범위 Criteria1 : 조건1

SUMIF와 SUMIFS 함수는 엑셀 2007 버전부터 추가된 함수로 내부적으로 배열 수식으로 처리합니다. 그러므로 조건을 검사하는 Range 범위와 합계를 계산하는 Sum_range 간에 1:1로 대응할 수 있도록 범위의 크기가 같아야 합니다. 같지 않으면 에러가 발생하거나 결과가 올바르지 않습니다.

SUMIF와 SUMIFS 함수 인수 지정 시 주의할 점

Sum_range와 Criteria_range 인수를 지정할 때 크기가 같아야 수식의 결과가 바르게 계산됩니다.

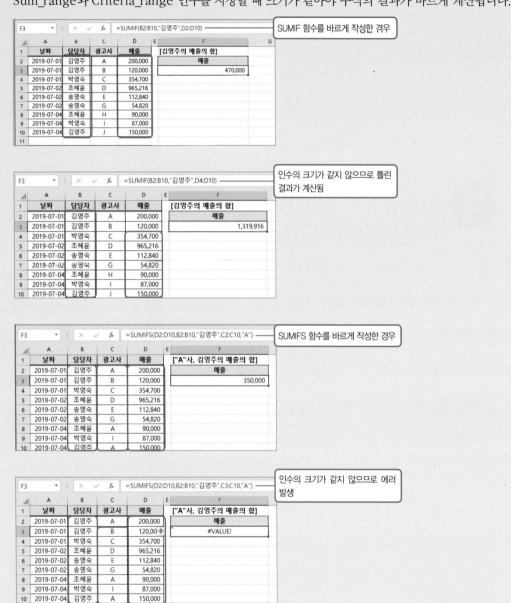

:: 반올림하는 ROUND 계열 함수

■ ROUND 함수

함수 설명	지정한 자릿수에서 반올림합니다.
함수 형식	ROUND(Number, Num_digits)
인수 설명	Number : 반올림할 수 Num_digits : 반올림할 자릿수 (만약, 2이면 소수 셋째 자리에서 반올림함)
사례	ROUND(526.37, 1)하면 526.4를 반환 (소수 둘째 자리에서 반올림함) ROUND(526.37, 0)하면 526을 반환 (소수 첫째 자리에서 반올림함) ROUND(526.37, −1)하면 530을 반환 (정수 일의 자리에서 반올림함)

■ ROUNDDOWN 함수

함수 설명	지정한 자릿수에서 내림합니다.
함수 형식	ROUNDDOWN(Number, Num_digits)
인수 설명	Number : 내림할 수 Num_digits : 내림할 자릿수
사례	ROUNDDOWN(526.37, 1)하면 526.3을 반환 (소수 둘째 자리에서 내림함) ROUNDDOWN(526.37, 0)하면 526을 반환 (소수 첫째 자리에서 내림함) ROUNDDOWN(526.37, −1)하면 520을 반환 (정수 일의 자리에서 내림함)

■ ROUNDUP 함수

함수 설명	지정한 자릿수에서 올림합니다.
함수 형식	ROUNDUP(Number, Num_digits)
인수	Number : 올림할 수 Num_digits : 올림할 자릿수
사례	ROUNDUP(526.37, 1)하면 526.4를 반환 (소수 둘째 자리에서 올림함) ROUNDUP(526.37, 0)하면 527을 반환 (소수 첫째 자리에서 올림함) ROUNDUP(526.37, −1)하면 530을 반환 (정수 일의 자리에서 올림함)

:: 배열끼리 곱한 결과를 더하는 SUMPRODUCT 함수

■ SUMPRODUCT 함수

함수 설명	서로 대응하는 참조 영역의 값끼리 곱한 후에 더합니다.
함수 형식	SUMPRODUCT(Array1, Array2, …)
인수 설명	Array1, Array2, … : 계산하려는 배열로 2~255까지 지정할 수 있습니다. 단, 배열 인수의 차원은 모두 같아야 합니다. 차원이 같지 않으면 오류(#VALUE!)를 반환합니다.

∷ 소그룹별로 집계하는 SUBTOTAL 함수

함수 설명	데이터 목록에서 화면에 표시되는 행을 대상으로 소그룹별로 집계합니다(집계 방식은 평균, 개수, 합계 등 11개 가능).
함수 형식	SUBTOTAL(function_num, ref1, [ref2], …)

<table>
<tr><td rowspan="14">인수 설명</td><td colspan="3">function_num: 합계, 평균, 개수 등 사용할 함수를 지정</td></tr>
<tr><td>Function_num
(숨겨진 값 포함)</td><td>Function_num
(숨겨진 값 무시)</td><td>함수</td></tr>
<tr><td>1</td><td>101</td><td>AVERAGE</td></tr>
<tr><td>2</td><td>102</td><td>COUNT</td></tr>
<tr><td>3</td><td>103</td><td>COUNTA</td></tr>
<tr><td>4</td><td>104</td><td>MAX</td></tr>
<tr><td>5</td><td>105</td><td>MIN</td></tr>
<tr><td>6</td><td>106</td><td>PRODUCT</td></tr>
<tr><td>7</td><td>107</td><td>STDEV</td></tr>
<tr><td>8</td><td>108</td><td>STDEVP</td></tr>
<tr><td>9</td><td>109</td><td>SUM</td></tr>
<tr><td>10</td><td>110</td><td>VAR</td></tr>
<tr><td>11</td><td>111</td><td>VARP</td></tr>
<tr><td colspan="3">ref1 : 부분합을 계산할 범위</td></tr>
</table>

사례	e.g) 필터 결과에서 합계를 계산하려면 「=subtotal(9, 계산할범위)」를 작성합니다.

또한 SUBTOTAL 함수는 소계와 합계를 계산할 경우에 이중 계산을 방지합니다.

▲ SUM으로 소계와 합계를 계산한 경우

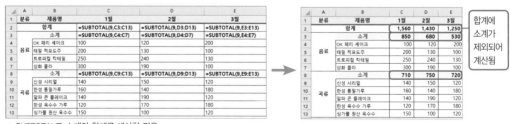

▲ SUBTOTAL로 소계와 합계를 계산한 경우

:: 숨겨진 행과 오류 값을 무시하는 AGGREGATE 함수

함수 설명	계산에서 제외할 항목을 옵션으로 지정하고, 선택한 함수로 집계를 반환합니다. 엑셀 2010 버전부터 추가된 함수로 SUBTOTAL 함수보다 지원되는 함수의 종류와 옵션이 다양합니다.
함수 형식	AGGREGATE(function_num, options, array, [k])

	function_num(함수번호)	함수
사례	1	AVERAGE
	2	COUNT
	3	COUNTA
	4	MAX
	5	MIN
	6	PRODUCT
	7	STDEV.S
	8	STDEV.P
	9	SUM
	10	VAR.S
	11	VAR.P
	12	MEDIAN
	13	MODE.SNGL
	14	LARGE
	15	SMALL
	16	PERCENTILE.INC
	17	QUARTILE.INC
	18	PERCENTILE.EXC
	19	QUARTILE.EXC

옵션	계산에서 제외할 항목
0,생략	중첩된 SUBTOTAL 및 AGGREGATE 함수 무시
1	숨겨진 행, 중첩된 SUBTOTAL 및 AGGREGATE 함수 무시
2	오류 값, 중첩된 SUBTOTAL 및 AGGREGATE 함수 무시
3	숨겨진 오류 값, 중첩된 SUBTOTAL 및 AGGREGATE 함수 무시
4	모두 무시 안 함
5	숨겨진 행 무시
6	오류 값 무시
7	숨겨진 행 및 오류 값 무시

조건을 만족하는 합 구하기 – SUMIF

예제 파일 Sample\Theme06\수학함수.xlsx 완성 파일 Sample\Theme06\수학함수_완성.xlsx

키 워 드 SUMIF
길라잡이 SUMIF 함수를 이용하여 조건을 만족하는 합을 계산할 수 있습니다. 거래처별 주문금액의 합과 반품금액의 합을 SUMIF 함수로 계산하겠습니다.

[Shift]+[F3]을 눌러도 됩니다.

01 주문금액의 합 계산하기

❶ [sumif] 시트를 클릭한 후 ❷ [I2] 셀에 수식 「=SUMIF(」을 입력한 후 [Ctrl]+[A]를 누릅니다.

02 인수 지정하기

[함수 인수] 대화상자가 나타나면 ❶ 다음과 같이 지정한 후 ❷ [확인] 버튼을 클릭합니다.

Range : $C$2:$C$27 (조건을 검사할 범위)
Criteria : H2 (조건)
Sum_Range : $D$2:$D$27 (실제 합을 구할 범위)

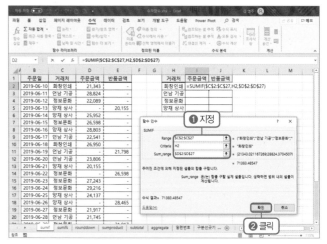

03 반품금액의 합 계산하기

이어서 ❶ [J2] 셀에 수식 「=SUMIF(」
을 입력한 후 Ctrl+A를 누릅니다. [함
수 인수] 대화상자가 나타나면 ❷ 다
음과 같이 지정한 후 ❸ [확인] 버튼
을 클릭합니다.

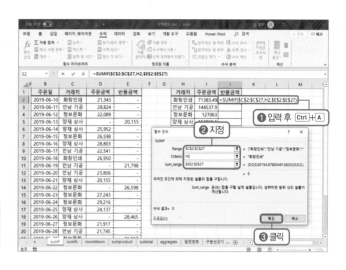

Range : $C$2:$C$27 (조건을 검사할 범위)
Criteria : H2 (조건)
Sum_Range : $E$2:$E$27 (실제 합을 구할 범위)

04 수식 복사하기

[I2:J2] 영역의 채우기 핸들을 [I5:J5]
영역까지 드래그하여 수식을 복사합
니다.

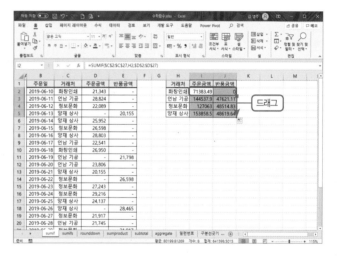

05 쉼표 스타일 적용하기

범위가 지정된 상태에서 [홈] 탭의
[스타일] 그룹에서 [표시 형식 - 쉼
표 스타일]을 클릭합니다.

기능
실습 02

두 개 이상의 조건을 만족하는 합 구하기 – SUMIFS

예제 파일 Sample\Theme06\수학함수.xlsx 완성 파일 Sample\Theme06\수학함수_완성.xlsx

키 워 드 SUMIFS, MONTH
길라잡이 지출내역을 참조하여 월별, 항목별 지출금액의 합을 계산하기 위해 SUMIFS 함수를 사용하겠습니다. 날짜에서
'월'을 추출하기 위해 MONTH 함수를 사용합니다.

◉MONTH 함수는 날짜에서
'월'을 추출합니다.

01 날짜에서 '월' 추출하기

❶ [sumifs] 시트를 클릭한 후 ❷
[C3] 셀에 수식 「=MONTH(B3)」을
입력한 후 Enter를 누릅니다.

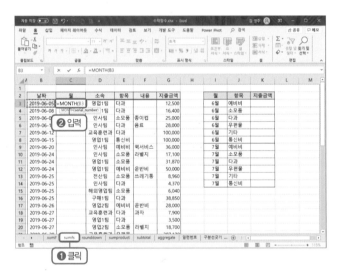

02 수식 채우기와 [셀 서식] 대화상자 호출하기

❶ [C3] 셀의 채우기 핸들을 더블클
릭하여 [C46] 셀까지 수식을 복사한
후 Ctrl+1을 누릅니다.

◉ 「#"월"」에서 " "를 생략하면 자동으로 붙입니다.

03 표시 형식 지정하기

[셀 서식] 대화상자가 나타나면 [표시 형식] 탭에서 ❶ '사용자 지정'을 선택한 후 ❷ '형식'란에 「#"월"」을 입력하고 ❸ [확인] 버튼을 클릭합니다.

◉ [I3:I14] 영역은 '6'을 입력하고, '6월'로 표시되도록 서식을 지정하였습니다.

04 지출금액의 합 구하기

❶ [K3] 셀에 수식 「=SUMIFS(」을 입력한 후 Ctrl+A를 누릅니다.
[함수 인수] 대화상자가 나타나면 ❷ 다음과 같이 지정한 후 ❸ [확인] 버튼을 클릭합니다.

Sum_range : $G$3:$G$46 (합을 구할 범위)
Criteria_range1 : $C$3:$C$46 (첫 번째 조건을 검사할 범위)
Criteria1 : I3 (첫 번째 조건)
Criteria_range2 : $E$3:$E$46 (두 번째 조건을 검사할 범위)
Criteria2 : J3 (두 번째 조건)

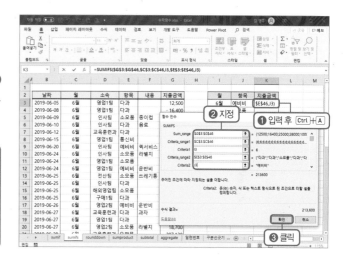

05 수식 복사하기

[K3] 셀의 채우기 핸들을 [K14] 셀까지 드래그하여 수식을 복사합니다.

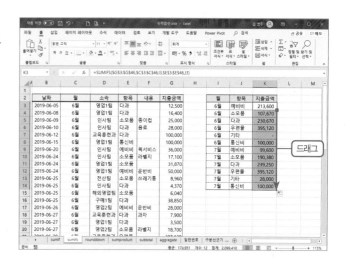

청구금액에서 '원' 단위 절삭하기 – ROUNDDOWN

예제 파일 Sample\Theme06\수학함수.xlsx 완성 파일 Sample\Theme06\수학함수_완성.xlsx

키 워 드 ROUNDDOWN
길라잡이 각종 요금의 청구금액은 합계에서 '원' 단위를 절삭한 후 청구합니다. ROUNDDOWN 함수로 '원' 단위를 절삭한 청구금액을 계산하겠습니다.

● 함수 입력은 「=rou」을 입력하면 「rou」로 시작하는 함수 목록이 펼쳐집니다. 목록에서 ROUNDDOWN 함수를 방향키로 선택한 후 Tab 을 눌러 입력합니다. 또는 [수식] 탭의 [함수 라이브러리] 그룹에서 [수학/삼각 – ROUNDDOWN]을 클릭합니다.

01 청구금액 계산하기

❶ [rounddown] 시트를 클릭한 후 ❷ [K2] 셀에 수식 「=ROUNDDOWN(」을 입력한 후 Ctrl + A 를 누릅니다. [함수 인수] 대화상자가 나타나면 ❸ 다음과 같이 지정한 후 ❹ [확인] 버튼을 클릭합니다.

Number : I2+J2 (내림할 수)
Num_digits : –1 (내림할 자릿수. 정수 1의 자리에서 내림)

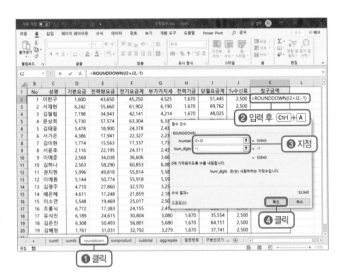

02 수식 복사하기

❶ [K2] 셀의 채우기 핸들을 더블클릭하여 [K20] 셀까지 수식을 복사합니다. ❷ '자동 채우기 옵션'(🔳▾)을 클릭하여 [서식 없이 채우기]를 선택합니다.

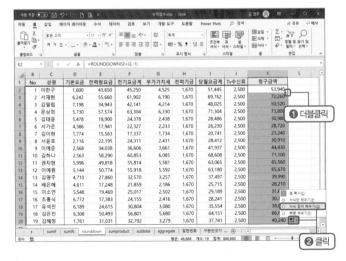

가중평균 계산하기 – SUMPRODUCT

예제 파일 Sample\Theme06\수학함수.xlsx 완성 파일 Sample\Theme06\수학함수_완성.xlsx

키 워 드 SUMPRODUCT
길라잡이 SUMPRODUCT 함수를 활용하여 중간고사, 기말고사, 과제, 출석 점수에 각각 30%, 30%, 20%, 20%의 가중치를 적용하여 평균을 계산하겠습니다.

● 가중평균은 (중간고사*30%+기말고사*30%+과제20%+출석+20%) 으로 계산합니다.

01 가중평균 계산하기

❶ [sumproduct] 시트를 클릭한 후 ❷ [I5] 셀에 수식「=SUMPRODUCT」을 입력한 후 Ctrl+A를 누릅니다. [함수 인수] 대화상자가 나타나면 ❸ 다음과 같이 지정한 후 ❹ [확인] 버튼을 클릭합니다.

> Array1 : $E$2:$H$2 (과목별 가중치)
> Array2 : E5:H5 (과목별 점수)
> SUMPRODUCT 함수는 서로 대응하는 값끼리 곱한 후에 더한 결과를 반환합니다.

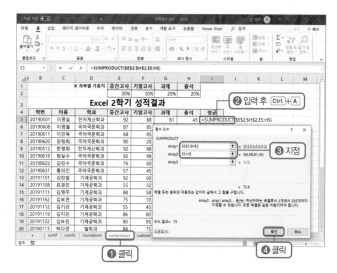

02 수식 복사하기

[I5] 셀의 채우기 핸들을 더블클릭하여 수식을 복사합니다.

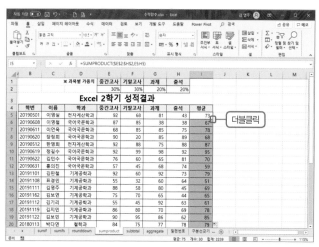

기능실습 05 필터 결과 집계하기 – SUBTOTAL

예제 파일 Sample\Theme06\수학함수.xlsx **완성 파일** Sample\Theme06\수학함수_완성.xlsx

키 워 드 SUBTOTAL
길라잡이 SUBTOTAL 함수는 필터 결과를 합계, 평균, 표준편차 등 11가지 방법으로 집계할 수 있습니다. 필터에 따라 재계산되는 통계를 위해 SUBTOTAL 함수로 매출의 합, 평균, 최대값, 최소값을 집계하는 방법을 알아보겠습니다.

○「=SUBTOTAL(9,」에서 9는 SUM으로 집계하겠다는 의미입니다.

01 매출의 합 계산하기

❶ [subtotal] 시트를 클릭한 후 ❷ [D3] 셀에 수식 「=SUBTOTAL(」을 입력합니다. 집계할 함수 목록이 나타나면 '9'를 입력하고, ','를 입력합니다.

02 매출의 합 계산하기

'1월' 범위를 지정하여 수식이 「=SUBTOTAL(9,D9:D35)」이 되도록 완성합니다.

● '1'은 AVERAGE 함수 번호입니다.

03 평균 매출 계산하기

[D4] 셀에 수식 「=SUBTOTAL(1,D9:D35)」을 입력한 후 Enter를 누릅니다.

● '4'는 MAX 함수 번호입니다.

04 최대 매출액 계산하기

[D5] 셀에 수식 「=SUBTOTAL(4,D9:D35)」을 입력한 후 Enter를 누릅니다.

● '5'은 MIN 함수 번호입니다.

05 최소 매출액 계산하기

[D6] 셀에 수식 「=SUBTOTAL(5,D9:D35)」을 입력한 후 Enter를 누릅니다.

06 수식 복사하기

❶ [D3:D6] 영역의 채우기 핸들을 [J3:J6] 영역까지 드래그하여 수식을 복사합니다. 이어서 ❷ [홈] 탭의 [표시 형식] 그룹에서 [쉼표 스타일]을 클릭합니다.

● 필터는 P.379를 참조합니다.

07 필터 적용하기

셀 포인터를 데이터 목록 임의의 셀에 올려둔 후 [데이터] 탭의 [정렬 및 필터] 그룹에서 [필터]를 클릭합니다.

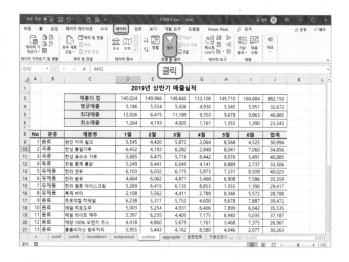

08 '유제품'만 필터하기

❶ '분류' 필드에서 필터(▾) 버튼을 클릭한 후 ❷ '유제품'을 선택하고 ❸ [확인] 버튼을 클릭합니다.

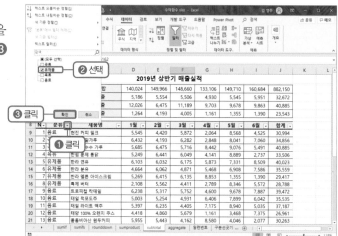

09 확인하기

데이터 목록이 '유제품'으로 걸러지면 집계 결과도 변경됩니다.

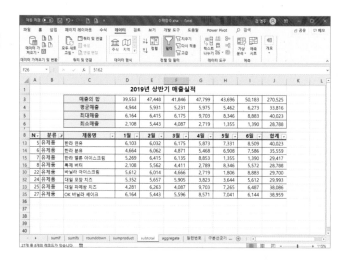

오류 값 무시하고 계산하기 – AGGREGATE

예제 파일 Sample\Theme06\수학함수.xlsx 완성 파일 Sample\Theme06\수학함수_완성.xlsx

키 워 드 AGGREGATE
길라잡이 집계할 범위 내에 DIV/0!, #N/A 등의 에러가 있으면 집계 결과도 에러를 반환합니다. 에러를 무시한 판매금액의
합을 계산하기 위해 AGGREGATE 함수를 활용하겠습니다.

● VLOOKUP 함수는 P.295
를 참조합니다.

01 에러 확인하기

[aggregate] 시트를 클릭합니다.
[C3:C9] 영역은 '단가표'를 참조하여
단가를 찾아온 함수의 결과입니다.
[C5], [C7] 셀은 '단가표'에 없는 품목
으로 #N/A 에러가 발생하였습니다.

● 참조하는 범위내에 에러
가 있으면 수식의 결과도 에
러가 반환됩니다.

02 SUM 함수로 판매금액의 합 구하기

[C10] 셀에 수식 「=SUM(C3:C9)」을 입
력한 후 Enter 를 누르면 #N/A 에러가 발
생합니다.

03 AGGREGATE 함수로 판매금액의 합 구하기

❶ [C10] 셀에 수식「=AGGREGATE(」을 입력하면 함수 번호가 펼쳐집니다. SUM으로 집계할 것이므로 ❷ '9'를 입력합니다.

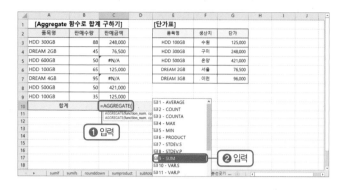

04 판매금액의 합 구하기

이어서 ','를 입력하면 옵션 번호가 펼쳐집니다. 오류 값을 무시하기 위해 '6'을 입력합니다.

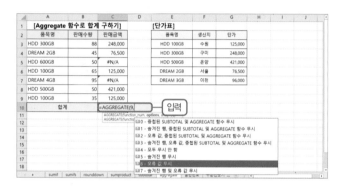

05 판매금액의 합 구하기

','를 입력한 후 [C3:C9] 영역을 범위 지정하고 Enter를 누릅니다.

06 확인하기

다음과 같이 에러를 무시하고 합계가 계산됩니다.

필터 결과에 따라 일련번호 매기기 – AGGREGATE

데이터 목록에 일련번호를 매기는 경우가 많은데, 필터를 하면 조건에 따라 걸러지므로 일련번호가 맞지 않습니다. 필터 결과에 따라 새로운 일련번호를 매기기 위해 AGGREGATE 함수를 이용하는 방법을 알아보겠습니다.

【예제 파일】 Sample\Theme06\수학함수.xlsx 　　　 【완성 파일】 Sample\Theme06\수학함수_완성.xlsx

1 필터하기

❶ [일련번호] 시트를 클릭합니다. ❷ [B2] 셀에서 마우스 오른쪽 버튼을 클릭한 후 ❸ [필터 – 선택한 셀 값으로 필터링]을 선택합니다.

2 필터 해제하기

'음료'만 필터됩니다. 'No' 필드의 일련번호가 맞지 않습니다. 필터를 해제하기 위하여 [데이터] 탭의 [정렬 및 필터] 그룹에서 [필터]를 클릭합니다.

3 일련번호를 AGGREGATE 함수로 매기기

[A2] 셀에 수식 「=AGGREGATE(3,1,$B$2:B2)」을 입력한 후 Enter 를 누릅니다.

◎ [A] 열의 너비를 넓힌 후 수식을 작성하는 것이 편리합니다. 열 너비는 [A] 열 머리글과 [B] 열 머리글 경계선에서 드래그하여 넓힙니다.

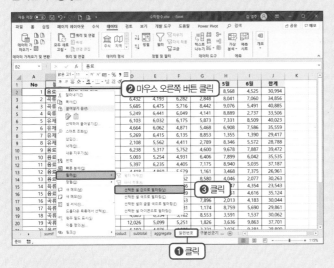

NOTE

3은 COUNTA로 집계하겠다는 의미입니다. COUNTA 함수는 참조 범위 안에서 데이터 개수를 집계합니다.

1은 숨겨진 행, 중첩된 SUBTOTAL 및 AGGREGATE 함수를 무시하겠다는 의미입니다.

$B$2:B2 : 수식을 아래로 복사하면 범위가 한 칸씩 확장되므로 $B$2:B2, $B$2:B3, $B$2:B4, $B$2:B5,.... 수식의 결과도 1,2,3,4,....로 일련번호가 매겨집니다.

즉, 수식 「=AGGREGATE(3,1,$B$2:B2)」는 참조 범위 안에서 숨겨진 행을 무시하고 COUNTA로 집계합니다.

4 수식 복사하기

[A2] 셀의 채우기 핸들을 더블클릭하여 수식을 복사합니다.

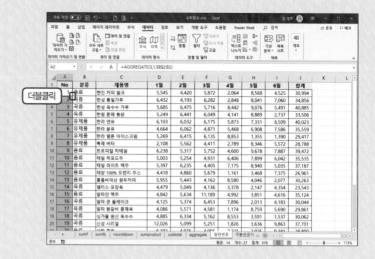

5 필터하기

❶ [B2] 셀에서 마우스 오른쪽 버튼을 클릭한 후 ❷ [필터 – 선택한 셀 값으로 필터링]을 선택합니다.

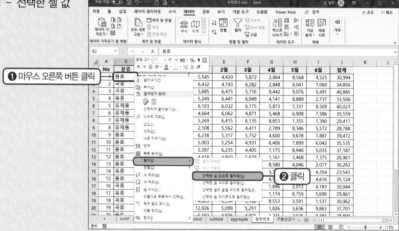

6 확인하기

'No' 필드의 일련번호가 필터 결과에 따라 새롭게 매겨집니다. 필터 조건을 변경하여 일련번호가 새롭게 매겨지는 것을 확인합니다.

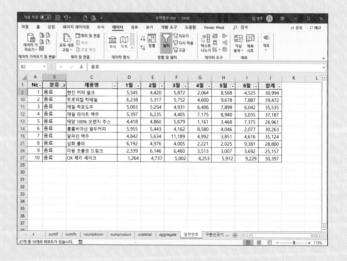

데이터 범주별로 구분선 긋기 – 조건부 서식

데이터가 빼곡히 입력되어 있으면 가독성이 떨어집니다. 조건부 서식을 이용하여 범주별로 구분선을 그어 데이터의 가독성을 높이는 작업을 해보겠습니다.

【예제 파일】Sample\Theme06\수학함수.xlsx 　　【완성 파일】Sample\Theme06\수학함수_완성.xlsx

완성예제 미리 보기

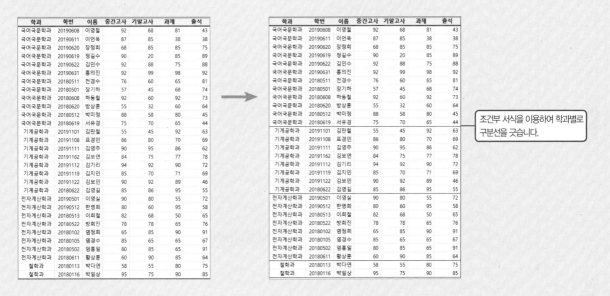

조건부 서식을 이용하여 학과별로 구분선을 긋습니다.

1 조건부 서식 지정하기

❶ [구분선긋기] 시트를 클릭합니다. ❷ [A2:G31] 영역을 범위 지정한 후 ❸ [홈] 탭의 [스타일] 그룹에서 [조건부 서식 – 새 규칙]을 클릭합니다.

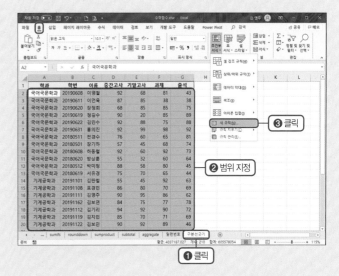

2 규칙 만들기

[새 서식 규칙] 대화상자가 나타나면 ❶ '수식을 사용하여 서식을 지정할 셀 결정'을 선택한 후 ❷ 수식 「=$A2<>$A3」을 입력하고 ❸ [서식] 버튼을 클릭합니다.

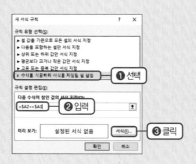

NOTE

수식은 위, 아래 데이터가 같지 않으면 구분선을 긋겠다는 의미입니다.

3 테두리 서식 지정하기

[셀 서식] 대화상자가 나타나면 [테두리] 탭에서 ❶ '아래쪽 테두리'를 클릭한 후 ❷ [확인] 버튼을 클릭합니다. 다시 [새 서식 규칙] 대화상자로 되돌아가면 [확인] 버튼을 클릭합니다.

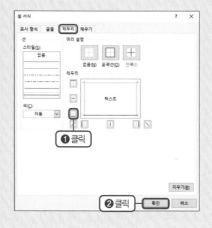

4 확인하기

다음과 같이 '학과'별로 구분선이 그어져 데이터 구분이 수월해집니다.

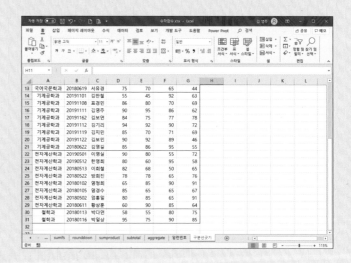

04 논리와 정보 함수

논리적인 상황을 판단하거나 조건에 따라 다른 결과를 출력하는 논리 함수와 입력된 셀의 정보를 파악하거나 값의 유형을 판단하는 정보 함수를 알아보겠습니다.

핵심 기능 논리 함수

논리 함수는 특정 상황을 참과 거짓으로 판단하거나 조건에 따라 다른 결과를 반환하거나 에러를 대처하는 것과 관련된 함수입니다. IF, IFS, AND, OR, SWITCH, IFERROR 함수를 알아보겠습니다.

:: IF 함수

함수 설명	논리식 결과에 따라 원하는 값을 반환합니다.
함수 형식	IF(Logical_test, Value_if_true, Value_if_false)
인수 설명	Logical_test : 논리식(조건식) Value_if_true : Logical_test의 결과가 true일 때 반환할 값 Value_if_false : Logical_test의 결과가 false일 때 반환할 값
사례	e.g) IF(매출액)=5000000,20%,10%) 　　　매출액이 오백만원 이상이면 20%, 그렇지 않으면 10%를 반환합니다.

:: IFS 함수 – 엑셀 2019, Office 365

함수 설명	여러 조건에 따라 다른 결과를 반환합니다. 다중 IF 대신 사용할 수 있습니다.
함수 형식	IFS(Logical_test1, Value_if_true1, [Logical_test2, Value_if_true2],…)
인수 설명	Logical_test1 : true 또는 false로 계산되는 조건식. 최대 127개까지 가능 Value_if_true1 : Logical_test1의 결과가 참일 때 표시할 값

:: AND 함수

함수 설명	인수가 모두 true이면 true를, 인수 중 하나라도 false이면 false를 반환합니다. "여러 조건을 동시에 만족하는가?"를 물을 때 사용합니다.
함수 형식	AND(Logical1, [Logical2], ...)
인수 설명	Logical : true 또는 false를 검사할 조건으로 최대 255개까지 지정할 수 있습니다.

:: OR 함수

함수 설명	인수가 모두 false이면 true를, 인수 중 하나라도 true이면 true를 반환합니다. "여러 조건 중 하나라도 만족하는가?"를 물을 때 사용합니다.
함수 형식	OR(Logical1, Logical2, ...)
인수 설명	Logical : true 또는 false를 검사할 조건으로 최대 255개까지 지정할 수 있습니다.

:: SWITCH 함수 – 엑셀 2019, Office 365

함수 설명	조건식의 결과에 따라 여러 인수 목록 중 하나를 반환합니다.
함수 형식	SWITCH(Expression, Value1, Result1, [Value2, Result2], ... Default)
인수 설명	Expression : 조건식 Value1 : 조건식의 결과 중 하나. 최대 126개까지 가능 Result1 : Value1일 때 반환할 값. 최대 126개까지 가능

:: IFERROR 함수

함수 설명	수식 결과가 오류이면 사용자가 지정한 값을 반환하고 그렇지 않으면 수식 결과를 반환합니다.
함수 형식	IFERROR(Value, Value_if_error)
인수 설명	Value : 수식 Value_if_error : 수식에 오류가 있을 경우에 반환할 값

 정보 함수

정보 함수는 입력된 셀의 정보 및 값의 유형을 판단해 주는 함수로 ISERROR, ISBLANK, ISNUMBER, ISTEXT, ISNNONTEXT, SHEET 등이 있습니다.
ISERROR, ISBLANK, ISNUMBER, ISTEXT 등의 IS 함수는 값의 유형을 검사하고 그 결과에 따라 TRUE 또는 FALSE를 반환하므로 IF 함수와 함께 사용되는 경우가 많습니다.

ISBLANK(value)	값이 비어 있으면 TRUE를 반환합니다.
ISERROR(value)	값이 오류이면 TRUE를 반환합니다.
ISNUMBER(value)	값이 숫자이면 TRUE를 반환합니다.
ISTEXT(value)	값이 텍스트이면 TRUE를 반환합니다.
ISNONTEXT(value)	값이 텍스트가 아니면 TRUE를 반환합니다.
SHEET(value)	참조한 시트의 시트 번호를 반환합니다.

다중 IF를 간단하게 표현하는 IFS 함수

예제 파일 Sample\Theme06\논리함수.xlsx 완성 파일 Sample\Theme06\논리함수_완성.xlsx

키 워 드 IFS
길라잡이 보고서 작성, 프레젠테이션, 엑셀 세 과목의 평균이 90 이상이면 "상", 80이상이면 "중", 나머지 경우는 "하"를 반환하는 식을 작성합니다. 엑셀 2019, Office 365일 경우는 IFS 함수를, 그 미만의 버전은 다중 IF문을 이용합니다.

01 IFS 함수 실행하기(엑셀 2019, Office 365)

❶ [IFS함수] 시트를 클릭합니다. ❷ [F3] 셀에 셀 포인터를 두고 ❸ [수식] 탭의 [함수 라이브러리] 그룹에서 [논리 - IFS]를 클릭합니다.

02 함수 인수 지정하기

[함수 인수] 대화상자가 나타나면 ❶ 다음과 같이 지정한 후 ❷ [확인] 버튼을 클릭합니다.

TIP

인수 칸에서 Tab 을 누르면 다음 칸으로 넘어갑니다.

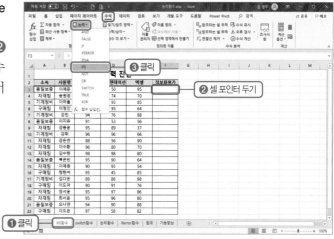

Logical_test1 : AVERAGE(C3:E3))=90 (평균이 90점 이상이면)
Value_if_true1 : "상" ("상"을 반환)
Logical_test2 : AVERAGE(C3:E3))=80 (평균이 80점 이상이면)
Value_if_true2 : "중" ("중"을 반환)
Logical_test3 : true (나머지는)
Value_if_true3 : "하" ("하"를 반환)

03 수식 복사하기

[F3] 셀의 채우기 핸들을 더블클릭하여 수식을 복사합니다.

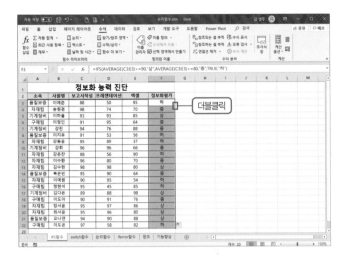

04 다중 IF문으로 작성하기(엑셀 2019 미만 버전)

[G3] 셀에 셀 포인터를 두고 [수식] 탭의 [함수 라이브러리] 그룹에서 [논리 - IF]를 클릭합니다. [함수 인수] 대화상자가 나타나면 ❶ 다음과 같이 지정한 후 ❷ [확인] 버튼을 클릭합니다.

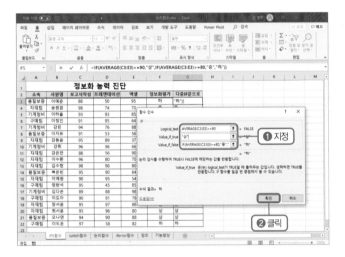

Logical_test : AVERAGE(C3:E3)>=90 (평균이 90점 이상이면)
Value_if_true : "상" ("상"을 반환)
Value_if_false : IF(AVERAGE(C3:E3)>=80,"중","하") (평균이 80이면이면 "중" 아니면 "하")

다중 IF 함수식과 IFS 함수식 비교

=IFS(AVERAGE(C3:E3)>=90,"상",AVERAGE(C3:E3)>=80,"중",TRUE,"하")
=IF(AVERAGE(C3:E3)>=90,"상",IF(AVERAGE(C3:E3)>=80,"중","하"))

수식을 비교하면 다중 IF문은 조건을 지정할 때마다 'IF' 함수를 입력해야 하므로 괄호()를 맞추기도 힘들고 작성도 힘듭니다. 그러나 IFS 함수는 조건과 반환값을 나열하고 가장 마지막에 나머지 조건에 해당하는 부분인 true를 쓰고 반환값만 쓰면 되므로 편리합니다.

인수 목록 중 하나를 반환하는 SWITCH 함수

예제 파일 Sample\Theme06\논리함수.xlsx **완성 파일** Sample\Theme06\논리함수_완성.xlsx

키 워 드 SWITCH, LEFT
길라잡이 제품코드의 첫 글자가 제품을 수입하는 나라를 의미한다고 했을 때, 첫 글자가 A이면 미국, B이면 중국, C이면 브라질, D이면 필리핀입니다. 다중 IF문이나 IFS 함수로도 가능하지만 엑셀 2019나 Office 365에서 사용할 수 있는 SWITCH 함수를 이용해보겠습니다.

01 제품 코드에 따른 수입국 알아보기

❶ [switch함수] 시트를 클릭한 후 ❷ [C4] 셀에 셀 포인터를 두고 ❸ [수식] 탭의 [함수 라이브러리] 그룹에서 [논리 - SWITCH]를 클릭합니다.

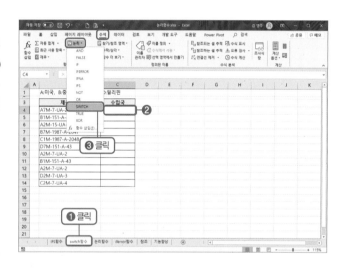

02 함수 인수 지정 및 복사하기

[함수 인수] 대화상자가 나타나면 ❶ 다음과 같이 지정한 후 ❷ [확인] 버튼을 클릭합니다. ❸ [C4] 셀의 채우기 핸들을 [C14] 셀까지 드래그하여 수식을 복사합니다.

● LEFT 함수는 문자열 왼쪽에서 지정한 글자 수만큼 추출합니다. LEFT 함수는 P.267에서 다룹니다.

● 함수 인수 칸에서 다음 칸으로 넘어 갈 때에는 Tab 을 누릅니다.

● 함수 인수 창이 작아 함수 인수 칸이 보이지 않으면 오른쪽의 스크롤바를 드래그합니다.

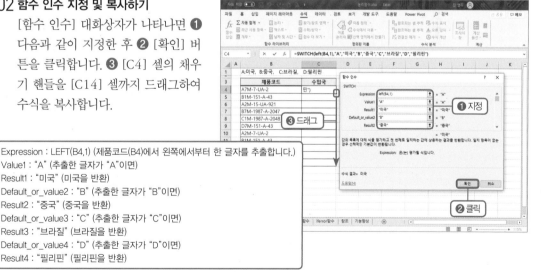

Expression : LEFT(B4,1) (제품코드(B4)에서 왼쪽에서부터 한 글자를 추출합니다.)
Value1 : "A" (추출한 글자가 "A"이면)
Result1 : "미국" (미국을 반환)
Default_or_value2 : "B" (추출한 글자가 "B"이면)
Result2 : "중국" (중국을 반환)
Default_or_value3 : "C" (추출한 글자가 "C"이면)
Result3 : "브라질" (브라질을 반환)
Default_or_value4 : "D" (추출한 글자가 "D"이면)
Result4 : "필리핀" (필리핀을 반환)

과세 여부에 따른 공급가액과 부가세 계산하기 – IF, OR

예제 파일 Sample\Theme06\논리함수.xlsx **완성 파일** Sample\Theme06\논리함수_완성.xlsx

키 워 드 IF, OR
길라잡이 IF, OR 함수를 이용하여 과세구분, 부가세, 공급가액을 계산하겠습니다. 과세구분은 업종이 교육이거나 제약이면 면세, 나머지는 과세입니다. 부가세는 과세구분이 면세일 경우 「거래금액/11」을 합니다. 공급가액은 「거래금액-부가세」를 합니다.

01 과세구분 정하기

❶ [논리함수] 시트를 클릭한 후 ❷ [E2] 셀에 수식 「=IF(」을 입력한 후 Ctrl+A를 누릅니다. [함수 인수] 대화상자가 나타나면 ❸ 다음과 같이 지정한 후 ❹ [확인] 버튼을 클릭합니다.

Logical_test : OR(D2="교육",D2="제약") (업종이 교육이거나 제약이면)
Value_if_true : "면세" ("면세"를 반환)
Value_if_false : "과세" ("과세"를 반환)

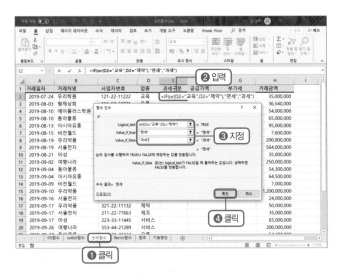

02 수식 복사하기

[E2] 셀의 채우기 핸들을 더블클릭하여 수식을 복사합니다.

03 부가세 계산하기

❶ [G2] 셀에 수식 「=IF(」을 입력한 후 Ctrl+A를 누릅니다. [함수 인수] 대화상자가 나타나면 ❷ 다음과 같이 지정한 후 ❸ [확인] 버튼을 클릭합니다.

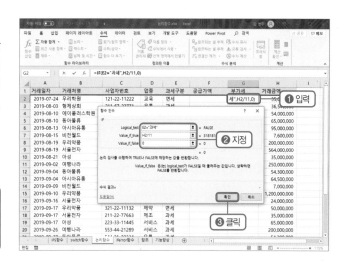

Logical_test : E2="과세" (과세구분이 과세이면)
Value_if_true : H2/11 (거래금액을 11로 나눈 값을 반환)
Value_if_false : 0 ("0"을 반환)

04 수식 복사하기

[G2] 셀의 채우기 핸들을 [G27] 셀까지 드래그하여 수식을 복사합니다.

05 공급가액 계산하기(거래금액 – 부가세)

❶ [F2] 셀에 수식 「=H2-G2」을 입력한 후 Enter를 누릅니다.
❷ [F2] 셀의 채우기 핸들을 더블클릭하여 수식을 복사합니다.

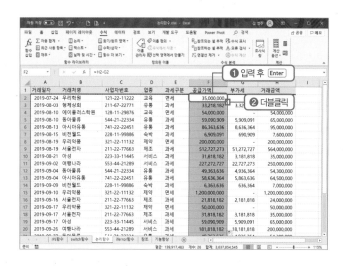

수식 에러 대처하기 – IFERROR, IFNA

예제 파일 Sample\Theme06\논리함수.xlsx 완성 파일 Sample\Theme06\논리함수_완성.xlsx

키 워 드 IFERROR, IFNA

길라잡이 VLOOKUP 함수를 이용하여 부서별 담당자를 찾아온 결과에 #N/A 에러가 반환되는 곳이 있습니다. 에러가 발생한 곳을 빈 셀로 처리하기 위해 IFERROR 함수를 이용하겠습니다. VLOOKUP 함수는 P.295를 참조합니다.

◉ VLOOKUP 함수에서 참조할 범위를 미리 이름 정의합니다.

01 이름 정의하기

❶ [참조] 시트를 클릭합니다.

❷ [A2:B10] 영역을 범위 지정한 후

❸ 이름 상자에 임의의 이름 '참조'를 입력한 후 Enter 를 누릅니다.

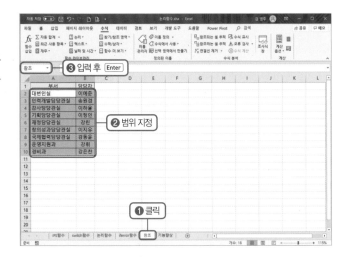

02 부서별 담당자 찾아오기

❶ [iferror함수] 시트를 클릭합니다.

❷ [B2] 셀에 수식 「=VLOOKUP(A2, 참조,2,0)」을 입력한 후 Enter 를 누릅니다.

VLOOKUP 함수는 특정 영역을 참조하여 원하는 값을 찾아오는 함수입니다. 해당 함수는 P.295를 참조합니다.

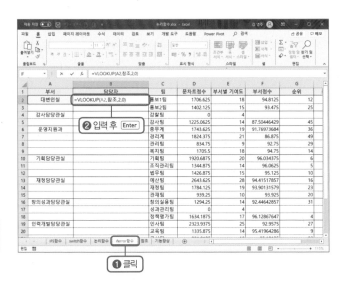

03 수식 복사하기

① [B2] 셀의 채우기 핸들을 [B26] 셀까지 드래그하여 수식을 복사합니다.
② '자동 채우기 옵션'(⊞▾)을 클릭하여 [서식 없이 채우기]를 선택합니다.

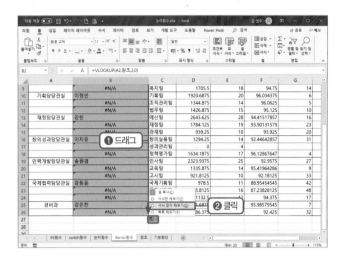

04 함수 잘라내기

에러 처리를 위한 함수를 사용하기 위해 **①** [B2] 셀을 더블클릭하여 편집 상태로 만듭니다. **②** 「VLOOKUP(A2,참조,2,0)」을 범위 지정한 후 Ctrl + X 를 눌러 잘라냅니다.

◉ #N/A 에러를 대처하기 위함이므로 IFERROR 함수 대신 IFNA 함수를 선택해도 됩니다. 사용법은 IFERROR 함수와 같습니다.

05 IFERROR 함수 선택하기

이어서 [수식] 탭의 [함수 라이브러리] 그룹에서 [논리 - IFERROR]를 클릭합니다.

06 IFERROR 함수 사용하기

[함수 인수] 대화상자가 나타나면 ❶ Value에서 Ctrl+V하여 수식을 붙여넣습니다. ❷ Value_if_error에는 ""을 입력한 후 ❸ [확인] 버튼을 클릭합니다.

> IFERROR 함수는 수식의 결과에 에러가 있으면 Value_if_error의 내용을 반환하고, 에러가 없으면 수식 결과를 반환합니다. VLOOKUP(A2,참조,2,0) 결과에 에러가 있으면 Null("") 값을 반환하고, 없으면 VLOOKUP 함수의 결과를 반환합니다.

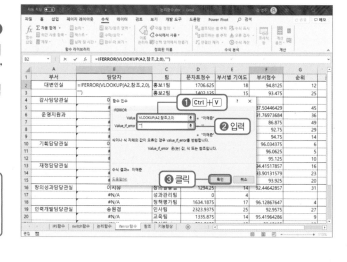

07 수식 복사하기

❶ [B2] 셀의 채우기 핸들을 [B26] 셀까지 드래그하여 수식을 복사합니다. ❷ '자동 채우기 옵션'(📋▾)을 클릭하여 [서식 없이 채우기]를 선택합니다.

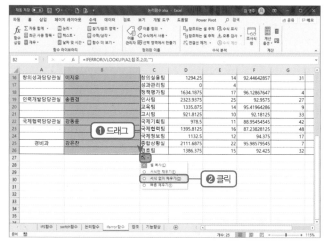

08 열 너비 자동 맞춤하기

[B]열 머리글과 [C] 열 머리글 사이의 경계선을 더블클릭합니다.

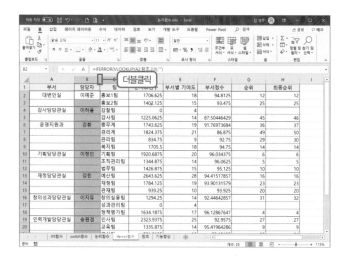

부서별로 구분선 긋기 – ISBLANK, AND, 조건부 서식

데이터 목록에 부서명이 듬성듬성 입력되어 있습니다. 부서를 기준으로 구분선을 그어 가독성이 좋아지도록 조건부 서식, AND, ISBLANK 함수를 활용하여 구분선을 그어보겠습니다.

【예제 파일】Sample\Theme06\논리함수.xlsx 　　　　　【완성 파일】Sample\Theme06\논리함수_완성.xlsx

1 조건부 서식 실행하기

❶ [기능향상] 시트를 클릭합니다. ❷ [A2:H26] 영역을 범위 지정한 후 ❸ [홈] 탭의 [스타일] 그룹에서 [조건부 서식 – 새 규칙]을 클릭합니다.

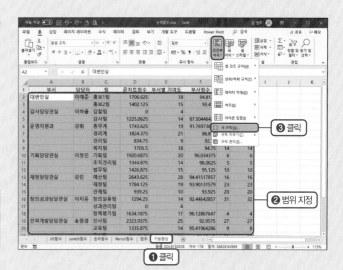

> 조건부 서식 규칙은 현재 칸이 빈칸이면서 아래 칸의 내용이 같지 않으면 되므로 AND와 ISBLANK 함수를 사용합니다.
> AND는 두 개 이상의 조건을 동시에 만족할 때 true를 반환하고,
> ISBLANK는 빈 셀일 때 true를 반환하는 함수입니다.

2 규칙 만들기

[새 서식 규칙] 대화상자가 나타나면 ❶ '수식을 사용하여 서식을 지정할 셀 결정'을 선택한 후 ❷ 수식 「=AND(ISBLANK($A2), $A2<>$A3)」을 입력한 후 ❸ [서식] 버튼을 클릭합니다.

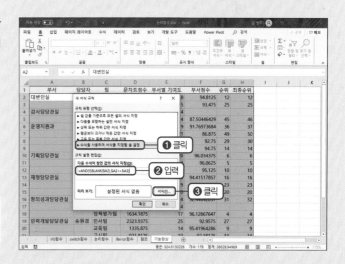

NOTE

AND(ISBLANK($A2),$A2<>$A3)
AND(A2셀이 공백이고, A2셀과 A3셀의 내용이 같지 않으면) 서식을 지정하는 조건부 서식입니다.

③ 서식 지정하기

[셀 서식] 대화상자가 나타나면 ❶ [테두리] 탭에서 아래 선을 지정한 후
❷ [확인] 버튼을 클릭합니다. 다시 [새 서식 규칙] 대화상자로 돌아오면
[확인]을 클릭합니다.

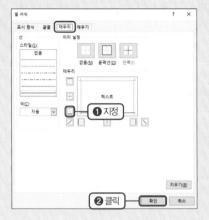

④ 확인하기

다음과 같이 부서별로 구분선이 그어집니다.

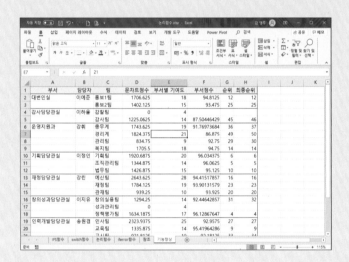

05 텍스트와 날짜/시간 함수

텍스트 함수를 이용하여 텍스트의 일부분을 추출하거나, 여러 텍스트를 조인하여 새로운 텍스트를 만들거나, Old 텍스트를 New 텍스트로 변환합니다. 날짜/시간 함수를 이용하여 날짜와 시간에 대한 계산을 처리합니다.

핵심기능 ▶ 텍스트 함수 다루기

:: 문자열에서 일부를 추출하는 LEFT 함수

함수 설명	문자열의 왼쪽에서 지정한 문자수를 추출합니다.
함수 형식	LEFT(Text, [Num_chars])
인수 설명	Text : 추출할 문자가 들어 있는 문자열 또는 셀 [Num_Chars] : 추출할 문자 수
사례	: =LEFT("840101-1234567",6) 반환값 : 840101

:: 문자열에서 일부를 추출하는 RIGHT 함수

함수 설명	문자열의 오른쪽에서 지정한 문자수를 추출합니다.
함수 형식	RIGHT(Text, [Num_chars])
인수 설명	Text : 추출할 문자가 들어 있는 문자열 또는 셀 [Num_chars] : 추출할 문자 수
사례	=RIGHT("840101-1234567",7) 반환값 : 1234567

⠿ 문자열에서 일부를 추출하는 MID 함수

함수 설명	텍스트 문자열의 지정한 위치에서부터 지정한 수를 추출합니다.
함수 형식	MID(Text, Start_num, Num_chars)
인수 설명	Text: 추출할 문자가 들어 있는 문자열 또는 셀 Start_num : 추출할 문자의 시작 위치 Num_chars : 추출할 문자 수
사례	=MID("840101-1234567",8,1) 반환값 : 1

⠿ 문자열에서 일부를 교체하는 REPLACE 함수

함수 설명	문자열에서 old_text를 new_text로 바꿉니다.(지정한 위치에 있는 텍스트를 바꿀 때 사용)
함수 형식	REPLACE(Old_text, Start_num, Num_chars, New_text)
인수 설명	Old_text: 바꾸고 싶은 문자가 들어 있는 문자열 또는 셀 Start_num : 바꾸기를 시작할 위치 Num_chars : 바꾸려는 문자 수 New_text : 대체할 새 문자열
사례	=REPLACE("010-1234-9876",5,4,"****") 반환값 : 010-****-9876

⠿ 문자열에서 일부를 교체하는 SUBSTITUTE 함수

함수 설명	문자열에서 old_text를 new_text로 바꿉니다. (위치 상관없이 지정한 텍스트를 바꿀 때 사용)
함수 형식	SUBSTITUTE(Text, Old_text, New_text, [Instance_num])
인수 설명	Text : 바꾸고 싶은 문자가 들어 있는 문자열 또는 셀 Old_text: 바꿀 문자열 New_text : Old_text를 대체할 새 문자열 [Instance_num] : Text에서 몇 번째 발견되는 old_text를 new_text로 바꿀 것인지를 지정. 생략하면 전체를 변경
사례	=SUBSTITUTE("서울특별시 서초구 양재동", "특별시", "시") 반환값 : 서울시 서초구 양재동

⠿ 문자열을 조인하는 CONCAT 함수 - 엑셀 2019, Office 365

함수 설명	여러 문자열을 한 문자열로 조인합니다. 이전 버전의 CONCATENATE를 대체합니다. CONCATENATE 함수보다 향상되어 인수에 데이터 범위를 지정할 수 있습니다.
함수 형식	CONCATENATE(Text1, [Text2],...)
인수 설명	Text1: 조인할 문자, 셀, 범위

문자열을 조인하는 TEXTJOIN 함수 – 엑셀 2019, Office 365

함수 설명	여러 문자열을 한 문자열로 조인합니다. 조인할 문자 사이의 구분기호를 지정할 수 있고, 지정한 범위 안에 빈 셀이 있을 경우 빈 셀 무시 여부를 결정할 수 있습니다.
함수 형식	TEXTJOIN(delimiter, ignore_empty, text1, [text2], …)
인수 설명	Delimiter : 구분기호 Ignore_empty : 빈 셀 무시 여부 Text1: 조인할 문자, 셀, 범위

문자의 위치를 찾는 FIND 함수

함수 설명	텍스트에서 원하는 텍스트를 찾아 위치를 반환합니다. (대/소문자 구분, 와일드카드를 사용할 수 없음)
함수 형식	FIND(Find_text, Within_text, [Start_num])
인수 설명	Find_text : 찾으려는 텍스트 Within_text : 찾으려는 텍스트가 있는 문자열 또는 셀 [Start_num] : 검색을 시작할 위치를 지정
사례	=FIND("c","ACcess2019") => 대소문자 구분 반환값 : 3

문자의 위치를 찾는 SEARCH 함수

함수 설명	텍스트에서 원하는 텍스트를 찾아 위치를 반환합니다. (대/소문자 구분하지 않음, 와일드카드 사용 가능)
함수 형식	SEARCH(Find_text, Within_text, [Start_num])
인수 설명	Find_text : 찾으려는 텍스트 Within_text : 찾으려는 텍스트가 있는 문자열 또는 셀 [Start_num] : 검색을 시작할 위치를 지정
사례	=SEARCH("c","ACcess2019") => 대소문자 구분하지 않음 반환값 : 2

문자열의 문자수를 세는 LEN 함수

함수 설명	문자열의 문자수를 반환합니다.
함수 형식	LEN(text)
인수 설명	text : 문자열(공백도 문자로 계산됨)
사례	: =LEN("엑셀2019") 반환값 : 6

⠿ 숫자의 서식을 지정하는 TEXT 함수

함수 설명	Value에 원하는 서식을 적용한 후 텍스트로 반환합니다.
함수 형식	TEXT(Value, Format_text)
인수 설명	Value : 숫자, 수식, 숫자가 있는 셀 주소 Format_text : [셀 서식] 대화 상자의 [표시 형식] 탭에서 지정할 수 있는 사용자 지정 서식으로 ""(따옴표)로 묶습니다.
사례	=TEXT(1000,"₩#,##0") 반환값 : ₩1,000

⠿ 불필요한 공백을 제거하는 TRIM 함수

함수 설명	텍스트의 양 끝 공백을 제거하고, 두 칸 이상의 공백이 있을 시 한 칸은 남겨 두고 나머지 칸은 제거합니다.
함수 형식	TEXT(text)
인수 설명	Text : 문자열

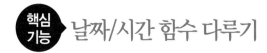

핵심
기능 ▶ 날짜/시간 함수 다루기

⠿ TODAY

함수 설명	오늘 날짜를 반환합니다.
함수 형식	TODAY()
인수 설명	인수는 없음

⠿ NOW

함수 설명	현재 날짜와 시간을 반환합니다.
함수 형식	NOW()
인수 설명	인수는 없음

:: YEAR

함수 설명	날짜에서 연도를 추출합니다.
함수 형식	YEAR(Serial_number)
인수 설명	Serial_number : 날짜
사례	=YEAR("2019-6-5") 반환값 : 2019

:: MONTH

함수 설명	날짜에서 월을 추출합니다.
함수 형식	MONTH(Serial_number)
인수 설명	Serial_number : 날짜
사례	=MONTH("2019-6-5") 반환값 : 6

:: DAY

함수 설명	날짜에서 일을 추출합니다.
함수 형식	DAY(Serial_number)
인수 설명	Serial_number : 날짜
사례	=DAY("2019-6-5") 반환값 : 5

:: WEEKDAY

함수 설명	날짜에서 요일을 일련번호로 반환합니다.
함수 형식	WEEKDAY(Serial_number, Return_type)
인수 설명	Serial_number : 날짜 Return_type : 요일을 반환할 옵션 　　　　　1 또는 생략 : 일요일을 1 ~ 토요일을 7로 반환 　　　　　2 : 월요일을 1 ~ 일요일을 7로 반환 　　　　　3 : 월요일을 0 ~ 일요일을 6으로 반환
사례	=WEEKDAY("2019-6-5") 반환값 : 4 (Return_type을 생략하였으므로 일요일을 1, 월요일을 2, 화요일을 3으로 반환)

:: DATE

함수 설명	입력받은 Year, Month, Day를 날짜로 반환합니다.
함수 형식	DATE(Year, Month, Day)
인수 설명	Year : 1900~1999까지의 연도를 나타내는 숫자 Month : 1~12까지의 월을 나타내는 숫자 Day : 1~31까지의 일을 나타내는 숫자
사례	=DATE(2019,7,15) 반환값 : 2019-7-15

:: TIME

함수 설명	입력받은 시, 분, 초를 시간으로 반환합니다.
함수 형식	TIME(Hour, Minute, Second)
인수 설명	Hour : 시간을 나타내는 숫자 Minute : 분을 나타내는 숫자 Second : 초를 나타내는 숫자
사례	=TIME(9,30,10) 반환값 : 9:30:10

:: DATEDIF

함수 설명	Start_date, End_date 사이의 경과된 기간을 계산합니다.
함수 형식	DATEDIF(Start_date, End_date, Interval)
인수 설명	Start_date: 시작 날짜 End_date : 종료 날짜 Interval : 계산 옵션 　　"y" : 두 날짜 사이의 경과된 연수를 계산 　　"m" : 두 날짜 사이의 경과된 월수를 계산 　　"d" : 두 날짜 사이의 경과된 일수를 계산 　　"ym" : 두 날짜 사이에서 연수를 배제한 월수를 계산 　　"md" : 두 날짜 사이에서 월수를 배제한 일수를 계산 　　"yd" : 두 날짜 사이에서 연수를 배제한 일수를 계산
사례	=DATEDIF("2019-5-1","2020-5-1","y") 반환값 : 1

:: EDATE

함수 설명	시작일 전/후의 개월 수를 반환하므로 만기일이나 기한을 계산합니다.
함수 형식	EDATE(Start_date, Months)
인수 설명	Start_date : 시작일 Months : Start_date 전이나 후의 개월 수 (전은 음수로, 후는 양수로 나타냄)
사례	=EDATE("2019-6-1",2) 2019-6-1일 두 달 후의 날짜는 2019-8-1 =EDATE("2019-6-1",-2) 2019-6-1일 두 달 이전의 날짜는 2019-4-1

:: EOMONTH

함수 설명	시작일에서 지정된 개월 수 전/후의 마지막 날의 날짜를 반환합니다.
함수 형식	EOMONTH(Start_date, Months)
인수 설명	Start_date : 시작일 Months : Start_date 전이나 후의 개월 수 (전은 음수로, 후는 양수로 나타냄)
사례	=EOMONTH("2019-6-5",1) 2019-6-5일 한 달 후의 말일 날짜는 2019-7-31 =EOMONTH("2019-6-5",-1) 2019-6-5일 한 달 이전의 말일 날짜는 2019-5-31

:: NETWORKDAYS

함수 설명	Start_date와 End_date 사이의 주말과 공휴일을 제외한 작업 일수를 반환합니다. ※주말을 토요일과 일요일이 아닌 다른 규정을 사용하여 작업 일수를 반환하려면 NETWORKDAYS.INTL 함수를 사용합니다.
함수 형식	NETWORKDAYS(Start_date, End_date, [Holidays])
인수 설명	Start_date : 시작일 End_date : 종료일 [Holidays] : 국경일, 공휴일, 임시 공휴일 등 작업 일수에서 제외할 날짜 범위

:: NETWORKDAYS.INTL - 엑셀 2010 이상 버전

함수 설명	시작일과 종료일 사이의 주말과 공휴일을 제외한 작업 일수를 반환합니다. 주말에 대한 규정은 weekend 매개변수에서 선택합니다.
함수 형식	NETWORKDAYS.INTL(start_date, end_date, [weekend], [holidays])

	Start_date : 시작일 End_date : 종료일 [Weekend] : 주말에 대한 매개변수				
인수 설명	1 또는 생략	토요일, 일요일	11	일요일만
	2	일요일, 월요일	12	월요일만
	3	월요일, 화요일	13	화요일만
	4	화요일, 수요일	14	수요일만
	5	수요일, 목요일	15	목요일만
	6	목요일, 금요일	16	금요일만
	7	금요일, 토요일	17	토요일만
	[Holidays] : 국경일, 공휴일, 임시 공휴일 등 작업 일수에서 제외할 날짜 범위			

:: WORKDAY

함수 설명	Start_date에서 작업일수를 더한 종료예정일을 반환합니다. 단, 주말과 공휴일은 제외. ※주말을 토요일과 일요일이 아닌 다른 규정을 사용하여 종료일을 계산하려면 WORKDAY.INTL 함수를 사용합니다.
함수 형식	WORKDAY(Start_date, Days, Holidays)
인수 설명	Start_date : 시작일 Days : 소요일 Holidays : 국경일, 공휴일, 임시공휴일과 같이 작업 일수에서 제외할 날짜 범위

:: WORKDAY.INTL – 엑셀 2010 이상 버전

함수 설명	start_date에서 작업 일수를 더한 종료예정일을 반환합니다. 단, 주말과 공휴일은 제외. 주말에 대한 규정은 weekend 매개변수에서 선택합니다.				
함수 형식	WORKDAY.INTL(start_date, days, [weekend], [holidays])				
인수 설명	Start_date : 시작일 Days : 소요일 [Weekend] : 주말에 대한 매개변수				
	1 또는 생략	토요일, 일요일	11	일요일만
	2	일요일, 월요일	12	월요일만
	3	월요일, 화요일	13	화요일만
	4	화요일, 수요일	14	수요일만
	5	수요일, 목요일	15	목요일만
	6	목요일, 금요일	16	금요일만
	7	금요일, 토요일	17	토요일만
	[Holidays] : 국경일, 공휴일, 임시공휴일과 같이 작업 일수에서 제외할 날짜 범위			

분리된 주소 한 셀에 나타내기 – CONCAT, TEXTJOIN

예제 파일 Sample\Theme06\텍스트_날짜.xlsx **완성 파일** Sample\Theme06\텍스트_날짜_완성.xlsx

키 워 드 CONCAT, TEXTJOIN
길라잡이 분리된 주소를 한 셀에 나타내기 위해서 CONCAT 함수와 TEXTJOIN 함수를 사용합니다. 예제를 통하여 두 함수의 차이점을 확인하겠습니다. CONCAT과 TEXTJOIN 함수는 엑셀 2019와 Office 365에서 사용할 수 있는 함수입니다.

● CONCAT 함수는 이전 버전의 CONCATENATE 함수를 대체한 것으로 인수에 범위를 전달할 수 있도록 향상되었습니다.

01 CONCAT 함수로 조인하기

❶ [조인] 시트를 클릭합니다. ❷ [E2] 셀에 셀 포인터를 두고 ❸ [수식] 탭의 [함수 라이브러리] 그룹에서 [텍스트 - CONCAT]를 클릭합니다.

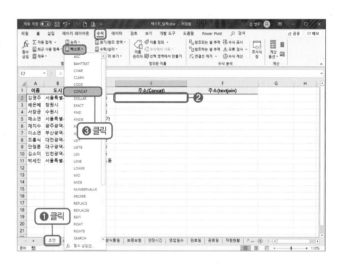

02 함수 인수 지정하기

[함수 인수] 대화상자가 나타나면 ❶ 다음과 같이 지정한 후 ❷ [확인] 버튼을 클릭합니다.

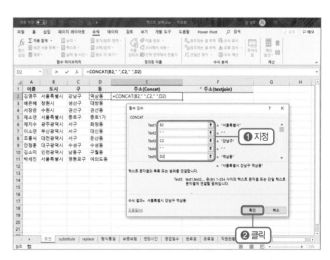

Text1 : B2 ([B2] 셀의 값을 참조)
Text2 : " " (공백 입력)
Text3 : C2 ([C2] 셀의 값을 참조)
Text4 : " " (공백 입력)
Text5 : D2 ([D2] 셀의 값을 참조)

● TEXTJOIN 함수는 구분자를 입력할 수 있어 CONCAT 함수보다 사용하기 편리합니다.

03 TEXTJOIN 함수로 조인하기

❶ [F2] 셀에 셀 포인터를 두고 ❷ [수식] 탭의 [함수 라이브러리] 그룹에서 [텍스트 - TEXTJOIN]을 클릭합니다.

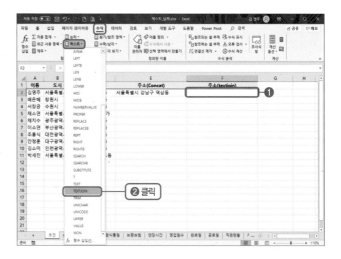

04 인수 지정하기

[함수 인수] 대화상자가 나타나면 ❶ 다음과 같이 지정한 후 ❷ [확인] 버튼을 클릭합니다.

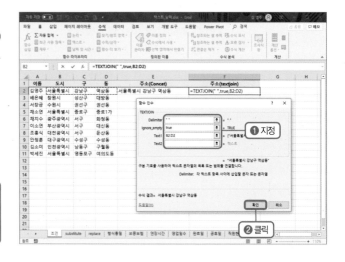

Delimiter : " " (조인할 텍스트 사이의 구분자)
Ignore_empty : true (조인할 텍스트 범위 중에 빈 셀이 있으면 무시)
Text1 : B2:D2 (조인할 텍스트가 있는 범위)

05 수식 복사하기

[E2:F2] 영역의 채우기 핸들을 더블클릭하여 수식을 복사합니다. 수식의 결과는 동일합니다.

계좌번호에 '0' 표시하기 – SUBSTITUTE

예제 파일 Sample\Theme06\텍스트_날짜.xlsx 완성 파일 Sample\Theme04\텍스트_날짜_완성.xlsx

키 워 드 SUBSTITUTE

길라잡이 계좌번호에 입력되어 있는 "–"를 일괄 제거하는 간단한 방법은 [홈] 탭의 [편집] 그룹에서 [찾기 및 바꾸기 – 바꾸기] 명령을 이용할 수 있으나 0으로 시작하는 계좌번호가 있을 경우 0이 표시되지 않는 문제가 발생합니다. SUBSTITUTE 함수를 이용하여 제거하면 이러한 문제를 해결할 수 있습니다.

◉ ❶ 「=SUB」 입력 ❷ Tab
❸ Ctrl + A 를 눌러도 됩니다.

◉ SUBSTITUTE 함수는 old_text를 new_text로 바꿉니다.

01 계좌번호 "–" 제거하기

❶ [substitute] 시트를 클릭합니다.
❷ [D2] 셀에 셀 포인터를 두고 ❸ [수식] 탭의 [함수 라이브러리] 그룹에서 [텍스트 – SUBSTITUTE]를 클릭합니다.

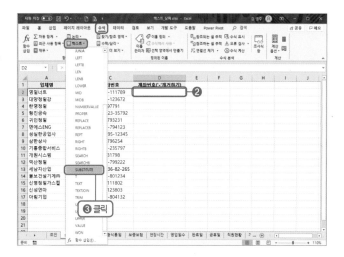

02 인수 지정하기

[함수 인수] 대화상자가 나타나면 ❶ 다음과 같이 지정한 후 ❷ [확인] 버튼을 클릭합니다. [D2] 셀의 채우기 핸들을 [D17] 셀까지 드래그하여 수식을 복사합니다.

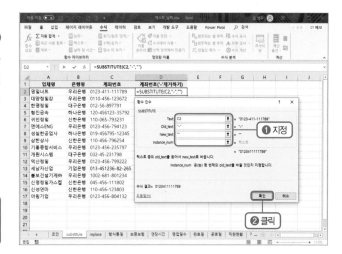

Text : C2 (계좌번호)
Old_text : "–" (제거할 문자인 "–"입력)
New_text : "" (제거할 것이므로 null("") 입력)

기능 실습 03 자릿수 다른 정보 보호하기 – REPLACE, LEN

예제 파일 Sample\Theme06\텍스트_날짜.xlsx **완성 파일** Sample\Theme06\텍스트_날짜_완성.xlsx

키 워 드 REPLACE, LEN
길라잡이 전화번호 오른쪽 4자리를 "****"로 대체하기 위해 REPLACE와 LEN 함수를 이용합니다. 전화번호의 자릿수가 모두 같으면 REPLACE 함수만으로 가능하지만 자릿수가 다르므로 LEN함수를 같이 사용합니다.

● ❶「=REP」입력 ❷ Tab
❸ Ctrl+A 를 눌러도 됩니다.

● REPLACE 함수는 정해진 위치의 old_text를 new_text로 바꿉니다.

01 자릿수가 다른 전화번호 보호하기

❶ [replace] 시트를 클릭합니다. ❷ [C2] 셀에 셀 포인터를 두고 ❸ [수식] 탭의 [함수 라이브러리] 그룹에서 [텍스트 - REPLACE]를 클릭합니다.

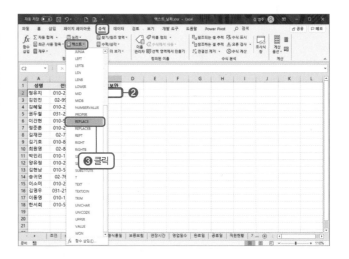

02 인수 지정하기

[함수 인수] 대화상자가 나타나면 ❶ 다음과 같이 지정한 후 ❷ [확인] 버튼을 클릭합니다. [C2] 셀의 채우기 핸들을 더블클릭하여 수식을 복사합니다.

Old_text : B2 (전화번호)
Start_num : len(B2)-3 (바꾸기를 시작할 시작위치)
　　　　　　　(전화번호 전체자릿수 -3)
Num_chars : 4 (바꾸기할 글자 수)
New_text : "****" (바꿀 새 문자)

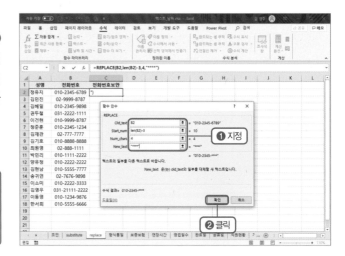

제각각인 전화번호 형식 통일하기 –
SUBSTITUTE, TEXT

예제 파일 Sample\Theme06\텍스트_날짜.xlsx 완성 파일 Sample\Theme06\텍스트_날짜_완성.xlsx

키 워 드 SUBSTITUTE, TEXT
길라잡이 다양한 형태의 전화번호 형식을 "000–0000–0000"으로 통일하기 위해서 SUBSTITUTE와 TEXT 함수를 사용
하겠습니다. 전화번호에 있는 불필요한 문자를 제거하여 숫자로 만들기 위해 SUBSTITUTE 함수를 사용하고, 원하는 "000–
0000–0000" 형식으로 만들기 위해 TEXT 함수를 이용하겠습니다.

◉ ❶ 「=SUB」 입력 ❷ Tab
❸ Ctrl+A를 누르면 편리합
니다.

01 전화번호 "–" 제거하기

❶ [형식통일] 시트를 클릭합니다.

❷ [C2] 셀에서 「=SUBSTITUTE(」
을 입력한 후 Ctrl+A를 누릅니다.

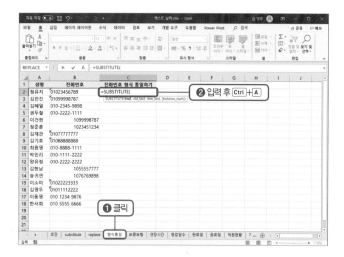

02 인수 지정하기

[함수 인수] 대화상자가 나타나면 ❶
다음과 같이 지정한 후 ❷ [확인] 버튼
을 클릭합니다.

Text : B2 (전화번호)
Old_text : "–" (제거할 문자)
New_text : "" (대체할 텍스트로 Null("")을 입력)

○ Ctrl + X 는 잘라내기 단축
키입니다.

03 수식 잘라내기

❶ [C2] 셀을 선택한 후 ❷ 수식 입력
줄의 수식 「SUBSTITUTE(B2,"-","")
」을 범위 지정한 후 Ctrl + X 를 누릅니
다.

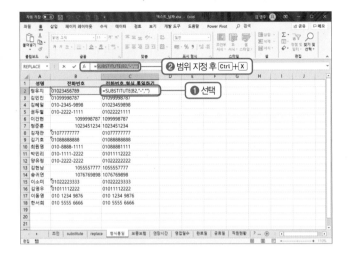

○ ❶ 「=SUB」 입력 ❷ Tab
❸ Ctrl + A 를 누르면 편리합
니다.

04 전화번호 사이의 공백 제거하기

[C2] 셀에서 「=SUBSTITUTE(」을
입력한 후 Ctrl + A 를 누릅니다.

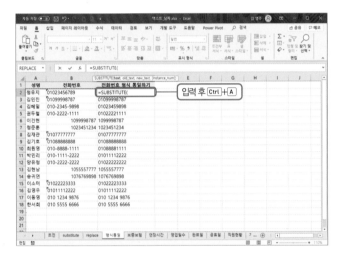

○ [C2] 셀의 채우기 핸들을
더블클릭하여 수식을 복사
하여 결과를 확인하면 "-"는
제거되었지만 공백은 남아
있는 상태입니다.

05 인수 지정하기

[함수 인수] 대화상자가 나타나면 ❶
다음과 같이 지정한 후 ❷ [확인] 버튼
을 클릭합니다.

Text : SUBSTITUTE(B2,"-","") (Ctrl + V 를 눌러 붙여
넣기함, "-"가 제거된 전화번호)
Old_text : " " (제거할 공백)
New_text : "" (대체할 텍스트로 Null("")을 입력)

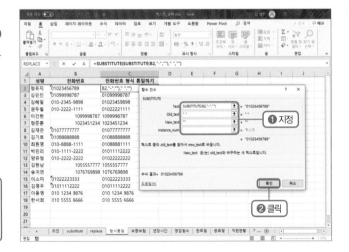

◉ Ctrl + X 는 잘라내기 단축 키입니다.

◉ [C2] 셀의 채우기 핸들을 더블클릭하여 수식을 복사한 후 결과를 확인하면 "-" 와 공백(" ")이 제거되었습니다.

06 수식 잘라내기

❶ [C2] 셀을 선택한 후 ❷ 수식 입력줄의 수식 「SUBSTITUTE(SUBSTITUTE(B2,"-","")," ","")」을 범위 지정한 후 Ctrl + X 를 누릅니다.

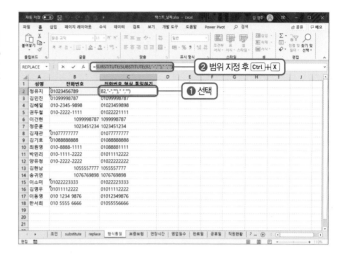

◉ ❶ 「=TE」 입력 ❷ Tab ❸ Ctrl + A 를 누르면 편리합니다.

07 전화번호 형식 통일하기

[C2] 셀에서 「=TEXT(」을 입력한 후 Ctrl + A 를 누릅니다.

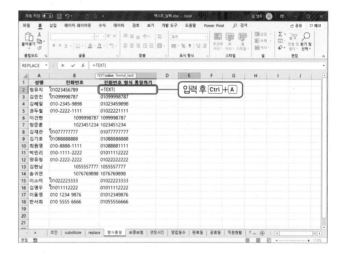

◉ 복잡한 수식도 한 단계씩 수식을 작성하면 어렵지 않게 작성할 수 있습니다.

08 인수 지정하기

[함수 인수] 대화상자가 나타나면 ❶ 다음과 같이 지정한 후 ❷ [확인] 버튼을 클릭합니다. [C2] 셀의 채우기 핸들을 더블클릭하여 수식을 복사합니다.

Value : SUBSTITUTE(SUBSTITUTE(B2,"-","")," ","")
(Ctrl + V 를 눌러 붙여넣기함, "-"와 공백이 제거된 전화번호)
Format_text : "000-0000-0000" (전화번호 형식)

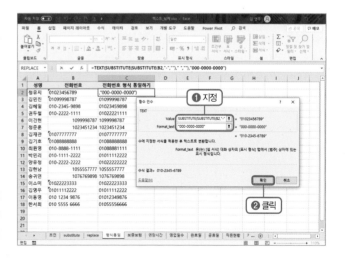

보증보험 만기일과 갱신일 계산하기 – EDATE, EOMONTH

예제 파일 Sample\Theme06\텍스트_날짜.xlsx 완성 파일 Sample\Theme06\텍스트_날짜_완성.xlsx

키 워 드 EDATE, EOMONTH
길라잡이 보증보험은 1년에 한번 재가입해야 하므로 가입일로부터 1년이 되는 만기일을 EDATE 함수로 계산하고, 만기되는
당월 말일에 한꺼번에 갱신하기 위해 EOMONTH 함수로 만기일의 말일을 계산합니다.

●❶「=E」입력 ❷ Tab ❸
Ctrl+A를 누르면 편집합니다.

01 보증보험 만기일 계산하기

❶ [보증보험] 시트를 클릭합니다. ❷
[F2] 셀에 셀 포인터를 두고 ❸ [수식]
탭의 [함수 라이브러리] 그룹에서 [날
짜 및 시간 – EDATE]를 클릭합니다.

●EDATE 함수는 Start_date
에서 지정한 개월 수인 12개
월 후를 반환합니다.

02 인수 지정하기

[함수 인수] 대화상자가 나타나면 ❶
다음과 같이 지정한 후 ❷ [확인] 버튼
을 클릭합니다.

Start_date : E2 (보증보험 가입일)
Months : 12 (1년을 개월로 입력)

◉ ❶ 「=EO」 입력 ❷ [Tab]
❸ [Ctrl]+[A]를 누르면 편집합
니다.

03 보증 보험 갱신일 계산하기

보증보험 만기일에서 해당 월 말일에
일괄 갱신하기 위해 보증보험 만기일
의 말일 날짜를 계산합니다. ❶ [G2]
셀에 셀 포인터를 두고 ❷ [수식] 탭의
[함수 라이브러리] 그룹에서 [날짜 및
시간 - EOMONTH]를 클릭합니다.

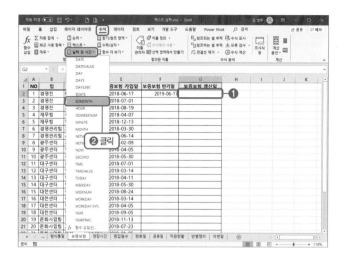

◉ EOMONTH 함수는 Start_
date에서 지정한 개월 수 후
의 말일 날짜를 반환합니다.
Month가 0이므로 당월의 말
일 날짜를 반환합니다.

04 인수 지정하기

[함수 인수] 대화상자가 나타나면 ❶
다음과 같이 지정한 후 ❷ [확인] 버튼
을 클릭합니다.

Start_date : F2 (보증보험 만기일)
Months : 0 (당월의 말일 날짜. 즉 보증보험 만기일의
말일 날짜를 반환)

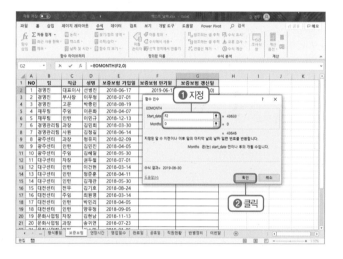

05 수식 복사하기

[F2:G2] 영역의 채우기 핸들을 더블
클릭하여 수식을 복사합니다.

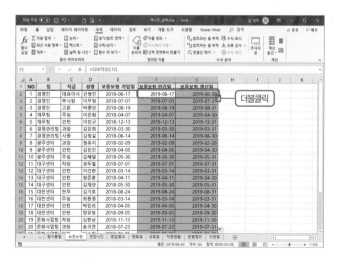

근무시간, 연장시간 계산하기 – TIME

기능실습 06

예제 파일 Sample\Theme06\텍스트_날짜.xlsx 완성 파일 Sample\Theme06\텍스트_날짜_완성.xlsx

키 워 드 TIME
길라잡이 출근시간과 퇴근시간을 기초로 하여 근무시간과 연장시간을 계산합니다. 근무시간은 「퇴근시간-출근시간-점심시간」, 연장시간은 「근무시간-8」로 합니다.

● 엑셀은 24시를 1로 처리합니다. 점심시간 한 시간을 빼기 위해 수식 「=C3-B3-1」하면 1시간이 아닌 24시간을 빼는 결과가 됩니다. 그러므로 1시간을 빼기 위해서는 1/24을 빼야 합니다. 수식 「=C3-B3-(1/24)」

● 근무시간을 TIME 함수를 이용하여 작성하려면 「=C3-B3-TIME(1,0,0)」으로 작성합니다.

01 근무시간 계산하기

❶ [연장시간] 시트를 클릭합니다. ❷ [D3] 셀에 수식 「=C3-B3-(1/24)」을 입력한 후 Enter를 누릅니다.

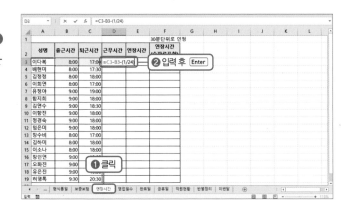

● 근무시간을 TIME 함수를 이용하면 이렇게「=D3-TIME(8,0,0)」으로 작성합니다.

02 연장 시간 계산하기

[E3] 셀에 수식 「=D3-(8/24)」을 입력한 후 Enter를 누릅니다.

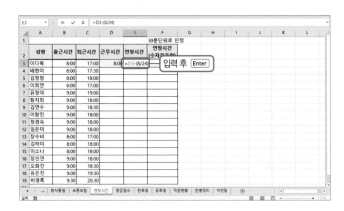

03 연장시간 시간 단위로 나타내기

연장시간을 시간 단위로 표시하기 위해 [F3] 셀에서 「=E3*24」을 입력한 후 Enter를 누릅니다.

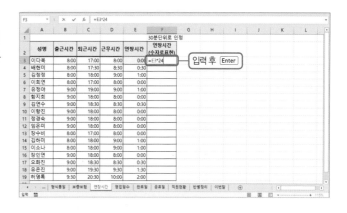

04 수식 복사 및 '일반' 표시형식 지정하기

❶ [F3] 셀의 채우기 핸들을 더블클릭하여 수식을 복사합니다. ❷ 이어서 [홈] 탭의 [표시 형식] 그룹에서 [일반]을 클릭합니다.

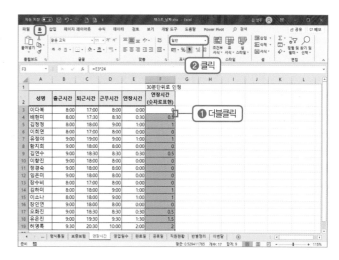

월별 영업일수 계산하기 – EOMONTH, NETWORKDAYS

기능 실습 07

예제 파일 Sample\Theme06\텍스트_날짜.xlsx 완성 파일 Sample\Theme06\텍스트_날짜_완성.xlsx

키 워 드 EOMONTH, NETWORKDAYS
길라잡이 공휴일과 주말을 제외한 2019년 월별 영업일수를 계산하기 위해 EOMONTH 함수를 이용하여 말일 날짜를 계산하고, NETWORKDAYS 함수를 활용하여 영업일수를 계산하겠습니다. 2019년 공휴일 목록은 [공휴일] 시트에 입력해두었으므로 참조합니다.

◉ EOMONTH 함수는 A3(영업 시작일)에서 0개월을 더한 후의 말일 날짜, 즉 당월의 말일 날짜를 계산합니다.

01 월별 말일 날짜 계산하기

❶ [영업일수] 시트를 클릭합니다. ❷ [B3] 셀에 수식 「=EOMONTH(A3,0)」을 입력한 후 Enter를 누릅니다.

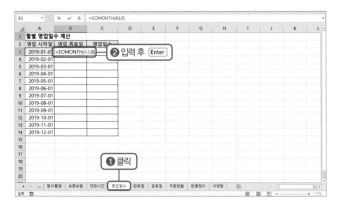

02 수식 복사하기

[B2] 셀의 채우기 핸들을 더블클릭하여 수식을 복사합니다.

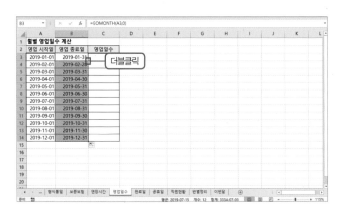

03 공휴일 이름 정의하기

❶ [공휴일] 시트를 클릭하면 2019년 공휴일 목록이 정리되어 있습니다.
❷ [A2:A14] 영역을 범위 지정한 후
❸ 이름 상자에 '공휴일'을 입력한 후 Enter를 누릅니다.

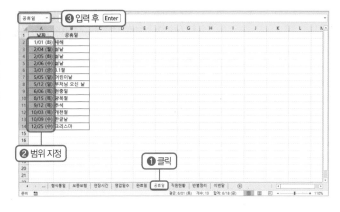

● NETWORKDAYS 함수는 A3(영업 시작일)과 B3(영업 종료일) 사이에서 주말(토, 일)과 공휴일을 제외한 일수를 계산합니다. 만약, 주말을 토,일이 아닌 다른 요일로 규정하려면 NETWORKS. INTL 함수를 이용합니다.

04 영업일수 계산하기

[C3] 셀에 수식 「=NETWORKDAYS (A3,B3,공휴일)」을 입력한 후 Enter를 누릅니다.

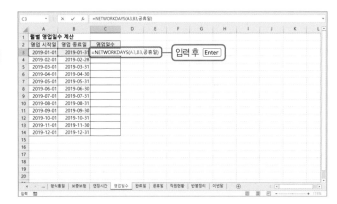

05 수식 복사하기

[C3] 셀의 채우기 핸들을 더블클릭하여 수식을 복사합니다.

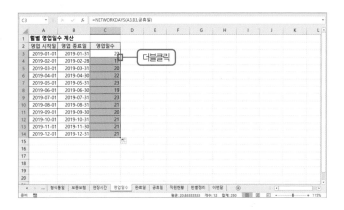

작업일수에 따른 작업 완료일 계산하기 – WORKDAY

예제 파일 Sample\Theme06\텍스트_날짜.xlsx 완성 파일 Sample\Theme06\텍스트_날짜_완성.xlsx

키 워 드 WORKDAY
길라잡이 작업 시작일에서 공휴일과 주말을 제외한 작업일수를 더한 작업 완료일을 계산하기 위해 WORKDAY 함수를 사용하여 계산하겠습니다.

01 작업 완료일 계산하기

❶ [완료일] 시트를 클릭합니다. ❷ [D2] 셀에 수식 「=WORKDAY(」을 입력한 후 Ctrl+A를 누릅니다. [함수 인수] 대화상자가 나타나면 ❸ 다음과 같이 지정한 후 ❹ [확인] 버튼을 클릭합니다.

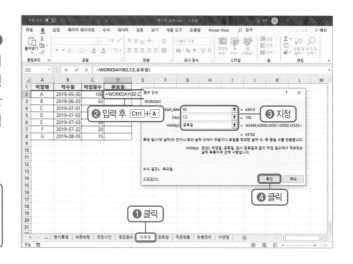

Start_date : B2 (작업 시작일)
Days : C2 (작업 소요일)
Holidays : 공휴일 ([공휴일] 시트의 [A2:A14] 영역을 미리 이름 정의해 둠)

02 수식 복사하기

[D2] 셀의 채우기 핸들을 더블클릭하여 수식을 복사합니다.

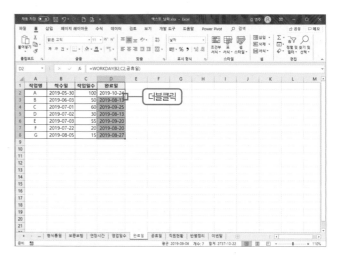

기능실습 09 주민번호로 성별, 생년월일 계산하기 –
IF, MID, RIGHT, CHOOSE, VALUE

예제 파일 Sample\Theme06\텍스트_날짜.xlsx **완성 파일** Sample\Theme06\텍스트_날짜_완성.xlsx

키 워 드 IF, MID, RIGHT, CHOOSE, VALUE
길라잡이 주민번호를 이용하여 성별과 생년월일을 계산합니다. 주민번호의 성별을 구분하는 기호는 "1", "2", "3", "4"입니다. "1", "3"은 남성, "2"와 "4"는 여성입니다. 1900년대생은 "1", "2"가 부여되고, 2000년대생은 "3", "4"가 부여됩니다.

○ CHOOSE 함수는 인수 목록 중에서 하나를 반환하는 찾기/참조 함수로 P.295를 참고합니다.
CHOOSE 함수와 SWITCH 함수는 비슷하나 CHOOSE 함수는 index_num에 일련번호만 가능하고 SWITCH 함수는 문자도 가능합니다.

01 성별 계산하기

❶ [직원현황] 시트를 클릭합니다. ❷ [G2] 셀에 수식 「=CHOOSE(」을 입력한 후 Ctrl + A 를 누릅니다. [함수 인수] 대화상자가 나타나면 ❸ 다음과 같이 지정한 후 ❹ [확인] 버튼을 클릭합니다.

Index_num : right(E2,1) (주민번호(E2)의 오른쪽에서부터 한 자리를 추출함)
Value1 : 남 (Index_num의 결과가 1이면 "남"을 반환)
Value2 : 여 (Index_num의 결과가 2이면 "여"를 반환)
Value3 : 남 (Index_num의 결과가 3이면 "남"을 반환)
Value4 : 여 (Index_num의 결과가 4이면 "여"를 반환)

02 수식 복사하기

[G2] 셀의 채우기 핸들을 더블클릭하여 수식을 복사합니다.

03 1900년대생의 생년월일 계산하기

❶ [H2] 셀에 수식 「=DATE(」을 입력한 후 Ctrl + A 를 누릅니다. [함수 인수] 대화상자가 나타나면 ❷ 다음과 같이 지정한 후 ❸ [확인] 버튼을 클릭합니다.

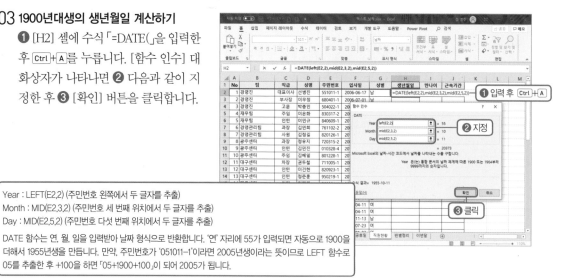

> Year : LEFT(E2,2) (주민번호 왼쪽에서 두 글자를 추출)
> Month : MID(E2,3,2) (주민번호 세 번째 위치에서 두 글자를 추출)
> Day : MID(E2,5,2) (주민번호 다섯 번째 위치에서 두 글자를 추출)
>
> DATE 함수는 연, 월, 일을 입력받아 날짜 형식으로 반환합니다. '연' 자리에 55가 입력되면 자동으로 1900을 더해서 1955년생을 만듭니다. 만약, 주민번호가 '051011-1'이라면 2005년생이라는 뜻이므로 LEFT 함수로 05를 추출한 후 +100을 하면 「05+1900+100」이 되어 2005가 됩니다.

● 수식을 잘라낸 이유는 해당 계산식은 1900년대생의 생년월일 계산식이기 때문입니다. 해당 직원현황에는 2000년대 생도 있기 때문에 IF 함수를 이용하여 1900년대일 경우엔 해당 수식으로 계산하고, 2000년대생일 경우엔 해당 수식 연도 자리에 +100을 합니다.

04 수식 잘라내기

[H2] 셀의 수식 입력줄에서 수식 「DATE(LEFT(E2,2),MID(E2,3,2),MID(E2,5,2))」을 범위 지정한 후 Ctrl + X 를 눌러 잘라냅니다.

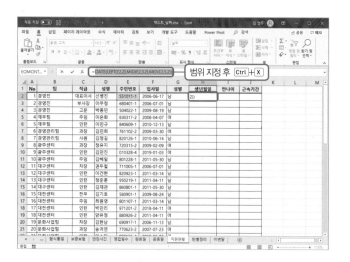

05 생년월일 1900년대와 2000년대로 분리해서 계산하기

[H2] 셀에 수식 「=IF(」을 입력한 후 Ctrl + A 를 누릅니다. [함수 인수] 대화상자가 나타나면 다음과 같이 지정한 후 [확인] 버튼을 클릭합니다. [H2] 셀의 채우기 핸들을 더블클릭하여 수식을 복사합니다.

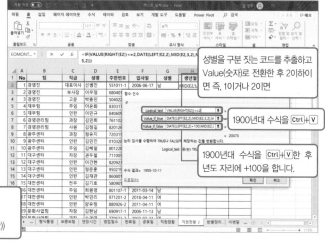

> Logical_test : VALUE(RIGHT(E2))<=2
> Value_if_true : DATE(LEFT(E2,2),MID(E2,3,2),MID(E2,5,2))
> Value_if_false : DATE(LEFT(E2,2)+100,MID(E2,3,2),MID(E2,5,2))

만 나이와 근속기간 계산하기 – DATEDIF, TODAY, CONCAT

예제 파일 Sample\Theme06\텍스트_날짜.xlsx 완성 파일 Sample\Theme06\텍스트_날짜_완성.xlsx

키 워 드 DATEDIF, TODAY, CONCAT
길라잡이 생년월일에서 오늘까지의 만 나이를 계산하고, 입사일에서 기준일까지의 근속기간을 O년 O개월 형식으로 계산하겠습니다. 두 날짜 사이의 경과된 기간은 DATEDIF 함수를 이용합니다.

◉ DATEDIF 함수는 함수 라이브러리에 제공하지 않는 함수이므로 직접 함수식을 입력해야 합니다.

01 만 나이 계산하기

❶ [직원현황 2] 시트를 클릭합니다.
❷ [I3] 셀에 수식 「=DATEDIF (H3, TODAY(),"y")」을 입력한 후 Enter 를 누릅니다.

> 수식 「=DATEDIF(H3,TODAY(),"y")」은 생년월일(H3)과 오늘(TODAY()) 사이의 경과된 연수("y")를 계산하므로 만 나이가 됩니다.

◉ CONCAT 함수는 여러 텍스트를 조인합니다.
O년 O개월 O일 형태로 계산하려면 Text5에 DATEDIF(F3,$J$1,"md") Text6에 "일"을 입력합니다.

02 근속기간 계산하기 (입사일에서 기준일까지)

❶ [J3] 셀에 수식 「=CONCAT(」을 입력한 후 Ctrl + A 를 누릅니다. [함수 인수] 대화상자가 나타나면 ❷ 다음과 같이 지정한 후 ❸ [확인] 버튼을 클릭합니다. [I3:J3] 영역의 채우기 핸들을 더블클릭하여 수식을 복사합니다.

> Text1: DATEDIF(F3,$J$1,"y") (입사일에서 [J1] 셀까지 경과된 연수를 계산)
> Text2: "년 "
> Text3: DATEDIF(F3,$J$1,"ym") (입사일에서 [J1] 셀까지 연수를 배제한 경과된 개월 수를 계산)
> Text4: "개월"

반별로 명단 정리하기 – TEXTJOIN, 배열 수식

개인별 반 배정 내역을 참조하여 반별로 명단을 정리하는 작업을 하기 위해 TEXTJOIN 함수와 배열수식을 사용해보겠습니다.

【예제 파일】Sample\Theme06\텍스트_날짜.xlsx

【완성 파일】Sample\Theme06\텍스트_날짜_완성.xlsx

완성예제 미리 보기

성명	성별	배정 반
이예원	여	2-1반
조찬영	남	2-2반
이다은	여	2-3반
강만호	남	2-4반
하동철	남	2-1반
이준희	남	2-5반
오나연	여	2-3반
김리현	여	2-1반
박철	남	2-2반
김영주	여	2-5반
배은혜	여	2-4반
서장금	여	2-3반
채소연	여	2-6반
채치수	남	2-5반
이소연	여	2-1반
조홍식	남	2-6반
안정훈	남	2-2반
김소미	여	2-4반
박세진	남	2-3반
서가은	여	2-2반
권지현	여	2-6반
서윤호	남	2-6반
이지혜	여	2-1반
김필립	남	2-7반
김태윤	여	2-2반
김하나	여	2-7반
문상회	남	2-7반

배정 반	학생
2-1반	이예원, 하동철, 김리현, 이소연, 이지혜
2-2반	조찬영, 박철, 안정훈, 서가은, 김태윤
2-3반	이다은, 오나연, 서장금, 박세진
2-4반	강만호, 배은혜, 김소미
2-5반	이준희, 김영주, 채치수
2-6반	채소연, 조홍식, 권지현, 서윤호
2-7반	김필립, 김하나, 문상회

반별로 명단 정리하기

❶ [반별정리] 시트를 클릭합니다. ❷ [F2] 셀에 수식 「=TEXTJOIN(」을 입력한 후 Ctrl+A를 누릅니다. [함수 인수] 대화상자가 나타나면 ❸ 다음과 같이 지정한 후 ❹ Ctrl+Shift 을 누른 상태로 [확인] 버튼을 클릭합니다. [F2] 셀의 채우기 핸들을 더블클릭하여 수식을 복사합니다.

Delimiter : ", " (구분자)
Ignore_empty : true (빈 셀 무시)
Text1 : IF($C$2:$C$28=E2,$A$2:$A$28,"") (배정 반 리스트(C2:C28)에서 2-1반(E2)와 같은 것이 있으면, 성명(A2:A28)을 반환, 그렇지 않으면 Null("")을 반환합니다.)

◉ 해당 수식은 배열로 처리하므로 Ctrl+Shift+Enter하거나 Ctrl+Shift를 누른 상태로 [확인] 버튼을 클릭해야 합니다. 배열 수식에 대한 설명은 P.232를 참고합니다.

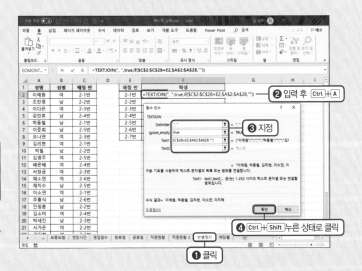

선택한 날짜 강조하기
– 유효성 검사, 조건부 서식

월별로 갱신할 보증보험 현황을 파악하기 위해 유효성 검사와 조건부 서식을 이용하여 선택한 날짜의 보증보험 갱신일을 강조합니다.

【예제 파일】Sample\Theme06\텍스트_날짜.xlsx   【완성 파일】Sample\Theme06\텍스트_날짜_완성.xlsx

완성예제 미리 보기

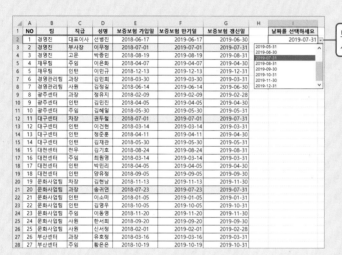

보증보험 갱신 날짜를 선택하면 데이터 목록에서 해당 날짜 행을 강조합니다.

1 유효성 검사 설정하기

❶ [해당월] 시트를 클릭합니다. ❷ [I2] 셀을 선택한 후 ❸ [데이터] 탭의 [데이터 도구] 그룹에서 [데이터 유효성 검사]를 클릭합니다.

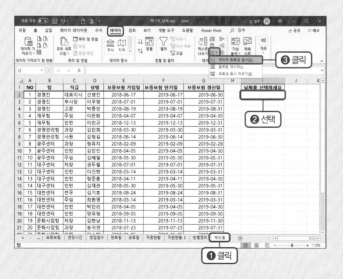

2 제한 대상 설정하기

[데이터 유효성] 대화상자가 나타나면 ❶ [설정] 탭의 '제한 대상'에서 [목록]을 선택합니다. ❷ '원본'에서 [L2:L13] 영역을 범위 지정한 후 ❸ [확인] 버튼을 클릭합니다.

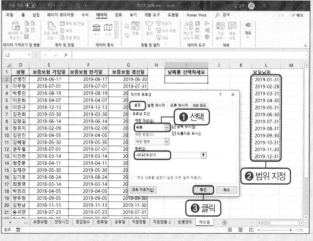

③ 날짜 선택하기

[I2] 셀에서 임의의 날짜를 선택합니다.

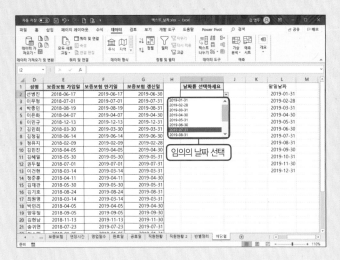

④ 조건부 서식 지정하기

❶ [A2:G28] 영역을 범위 지정한 후 ❷ [홈] 탭의 [스타일] 그룹에서 [조건부 서식 − 새 규칙]을 클릭합니다.

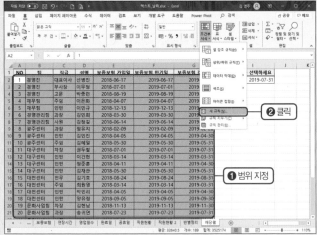

⑤ 규칙 만들기

[새 서식 규칙] 대화상자가 나타나면 ❶ '수식을 사용하여 서식을 지정할 셀 결정'을 선택한 후 ❷ 수식 「=$G2=$I$2」을 작성하고 ❸ [서식] 버튼을 클릭합니다.

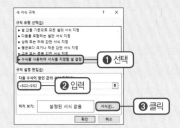

⑥ 완성

[셀 서식] 대화상자가 나타나면 ❶ [채우기] 탭에서 ❷ 임의의 색상을 선택한 후 ❸ [확인] 버튼을 클릭합니다. [새 서식 규칙] 대화상자로 되돌아가면 [확인] 버튼을 클릭합니다. 다음과 같이 완성됩니다.

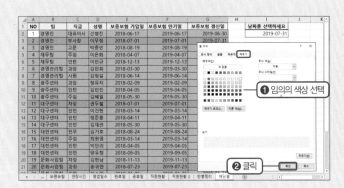

06 찾기/참조 함수

찾기/참조 함수는 표를 참조하여 원하는 값을 찾거나 셀 주소와 관련된 정보를 반환하는 함수입니다. 참조하는 표의 모양이나 상황에 따라 사용하는 함수의 종류가 달라집니다.

핵심 기능 상황에 맞는 함수 선택하여 원하는 값 찾아오기

:: 인수 목록 중에서 지정한 위치의 값을 반환하는 CHOOSE 함수

함수 설명	Index_num에 따라 인수 목록 내에서 지정한 위치의 값을 반환합니다.
함수 형식	CHOOSE(Index_num,Value1,Value2,...)
인수 설명	Index_num : 1에서 254 사이의 숫자, 수식, 셀 주소 Value1,Value2,... : Index_num이 1이면 Value1, 2이면 Value2,... 의 값을 반환합니다.

:: 첫 열을 참조하여 값을 찾는 VLOOKUP 함수

함수 설명	참조표의 첫 열에서 값을 검색하여 지정한 열의 같은 행의 값을 반환합니다. V는 Vertical의 약자로 열 기준으로 만들어진 표를 참조하여 값을 찾습니다.
함수 형식	VLOOKUP(Lookup_value,Table_array,Col_index_num,Range_lookup)
인수 설명	Lookup_value : 참조표의 첫 열에서 검색할 값(찾으려는 값) Table_array : 참조표(참조할 범위) Col_index_num : 참조표에서 찾아올 값이 있는 위치의 열 번호 Range_lookup : 정확한 값을 검색하려면 false(0) 　　　　　　　　구간내의 값을 검색하려면 true(1) 또는 생략

FIELDVAL... ▾　×　✓　fx　=VLOOKUP(C2,$G$2:$H$6,2,0)

	A	B	C	D	E	F	G	H
1	성명	직급	호봉	기본급			호봉	기본급
2	이대우	사원	1호봉	=VLOOKUP(C2,$G$2:$H$6,2,0)			1호봉	1,860,000
3	한귀래	대리	2호봉	1,950,000			2호봉	1,950,000
4	한사람	차장	4호봉	2,350,000			3호봉	2,100,000
5	백강일	차장	4호봉	2,350,000			4호봉	2,350,000
6	양미옥	과장	3호봉	2,100,000			5호봉	2,680,000
7	안중근	부장	5호봉	2,680,000				
8	독고탁	대리	2호봉	1,950,000				
9	윤성인	사원	1호봉	1,860,000				

첫 행을 참조하여 값을 찾는 HLOOKUP 함수

함수 설명	참조표의 첫 행에서 값을 검색하여 지정한 행의 같은 열의 값을 반환합니다. H는 Horizontal의 약자로 행 기준으로 만들어진 표를 참조하여 값을 찾습니다.
함수 형식	HLOOKUP(Lookup_value, Table_array, Row_index_num, Range_lookup)
인수 설명	Lookup_value : 참조표의 첫 행에서 검색할 값(찾으려는 값) Table_array : 참조표(참조할 범위) Row_index_num : 참조표에서 찾아올 값이 있는 위치의 행 번호 Range_lookup : 정확한 값을 검색하려면 false(0) 　　　　　　　　　구간내의 값을 검색하려면 true(1) 또는 생략

| FIELDVAL... ▼ | : | × | ✓ | *fx* | =HLOOKUP(C2,$H$1:$L$2,2,0) |

⊿	A	B	C	D	E	F	G	H	I	J	K	L
1	성명	직급	호봉	기본급			호봉	1호봉	2호봉	3호봉	4호봉	5호봉
2	이대우	사원	1호봉	=HLOOKUP(C2,$H$1:$L$2,2,0)			기본급	1,860,000	1,950,000	2,100,000	2,350,000	2,680,000
3	한귀래	대리	2호봉	1,950,000								
4	한사람	차장	4호봉	2,350,000								
5	백강일	차장	4호봉	2,350,000								
6	양미옥	과장	3호봉	2,100,000								
7	안중근	부장	5호봉	2,680,000								
8	독고탁	대리	2호봉	1,950,000								
9	윤성인	사원	1호봉	1,860,000								
10												

행, 열을 참조하여 값을 찾는 INDEX 함수

함수 설명	참조표에서 지정한 행과 열이 만나는 교차지점의 값을 찾아 반환합니다.
함수 형식	INDEX(Array, Row_num, Column_num)
인수 설명	Array : 참조표 Row_num : 행 번호 Column_num : 열 번호

| FIELDVAL... ▼ | : | × | ✓ | *fx* | =INDEX($H$2:$L$6,1,3) |

⊿	A	B	C	D	E	F	G	H	I	J	K	L
1	성명	직급	호봉	기본급			호봉	1호봉	2호봉	3호봉	4호봉	5호봉
2	이대우	사원	3호봉	=INDEX($H$2:$L$6,1,3)			사원	1,000,000	1,050,000	1,100,000	1,150,000	1,200,000
3	한귀래	대리	2호봉				대리	1,100,000	1,155,000	1,210,000	1,265,000	1,320,000
4	한사람	차장	4호봉				과장	1,140,000	1,180,000	1,220,000	1,260,000	1,300,000
5	백강일	차장	4호봉				차장	1,190,000	1,240,000	1,290,000	1,340,000	1,390,000
6	양미옥	과장	3호봉				부장	1,260,000	1,300,000	1,340,000	1,380,000	1,420,000
7	안중근	부장	5호봉									
8	독고탁	대리	2호봉									
9	윤성인	사원	1호봉									

위치를 반환하는 MATCH 함수

함수 설명	찾으려는 값이 참조범위에서 "몇 번째 있는가?"라는 상대적인 위치 값을 반환합니다.
함수 형식	MATCH(Lookup_value, Lookup_array, Match_type)
인수 설명	Lookup_value : 찾을 값 Lookup_array : 찾을 영역(참조 범위) Match_type : 　0: lookup_value와 정확하게 일치하는 값을 찾는다. 　1: lookup_value보다 작거나 같은 값 중에서 최대값을 찾는다. 　−1: lookup_value보다 크거나 같은 값 중에서 최소값을 찾는다.

| FIELDVAL... | × ✓ fx | =MATCH("과장",G4:G8,0) | | | | | | | | | |

	A	B	C	D	E	F	G	H	I	J	K
1	"과장" 직급의 위치		=MATCH("과장",G4:G8,0)								
2											
3	성명	직급	호봉	기본급			호봉	1호봉	2호봉	3호봉	4호봉	5호봉
4	이대우	사원	3호봉	1,100,000			사원	1,000,000	1,050,000	1,100,000	1,150,000	1,200,000
5	한귀래	대리	2호봉				대리	1,100,000	1,155,000	1,210,000	1,265,000	1,320,000
6	한사람	차장	4호봉				과장	1,140,000	1,180,000	1,220,000	1,260,000	1,300,000
7	백강일	차장	4호봉				차장	1,190,000	1,240,000	1,290,000	1,340,000	1,390,000
8	양미옥	과장	3호봉				부장	1,260,000	1,300,000	1,340,000	1,380,000	1,420,000
9	안중근	부장	5호봉								
10	독고탁	대리	2호봉								
11	윤성인	사원	1호봉								

"과장"은 [G4:G8] 영역에서 3번째 위치합니다.

핵심기능 ▶ 정보를 반환하는 함수

∷ ROW 함수/COLUMN 함수

함수 설명	참조 영역의 행/열 번호를 반환합니다.
함수 형식	ROW([reference])/COLUMN([reference])
인수 설명	[reference] : 참조 셀 (인수를 생략하면 함수가 작성되는 셀의 행/열 번호를 반환)
사례	=ROW(D2)　　　　　　　　=COLUMN(D2) 반환값 : 2　　　　　　　　반환값 : 4

∷ FORMULATEXT 함수 – 엑셀 2013

함수 설명	수식을 문자열로 반환합니다.
함수 형식	FORMULATEXT(reference)
인수 설명	reference : 수식이 입력된 셀

∷ INDIRECT 함수

함수 설명	텍스트 지정된 셀 주소 위치에 있는 값을 반환합니다.
함수 형식	INDIRECT(ref_text, [a1])
인수 설명	ref_text : 텍스트로 표시된 정의된 이름 또는 셀 주소 [a1] : TRUE이거나 생략하면 ref_text를 A1 스타일의 참조로 해석 　　　 : FALSE이면 ref_text를 R1C1 스타일의 참조로 해석
사례	=INDIRECT("B2") 반환값 : [B2] 셀에 있는 값을 반환합니다.

행 삭제하더라도 일련번호 유지하기 – ROW

예제 파일 Sample\Theme06\찾기참조함수.xlsx 완성 파일 Sample\Theme06\찾기참조함수_완성.xlsx

키 워 드 ROW, TRIM, SUBSTITUTE, FORMULATEXT
길라잡이 ROW 함수를 이용하여 일련번호를 매기면 정렬하거나 행을 삭제하여도 일련번호를 유지할 수 있습니다. ROW 함수를 이용하여 일련번호를 매기고, SUBSTITUTE 함수로 전화번호를 가공하고, 수식을 문자열로 반환하는 FORMULATEXT 함수를 사용해보겠습니다.

◉ [A4] 셀에 수식이 작성되므로 「=ROW( )」의 결과는 '4'가 반환되고 「4-3」은 '1'이 됩니다.

01 일련번호 매기기

❶ [row함수] 시트를 클릭합니다. ❷ [A4] 셀에 수식 「=ROW()-3」을 입력한 후 Enter를 누릅니다. ❸ [A4] 셀의 채우기 핸들을 더블클릭하여 수식을 복사합니다. 정렬하거나 행을 삭제하여도 일련번호가 유지됩니다.

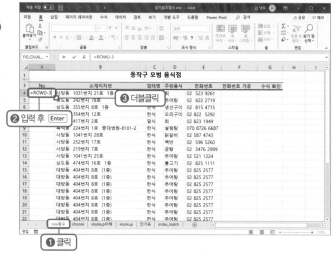

◉ TRIM 함수는 불필요한 공백을 제거합니다.

02 전화번호 가공하기

❶ [F4] 셀에 수식 「=SUBSTITUTE」을 입력한 후 Ctrl+A를 누릅니다. [함수 인수] 대화상자가 나타나면 ❷ 다음과 같이 지정한 후 ❸ [확인] 버튼을 클릭합니다.

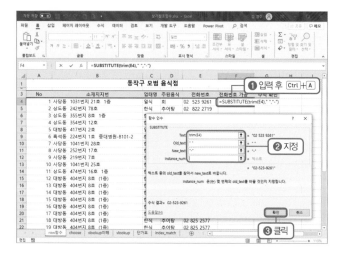

Text : trim(E4) ([E4] 셀에서 불필요한 공백을 제거)
Old_text : " " (공백)
New_text : "–" ("–"로 변경)

---

03 수식 복사하기

[F4] 셀의 채우기 핸들을 더블클릭하여 수식을 복사합니다.

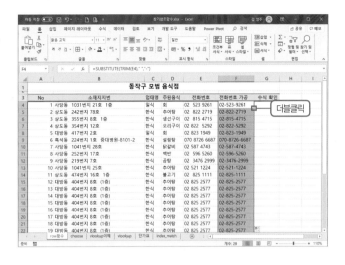

● FORMULATEXT 함수는 수식을 문자열로 반환하는 함수입니다.

04 수식 문자열로 전환하기

[G4] 셀에 수식 「=FORMULATEXT (F4)」을 입력한 후 Enter를 누릅니다.

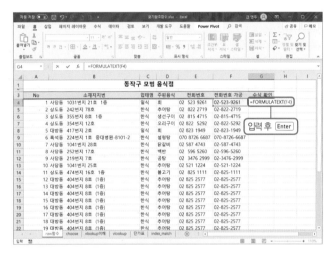

05 수식 복사하기

[G4] 셀의 채우기 핸들을 더블클릭하여 수식을 복사합니다.

동적인 범위를 SUM하기 - CHOOSE, SUM

예제 파일 Sample\Theme06\찾기참조함수.xlsx 완성 파일 Sample\Theme06\찾기참조함수_완성.xlsx

키 워 드 CHOOSE, SUM

길라잡이 CHOOSE 함수는 일련번호(1~254)에 대응하는 인수 목록 중에 하나를 반환하는 함수입니다. 일련번호가 1이면 1사분기 범위를, 2이면 2사분기 범위를, 3이면 3사분기 범위를, 4이면 4사분기 범위를 반환하는 수식을 이용하여 선택한 분기에 대한 집계 결과를 계산합니다.

●[수식] 탭의 [정의된 이름] 그룹에서 [이름 관리자]를 클릭하여 정의한 이름을 확인할 수 있습니다.

이름 정의는 문자로 시작해야 하는데, 첫 행의 이름이 모두 숫자로 시작하므로 자동으로 언더바(_)를 붙여 '_1분기', '_2분기', '_3분기', '_4분기'로 정의됩니다.

01 이름 정의하기

❶ [choose] 시트를 클릭합니다. ❷ [B2:E6] 영역을 범위 지정한 후 ❸ [수식] 탭의 [정의된 이름] 그룹에서 [선택 영역에서 만들기]를 클릭합니다. [선택 영역에서 이름 만들기] 대화상자가 나타나면 ❹ '첫 행'에 체크 표시한 후 ❺ [확인] 버튼을 클릭합니다.

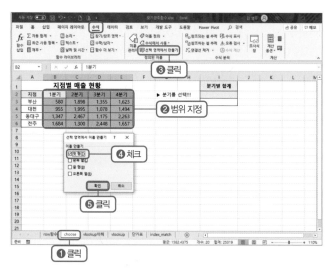

02 데이터 유효성 검사 설정하기

[I2] 셀을 선택한 후 [데이터] 탭의 [데이터 도구] 그룹에서 [데이터 유효성 검사]를 클릭합니다.

03 유효성 조건 설정하기

[데이터 유효성] 대화상자가 나타나면 ❶ [설정] 탭에서 제한 대상은 '목록', ❷ 원본에 「1,2,3,4」을 입력한 후 ❸ [확인] 버튼을 클릭합니다.

04 분기 입력하기

[I2] 셀에 임의의 분기를 선택합니다.

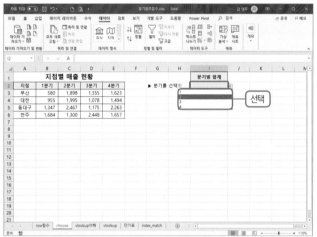

05 표시 형식 지정하기

❶ [I2] 셀에서 Ctrl + 1 을 누릅니다. [셀 서식] 대화상자가 나타나면 [표시 형식] 탭에서 ❷ '사용자 지정'을 선택한 후 ❸ '형식'에 「G/표준분기」를 입력하고 ❹ [확인] 버튼을 클릭합니다.

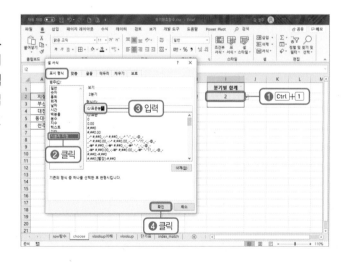

● 인수 칸에 정의해둔 이름을 입력하기 번거로우면 〈F3〉을 누릅니다. 정의한 목록이 대화상자로 나타나면 이름 목록에서 이름을 선택하여 입력할 수도 있습니다.

06 분기별 합계 작성하기

❶[I3] 셀에 수식 「=SUM(CHOOSE(」을 입력한 후 Ctrl+A를 누릅니다. [함수 인수] 대화상자가 나타나면 ❷ 다음과 같이 지정한 후 ❸ [확인] 버튼을 클릭합니다.

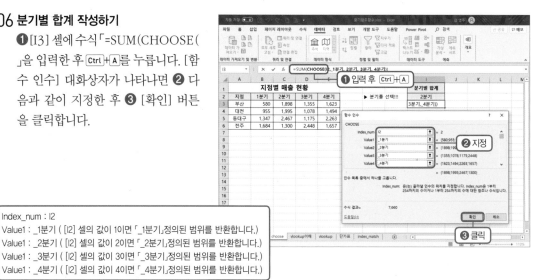

Index_num : I2
Value1 : _1분기 ([I2] 셀의 값이 1이면 「_1분기」정의된 범위를 반환합니다.)
Value1 : _2분기 ([I2] 셀의 값이 2이면 「_2분기」정의된 범위를 반환합니다.)
Value1 : _3분기 ([I2] 셀의 값이 3이면 「_3분기」정의된 범위를 반환합니다.)
Value1 : _4분기 ([I2] 셀의 값이 4이면 「_4분기」정의된 범위를 반환합니다.)

07 확인하기

[I2] 셀에서 분기를 바꾸면 [I3] 셀의 합계가 변경됩니다.

수식에서 정의한 이름 사용하기

정의한 이름을 수식에서 사용하려면 F3을 누르거나 [수식] 탭의 [정의된 이름] 그룹에서 [수식에서 사용]을 클릭하여 원하는 이름을 선택하여 사용할 수 있습니다.

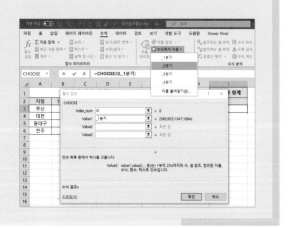

VLOOKUP 함수 제대로 이해하기 – VLOOKUP

예제 파일 Sample\Theme06\찾기참조함수.xlsx 완성 파일 Sample\Theme06\찾기참조함수_완성.xlsx

키 워 드 VLOOKUP
길라잡이 VLOOKUP 함수는 열 기준으로 만들어진 표를 참조하여 값을 찾아 반환하는 함수입니다. 네 개의 인수 중 Range_lookup에는 true(1)와 false(0)가 입력되는데 어떤 상황일 때 true(1)와 false(0)가 입력되는지 단가와 학점을 찾으며 이해합니다.

01 단가 찾아오기

❶ [vlookup이해] 시트를 클릭합니다. ❷ [B3] 셀에서 「=VLOOKUP(」을 입력한 후 Ctrl+A를 누릅니다. [함수 인수] 대화상자가 나타나면 ❸ 다음과 같이 지정한 후 ❹ [확인] 버튼을 클릭합니다.

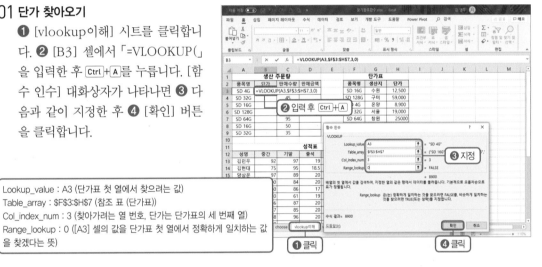

Lookup_value : A3 (단가표 첫 열에서 찾으려는 값)
Table_array : $F$3:$H$7 (참조 표 (단가표))
Col_index_num : 3 (찾아가려는 열 번호, 단가는 단가표의 세 번째 열)
Range_lookup : 0 ([A3] 셀의 값을 단가표 첫 열에서 정확하게 일치하는 값을 찾겠다는 뜻)

02 수식 복사하기

[B3] 셀의 채우기 핸들을 더블클릭하여 수식을 복사합니다.

● Range_lookup이 1일 경우 참조 표는 반드시 첫 열을 기준으로 오름차순되어 있어야 합니다. 그래야만 구간에 해당하는 값을 찾을 수 있습니다. 예를 들어 찾으려는 값이 74점이면 학점기준표에서 74점보다 작은 값은 0, 60, 65, 70이고, 이 값 중에서 최대값은 70점이므로 그에 대응하는 2열의 값 C0을 반환합니다.

03 학점 찾아오기

❶ [G13] 셀에서 「=VLOOKUP(」을 입력한 후 Ctrl+A를 누릅니다. [함수 인수] 대화상자가 나타나면 ❷ 다음과 같이 지정한 후 ❸ [확인] 버튼을 클릭합니다.

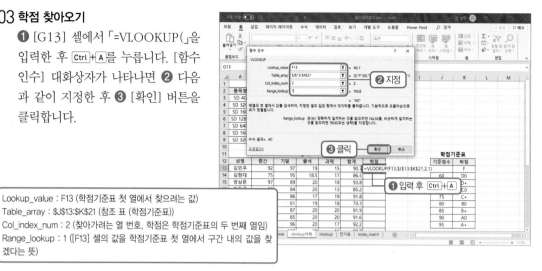

Lookup_value : F13 (학점기준표 첫 열에서 찾으려는 값)
Table_array : $J$13:$K$21 (참조 표 (학점기준표))
Col_index_num : 2 (찾아가려는 열 번호, 학점은 학점기준표의 두 번째 열임)
Range_lookup : 1 ([F13] 셀의 값을 학점기준표 첫 열에서 구간 내의 값을 찾겠다는 뜻)

04 수식 복사하기

[G13] 셀의 채우기 핸들을 더블클릭하여 수식을 복사합니다.

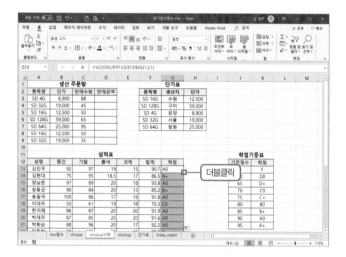

VLOOKUP 함수에서 열 번호 변수로 만들기 – VLOOKUP, COLUMN

예제 파일 Sample\Theme06\찾기참조함수.xlsx **완성 파일** Sample\Theme06\찾기참조함수_완성.xlsx

키 워 드 VLOOKUP, COLUMN
길라잡이 VLOOKUP 함수의 세 번째 인수(Col_index_num)는 찾아올 연 번호를 숫자(상수)로 입력합니다. 숫자로 입력하므로 VLOOKUP 함수식을 복사하더라도 일일이 숫자를 수정해야 합니다. Column 함수를 이용하여 Col_index_num을 자동으로 계산되도록 하겠습니다.

01 이름 정의하기

❶ [단가표] 시트를 클릭합니다. ❷ [A2:F13] 영역을 범위 지정한 후 ❸ 이름 상자에 '단가표'를 입력한 후 Enter 를 누릅니다.

02 상품명 찾아오기

❶ [vlookup] 시트를 클릭합니다. ❷ [C4] 셀에서 「=VLOOKUP(」을 입력한 후 Ctrl + A 를 누릅니다. [함수 인수] 대화상자가 나타나면 ❸ 다음과 같이 지정한 후 ❹ [확인] 버튼을 클릭합니다.

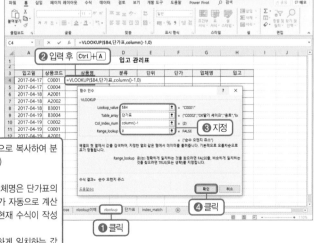

Lookup_value : $B4 (단가표 첫 열에서 찾으려는 값. 오른쪽으로 복사하여 분류, 단위, 단가, 업명을 찾아올 예정이므로 혼합 참조로 만듦)
Table_array : 단가표 (참조표)
Col_index_num : COLUMN()-1 (상품명, 분류, 단위, 단가, 업체명은 단가표의 2,3,4,5,6번째 열에 있으므로 오른쪽으로 복사했을 때 열 번호가 자동으로 계산되도록 하기 위해 「COLUMN()-1」수식을 사용. COLUMN()은 현재 수식이 작성되는 셀의 열 번호를 반환하는 함수)
Range_lookup : 0 ([$B4] 셀의 값을 단가표 첫 열에서 정확하게 일치하는 값을 찾겠다는 뜻)

03 수식 복사하기

❶ [C4] 셀의 채우기 핸들을 [C12] 셀
까지 드래그한 후 ❷ 이어서 [C4:C12]
영역의 채우기 핸들을 [G4:G12] 영역
까지 드래그하여 수식을 복사합니다.

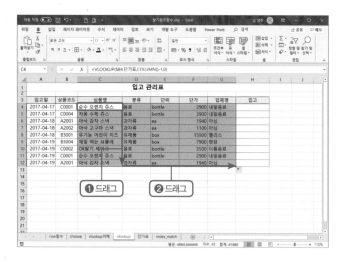

기능 실습 05 행과 열을 동시에 참조하여 원하는 값 찾아오기 – INDEX, MATCH

예제 파일 Sample\Theme06\찾기참조함수.xlsx   완성 파일 Sample\Theme06\찾기참조함수_완성.xlsx

키 워 드 INDEX, MATCH
길라잡이 INDEX는 행과 열이 만나는 교차지점의 값을 반환하는 함수이고, MATCH는 찾으려는 값의 위치 값을 반환하는 함수입니다. INDEX와 MATCH 함수를 이용하여 제품별 규격별 단가를 찾는 수식을 작성하겠습니다.

◉ INDEX 함수의 종류는 두 가지 유형이 있습니다. 참조할 영역이 단일 영역이면 [인수 선택]에서 위의 항목을, 다중 영역이면 아래 항목을 선택합니다.

01 단가 찾아오기

❶ [index_match] 시트를 클릭합니다. ❷ [C2] 셀에서 「=INDEX(」을 입력한 후 Ctrl+A를 누릅니다. [인수 선택] 대화상자가 나타나면 ❸ 위의 항목을 선택한 후 ❹ [확인] 버튼을 클릭합니다.

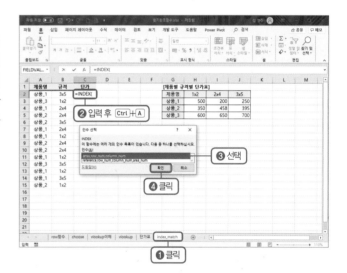

02 함수 인수 지정하기

[함수 인수] 대화상자가 나타나면 ❶ 다음과 같이 지정한 후 ❷ [확인] 버튼을 클릭합니다.

Array : $H$3:$J$5 (단가표)
Row_num : MATCH(A2,$G$3:$G$5,0) (행 번호. MATCH 함수로 '상품_1'이 [$G$3:$G$5] 영역에서 정확하게 일치 (0)하는 것이 몇 번째 있는지 위치 값을 반환)
Column_num : MATCH(B2,$H$2:$J$2,0)) (열 번호. MATCH 함수로 '3x5'가 [$H$2:$J$2] 영역에서 정확하게 일치(0)하는 것이 몇 번째 있는지 위치 값을 반환)

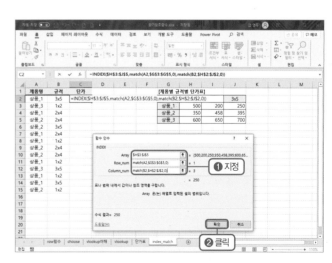

03 수식 복사하기

[C2] 셀의 채우기 핸들을 더블클릭하여 수식을 복사합니다.

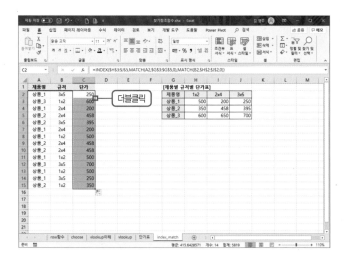

복잡한 수식 분석하기

복잡하거나 이해되지 않는 수식은 [수식] 탭의 [수식 분석] 그룹에서 [수식 계산]을 클릭합니다. [수식 계산] 대화상자가 나타나면 [계산] 버튼을 클릭하여 단계별로 계산 결과를 확인할 수 있으므로 수식을 이해하기 쉽습니다.

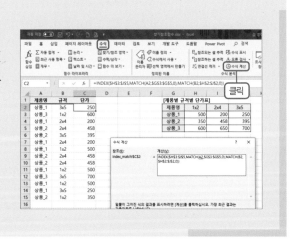

여러 시트의 값 한 번에 가져오기 – INDIRECT

예제 파일 Sample\Theme06\찾기참조함수2.xlsx 완성 파일 Sample\Theme06\찾기참조함수2_완성.xlsx

키 워 드 INDIRECT
길라잡이 INDIRECT 함수는 텍스트로 지정한 주소의 값을 반환합니다. 간접적으로 참조하여 값을 찾으면 행/열이 삽입/삭제되더라도 고정된 범위를 참조할 수 있고, 여러 시트를 참조하여 값을 가져오는 수식을 작성할 수 있습니다.

INDIRECT 함수의 원리
[C3] 셀의 100을 참조하려면 일반적으로 수식 「=C3」을 작성합니다. 그러나 INDIRECT 함수를 이용하여 100을 참조할 때는 「=INDIRECT(A1)」으로 작성합니다. 즉, [A1]이 가리키는 [C3]셀의 값을 참조하는 것입니다.

	A	B	C	D	E	F	G
1	C3				구분	수식	결과
2					**[C3] 셀의 값 직접 가져오기 :**	=C3	100
3			100		**[C3] 셀의 값 간접적으로 가져오기 :**	=INDIRECT(A1)	100

01 직접 데이터 가져오기

❶ [통합] 시트를 클릭합니다. ❷ [B4] 셀에서 「=」을 입력한 후 ❸ [대구] 시트의 [B18] 셀을 클릭합니다. 그러면 수식은 「=대구!B18」이 되어 대구 지역의 인원수를 가져옵니다. 이렇게 직접적으로 셀을 참조하면 각 시트에 있는 강원, 부산, 전주 지역의 값을 각각 수식을 작성해야 합니다.

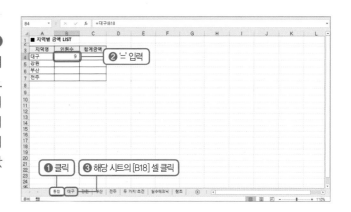

02 여러 시트의 값 한 번에 가져오기

대구 지역의 인원수를 가져온 후 수식을 복사하여 나머지 지역의 값을 가져오기 위해 INDIRECT 함수를 사용합니다. ❶ [B4] 셀의 기존 수식을 지운 후 「=INDIRECT(」을 입력한 후 Ctrl +A를 누릅니다. [함수 인수] 대화상자가 나타나면 ❷ 다음과 같이 지정한 후 ❸ [확인] 버튼을 클릭합니다.

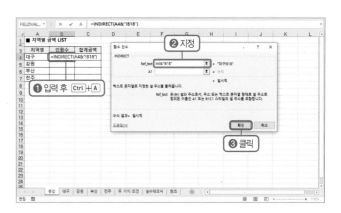

Ref_text : A4&"!B18" (셀 주소를 문자열 형태로 만들어 간접적으로 참조)

03 수식 복사하기

[B4] 셀의 채우기 핸들을 더블클릭하여 수식을 복사합니다.

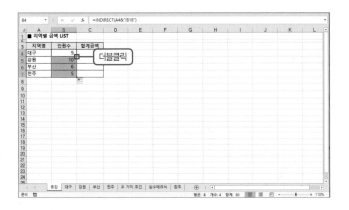

04 합계금액 가져오기

❶ [C4] 셀에 수식 「=INDIRECT(」을 입력한 후 Ctrl+A를 누릅니다. [함수 인수] 대화상자가 나타나면 ❷ 다음과 같이 지정한 후 ❸ [확인] 버튼을 클릭합니다.

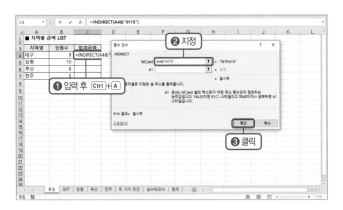

Ref_text : A4&"!H15" (셀 주소를 문자열 형태로 만들어 간접적으로 참조)

05 수식 복사하기

[C4] 셀의 채우기 핸들을 더블클릭하여 수식을 복사합니다.

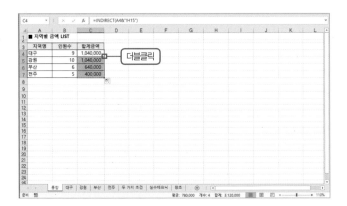

두 가지 조건을 참조하여 값 찾아오기 - VLOOKUP, INDEX, MATCH, 배열 수식

찾기/참조 함수는 참조하는 표의 레이아웃에 따라 선택하는 함수가 달라집니다. 제품명과 규격을 동시에 만족하는 단가를 찾아오기 위해 어떤 함수와 방법을 사용할 수 있는지 알아보겠습니다.

【예제 파일】Sample\Theme06\찾기참조함수2.xlsx　　【완성 파일】Sample\Theme06\찾기참조함수2_완성.xlsx

● 참조표의 모양에 따라 단가를 찾아오는 방법

단가표가 [표1], [표2]의 형태로 입력되어 있습니다. [표1]의 형태를 참조하여 단가를 찾으려면 [표1]을 가공한 후 VLOOKUP 함수를 이용하거나 INDEX와 MATCH 함수를 배열수식으로 작성하여 단가를 찾을 수 있습니다. [표2]는 제품명과 규격이 행/열로 이루어져 있으므로 INDEX와 MATCH 만으로 단가를 찾을 수 있습니다.

[표1]

제품명	규격	단가
상품_1	1x2	500
상품_1	2x4	200
상품_1	3x5	250
상품_2	1x2	350
상품_2	2x4	458
상품_2	3x5	395
상품_3	1x2	600
상품_3	2x4	650
상품_3	3x5	700

[표2]

제품명	1x2	2x4	3x5
상품_1	500	200	250
상품_2	350	458	395
상품_3	600	650	700

1 배열 수식으로 단가 찾아오기

❶ [두 가지 조건] 시트를 클릭합니다. ❷ [C3] 셀에 수식 「=INDEX($J$4:$J$12,MATCH(1,($H$4:$H$12=A3)*($I$4:$I$12=B3),0),1)」을 입력한 후 Ctrl+Shift+Enter를 누릅니다.

◎ 반드시 Ctrl+Shift+Enter를 눌러야 배열로 수식을 처리합니다.

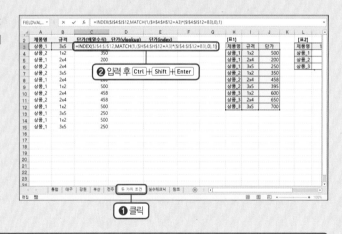

MATCH(1,($H$4:$H$12=A3)*($I$4:$I$12=B3),0) (이 수식을 풀면 아래와 같음)
=>MATCH(1,{1;1;1;0;0;0;0;0;0}*{0;0;1;0;0;1;0;0;1},0) (대응하는 ( ) 값들을 곱하면 아래와 같음)
=>MATCH(1,{0;0;1;0;0;0;0;0;0},0) (1을 ( )속에서 찾으면 세 번째 위치하므로 수식 결과는 3
=> INDEX($J$4:$J$12,MATCH(1,($H$4:$H$12=A3)*($I$4:$I$12=B3),0),1) (MATCH 함수의 결과는 3이므로)
=>INDEX($J$4:$J$12,3,1) ([$J$4:$J$12] 영역에서 3행 1열의 값 250을 반환)

● [표] 가공하기

VLOOKUP 함수로 단가를 찾을 수 있도록 [표1]을 가공합니다. ❶ [G4] 셀에 수식 「=H4&I4」을 입력한 후 Enter를 누릅니다. ❷ [G4] 셀의 채우기 핸들을 [G12] 셀까지 드래그하여 수식을 복사합니다.

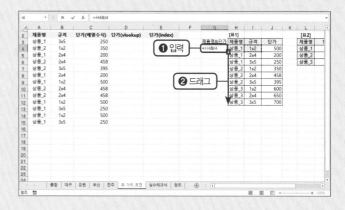

2 VLOOKUP 함수로 단가 찾아오기

❶ [D3] 셀에 수식 「=VLOOKUP(」을 입력한 후 Ctrl + A를 누릅니다. [함수 인수] 대화상자가 나타나면 ❷ 다음과 같이 지정한 후 ❸ [확인] 버튼을 클릭합니다.

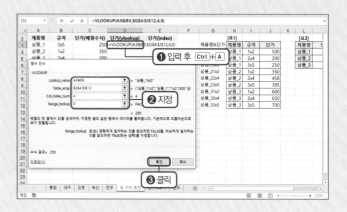

Lookup_value : A3&B3 ([표1]의 첫 열에서 값을 찾을 수 있도록 제품명과 단가를 조인합니다.)
Table_array : $G$4:$J$12 ([표1]을 참조)
Col_index_num : 4 ([표1]의 네 번째 열의 값을 찾아감)
Range_lookup : 0 ([표1]의 첫 열에서 「A3&B3」 조인된 정확한 값을 찾겠다는 의미)

3 INDEX 함수로 찾아오기

❶ [E3] 셀에 수식 「=INDEX(」을 입력한 후 Ctrl + A를 누릅니다. [함수 인수] 대화상자가 나타나면 ❷ 다음과 같이 지정한 후 ❸ [확인] 버튼을 클릭합니다.

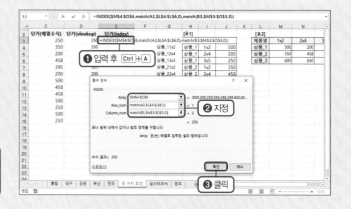

Array : $M$4:$O$6
Row_num : MATCH(A3,$L$4:$L$6,0)
Column_num : MATCH(B3,$M$3:$O$3,0)

실무 테크닉 — 금액을 셀 단위로 분리하기 – MID, TEXT, VLOOKUP

VLOOKUP 함수로 단가표를 참조하여 단가를 찾고, 공급가액과 세액을 계산합니다. 계산한 공급가액과 세액을 양식 칸칸으로 분리 입력하기 위해 MID와 TEXT 함수를 활용합니다.

예제 파일 Sample\Theme06\찾기참조함수2.xlsx　　**완성 파일** Sample\Theme06\찾기참조함수2_완성.xlsx

일자	품목	수량	단가	공급가액									세액							
				억	천	백	십	만	천	백	십	일	천	백	십	만	천	백	십	일
6/03	회사에 힘을 실어주는 엑셀2019	35																		
6/03	안녕하세요 스크래치	180																		
6/04	초보자를 위한 파이썬	1,130																		
6/04	초보자를 위한 c++	240																		
6/04	회사에 힘을 실어주는 파워포인트2019	200																		
6/05	엑셀2019 길라잡이	1,000																		
6/05	파워포인트2019 길라잡이	100																		
6/05	초보자를 위한 파이썬	170																		
6/06	엑셀2019 길라잡이	250																		
6/07	파워포인트2019 길라잡이	190																		
6/08	초보자를 위한 c++	99																		
6/08	엑셀2019 길라잡이	85																		
6/09	안녕하세요 스크래치	100																		
6/09	웹 크롤러	98																		
6/09	프로그래밍 가이드북	79																		
6/10	웹 크롤러	1,500																		
6/10	엑셀2019 길라잡이	65																		
6/10	초보자를 위한 c++	109																		

일자	품목	수량	단가	공급가액									세액							
				억	천	백	십	만	천	백	십	일	천	백	십	만	천	백	십	일
6/03	회사에 힘을 실어주는 엑셀2019	35	18,000				6	3	0	0	0	0				6	3	0	0	0
6/03	안녕하세요 스크래치	180	15,000			2	7	0	0	0	0	0			2	7	0	0	0	0
6/04	초보자를 위한 파이썬	1,130	20,000		2	2	6	0	0	0	0	0		2	2	6	0	0	0	0
6/04	초보자를 위한 c++	240	22,000			5	2	8	0	0	0	0			5	2	8	0	0	0
6/04	회사에 힘을 실어주는 파워포인트2019	200	18,000			3	6	0	0	0	0	0			3	6	0	0	0	0
6/05	엑셀2019 길라잡이	1,000	18,000		1	8	0	0	0	0	0	0		1	8	0	0	0	0	0
6/05	파워포인트2019 길라잡이	100	18,000			1	8	0	0	0	0	0			1	8	0	0	0	0
6/05	초보자를 위한 파이썬	170	20,000			3	4	0	0	0	0	0			3	4	0	0	0	0
6/06	엑셀2019 길라잡이	250	18,000			4	5	0	0	0	0	0			4	5	0	0	0	0
6/07	파워포인트2019 길라잡이	190	18,000			3	4	2	0	0	0	0			3	4	2	0	0	0
6/08	초보자를 위한 c++	99	22,000			2	1	7	8	0	0	0			2	1	7	8	0	0
6/08	엑셀2019 길라잡이	85	18,000			1	5	3	0	0	0	0			1	5	3	0	0	0
6/09	안녕하세요 스크래치	100	15,000			1	5	0	0	0	0	0			1	5	0	0	0	0
6/09	웹 크롤러	98	25,000			2	4	5	0	0	0	0			2	4	5	0	0	0
6/09	프로그래밍 가이드북	79	15,000			1	1	8	5	0	0	0			1	1	8	5	0	0
6/10	웹 크롤러	1,500	25,000		3	7	5	0	0	0	0	0		3	7	5	0	0	0	0
6/10	엑셀2019 길라잡이	65	18,000			1	1	7	0	0	0	0			1	1	7	0	0	0
6/10	초보자를 위한 c++	109	22,000			2	3	9	8	0	0	0			2	3	9	8	0	0

문제 해결

❶ 이름 정의 [참조] 시트의 [A2:B10]을 '단가표'로 이름 정의

❷ 단가 찾아오기 : [실무테크닉] 시트의 [D4] 셀에 수식 「=VLOOKUP(B4,단가표,2,0)」을 입력한 후 복사 (서식 없이 채우기)

❸ 공급가액 계산 : [V4] 셀에 수식 「=C4*D4」을 입력한 후 복사. (서식 없이 채우기)

❹ 세액 계산 : [W4] 셀에 수식 「=V4*0.1」을 입력한 후 복사. (서식 없이 채우기)

❺ 공급가액 셀 단위로 분리하기 : [E4]셀에 수식「=MID(TEXT($V4,"?????????"),COLUMN(A1),1)」을 입력한 후 수식 복사 (서식 없이 채우기)

❻ 세액 셀 단위로 분리하기 : [E4]셀에 수식「=MID(TEXT($W4,"????????"),COLUMN(A1),1)」을 입력한 후 수식 복사 (서식 없이 채우기)

차트는 숫자 데이터를 시각화하는 도구입니다.

숫자로 드러내기 힘든 메시지를 차트를 작성하여 보기 쉽게 표현해낼 수 있습니다.

이번 테마는 엑셀 차트의 종류와 특징을 알아보고, 실무에서 많이 사용하는

몇 개의 차트를 만들어가며 차트 작성과 편집법을 익히겠습니다.

데이터를
시각화하는
차트

01 차트 작성과 편집

엑셀 전 버전에서 12가지의 차트를 작성할 수 있으며, 엑셀 2016 버전부터 계층 구조 형태의 데이터를 시각화하는 차트(트리맵, 선버스트), 통계 분석에 사용되는 차트(히스토그램, 파레토, 상자 수염 차트), 손익계산서 등에 주로 사용되는 폭포 차트가 추가되었습니다. 또한 엑셀 2019 버전에 깔때기형 차트와 지도 차트가 추가되었습니다.

핵심기능 ▸ 차트의 종류와 특징

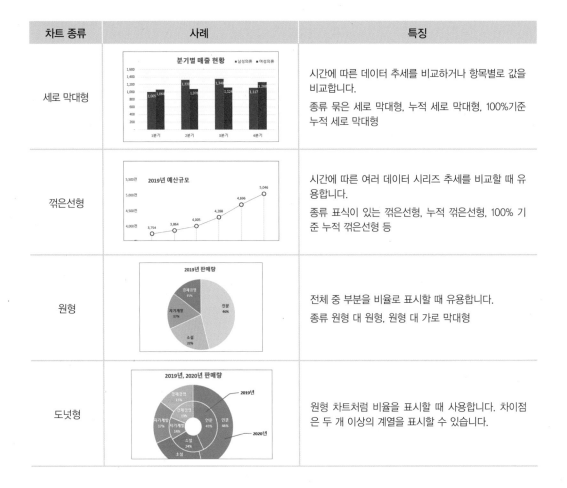

차트 종류	사례	특징
세로 막대형		시간에 따른 데이터 추세를 비교하거나 항목별로 값을 비교합니다. 종류 묶은 세로 막대형, 누적 세로 막대형, 100%기준 누적 세로 막대형
꺾은선형		시간에 따른 여러 데이터 시리즈 추세를 비교할 때 유용합니다. 종류 표식이 있는 꺾은선형, 누적 꺾은선형, 100% 기준 누적 꺾은선형 등
원형		전체 중 부분을 비율로 표시할 때 유용합니다. 종류 원형 대 원형, 원형 대 가로 막대형
도넛형		원형 차트처럼 비율을 표시할 때 사용합니다. 차이점은 두 개 이상의 계열을 표시할 수 있습니다.

차트 종류	사례	특징
가로 막대형		개별 항목을 비교하는 차트로, 축 레이블이 길거나 표시되는 값이 기간인 경우에 유용합니다.
영역형		시간에 따른 변화를 보여 주며 합계 값을 추세와 함께 살펴볼 때 유용합니다. 각 값의 합계를 표시하여 전체 중 부분의 관계를 보여 줍니다.
분산형		두 숫자 사이의 상관관계를 표시할 때 유용합니다. 과학, 통계, 공학 데이터를 표시하고 비교하는 데 주로 사용합니다.
거품형		분산형 차트와 비슷하나, X, Y, 거품의 크기가 있어 세 개의 값 집합을 비교할 때 유용합니다.
주식형		주가 변동을 나타내거나 일일 강우량, 연간 기온 등의 변화를 나타낼 때 유용합니다. 데이터를 정해진 순서대로 구성한 후 차트를 작성해야 합니다.
표면형		두 데이터 집합 간의 최적 조합을 찾을 때 유용한 차트로 색과 무늬는 같은 값 범위에 있는 지역을 나타냅니다.
방사형		데이터 간의 상대적인 크기 및 차이를 비교하기에 용이합니다. 예를 들어 예상매출액과 실제매출액을 비교합니다.
콤보 차트		데이터 값이 광범위한 경우 데이터를 쉽게 이해할 수 있도록 두 개 이상의 차트 종류를 결합한 차트로 보조축을 사용합니다.

차트 종류	사례	특징
트리맵		엑셀 2016부터 추가된 차트로 계층 구조 형태의 데이터를 시각형(Treemap)으로 비교합니다. 많은 양의 데이터를 계층 안에서 상대적인 크기를 비교하기에 유용합니다.
선버스트		엑셀 2016부터 추가된 차트로 계층 구조 형태의 데이터를 고리형(Sunburst)으로 비교합니다. 안쪽에 있는 고리가 계층 구조의 가장 높은 수준을 나타냅니다. 하나의 고리가 어떤 요소로 구성되어 있는지를 드러내므로 패턴 인식에 용이합니다.
히스토그램		엑셀 2016부터 추가된 차트로 통계 분석에서 사용되는 히스토그램은 구간별 빈도수를 나타냅니다.
파레토		엑셀 2016부터 추가된 차트로 불량, 고장 등의 내용을 빈도가 큰 것부터 나열한 차트입니다.
상자 수염		데이터 분포를 사분위수로 나타내며, 평균, 이상 값을 표시합니다. 히스토그램이나 파레토 차트와 달리 2개 이상의 데이터 계열을 비교할 수 있습니다. 데이터의 퍼짐정도, 중심위치, 분포의 대칭성 등을 탐색할 수 있습니다.
폭포		양수와 음수를 누적하여 표시하는 차트로 재무 데이터와 같은 자금의 흐름을 나타내기에 유용합니다.
깔대기		엑셀 2019에 추가된 깔때기형 차트는 데이터 프로세스의 단계를 표시하기에 유용한 차트입니다.
지도 차트		엑셀 2016 버전에서 앱을 추가하여 작성했던 지도 차트를 2019 버전은 곧장 삽입할 수 있게 되었습니다. 지도 차트는 국가/지역, 시/도, 군 또는 우편번호와 같은 지리적 지역이 있는 경우 지도 차트를 사용할 수 있습니다.

셀에 추세를 표시하는 스파크라인

예제 파일 Sample\Theme07\차트.xlsx 완성 파일 Sample\Theme07\차트_완성.xlsx

키 워 드 스파크라인

길라잡이 엑셀 2010 버전부터 추가된 스파크라인은 셀에 삽입하는 차트입니다. 스파크라인의 종류는 추세를 표시하는 '꺾은 선형', '열'이 있으며, 손익을 표시하는 '승패'가 있습니다. 반도체 매출의 월별 추세와 수익률 손익을 표시하는 스파크라인을 작성해보겠습니다.

완성예제 미리 보기

[반도체 매출액 추이]

구분	1월	2월	3월	4월	5월	6월	월별 추세 (기준 : 모든 항목)	월별 추세 (기준 : 각 항목별)
메모리	570	670	792	772	768	1,240		
비메모리	2,346	2,385	2,566	2,580	2,622	2,882		
합계	2,916	3,055	3,358	3,352	3,390	4,122		

[반도체 월별 수익률]

구분	1월	2월	3월	4월	5월	6월	손익
반도체	20.20%	-3.50%	-5.20%	12%	13.40%	4.10%	

01 스파크라인 삽입하기

❶ [스파크라인] 시트를 선택하고, ❷ [H4:H6] 영역을 범위 지정한 후 ❸ [삽입] 탭의 [스파크라인] 그룹에서 [열]을 클릭합니다.

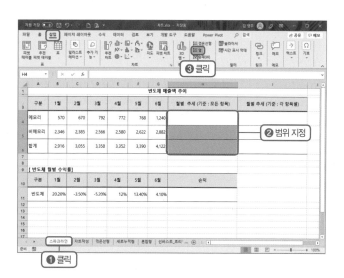

02 데이터 범위 지정하기

[스파크라인 만들기] 대화상자가 나타나면 ❶ '데이터 범위'에 [B4:G6]을 지정한 후 ❷ [확인] 버튼을 클릭합니다.

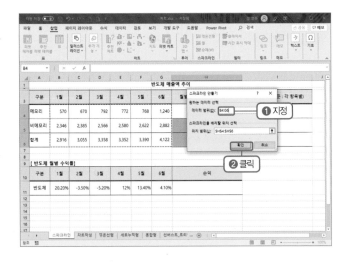

03 축 옵션 변경하기

[스파크라인] 탭의 [그룹] 그룹에서 [축 - 모든 스파크라인에 대해 동일하게] 항목을 체크 표시합니다. 축의 기준을 개별 항목에서 모든 항목으로 변경하였으므로 메모리, 비메모리, 합계 전체 값을 기준으로 추세를 표시합니다.

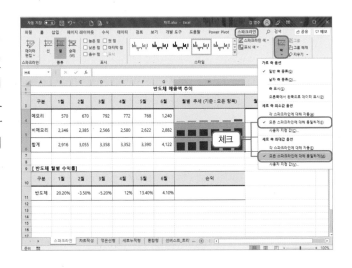

04 스파크라인 색 변경하기

[스파크라인] 탭의 [스타일] 그룹에서 [스파크라인 색 - 회색]을 선택합니다.

◉ 개별적으로 서식을 지정하려면 그룹화를 해제합니다. 그룹화 해제는 [스파크라인] 탭의 [그룹] 그룹에서 [그룹 해제]를 클릭합니다.

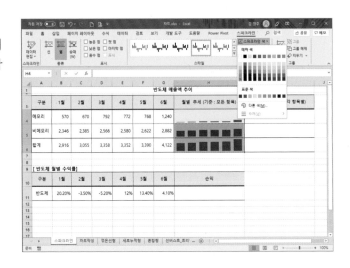

05 낮은 값의 색 변경하기

[스파크라인] 탭의 [스타일] 그룹에서 [표식 색 - 낮은 점 - 빨강]을 선택합니다.

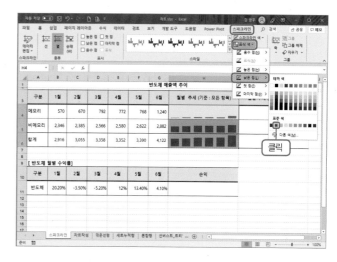

06 스파크라인 복사 및 종류 변경하기

❶ [H4:H6] 영역을 Ctrl+C를 눌러 복사, ❷ [I4] 셀에서 Ctrl+V를 눌러 붙여넣기합니다. ❸ [스파크라인] 탭의 [종류] 그룹에서 [선]을 클릭합니다.

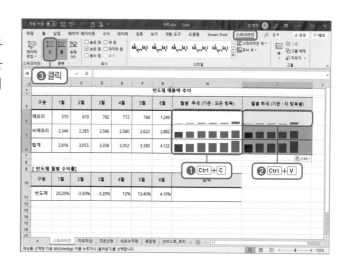

07 축 옵션 변경하기

[스파크라인] 탭의 [그룹] 그룹에서 [축 – 각 스파크라인에 대해 자동] 항목을 체크 표시합니다. 축의 기준을 개별 항목으로 변경하였으므로 메모리, 비메모리, 합계를 각각의 기준으로 추세를 표시합니다.

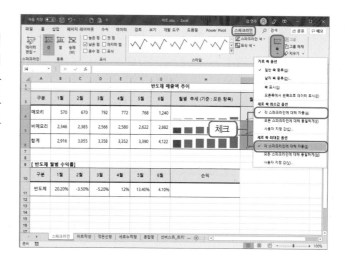

08 스파크라인 두께 변경하기

[스파크라인] 탭의 [스타일] 그룹에서 [스파크라인 색 - 두께 - 2¼] 항목을 선택합니다.

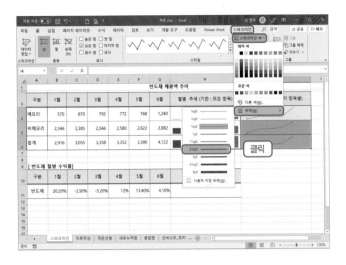

09 스파크라인 표식 표시하기

[스파크라인] 탭의 [스타일] 그룹에서 [표식 색 - 표식 - 빨강색] 항목을 선택합니다.

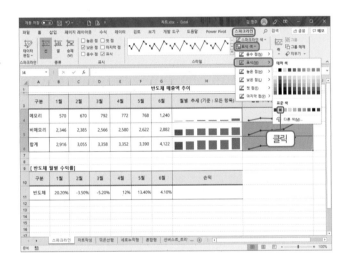

10 승패 스파크라인 삽입하기

❶ [H11] 셀을 선택한 후 ❷ [삽입] 탭의 [스파크라인] 그룹에서 [승패]를 클릭합니다.

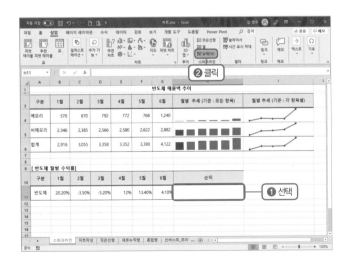

11 데이터 범위 지정하기

[스파크라인 만들기] 대화상자가 나타나면 ❶ '데이터 범위'에 [B11:G11]을 지정한 후 ❷ [확인] 버튼을 클릭합니다.

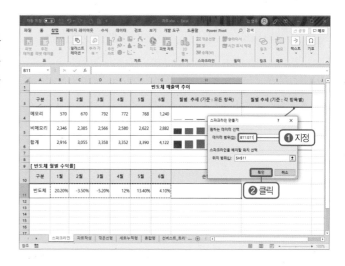

◉ 스파크라인을 삭제하려면 [스파크라인] 탭의 [그룹] 그룹에서 [지우기] 명령을 통해 선택한 스파크라인만 지우거나 그룹을 지웁니다.

12 완성

다음과 같이 완성됩니다. 승패 스파크라인은 승(이익)과 패(손해)를 드러낼 뿐 그 크기를 표시하진 않습니다.

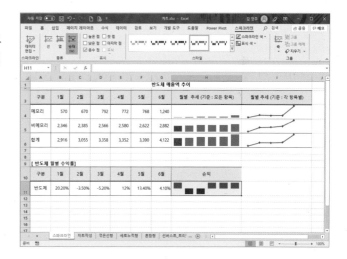

차트를 작성하는 네 가지 방법

예제 파일 Sample\Theme07\차트.xlsx 완성 파일 Sample\Theme07\차트_완성.xlsx

키 워 드 차트 삽입

길라잡이 차트를 삽입하는 방법은 데이터 영역을 범위 지정한 후 단축키, 리본 메뉴, 상황메뉴를 통해 차트를 삽입할 수 있습니다. 여기서는 먼저 삽입하는 방법을 살펴보고 다음 실습에서 편집 방법을 익혀보겠습니다.

◉ Alt + F1을 누르면 기본 차트가 삽입되는데 묶은 세로 막대형이 기본 차트로 설정되어 있기 때문입니다.

01 단축키로 기본 차트 삽입하기

❶ [차트작성] 시트를 선택하고 ❷ 차트 작성할 범위인 [B3:F6] 영역을 범위 지정한 후 Alt + F1을 누릅니다. 삽입한 차트를 삭제하려면 차트를 선택한 후 Del을 누릅니다.

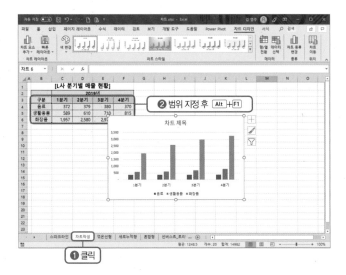

02 단축키로 차트 시트 삽입하기

[차트작성] 시트에서 데이터 범위를 지정한 후 F11을 누르면 [Chart] 시트가 삽입됩니다. [Chart] 시트를 삭제하려면 시트명 위에 마우스 포인터를 올려두고 [삭제] 명령을 클릭합니다.

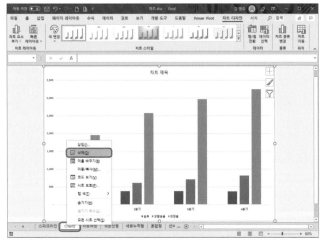

03 [빠른 분석] 명령으로 차트 삽입하기

데이터 범위를 지정한 후 [빠른 분석] 명령을 클릭한 후 [차트] 탭을 통해 원하는 차트를 삽입합니다.

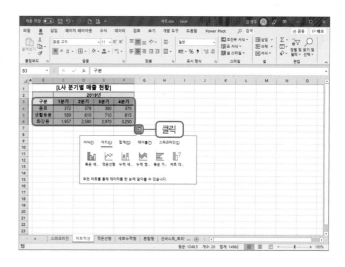

04 리본 메뉴로 차트 삽입하기

데이터 범위를 지정한 후 [삽입] 탭의 [차트] 그룹에서 원하는 차트 종류를 선택합니다. 데이터에 맞는 차트를 추천 받으려면 [추천 차트]를 클릭합니다. [차트 삽입] 대화상자가 나타나면 [추천 차트], [모든 차트] 탭을 통해서 원하는 차트를 선택한 후 [확인] 버튼을 클릭합니다.

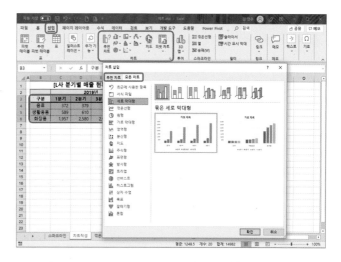

기본 차트 종류 변경하기

엑셀의 기본 차트는 묶은 세로 막대형 차트이므로 단축키 Alt + F1 또는 F11을 누르면 기본 차트인 묶은 세로 막대형 차트가 삽입됩니다. 기본 차트를 변경하려면 다음과 같은 순서로 진행합니다.

❶ 데이터 범위 지정 후 ❷ [삽입] 탭의 [차트] 그룹에서 [모든 차트 보기(▣)]를 클릭합니다. ❸ [모든 차트] 탭에서 원하는 차트 종류를 선택한 후 마우스 오른쪽 버튼을 클릭하여 [기본 차트로 설정]을 클릭, ❹ [확인] 버튼을 클릭합니다.

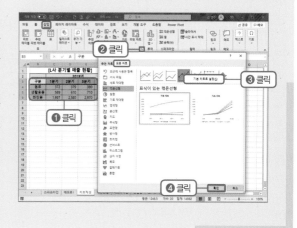

차트 편집하는 방법 익히기

예제 파일 Sample\Theme07\차트.xlsx 완성 파일 Sample\Theme07\차트_완성.xlsx

키 워 드 차트 편집
길라잡이 차트를 편집하려면 편집할 차트 요소를 선택한 후 [차트 요소(⊞)], [차트 스타일(🖊)], [차트필터(▽)]를 클릭하거나 [차트 도구] 탭의 [디자인], [서식] 탭 또는 작업창을 이용하여 편집합니다.

01 차트 작성하기

[차트작성] 시트에서 ❶ [B3:F6] 영역을 범위 지정한 후 ❷ [삽입] 탭의 [차트] 그룹에서 [묶은 세로 막대형]을 클릭합니다.

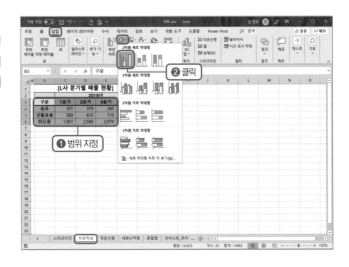

02 범례 위치 이동하기

범례를 편집하기 위해 차트 오른쪽에 있는 [차트 요소(⊞)]를 클릭한 후 [범례 – 위쪽]을 클릭합니다.

◉ 더 다양한 요소는 [차트 디자인] 탭의 [차트 레이아웃] 그룹에서 [차트 요소 추가]를 클릭하여 추가합니다.

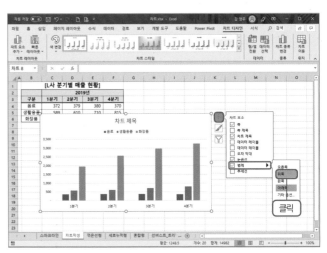

◎ 스타일과 색을 리본 메뉴에서 변경하려면 [차트 디자인] 탭의 [차트 스타일] 그룹에서 변경합니다.

03 차트 스타일 변경하기

차트 스타일과 색을 변경하기 위해 ❶ [차트 스타일(✐)]을 클릭한 후 [스타일 – 스타일 3]을 클릭하고, ❷ [색 – 다양한 색상표 3]을 클릭합니다.

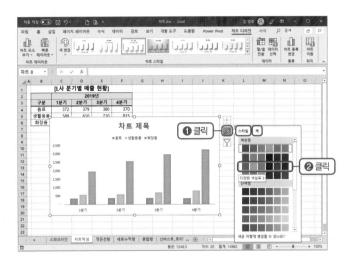

04 데이터 레이블 표시하기

모든 데이터 계열에 레이블을 표시하려면 차트를 선택한 후 메뉴를 선택하고, 원하는 계열만 레이블을 표시하려면 원하는 계열을 선택한 후 메뉴를 선택합니다. 여기서는 '화장품' 계열에 레이블을 표시하겠습니다. ❶ '화장품' 계열을 선택한 후 [차트 요소(⊞)]를 클릭한 후 ❷ [데이터 레이블 – 바깥쪽 끝에]를 클릭합니다.

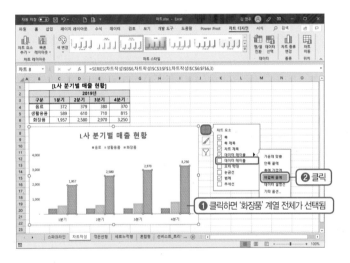

05 데이터 계열 편집하기

'화장품' 계열에서 마우스 오른쪽 버튼을 클릭하여 [데이터 계열 서식] 명령을 클릭합니다.

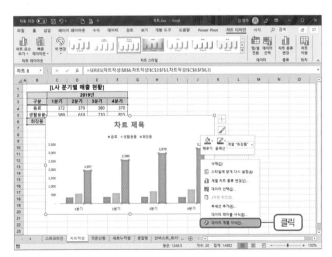

06 계열 간 겹치기와 간격 조절하기

[데이터 계열 서식] 작업창이 나타나면 ❶[계열 옵션(▮)]을 클릭한 후 ❷'계열 겹치기 : -5%, 간격 너비 : 100%'로 조절합니다.

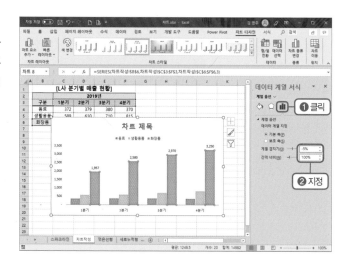

07 y축 주 눈금 단위 수정하기

❶y축인 '세로 (값) 축'을 선택하면 [축 서식] 작업창으로 변경됩니다. ❷[축 옵션 – 축 옵션(▮)]을 클릭한 후 ❸'단위'를 기본 '1000'으로 수정합니다. '세로 (값) 축'의 주 눈금자 간격이 조정됩니다. ❹차트 제목을 수정한 후 차트 편집을 완성합니다.

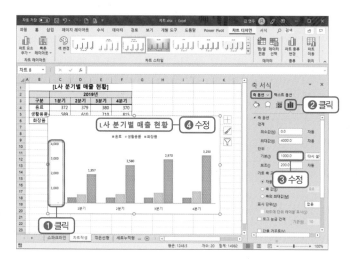

02 실무 차트 작성하기

실무에서 많이 작성하는 꺾은선형, 세로누적형, 혼합형, 선버스트, 트리맵 차트를 작성해보겠습니다. 또한 데이터를 가공하여 파이 차트와 온도계 차트를 작성하는 방법을 알아보겠습니다.

핵심기능 > 작성할 차트 미리 보기

꺾은선형

6년 동안의 예산 추이를 드러내는 그래프를 작성합니다.

누적 세로 막대형

음료, 생활용품, 화장품의 매출 규모를 드러내면서 2018년과 2019년의 매출 추이를 비교하는 그래프를 작성합니다.

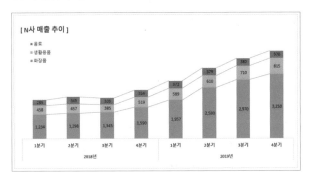

혼합형

1월~12월까지의 계획 대비 실적의 도달 여부를 비교하기 위해 막대와 꺾은선형의 차트를 작성합니다.

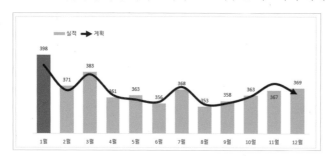

선버스트

2019년의 매출을 분기별 월별 주별로 고리 형태로 구조화하여 비교합니다.

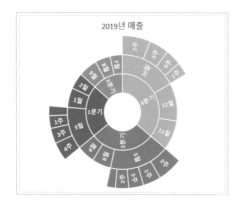

트리맵

2019년의 매출을 분기별 월별 주별로 사각형의 범주로 비교합니다.

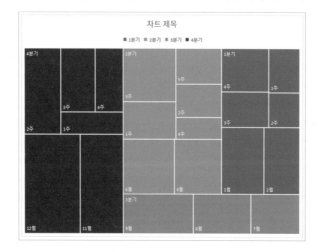

도넛형 차트

데이터를 가공한 후 남성과 여성의 비율을 도넛형으로 비교합니다.

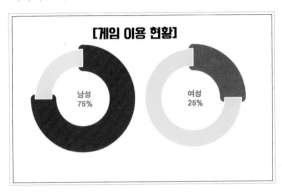

가로 막대형 차트

데이터를 가공한 후 프로젝트별 진척도를 가로 막대형 차트로 드러냅니다.

[2019년 사업별 프로젝트 진척도]		
구분	진행률	진척도
Project 1	51%	51%
Project 2	64%	64%
Project 3	89%	89%
Project 4	46%	46%
Project 5	88%	88%
Project 6	52%	52%
Project 7	29%	29%
Project 8	69%	69%

원형 대 가로 차트

웹 브라우저 시장 점유율을 드러내는 원형 차트를 작성합니다.

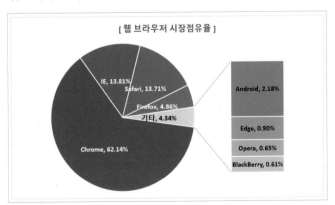

예산의 추이를 드러내는 꺾은선형 차트

 기능 실습 01

예제 파일 Sample\Theme07\차트.xlsx 완성 파일 Sample\Theme07\차트_완성.xlsx

키 워 드 꺾은선형
길라잡이 예산 현황 데이터로 예산의 추이를 드러내는 꺾은선형 차트를 작성한 후 차트요소들을 편집하는 방법을 살펴보겠습니다.

01 차트 삽입하기

[꺾은선형] 시트에서 ❶[A1:B7] 영역을 범위 지정한 후 ❷[삽입] 탭의 [차트] 그룹에서 [꺾은선형 – 표식이 있는 꺾은선형]을 클릭합니다.

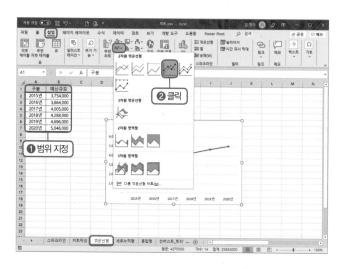

02 데이터 레이블 표시하기

차트 요소(⊞)를 클릭하여 '데이터 레이블'에 체크 표시합니다.

● 차트가 선택되어 있어야 '차트 요소'가 표시됩니다.

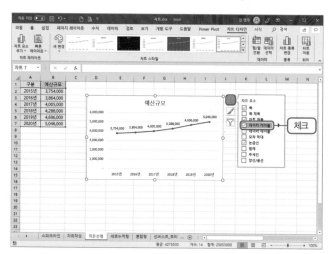

● 차트가 선택되어 있어야
[차트 디자인] 상황 탭이 표
시됩니다.

03 하강선 표시하기

[차트 디자인] 탭의 [차트 레이아웃]
그룹에서 [차트 요소 추가 – 선 – 하
강선]을 클릭합니다.

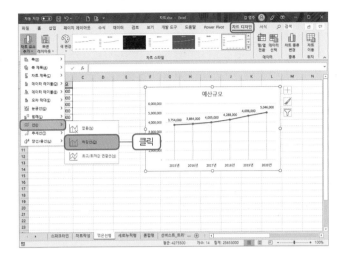

04 축 서식 작업창 표시하기

① 세로 (값) 축에서 마우스 오른쪽 버
튼을 클릭하여 ② [축 서식] 메뉴를 선
택합니다.

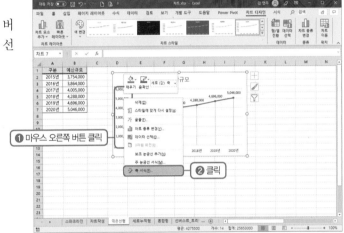

05 최소값 지정하기

[축 서식] 작업창에서 ① [축 옵션 – ⬛]
을 클릭합니다. ② 최소값 '3,000,000'
을 입력합니다. 차트 위에서 ③ '세로
(값) 축'과 '세로 (값) 축 주 눈금선'
을 선택한 후 Del 을 눌러 삭제합니다.

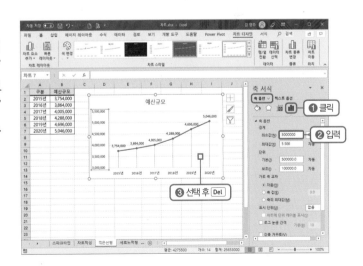

06 데이터 레이블 천 단위로 표시하기

❶ 데이터 레이블을 클릭하여 선택합니다. [데이터 레이블 서식] 작업창으로 변경되면 ❷ [레이블 옵션 - ▮▮] 에서 '표시 형식'을 클릭합니다. ❸ 서식 코드에 「#,##0,"천원"」을 입력한 후 ❹ [추가] 버튼을 클릭합니다.

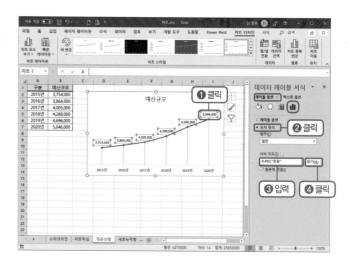

07 꺾은선 그래프의 선 굵기 조절하기

❶ 데이터 계열을 클릭하여 선택합니다. [데이터 계열 서식] 작업창으로 변경되면 ❷ [🎨 - 선 - 선]을 클릭합니다. ❸ 너비에 「0.25」를 입력합니다.

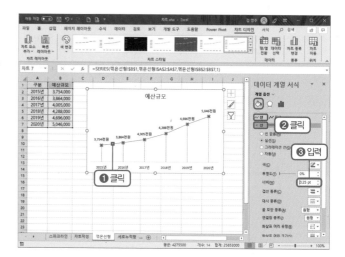

08 꺾은선 그래프의 표식 옵션 변경하기

데이터 계열이 선택된 상태에서 ❶ [🎨 - 표식]을 클릭합니다. ❷ '표식 옵션'에서 '기본 제공'을 선택한 후 크기를 ❸ 「9」로 변경합니다. ❹ '채우기'에서 '단색 채우기'를 선택한 후 ❺ '흰 색'을 선택합니다.

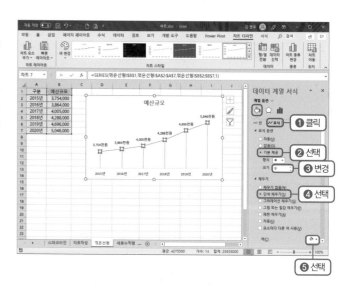

09 꺾은선 그래프의 표식 옵션 변경하기

❶ '테두리'에서 '실선'을 선택한 후
❷ 색은 '남색', ❸ 너비는 「1.75」을 입력합니다.

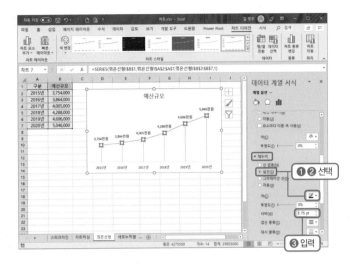

10 데이터 요소 서식 지정하기

2020년의 표식 색을 빨강색으로 변경하기 위하여 ❶ 2019년과 2020년 사이의 데이터 계열선을 한 번 클릭, ❷ 다시 클릭하여 하나의 요소만 선택합니다. [데이터 요소 서식] 작업창으로 변경되면 ❸ [🪣 - 표식]을 클릭합니다. ❹ '테두리'에서 '실선'을 선택한 후 ❺ 색상을 빨강으로 변경합니다.

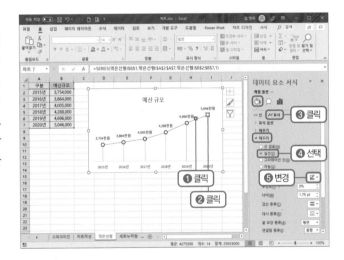

11 차트 제목 변경하기

차트 제목을 '2015년~2020년 예산 추이'로 수정한 후 위치를 이동하여 완성합니다.

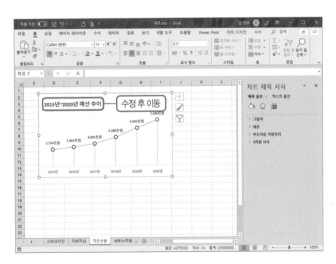

꺾은선 차트에서 빈 셀이나 숨겨진 셀 처리 옵션

데이터에 빈 셀이 있으면 그래프가 끊겨 보이므로 보기에 좋지 않습니다. 빈 셀의 값을 0으로 처리하거나 선으로 연결할 수 있는 옵션을 선택하기 위해 ❶ [차트 디자인] 탭의 [데이터] 그룹에서 [데이터 선택]을 클릭합니다. ❷ [숨겨진 셀/빈 셀] 버튼을 클릭합니다.

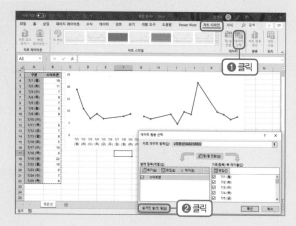

❸ [숨겨진 셀/빈 셀 설정] 대화상자에서 원하는 옵션을 선택하여 해결합니다.

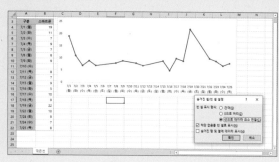

전체 중 개별 항목을 비교하는 세로 누적형 차트

예제 파일 Sample\Theme07\차트.xlsx **완성 파일** Sample\Theme07\차트_완성.xlsx

키 워 드 세로 누적형
길라잡이 전체 중 개별 항목을 비교할 수 있는 세로 누적형 차트를 작성하고 구체적으로 편집하는 방법을 살펴보겠습니다.

01 차트 삽입하기

❶ [세로누적형] 시트에서 [B3:J4] 영역을 범위 지정 ❷ Ctrl을 누른 상태로 [B6:J8] 영역을 범위 지정합니다. ❸ [삽입] 탭의 [차트] 그룹에서 [세로 또는 가로 막대형 차트 삽입 – 누적 세로 막대형]을 클릭합니다.

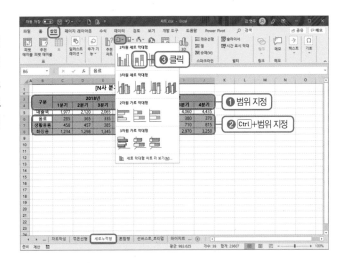

02 데이터 계열 순서 변경하기

❶ [차트 디자인] 탭의 [데이터] 그룹에서 [데이터 선택]을 클릭합니다. [데이터 원본 선택] 대화상자가 나타나면 ❷ '화장품', '생활용품', '음료' 순으로 순서를 변경합니다.

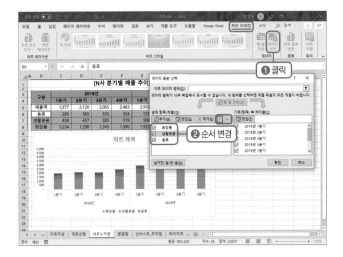

● 삭제한 y축과 주 눈금선은 차트 요소(⊞)를 클릭하여 다시 나타나게 할 수 있습니다.

03 y축과 주 눈금선 삭제하기

❶ '세로 (값) 축'을 선택한 후 Del을 눌러 삭제, ❷ '세로 (값) 축 주 눈금선'을 선택한 후 Del을 눌러 삭제합니다.

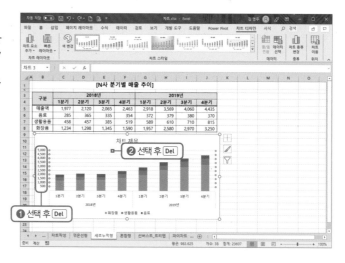

04 범례 위치 이동하기

차트 요소(⊞)을 클릭하여 [범례 – 왼쪽]을 선택합니다.

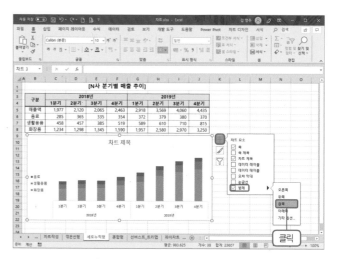

05 데이터 레이블 표시하기

차트 요소(⊞)를 클릭하여 [데이터 레이블]에 체크 표시합니다.

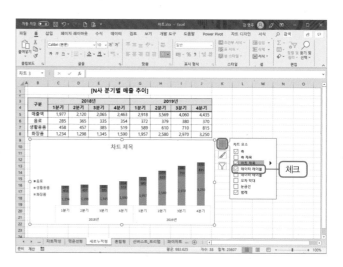

06 차트 색상 변경하기

❶차트 스타일(✏️)을 클릭하여 ❷
[색 – 다양한 색상표 3]을 선택합니
다.

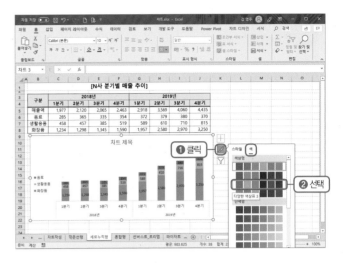

07 계열선 추가하기

[차트 디자인] 탭의 [차트 레이아웃]
그룹에서 [차트 요소 추가 – 선 – 계
열선]을 클릭합니다.

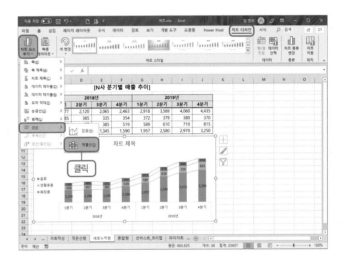

08 위치 이동한 후 완성하기

❶차트 제목을 수정한 후 그림과 같
은 위치로 이동한 후 ❷범례를 드래
그하여 이동합니다. ❸그림 영역의
너비를 드래그로 조절하여 완성합니
다.

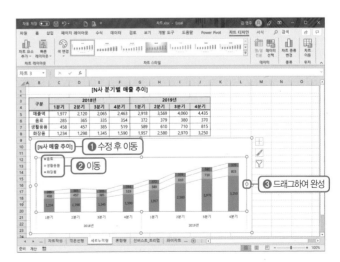

계획 대비 실적을 드러내는 혼합형 차트

예제 파일 Sample\Theme07\차트.xlsx 완성 파일 Sample\Theme07\차트_완성.xlsx

키 워 드 혼합형 차트

길라잡이 매출 계획과 실적 데이터를 꺾은선과 막대 차트로 혼합하여 작성합니다. 차트 삽입과 편집 과정을 살펴보겠습니다.

01 차트 삽입하기

❶ [혼합형] 시트에서 [A2:M4] 영역을 범위 지정한 후 ❷ [삽입] 탭의 [차트] 그룹에서 [모든 차트 보기(◥)]를 클릭합니다.

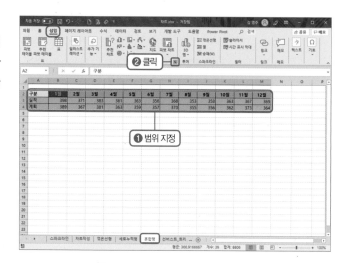

02 차트 종류 선택하기

[차트 삽입] 대화상자가 나타나면 ❶ [모든 차트] 탭에서 '혼합'을 클릭한 후 다음과 같이 지정한 후 ❸ [확인] 버튼을 클릭합니다.

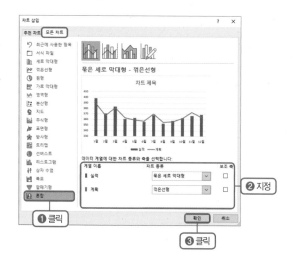

03 크기 조절 및 불필요한 차트 요소 삭제하기

❶ 차트를 드래그하여 크기를 조절합니다. ❷ 세로 값 (축), 세로 값 (축) 주 눈금선, 차트 제목을 선택하여 Del을 눌러 삭제합니다.

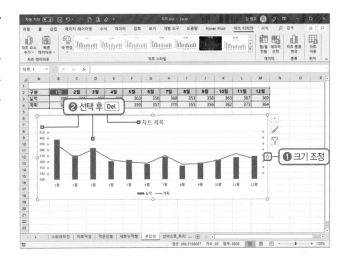

04 범례 위치 이동하기

차트 요소(⊞)를 눌러 [범례 - 위쪽]을 선택합니다.

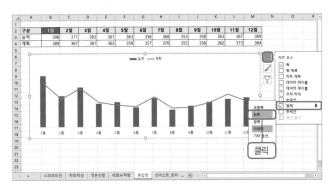

05 '실적' 데이터 막대에 데이터 레이블 표시하기

❶ '실적' 데이터 막대를 선택한 후 ❷ 차트 요소(⊞)를 눌러 [데이터 레이블]에 체크 표시합니다.

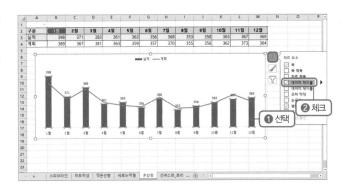

06 데이터 계열 서식 작업창 열기

'실적' 데이터 막대 위에서 마우스 오른쪽 버튼을 클릭하여 [데이터 계열 서식]을 선택합니다.

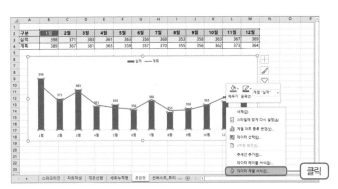

07 간격 너비 조정하기

[데이터 계열 서식] 작업창이 나타나면 █을 클릭한 후 '간격 너비'를 「110%」로 조정합니다.

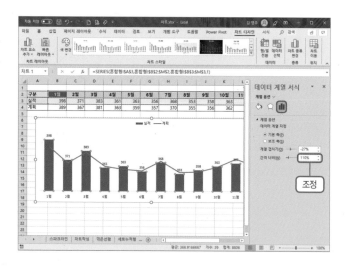

08 '실적' 데이터 막대 계열 채우기 및 색 변경하기

[데이터 계열 서식] 작업창에서 ◌을 클릭한 후 채우기 색을 연한 파랑을 선택합니다.

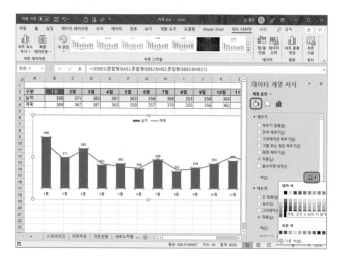

09 '실적' 계열 중 '1월' 요소만 채우기 색 변경하기

실적 중에서 1월 실적이 가장 크므로 색상을 변경하여 강조합니다. ❶ '실적' 데이터 막대 계열을 선택한 후 ❷ '1월' 막대에서 한 번 더 클릭하면 '1월' 요소만 선택됩니다. 채우기 색을 진한 파랑을 선택합니다.

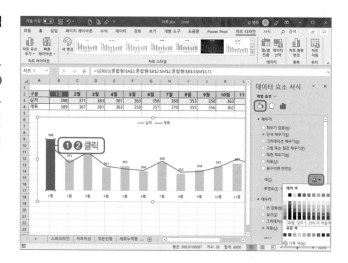

10 '계획' 데이터 계열의 서식 변경하기

❶ '계획' 데이터 계열을 선택한 후 [데이터 계열 서식] 작업창에서 ❷ 채우기는 짙은 남색, 너비는 「4pt」화살표 꼬리 유형을 다음과 같이 변경하고 ❸ 완만한 선에 체크 표시합니다.

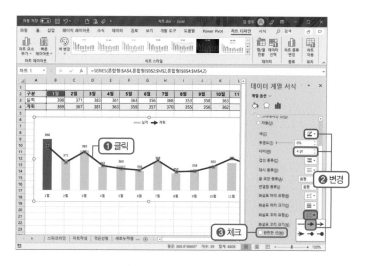

11 완성

다음과 같이 완성됩니다.

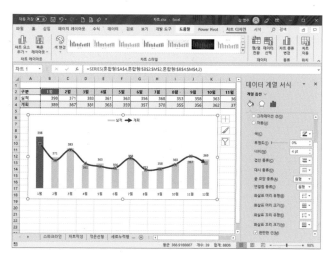

트리맵과 선버스트 차트

예제 파일 Sample\Theme07\차트.xlsx 완성 파일 Sample\Theme07\차트_완성.xlsx

키 워 드 트리맵, 선버스트
길라잡이 2019년의 매출이 분기, 월, 주 단위로 입력되어 있습니다. 매출의 크기를 트리맵 차트와 선버스트 차트로 작성하여 분기, 월, 주에 대한 매출의 크기를 계층 구조 형태로 비교합니다.

01 차트 삽입하기

[트리맵-선버스트] 시트에서
❶ [A2 : D24] 영역을 범위 지정한 후
❷ [삽입] 탭의 [차트] 그룹에서 [계층 구조 차트 삽입 – 트리맵]을 클릭합니다.

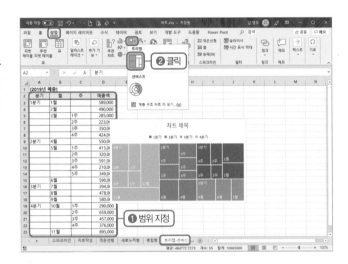

02 데이터 계열 서식 작업창 열기

트리맵 차트가 삽입되면 임의의 데이터 계열 위에서 마우스 오른쪽 버튼을 클릭하여 [데이터 계열 서식] 명령을 클릭합니다.

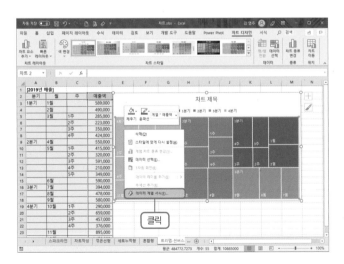

03 계열 옵션 지정하기

[데이터 계열 서식] 작업창이 나타나면 ■을 클릭한 후 '레이블 옵션'에서 '배너'를 지정합니다. 레이블이 범주 위에 표시되므로 범주 구분이 수월해 집니다.

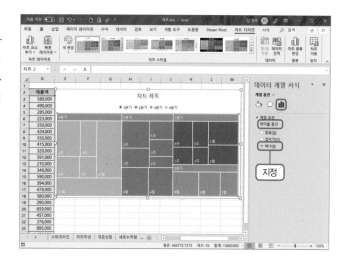

04 범례 삭제 및 차트 제목 변경하기

❶ 범례를 선택한 후 Del 을 눌러 삭제합니다. ❷ 차트 제목을 "2019년 매출 규모"로 입력합니다.

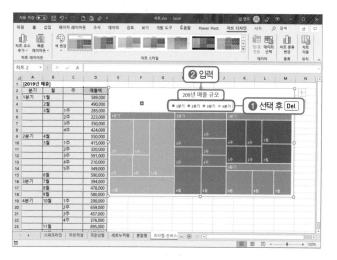

05 차트 종류 변경하기

차트를 선택한 상태에서 [차트 디자인] 탭의 [종류 – 차트 종류 변경]을 클릭합니다.

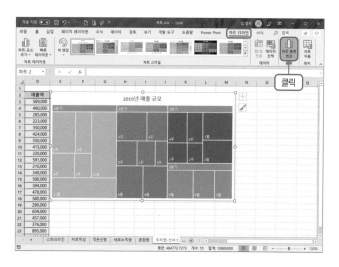

06 차트 종류 선택하기

[차트 종류 변경] 대화상자가 나타나면 ❶ '선버스트'를 선택한 후 ❷ [확인] 버튼을 클릭합니다.

07 완성

다음과 같이 선버스트 차트로 비교할 수 있습니다. 트리맵 차트는 상대적 크기를 범주로 비교하는데 반해 선버스트 차트는 하나의 고리가 어떤 요소로 구성되는지를 보여줍니다.

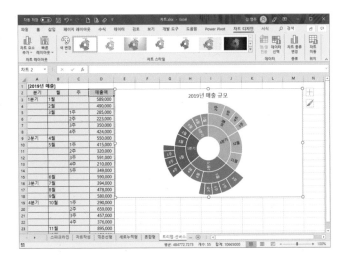

파이 차트 서식파일로 저장해 재활용하기

도넛형 차트를 이용해 인포그래픽에 많이 사용하는 형태의 차트를 만들어보겠습니다. 자주 사용하는 차트는 서식 파일로 저장하는 것이 편리하므로 만든 차트를 서식파일로 저장하고, 저장된 서식파일을 이용해 차트를 만드는 과정까지 살펴보겠습니다.

【예제 파일】Sample\Theme07\차트.xlsx

【완성 파일】Sample\Theme07\차트_완성.xlsx

1 차트 열 계산하기(데이터 가공하기)

❶ [파이차트] 시트를 클릭합니다. 원하는 차트 모양을 만들기 위해 ❷ [C3] 셀에 「=1-B3」을 입력한 후 Enter를 누릅니다. ❸ [C4] 셀까지 [C3] 셀의 수식을 복사합니다.

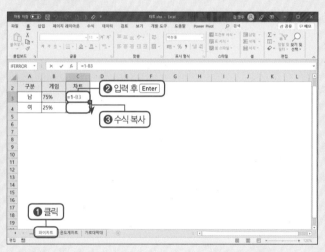

2 도넛형 차트 삽입하기

❶ [B3:C3] 영역을 범위 지정한 후 ❷ [삽입] 탭의 [차트 - 원형 또는 도넛형 차트 삽입 - 도넛형]을 선택합니다.

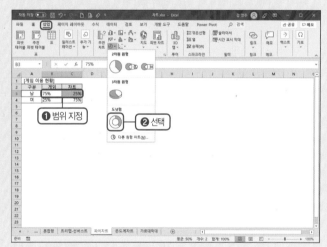

3 [데이터 계열 서식] 작업창 열기

❶ 차트 제목, 범례를 선택하여 Del을 눌러 삭제합니다. ❷ 데이터 계열 위에서 마우스 오른쪽 버튼을 클릭하여 [데이터 계열 서식] 명령을 클릭합니다.

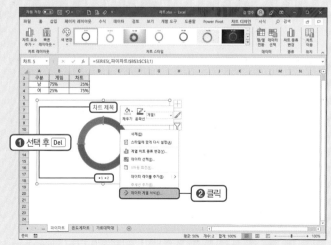

4 도넛 구멍 크기 설정하기

[데이터 계열 서식] 작업창에서 ① 📊을 선택한 후 ② '도넛 구멍 크기'를 「65%」로 설정합니다.

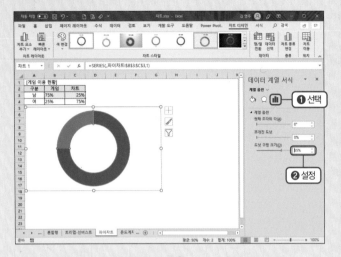

5 채우기 색 설정하기

[데이터 계열 서식] 작업창에서 ① ⬤을 클릭한 후 ② 채우기의 색을 '연한 파랑'을 지정합니다.

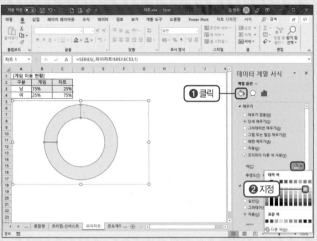

6 데이터 요소 채우기 색 변경하기

75%에 해당하는 조각에서 클릭하면 75% 요소만 선택됩니다. [데이터 요소 서식] 작업창에서 채우기 색을 '진한 파랑'으로 지정합니다.

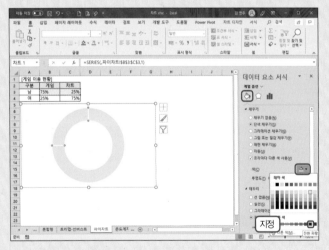

7 데이터 요소 테두리 색과 두께 변경하기

'테두리'를 클릭한 후 채우기 색을 '진한 파랑', 너비를 「15pt」로 지정합니다.

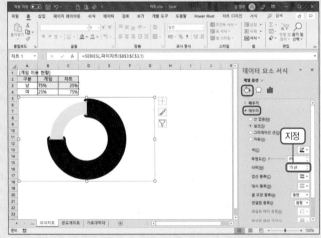

8 서식 파일로 저장하기

차트를 선택한 후 마우스 오른쪽 버튼을 클릭하여 [서식 파일로 저장] 명령을 클릭합니다.

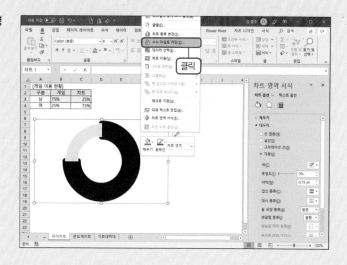

9 서식 파일명 지정하여 저장하기

[차트 서식 파일 저장] 대화상자가 나타나면 ❶ 파일 이름을 입력한 후 ❷ [저장] 버튼을 클릭합니다.

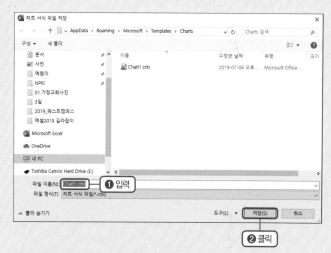

10 서식 파일로 저장된 차트 작성하기 1

❶ [B4:C4] 영역을 범위 지정한 후 ❷ [삽입] 탭의 [차트] 그룹에서 [모든 차트 보기(⬚)]를 클릭합니다.

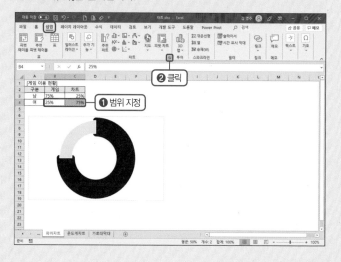

11 서식 파일로 저장된 차트 작성하기 2

[차트 삽입] 대화상자가 나타나면 ❶ [모든 차트] 탭에서 '서식 파일'을 선택하고 ❷ 방금 저장한 차트를 지정한 후 ❸ [확인] 버튼을 클릭합니다.

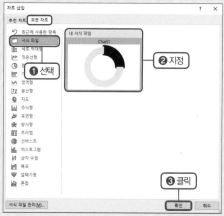

12 채우기 색 변경하기

새롭게 추가된 차트의 채우기 색을 변경하기 위해 ❶ 데이터 계열을 선택합니다. [데이터 계열 서식] 작업창에서 ❷ 🖌을 클릭한 후 채우기의 색을 연한 빨강을 지정합니다.

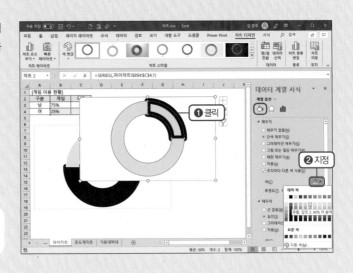

NOTE

작업창이 없으면 도넛 위에서 마우스 오른쪽 버튼을 클릭한 후 [데이터 계열 서식] 명령을 클릭합니다.

13 데이터 요소의 채우기 색과 테두리 색 변경하기

❶ 25% 조각 위에서 클릭하면 작업창이 [데이터 요소 서식]으로 변경됩니다. ❷ 🖌을 클릭한 후 채우기 색을 '진한 빨강', 테두리 색을 '진한 빨강'으로 지정합니다.

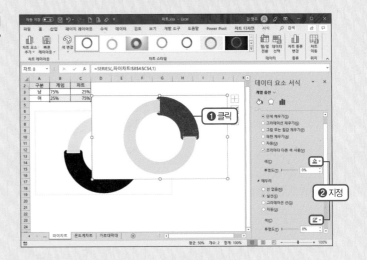

14 텍스트 상자 삽입하기

가운데 레이블을 입력하기 위해 ❶ 차트 영역을 선택한 후 ❷ [삽입] 탭의 [텍스트] 그룹에서 [텍스트 상자 – 가로 텍스트 상자 그리기]를 클릭합니다.

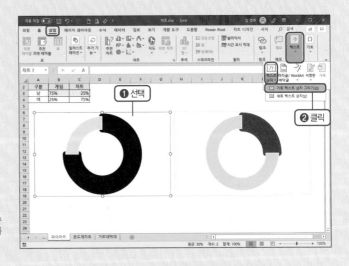

○주의
반드시 차트 영역을 선택한 상태에서 [삽입] 탭의 [텍스트] 그룹에서 [텍스트 상자 – 가로 텍스트 상자 그리기]를 클릭해야 삽입한 텍스트 상자와 차트가 묶음이 되어 움직입니다. 즉, 차트를 이동하면 텍스트 상자도 차트와 한 묶음처럼 움직입니다.

15 텍스트 추가 및 서식 지정하기

❶ 텍스트 상자에 '남성 75%'를 입력한 후 ❷ [홈] 탭의 [글꼴] 그룹에서 'HY견고딕', '12', '굵게' 서식을 지정합니다. 오른쪽 차트도 동일한 방법으로 텍스트 상자를 추가하고, 서식을 지정합니다.

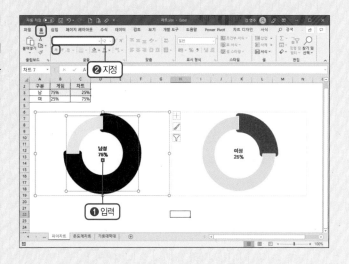

16 차트 영역의 채우기와 테두리 색 없음 설정하기

❶ 차트 영역을 선택한 후 [차트 영역 서식] 작업창의 ❷ 채우기에서 '채우기 없음', 테두리에서 '선 없음'을 클릭합니다. 오른쪽 차트도 동일한 방법으로 채우기와 테두리 색을 없앱니다.

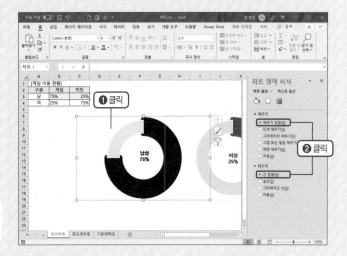

NOTE

작업창이 나타나 있지 않으면 차트 영역에서 마우스 오른쪽 버튼을 클릭하여 [차트 영역 서식] 명령을 클릭합니다.

17 두 개의 차트 정렬하기

❶ 하나의 차트를 선택한 후 ❷ Shift를 누른 상태로 다른 차트를 선택합니다. ❸ [도형 서식] 탭의 [정렬] 그룹에서 [맞춤 – 위쪽 맞춤]을 클릭합니다. 두 개의 차트를 최대한 포개어 차트를 가깝게 위치시킵니다.

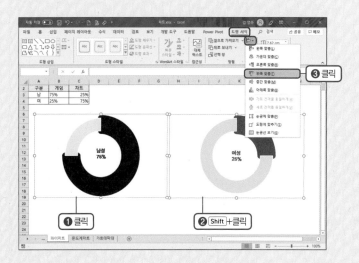

18 사각형 삽입하기

① [삽입] 탭의 [일러스트레이션] 그룹에서 [도형 − 직사각형]을 선택한 후 차트를 감싸도록 직사각형을 그립니다.

② 사각형 위에서 마우스 오른쪽 버튼을 클릭한 후 [도형 서식]을 클릭합니다. 채우기 색을 '채우기 없음'으로 지정합니다.

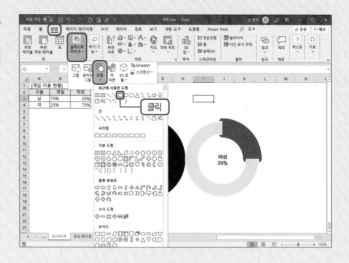

19 차트 제목 입력한 후 완성하기

[삽입] 탭의 [일러스트레이션] 그룹에서 [도형 − 텍스트 상자]를 선택한 후 차트 제목을 입력하고 서식을 지정하여 완성합니다.

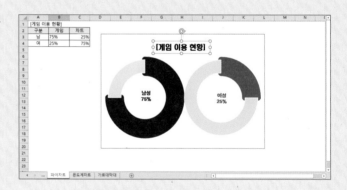

온도계 차트 만들기

묶은 가로 막대형 차트를 이용해 진척률을 드러내는 온도계 차트를 만들겠습니다. 데이터에 100%을 표현할 수 있는 계열을 추가한 후 차트를 삽입합니다. 차트 요소를 편집한 후 셀에 맞게 차트 크기를 조절 및 이동하여 완성합니다.

【예제 파일】Sample\Theme07\차트.xlsx   【완성 파일】Sample\Theme07\차트_완성.xlsx

1 묶은 세로 막대형 추가하기

❶ [온도계차트] 시트를 클릭합니다. ❷ [A3:B11] 영역을 범위 지정한 후 ❸ Ctrl을 누른 상태로 [F3:F11] 영역을 범위 지정합니다. ❹ [삽입] 탭의 [차트] 그룹에서 [세로 또는 가로 막대형 차트 삽입 - 묶은 가로 막대형]을 클릭합니다.

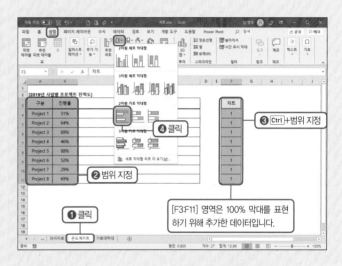

2 데이터 계열 순서 변경하기

❶ 차트를 선택한 후 ❷ [차트 디자인] 탭의 [데이터] 그룹에서 [데이터 선택] 버튼을 클릭합니다. [데이터 원본 선택] 대화상자가 나타나면 ❸ '범례 항목(계열)'에서 차트와 진행률의 순서를 그림과 같이 변경한 후 ❹ [확인] 버튼을 클릭합니다.

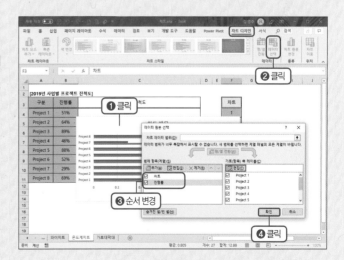

③ [축 서식] 작업창 나타내기

세로 (항목) 축에서 마우스 오른쪽 버튼을 클릭하여 [축 서식] 명령을 클릭합니다.

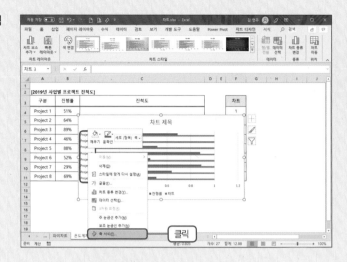

④ 축 옵션 지정하기

❶ [축 서식] 작업창에서 📊을 클릭하여 ❷ 가로 축 교차의 '최대 항목', '항목을 거꾸로'에 체크 표시합니다.

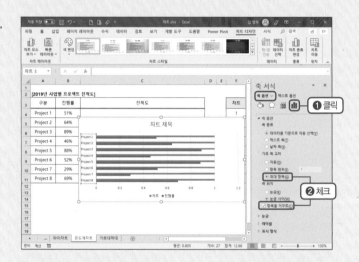

⑤ 데이터 계열 서식 지정하기

데이터 계열을 선택하면 작업창이 [데이터 계열 서식]으로 변경됩니다. ❶ 📊을 클릭한 후 ❷ 계열 겹치기는 「100%」, 간격 너비는 「25%」로 설정합니다.

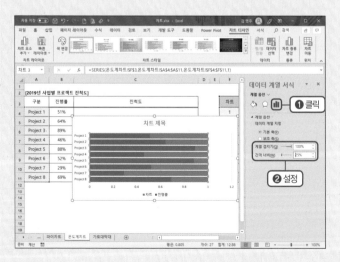

6 데이터 계열 색상 변경하기

❶ 100%에 해당하는 데이터 계열을 선택한 후 작업창에서 ❷ 채우기 색을 연한 녹색 계열을 선택합니다.

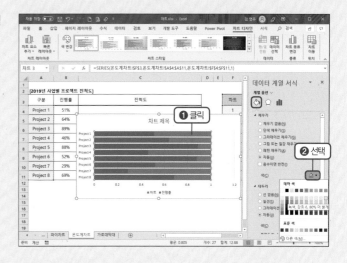

7 데이터 계열 색상 변경하기

❶ 진행률에 해당하는 데이터 계열을 선택한 후 작업창에서 ❷ 채우기 색을 진한 녹색 계열을 선택합니다.

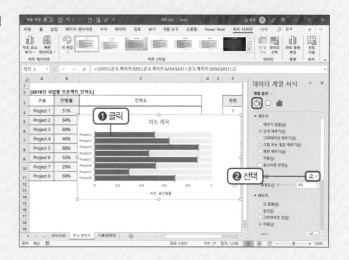

8 데이터 레이블 표시하기

❶ 차트 요소(⊞)를 클릭한 후 [데이터 레이블 – 안쪽 끝에]를 선택합니다.
❷ 차트 제목, 범례, 축을 선택한 후 Del 을 눌러 삭제합니다.

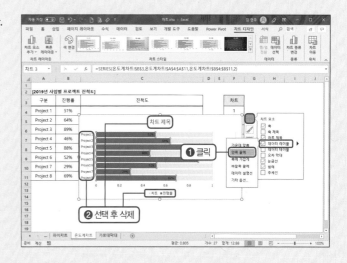

⑨ 데이터 레이블 글꼴 색 변경하기

① 데이터 레이블을 선택한 후 **②** [홈] 탭의 [글꼴] 그룹에서 [글꼴 색 –
흰색]을 클릭합니다.

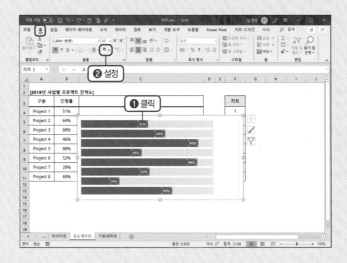

⑩ 차트 영역과 그림 영역의 채우기와 테두리 투명 처리하기

① 차트 영역을 선택한 후 [차트 영역 서식] 작업창에서 **②** ◇을 클릭한
후 채우기에서 '채우기 없음', 테두리에서 '선 없음'을 선택합니다. 그림 영
역을 선택한 후 동일한 방법으로 채우기와 테두리도 투명 처리합니다. 진척
도 표에 맞게끔 차트 크기와 위치를 조절합니다.

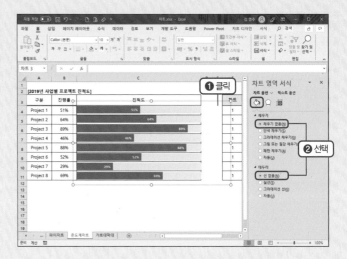

드러낼 항목이 많을 경우엔 원형 대 가로 막대형 차트

비중을 표현하는 차트 중에서 원형에 드러낼 데이터 계열이 많으면 원형 대 가로 막대형 차트를 작성합니다. 위치를 기반으로 둘째 영역에 포함할 항목 수를 지정한 후 차트를 편집하여 완성합니다.

예제 파일 Sample\Theme07\차트.xlsx   **완성 파일** Sample\Theme07\차트_완성.xlsx

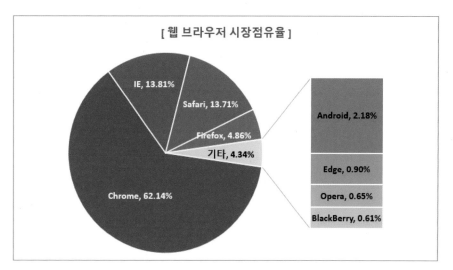

문제 해결

❶ 차트 삽입 : [A1:B9] 영역을 범위 지정한 후 [삽입] 탭의 [차트] 그룹에서 [원형 또는 도넛형 차트 삽입 – 원형 대 가로 막대형]을 클릭합니다.

❷ [데이터 계열 서식] 작업창에서 '계열 옵션'(▥)을 클릭한 후 둘째 영역 값 「4」, 둘째 영역 크기 「60%」을 지정합니다.

❸ 범례 삭제 : 범례를 선택한 후 Del 을 눌러 삭제합니다.

❹ 데이터 레이블 표시 : ⊞를 눌러 [데이터 레이블 – 가운데 맞춤]을 선택합니다.

❺ 데이터 레이블 항목 이름 표시 : 데이터 레이블을 선택한 후 [데이터 레이블 서식] 작업창에서 '레이블 옵션'(▥)을 클릭합니다. '레이블 내용'에 '항목 이름', '값'에 체크 표시를 합니다.
만약 작업창이 없다면 데이터 레이블 위에서 마우스 오른쪽 버튼을 클릭하여 [데이터 레이블 서식] 명령을 클릭합니다.

❻ 차트 색상 변경 : ✏을 눌러 [색] 탭에서 원하는 색상을 변경합니다.

❼ 차트 제목 변경 : '[웹 브라우저 시장 점유율]'로 수정합니다.

많은 양의 데이터를 관리, 탐색, 요약, 집계하기 위한
정렬, 필터, 부분합, 피벗 테이블 등을 알아보고 현업에서 활용하는
다양한 사례를 살펴보겠습니다.

데이터 관리와 분석

LESSON

01 정렬과 부분합

데이터베이스의 구조를 이해하고, 그 구조에 맞는 테이블을 구성하는 방법을 알아봅니다. 원하는 기준으로 레코드를 재배열하는 정렬과 원하는 기준으로 집계하는 부분합을 알아보겠습니다.

핵심기능 데이터베이스 구조

데이터베이스란 구조화된 형태로 저장된 데이터 집합을 말합니다. 데이터베이스는 레코드와 필드의 조합으로 이루어져야 합니다. 이러한 형태로 구성되어 있을 때, 엑셀의 데이터베이스 관리 기능인 정렬, 필터, 부분합, 피벗 테이블 등을 원활하게 사용할 수 있습니다.

NO	성명	소속	직급	생년월일	성별	입사일	연락처
				직 원 명 부			
1	선병진	경영진	대표이사	551011-1	남	2006-06-17	010-4123-2131
2	이온화	재무팀	대리	870317-2	여	2015-04-07	010-6341-1410
3	이민규	재무팀	인턴	920609-1	남	2018-12-13	010-1214-0609
4	김민희	경영관리팀	과장	841102-2	여	2009-03-30	010-9196-4021
5	김정길	경영관리팀	사원	920126-1	남	2017-06-14	010-1614-0126
6	정유지	광주센터	과장	800315-2	여	2009-02-09	010-3610-3041
7	김민진	광주센터	인턴	910329-2	여	2019-04-11	010-2602-4211
8	김혜일	광주센터	대리	861228-1	남	2016-05-30	010-2622-1021
9	권두철	대구센터	차장	751005-1	남	2006-07-01	010-9141-2116
10	이건현	대구센터	인턴	920923-1	남	2019-03-14	010-3162-1116
11	정준훈	대구센터	인턴	950219-1	남	2019-04-11	010-4132-1230
12	김재관	대구센터	인턴	890901-1	남	2019-05-30	010-1191-1441
13	최원영	대전센터	대리	891107-1	남	2015-03-14	010-2641-3166
14	박민리	대전센터	인턴	971201-2	여	2019-04-11	010-9261-9221
15	양유정	대전센터	인턴	950926-2	여	2019-04-11	010-1113-9260
16	김현남	문화사업팀	차장	780917-1	남	2006-11-13	010-2221-9190
17	송귀연	문화사업팀	과장	820623-2	여	2010-07-23	010-2621-2300
18	이소미	문화사업팀	인턴	950926-2	여	2019-04-11	010-3136-0932
19	김영우	문화사업팀	인턴	950502-1	남	2019-04-11	010-2111-2064
20	이동영	문화사업팀	대리	880718-1	남	2016-04-20	010-9313-4491

❶ 필드 : 같은 계열의 데이터 집합으로 테이블에서 열을 의미합니다.

❷ 필드명 : 필드를 구분하는 이름으로 필드명은 고유해야 합니다.

❸ 레코드 : 연관된 정보가 나열된 각각의 행을 의미합니다.

⠿ 테이블 설계 시 주의할 점

데이터베이스 기능을 원활하게 사용하기 위해서 데이터 목록을 구성할 때 지켜야 하는 몇 가지 규칙이 있습니다. 데이터 목록은 병합된 셀이 없어야 하며, 빈 행이나 빈 열도 없어야 합니다. 또한 각 필드는 동일한 형식의 데이터가 입력되어야 하며 같은 계열의 값은 하나의 필드에 입력하는 것이 좋습니다.

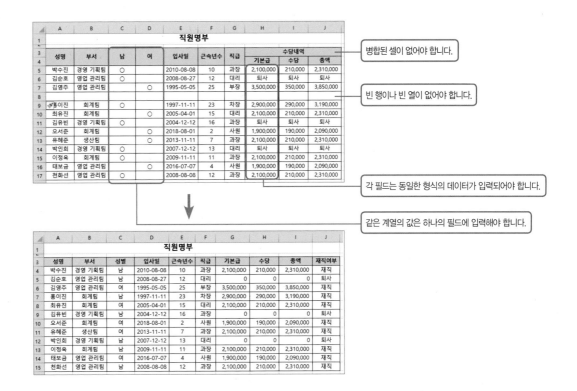

	A	B	C	D	E	F	G	H	I	J
1					직원명부					
3	성명	부서	남	여	입사일	근속년수	직급	수당내역 기본급	수당	총액
4										
5	박수진	경영 기획팀	○		2010-08-08	10	과장	2,100,000	210,000	2,310,000
6	김순호	영업 관리팀	○		2008-08-27	12	대리	퇴사	퇴사	퇴사
7	김영주	영업 관리팀		○	1995-05-05	25	부장	3,500,000	350,000	3,850,000
8										
9	홍이진	회계팀	○		1997-11-11	23	차장	2,900,000	290,000	3,190,000
10	최유진	회계팀		○	2005-04-01	15	대리	2,100,000	210,000	2,310,000
11	김유빈	경영 기획팀	○		2004-12-12	16	과장	퇴사	퇴사	퇴사
12	오서준	회계팀		○	2018-08-01	2	사원	1,900,000	190,000	2,090,000
13	유혜준	생산팀		○	2013-11-11	7	과장	2,100,000	210,000	2,310,000
14	박인희	경영 기획팀	○		2007-12-12	13	대리	퇴사	퇴사	퇴사
15	이정욱	회계팀	○		2009-11-11	11	과장	2,100,000	210,000	2,310,000
16	태보금	영업 관리팀		○	2016-07-07	4	사원	1,900,000	190,000	2,090,000
17	천화선	영업 관리팀	○		2008-08-08	12	과장	2,100,000	210,000	2,310,000

병합된 셀이 없어야 합니다.

빈 행이나 빈 열이 없어야 합니다.

각 필드는 동일한 형식의 데이터가 입력되어야 합니다.

같은 계열의 값은 하나의 필드에 입력해야 합니다.

	A	B	C	D	E	F	G	H	I	J
1				직원명부						
3	성명	부서	성별	입사일	근속년수	직급	기본급	수당	총액	재직여부
4	박수진	경영 기획팀	남	2010-08-08	10	과장	2,100,000	210,000	2,310,000	재직
5	김순호	영업 관리팀	남	2008-08-27	12	대리	0	0	0	퇴사
6	김영주	영업 관리팀	여	1995-05-05	25	부장	3,500,000	350,000	3,850,000	재직
7	홍이진	회계팀	남	1997-11-11	23	차장	2,900,000	290,000	3,190,000	재직
8	최유진	회계팀	여	2005-04-01	15	대리	2,100,000	210,000	2,310,000	재직
9	김유빈	경영 기획팀	남	2004-12-12	16	과장	0	0	0	퇴사
10	오서준	회계팀	여	2018-08-01	2	사원	1,900,000	190,000	2,090,000	재직
11	유혜준	생산팀	여	2013-11-11	7	과장	2,100,000	210,000	2,310,000	재직
12	박인희	경영 기획팀	남	2007-12-12	13	대리	0	0	0	퇴사
13	이정욱	회계팀	남	2009-11-11	11	과장	2,100,000	210,000	2,310,000	재직
14	태보금	영업 관리팀	여	2016-07-07	4	사원	1,900,000	190,000	2,090,000	재직
15	천화선	영업 관리팀	남	2008-08-08	12	과장	2,100,000	210,000	2,310,000	재직

 핵심 기능 정렬과 중복 항목 제거

∷ 정렬이란?

○ 정렬 기준은 64개까지 설정할 수 있습니다.

정렬은 사용자가 원하는 기준으로 데이터를 재배치합니다. 텍스트, 숫자, 날짜/시간, 셀 색, 글꼴 색, 아이콘, 사용자지정 목록을 기준으로 정렬할 수 있으며, 오름차순과 내림차순으로 정렬할 수 있습니다. 이러한 정렬 작업을 통해 데이터를 원하는 대로 구성하여 데이터의 이해도를 높일 수 있습니다.

∷ 정렬 순서

데이터를 오름차순으로 정렬한다고 했을 때, 정렬 순서는 '숫자→문자→논리값→오류값→빈 셀' 순서로 정렬합니다.

데이터 종류	설명 (오름차순일 경우)		
숫자/날짜	가장 작은 수에서 가장 큰 수 순서로 정렬		
텍스트	특수문자 → 영어(소문자) → 영어(대문자) → 한글 순서 Ex) @, a, A, ㄱ		
논리 값	FALSE → TRUE 순서로 정렬		
오류 값	#N/A, #VALUE 등의 오류 값은 정렬 순서가 모두 동일		
빈 셀	오름차순, 내림차순 모두 빈 셀은 항상 마지막으로 정렬됨		

오름차순	내림차순
100	#N/A
250	TRUE
#	FALSE
@	엑셀
a	ㄱ
A	c
c	C
C	a
ㄱ	A
엑셀	@
FALSE	#
TRUE	250
#N/A	100

◎주의 – 데이터 정렬 시 예기치 않은 문제 발생 시 조치 내용
- 수식의 값이 변경되었는지 확인 : 정렬한 데이터에 수식이 있는 경우 워크시트가 다시 계산될 때 수식의 반환 값이 변경될 수 있으므로 정렬을 다시 적용하여 최신 결과를 표시합니다.
- 정렬 전에 숨겨진 행 및 열 표시 : 숨겨진 행이나 열은 정렬 시 이동되지 않으므로 데이터를 정렬하기 전에 숨겨진 열과 행을 표시합니다.
- 로컬(local) 설정 확인 : 정렬 순서는 local 설정에 따라 다를 수 있으므로 컴퓨터의 제어판에 있는 국가별 설정 및 국가 및 언어 옵션을 확인합니다.

∷ 중복 항목 제거

데이터 목록에서 중복 레코드를 삭제하는 것은 중요한 기능입니다. 엑셀은 클릭 한 번으로 중복 레코드를 삭제할 수 있습니다.
데이터 목록 위에 셀 포인터를 두고 [데이터] 탭의 [데이터 도구] 그룹에서 [중복된 항목 제거]를 클릭합니다.

중복 항목 제거 기능은 날짜 또는 시간 데이터를 표시된 대로 중복여부를 결정하므로 모든 날짜 데이터와 시간 데이터 표시형식을 하나로 통일한 후 중복된 항목을 제거해야 합니다.

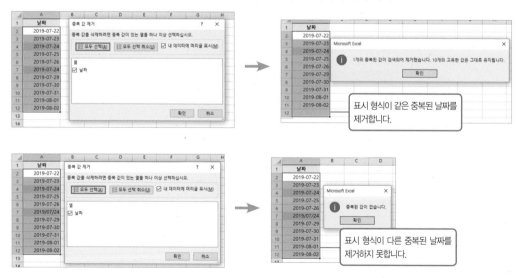

기능 실습 01 중복 레코드 삭제하기

예제 파일 Sample\Theme08\정렬.xlsx 완성 파일 Sample\Theme08\Lesson02\정렬_완성.xlsx

키 워 드 중복된 항목 제거
길라잡이 데이터에 중복된 레코드가 있다면 중복된 레코드를 삭제합니다. 현재 데이터는 4번과 8번 레코드가 중복되므로 삭제 명령을 실행하겠습니다. 중복된 레코드 중 뒤에 나오는 레코드를 삭제합니다.

01 명령 실행하기

❶ [중복레코드삭제] 시트를 클릭합니다. ❷ 데이터 목록 위에 셀 포인터를 두고 ❸ [데이터] 탭의 [데이터 도구] 그룹에서 [중복된 항목 제거]를 클릭합니다. [중복 값 제거] 대화 상자가 나타나면 ❹ 'No'에 체크 표시를 해제한 후 ❺ [확인] 버튼을 클릭합니다.

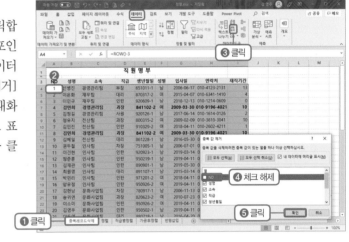

02 삭제 확인하기

다음과 같이 "1개의 중복된 값이 검색되어 제거했습니다."라는 정보창이 나타나면 [확인] 버튼을 클릭합니다.

◉ 'No' 필드는 Row() 함수로 일련번호를 매겼으므로 레코드를 삭제하더라도 자동으로 일련번호가 매겨집니다.

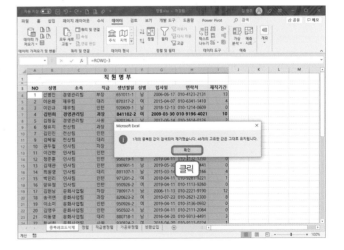

다양한 기준으로 정렬하기

예제 파일 Sample\Theme08\정렬.xlsx 완성 파일 Sample\Theme08\정렬_완성.xlsx

키 워 드 내림차순, 오름차순, 셀 색을 기준 정렬
길라잡이 성명을 기준으로 오름차순 정렬, 근속기간을 기준으로 내림차순 정렬, 선택한 셀 색을 맨 위로 오게 하는 정렬을 실행하겠습니다. 원래대로 되돌리려면 No 순으로 정렬합니다.

01 성명 가나다순으로 정렬하기

❶ [정렬] 시트를 클릭합니다. ❷ 성명 필드 위에 셀 포인터를 두고 ❸ [데이터] 탭의 [정렬 및 필터] 그룹에서 [텍스트 오름차순 정렬]을 클릭합니다.

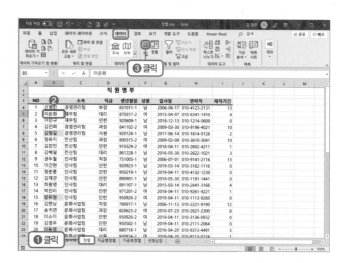

02 재직기간을 기준으로 정렬하기

성명 기준으로 정렬된 것을 확인한 후 ❶ 재직기간 필드 위에 셀 포인터를 두고 ❷ [데이터] 탭의 [정렬 및 필터] 그룹에서 [숫자 내림차순 정렬]을 클릭합니다.

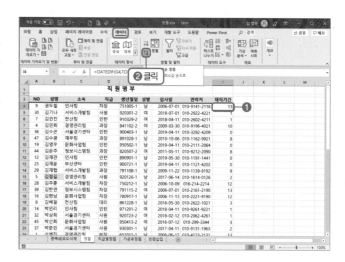

03 셀 색을 맨 위로 정렬하기

재직기간 기준으로 정렬된 것을 확인
한 후 셀 색이 지정된 셀 위에서 ①
마우스 오른쪽 버튼을 클릭합니다. ②
[정렬] – [선택한 셀 색을 맨 위에 넣
기]를 클릭합니다.

① 마우스 오른쪽 버튼 클릭

04 원래대로 되돌리기

셀 색이 맨 위로 정렬된 것을 확인하
였으면 ① No 필드 위에 셀 포인터를
두고 ② [데이터] 탭의 [정렬 및 필터]
그룹에서 [숫자 오름차순 정렬]을 클
릭합니다.

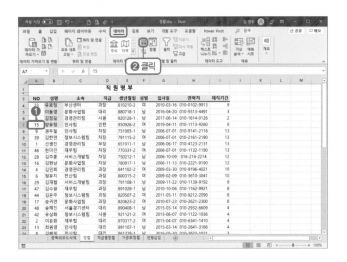

05 완성

다음과 같이 완성됩니다.

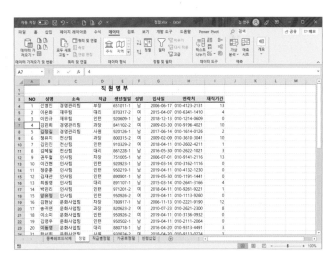

여러 기준으로 정렬하기

정렬 기준을 여러 개 지정하여 정렬하려면 [데이터] 탭의 [정렬 및 필터] 그룹에서 [정렬]을 클릭합니다. [정렬] 대화상자가 나타나면 기준과 조건을 설정합니다.

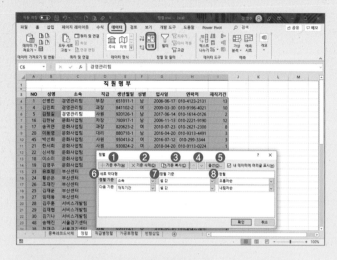

❶ **기준 추가** 정렬 기준을 추가합니다.

❷ **기준 삭제** 선택한 기준을 삭제합니다.

❸ **기준 복사** 선택한 기준을 복사하여 추가합니다.

❹ ▢▢ 추가한 기준의 순서를 변경할 때 사용합니다.

❺ **옵션** 대/소문자 구분 여부와 정렬 방향(위/아래, 좌/우)을 선택합니다.

❻ **정렬 기준** 정렬할 필드를 선택합니다.

❼ **정렬 기준** 정렬 유형인 셀 값, 셀 색, 글꼴 색, 조건부 서식 아이콘 중에서 유형을 선택합니다.

❽ **정렬** 정렬 방식인 오름차순, 내림차순, 사용자 지정 정렬 중에서 선택합니다.

기능 실습 03 직급이 높은 순서로 정렬하기

예제 파일 Sample\Theme08\정렬.xlsx **완성 파일** Sample\Theme08\정렬_완성.xlsx

키 워 드 사용자 지정 정렬
길라잡이 직급을 오름차순으로 정렬하면 가나다순인 과장, 대리, 부장, 사원, 인턴, 차장으로 정렬되고, 내림차순으로 정렬하면 역순으로 정렬됩니다. 실제 직급의 순서인 인턴, 사원, 대리, 과장, 차장, 부장 순으로 정렬하기 위한 방법을 살펴보겠습니다.

01 사용자 지정 정렬하기

❶ [직급별정렬] 시트를 클릭합니다.
❷ 직급 필드 위에 셀 포인터를 두고
❸ [데이터] 탭의 [정렬 및 필터] 그룹에서 [정렬]을 클릭합니다. [정렬] 대화상자가 나타나면 ❹ 정렬기준 필드를 '직급', 정렬 방법은 '사용자 지정 목록'을 선택합니다.

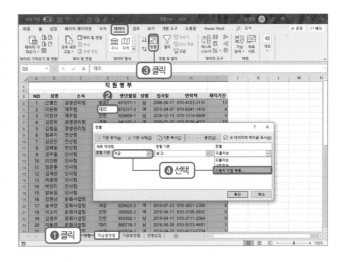

02 사용자 지정 목록 추가하기

[사용자 지정 목록] 대화상자가 나타나면 ❶ '새 목록'을 선택한 후 목록 항목에 ❷ '인턴, 사원, 대리, 과장, 차장, 부장'을 입력한 후 ❸ [확인] 버튼을 클릭합니다.

03 직급별 내림차순 정렬하기

다시 [정렬] 대화상자가 나타나면 ❶ 정렬 방법에서 '부장, 차장, 과장, 대리, 사원, 인턴'을 선택한 후 ❷ [확인] 버튼을 클릭합니다.

04 완성

다음과 같이 완성됩니다.

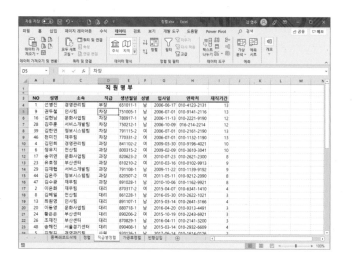

기능 실습 04 특정 문자 제외하고 정렬하기

예제 파일 Sample\Theme08\정렬.xlsx 완성 파일 Sample\Theme08\정렬_완성.xlsx

키 워 드 SUBSTITUTE, 정렬
길라잡이 회사명 앞 또는 뒤에 '㈜'가 있으면 정렬했을 때, ㄱ~ㅎ 순으로 정렬되지 않습니다. 이럴 때는 새로운 필드를 삽입한 후 SUBSTITUTE 함수로 '㈜'를 제거하고 해당 필드를 기준으로 정렬합니다.

◉ 열 삽입은 [B] 열 머리글을 클릭한 후 마우스 오른쪽 버튼을 클릭한 후 [삽입] 명령을 선택합니다.

◉ 수식 「=SUBSTITUTE(A2," ㈜","")」은 [A2] 셀의 텍스트에서 "㈜"를 찾아 제거("") 합니다.

01 '㈜' 제거하기

❶ [가공후정렬] 시트를 클릭합니다.
❷ [B] 열을 삽입한 후 ❸ 필드명은 '기업체명2'를 입력합니다. ❹ [B2] 셀에 수식 「=SUBSTITUTE(A2," ㈜","")」을 입력한 후 Enter를 누릅니다.
❺ [B2] 셀의 채우기 핸들을 더블클릭하여 수식을 복사합니다.

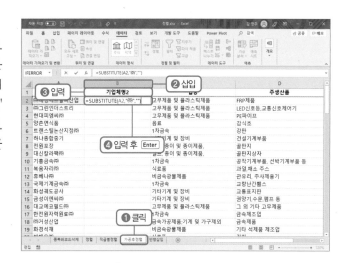

02 정렬 및 완성

❶ '기업체명2' 필드 임의의 셀에 셀 포인터를 두고 ❷ [데이터] 탭의 [정렬 및 필터] 그룹에서 [텍스트 오름차순 정렬]을 클릭합니다. 정렬을 확인하였으면 [B] 열은 정렬하기 위한 필드이므로 ❸ 마우스 오른쪽 버튼을 클릭하여 ❹ [숨기기] 명령을 선택합니다.

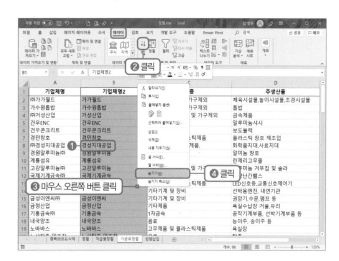

빈 행 삽입하고
두 행씩 색칠하기

공사비용 데이터에서 행마다 빈 행을 삽입하고, 조건부 서식을 이용하여 두 행마다 바탕의 색상을 지정하는 방법을 살펴보겠습니다.

【예제 파일】Sample\Theme08\정렬.xlsx

【완성 파일】Sample\Theme08\정렬_완성.xlsx

완성예제 미리 보기

품명	규격	단위	수량	재료비	재료비	노무비	노무비(금액)	경비	경비(금액)	합계	비고
펌프교체	AA-150W	EA	20	1,261	25,220	1,512	30,240	45	900	56,360	
펌프교체	AA-175W	EA	20	1,628	32,560	1,747	34,940	52	1,040	68,540	
펌프교체	AA-200W	EA	10	2,479	24,790	2,015	40,300	60	1,200	66,290	
펌프교체	BB-250W	EA	20	1,350	27,000	2,500	50,000	77	1,540	78,540	
펌프교체	BB-400W	EA	20	1,450	29,000	3,500	70,000	66	1,320	100,320	
펌프교체	BB-150W	EA	10	1,234	12,340	3,100	62,000	56	1,120	75,460	
펌프교체	CC-175W	EA	10	1,900	19,000	1,900	38,000	59	1,180	58,180	
펌프교체	CC-200W	EA	10	1,800	18,000	1,800	36,000	91	1,820	55,820	
펌프교체	CC-250W	EA	10	1,876	18,760	1,987	39,740	29	580	59,080	
안정기교체	AA-150W	EA	10	350	3,500	1,583	31,660	198	3,960	39,120	
안정기교체	AA-175W	EA	10	28	280	1,982	39,640	99	1,980	41,900	
안정기교체	AA-200W	EA	10	123	1,230	1,345	26,900	87	1,740	29,870	
안정기교체	BB-250W	EA	10	1,234	12,340	9,823	196,460	670	13,400	222,200	
안정기교체	BB-400W	EA	10	990	9,900	6,755	135,100	7,852	157,040	302,040	
안정기교체	BB-150W	EA	10	987	9,870	7,890	157,800	202	4,040	171,710	
안정기교체	CC-175W	EA	10	2,345	23,450	9,878	197,560	7,650	153,000	374,010	
안정기교체	CC-200W	EA	10	345	3,450	6,755	135,100	88	1,760	140,310	
안정기교체	CC-400W	EA	10	987	9,870	6,755	135,100	7,852	157,040	302,010	

1 비고 필드에 일련번호 입력하기

[빈행삽입] 시트에서 ❶ [L4:L5] 영역에 1, 2를 입력한 후 [L4:L5] 영역의 채우기 핸들을 더블클릭합니다. ❷ 일련번호가 입력되면 Ctrl+C 를 눌러 복사합니다.

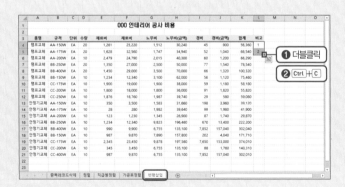

② 일련번호 붙여넣기

[L22] 셀을 선택한 후 Enter를 누르면 ①에서 복사했던 일련번호가 붙여넣기됩니다.

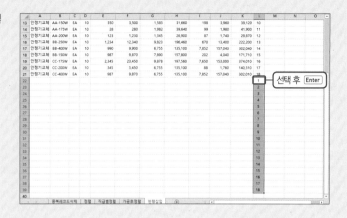

선택 후 Enter

③ 오름차순 정렬하기

① [L4] 셀을 선택한 후 ② [데이터] 탭의 [정렬 및 필터] 그룹에서 [숫자 오름차순 정렬]을 클릭합니다.

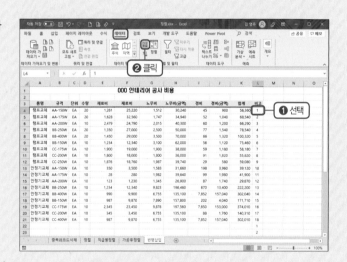

② 클릭

① 선택

④ 조건부 서식 지정하기

일련번호가 정렬되면서 행 사이에 빈 행이 삽입됩니다. ① [A4:L39] 영역을 범위 지정한 후 ② [홈] 탭의 [스타일] 그룹에서 [조건부 서식 – 새 규칙]을 클릭합니다.

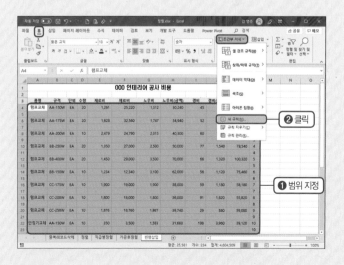

② 클릭

① 범위 지정

⑤ 규칙 만들기

[새 서식 규칙] 대화상자가 나타나면 ❶ '수식을 사용하여 서식을 지정할 셀 결정'을 선택한 후 ❷ 수식 「=OR(MOD(ROW()−6,4)=0,MOD(ROW() −6,4)=1)」을 입력한 후 ❸ [서식] 버튼을 클릭합니다.

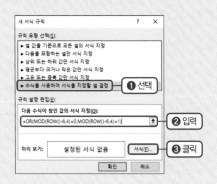

> ◎ 수식 「=OR(MOD(ROW()−6,4)=0,MOD(ROW()−6,4)=1)」은 ROW() 함수로 행 번호를 반환받아 −6을 합니다. 그 값을 4로 나누어 나머지가(MOD함수) 0이거나 1이면 바탕에 색상을 칠합니다.

⑥ 채우기 색 지정하기

[셀 서식] 대화상자 나타나면 ❶ [채우기] 탭을 클릭하여 하늘색 계열을 선택한 후 ❷ [확인] 버튼을 클릭합니다. 다시 [새 서식 규칙] 대화상자로 돌아가면 [확인] 버튼을 클릭합니다.

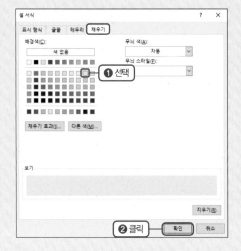

⑦ 완성

다음과 같이 완성됩니다.

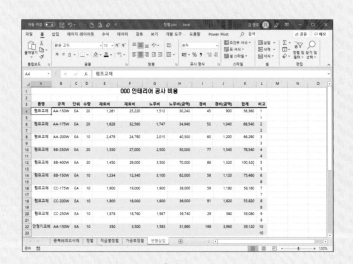

핵심
기능 부분합

◉데이터 목록을 '표'로 정의한 경
우 '표'를 제거한 후 부분합 명령
을 실행할 수 있습니다.

부분합은 데이터 목록에서 특정 필드를 기준으로 값을 요약하는 기능입니다. 요약함수는 합계, 개수, 평균, 표준편차, 최대값, 최소값 등 11개의 함수로 요약할 수 있습니다.

부분합을 실행하기 위해서는 기준이 되는 필드를 정렬하여 같은 항목끼리 모은 후에 [데이터] 탭의 [개요] 그룹에서 [부분합]을 클릭합니다.

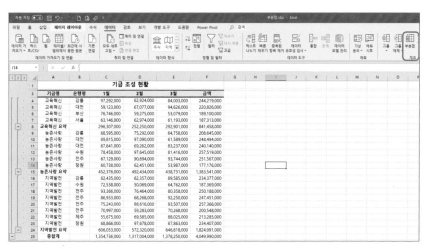

[부분합] 대화상자가 나타나면 그룹화할 항목, 함수, 계산 항목을 선택하여 집계할 수 있습니다.

[부분합] 대화상자 살펴보기

❶ **그룹화할 항목** 기준이 되는 필드 즉, 정렬한 필드를 지정합니다.

❷ **사용할 함수** 집계할 함수를 선택합니다.

❸ **부분합 계산 항목** 계산할 필드에 체크 표시 합니다.

❹ **새로운 값으로 대치** 체크 표시하면 이전 부분합 결과를 지우고 새로운 부분합으로 대치합니다.

❺ **그룹 사이에서 페이지 나누기** 체크 표시 하면 각 그룹별로 페이지 구분선이 생깁니다.

❻ **데이터 아래에 요약 표시** 체크 표시하면 부분합 결과를 각 그룹 아래에 표시합니다.

❼ **모두 제거** 부분합을 제거합니다.

부분합으로 요약 보고서 작성하기

예제 파일 Sample\Theme08\부분합.xlsx 완성 파일 Sample\Theme08\부분합_완성.xlsx

키 워 드 부분합
길라잡이 부분합으로 요약 보고서를 작성하려면 기준 필드로 정렬한 후 원하는 함수로 집계합니다. 티셔츠 사이즈별로 주문
내역을 요약하기 위해 티셔츠 사이즈 필드로 정렬한 후 부분합을 작성하는 방법을 알아보겠습니다.

STEP 01 부분합으로 요약하기

◉ 부분합을 실행하기 전에
정렬이 선행되어야 의미 있
는 결과가 집계됩니다.

01 사이즈별로 정렬하기

❶ [부분합] 시트를 클릭합니다. ❷
[B5] 셀을 선택한 후 ❸ [데이터] 탭
의 [정렬 및 필터] 그룹에서 [정렬]을
클릭합니다. [정렬] 대화상자가 나타
나면 ❹ 정렬 기준은 '티셔츠', 정렬 방
법은 '사용자 지정 목록'을 선택합니
다.

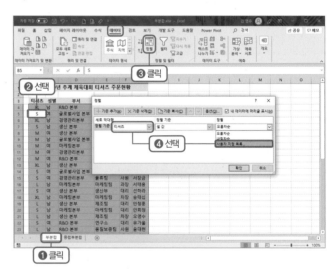

02 사용자 지정 목록에 사이즈 등록하기

[사용자 지정 목록] 대화상자가 나타
나면 ❶ '새 목록'을 선택한 후 ❷ 목록
항목에 'XL, L, M, S'를 입력하고 ❸
[확인] 버튼을 클릭합니다. 다시 [정
렬] 대화상자로 되돌아가면 [확인] 버
튼을 클릭합니다.

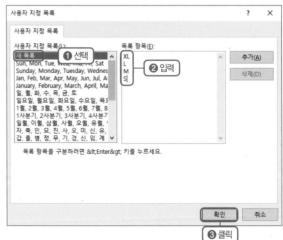

03 부분합 실행하고 저장하기

❶ 데이터 목록에 셀 포인터를 두고 ❷ [데이터] 탭의 [개요] 그룹에서 [부분합]을 클릭합니다. [부분합] 대화상자가 나타나면 ❸ 그룹화할 항목은 '티셔츠', 사용할 함수는 '개수', ❹ 부분합 계산 항목은 '성명'에 체크 표시한 후 ❺ [확인] 버튼을 클릭합니다.

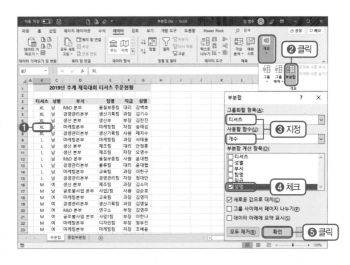

STEP 02 요약결과를 보고서로 꾸미기

01 부분합 결과 확인하기

부분합이 나타나면 윤곽(1 2 3)의 번호 1, 2, 3을 눌러 봅니다. '1'을 누르면 전체 요약 정보만, '2'를 누르면 소계만, '3'을 누르면 요약 정보와 데이터 전체가 나타납니다. ─를 누르면 ➕로 변경되면서 소계에 참여하는 레코드를 감추기합니다.

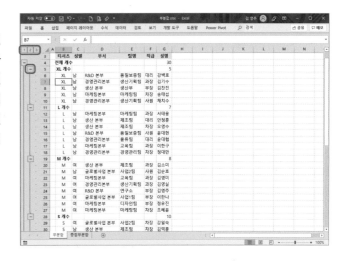

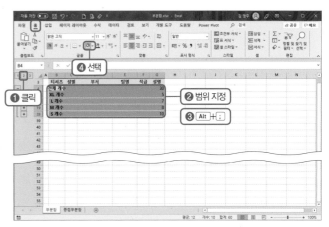

02 소계만 표시하기

❶ 윤곽(1 2 3) 중에서 '2'를 눌러 소계만 표시합니다. ❷ [B4:G28] 영역을 범위 지정한 후 ❸ Alt + ; 을 눌러 화면에 보이는 것만 범위 지정합니다. ❹ [홈] 탭의 [글꼴] 그룹에서 [채우기 색]을 클릭한 후 '하늘색'을 선택합니다.

◉ Alt + ; 은 [홈] 탭의 [편집] 그룹에서 [찾기 및 선택 - 이동 옵션]을 클릭하여 나타나는 [이동 옵션] 대화상자에서 '화면에 보이는 셀만'을 선택한 것과 같습니다.

○ Ctrl + H는 [홈] 탭의 [편집] 그룹에서 [찾기 및 선택 - 바꾸기]를 클릭한 것과 같습니다.

03 '개수' 단어 제거하기

Ctrl + H를 눌러 [찾기 및 바꾸기] 대화 상자가 나타나면 ❶ 찾을 내용에 '개수', 바꿀 내용에 아무것도 입력하지 않고 ❷ [모두 바꾸기] 버튼을 클릭합니다. 정보창이 나타나면 [확인] 버튼을 누르고, [찾기 및 바꾸기] 대화상자로 되돌아오면 [닫기] 버튼을 클릭합니다.

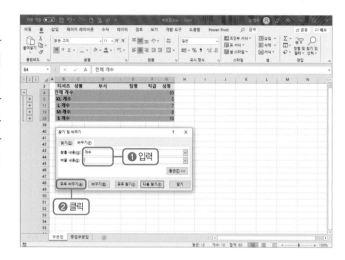

04 부분합 윤곽 지우기

❶ 윤곽(1 2 3) 중에서 '3'을 클릭하여 전체 현황을 모두 표시합니다. ❷ [데이터] 탭의 [개요] 그룹에서 [그룹해제 - 개요 지우기]를 클릭합니다.

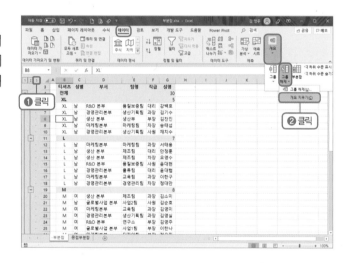

○ 부분합의 윤곽만 제거한 상태입니다. 만약 부분합 자체를 제거하려면 [데이터] 탭의 [개요] 그룹에서 [부분합]을 클릭한 후 [부분합] 대화상자에서 [모두 제거] 버튼을 클릭합니다.

05 완성된 보고서 확인하기

다음과 같이 보고서가 완성됩니다.

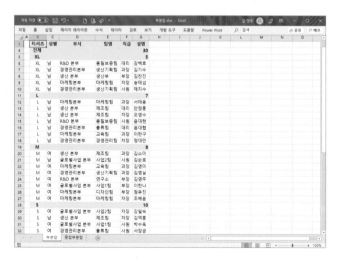

이중 부분합
만들기

기금 현황에서 기금별 월별 최대값과 최소값을 구하는 부분합을 만들겠습니다. 최대값을 먼저 구한 후, 최소값을 구해야 하므로 [부분합] 명령을 두 번에 걸쳐 실행합니다.

【예제 파일】Sample\Theme08\부분합.xlsx　　　　　　　【완성 파일】Sample\Theme08\부분합_완성.xlsx

1 기금별 정렬 후, 부분합 명령 실행하기

❶ [중첩부분합] 시트를 클릭합니다. ❷ [A6] 셀을 선택한 후 ❸ [데이터] 탭의 [정렬 및 필터] 그룹에서 [텍스트 오름차순 정렬]을 클릭합니다. 이어서 ❹ [데이터] 탭의 [개요] 그룹에서 [부분합]을 클릭합니다.

○ 셀 포인터는 꼭 [A6] 셀이 아닌 기금명 필드 임의의 셀을 선택하면 됩니다.

2 부분합 설정하기

[부분합] 대화상자가 나타나면 ❶ 그룹화할 항목은 '기금명', 사용할 함수는 '최대', ❷ 부분합 계산 항목은 '1월', '2월', '3월', '금액'에 체크 표시한 후 ❸ [확인] 버튼을 클릭합니다.

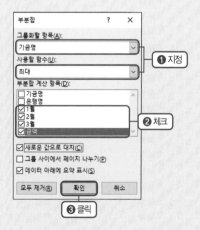

③ 부분합 한번 더 실행하기

[데이터] 탭의 [개요] 그룹에서 [부분합]을 클릭합니다.

● 주의
셀 포인터는 반드시 데이터 목록 위에 있어야 합니다.

④ 부분합 설정하기

[부분합] 대화상자가 나타나면 ❶ 그룹화할 항목은 '기금명', 사용할 함수는 '최소', ❷ 부분합 계산 항목은 '1월', '2월', '3월', '금액'에 체크 표시한 후 ❸ [확인] 버튼을 클릭합니다.

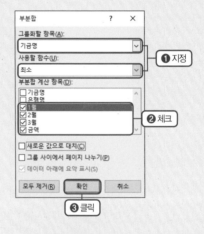

⑤ 완성

다음과 같이 완성됩니다.

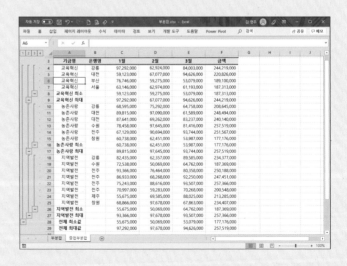

02 자동 필터와 고급 필터

필터는 데이터 목록에서 조건을 만족하는 레코드를 추출하는 기능입니다. 자동 필터와 고급 필터 두 가지 방법으로 필터할 수 있으며 두 가지 방법의 특징과 활용법에 대해 알아보겠습니다.

핵심기능 자동 필터

○ 자동 필터를 실행하는 단축키
는 Ctrl + Shift + L입니다.

자동 필터는 [데이터] 탭의 [정렬 및 필터] 그룹에서 [필터]를 클릭합니다. 필터를 지정하면 필드 데이터 종류에 따라 '텍스트 필터', '숫자 필터', '날짜 필터'가 주어지고, 데이터 특징에 따라 필터 조건이 달라지므로 몇 번의 클릭으로 필터할 수 있습니다. 필터 해제도 동일하게 [필터] 명령을 클릭하거나 Ctrl + Shift + L을 누릅니다.

데이터 목록을 [삽입] 탭의 [표] 그룹에서 [표]를 클릭하여 '표'로 만들면 자동 필터가 자동으로 적용되고, '슬라이서'와 '요약'이라는 기능을 활용할 수 있어 필터가 더 쉬워집니다. '표' 기능은 P.394를 참고합니다.

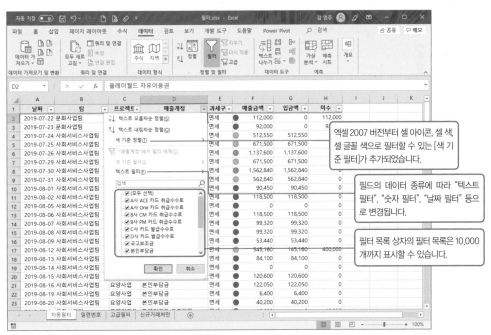

엑셀 2007 버전부터 셀 아이콘, 셀 색, 셀 글꼴 색으로 필터할 수 있는 [색 기준 필터]가 추가되었습니다.

필드의 데이터 종류에 따라 "텍스트 필터", "숫자 필터", "날짜 필터" 등으로 변경됩니다.

필터 목록 상자의 필터 목록은 10,000개까지 표시할 수 있습니다.

다양한 조건으로 필터하기

예제 파일 Sample\Theme08\필터.xlsx 완성 파일 Sample\Theme08\필터_완성.xlsx

키 워 드 자동 필터

길라잡이 자동 필터를 적용하여 다양한 방법으로 필터하는 방법을 알아보겠습니다. 셀 아이콘, 숫자, 텍스트, 상위 10으로 필터하는 방법을 알아보겠습니다.

◉ 데이터 목록을 '표'로 만든 후 필터하려면 Ctrl+T를 누릅니다. '표'에 대한 내용은 P.394를 참고합니다.

01 필터 적용하기

❶ [자동필터] 시트를 선택합니다. ❷ 데이터 목록에 셀 포인터를 두고 ❸ [데이터] 탭의 [정렬 및 필터] 그룹에서 [필터]를 클릭합니다. 또는 Ctrl+Shift+L을 누릅니다.

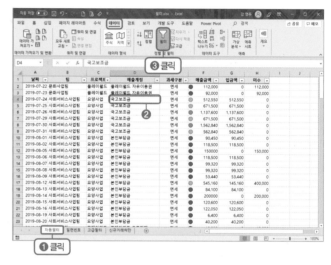

◉ 녹색 아이콘이 있는 셀을 선택한 후 마우스 오른쪽 버튼을 클릭하여 [필터 - 선택한 셀 아이콘으로 필터]를 클릭해도 됩니다.

02 셀 아이콘으로 필터하기

[매출금액] 필드의 ❶ 필터(▼)를 클릭하여 ❷ [색 기준 필터 - 녹색 아이콘]을 클릭합니다.

◉ [매출계정] 필드의 필터
(▼)를 클릭하여 [텍스트 필
터 - 포함]을 클릭해도 됩
니다.

03 수수료를 포함하는 셀만 필터하기

[매출금액] 필드에 녹색 아이콘이 있
는 셀만 필터 되었습니다. ❶ [매출계
정] 필드의 필터(▼)를 클릭하여 검색
어를 입력하는 곳에 ❷ '수수료'를 입
력한 후 Enter 를 누릅니다.

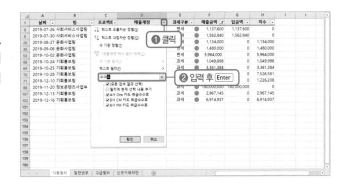

04 결과 확인하기

다음과 같이 매출금액이 녹색 아이콘
이면서 매출계정에 '수수료'를 포함하
는 항목만 필터됩니다. 필터에 조건이
설정되면 필터(▼) 모양(🔻)이 변경
됩니다.

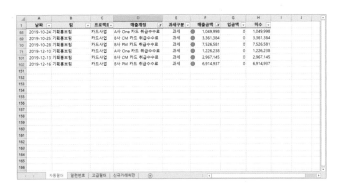

단축키로 필터하기

마우스를 이용해 필터(▼)를 클릭하는 것이 번거로우면 키보드를 이용해 필터 조건을 설정합니다. [B1] 셀에 셀 포인
터를 두고 Alt + ↓ 를 누르면 필터 목록이 펼쳐집니다. 펼쳐진 목록 중 원하는 목록으로 이동하려면 방향키를 누르고, 해
당 목록을 SpaceBar 를 눌러 선택 또는 해제합니다.

❶ 필드명 위에서 Alt + ↓ 를 누릅니다.
❷ ↓ 를 눌러 원하는 곳으로 이동합니다.
❸ SpaceBar 를 눌러 체크 또는 해제합니다.
❹ Enter 를 눌러 필터를 실행합니다.

05 필터 조건 해제하기

두 개의 필터 조건이 설정되어 있습니다. 예를 들어 "매출금액" 필드의 필터 조건을 해제하려면 ⵞ을 클릭한 후 ["매출금액"에서 필터해제]를 누릅니다. 모든 조건을 한꺼번에 해제하려면 [데이터] 탭의 [정렬 및 필터] 그룹에서 [지우기]를 클릭합니다.

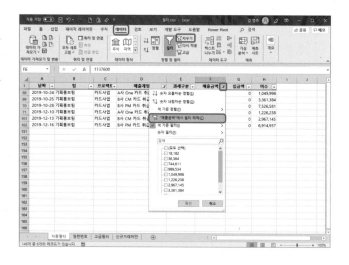

06 2019년 8월만 필터하기

❶ [날짜] 필드의 필터(⯆)를 클릭한 후 ❷ '모두 선택'의 체크 표시를 해제합니다. '2019년'의 ⊞를 눌러 ❸ '8월'에 체크 표시한 후 ❹ [확인] 버튼을 클릭합니다.

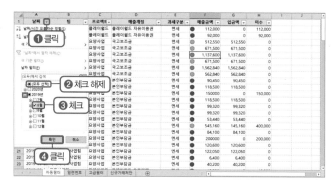

날짜 필터의 계층 해제하기

데이터 목록에 날짜가 일별로 입력되어 있습니다. 필터 조건에 날짜가 연, 월, 일 계층별로 표시되는 이유는 [Excel 옵션]에서 날짜를 계층으로 그룹화하겠다는 옵션이 선택되어 있기 때문입니다. 옵션을 해제하려면 [파일] 탭의 [옵션]을 클릭합니다. [고급] 탭에서 '자동 필터 메뉴에서 날짜 그룹화'의 체크 표시를 해제합니다.

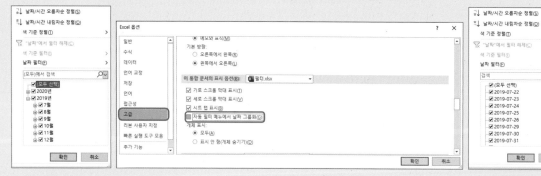

▲ '자동 필터 메뉴에서 날짜 그룹화'가 선택된 경우　　　　　▲ '자동 필터 메뉴에서 날짜 그룹화'가 해제된 경우

07 입금액이 '0'인 것만 필터하기

❶ 입금액 필드의 필터(▼)를 클릭한 후 ❷ [숫자 필터 – 같음]을 클릭합니다.

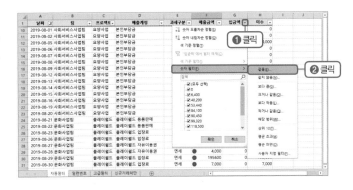

08 조건 지정하기

[사용자 지정 자동 필터] 대화상자가 나타나면 ❶ '0'을 입력한 후 ❷ [확인] 버튼을 클릭합니다.

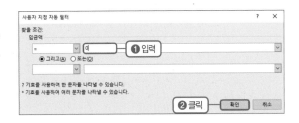

09 확인 및 필터 해제하기

다음과 같이 '2019년 8월' 매출 중 입금액이 '0'인 것만 필터됩니다. 모든 조건을 한꺼번에 해제하기 위해 [데이터] 탭의 [정렬 및 필터] 그룹에서 [지우기]를 클릭합니다.

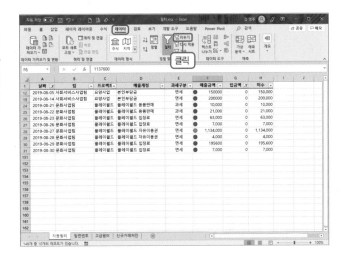

10 미수금이 가장 큰 5개 필터하기

미수금이 가장 큰 5개를 필터하기 위해 ❶ [미수] 필드의 필터(▼)를 클릭한 후 ❷ [숫자 필터 – 상위 10]을 클릭합니다.

● 상위 10 필터는 '상위', '하
위'를 선택할 수 있으며, '항
목', '백분율(%)'중 하나를 선
택할 수 있습니다.

11 상위 10 필터 조건 지정하기

[상위 10 자동 필터] 대화상자가 나
타나면 ❶ '상위, 5, 항목'을 지정한 후
❷ [확인] 버튼을 클릭합니다.

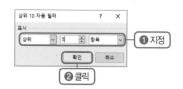

● 자동 필터 결과를 다른
곳으로 복사하려면 필터 결
과 위에서 Ctrl+A를 눌러
필터 결과 전체를 선택한 후
Ctrl+C를 눌러 복사합니다.
붙여넣기 원하는 시트를 선
택한 후 Ctrl+V를 누릅니
다.

12 결과 확인하기

미수금이 가장 큰 5개의 레코드는 다
음과 같습니다.

필터할 때
일련번호
새로 매기기

데이터 목록에 필터를 적용하면 조건에 따라 숨은 행이 발생하여 일련번호가 맞지 않는 경우가 있습니다. 함수를 이용하면 필터하더라도 일련번호를 새로 매길 수 있습니다. 이 방법에 대해 알아보겠습니다.

【예제 파일】 Sample\Theme08\필터.xlsx

【완성 파일】 Sample\Theme08\필터_완성.xlsx

1 일련번호 확인하기

'정보콘텐츠사업부'팀으로 필터되어 있어 [A] 열의 일련번호가 맞지 않습니다. 필터 조건을 지우기 위해 [데이터] 탭의 [정렬 및 필터] 그룹에서 [지우기]를 클릭합니다.

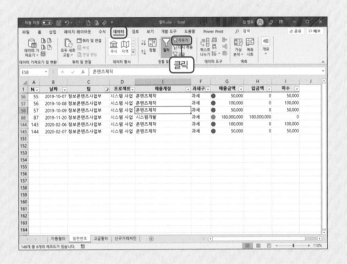

2 AGGREGATE 함수로 일련번호 매기기

[A2] 셀에 수식 「=AGGREGATE(3,5,$B$2:B2)」을 입력한 후 Enter를 누릅니다.

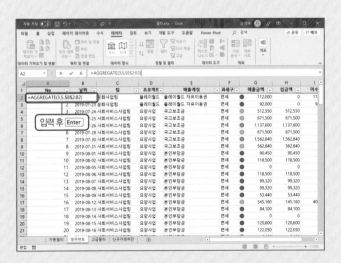

◎ AGGREGATE 함수는 데이터 목록에서 숨은 행을 무시하고 집계하는 함수입니다. 자세한 내용은 P.239를 참고합니다.

수식 「=AGGREGATE(3,5,$B$2:B2)」에서 3은 함수 번호 COUNTA, 5는 숨겨진 행을 무시하고 집계한다는 뜻입니다. 수식을 아래로 복사하면 참조범위는 $B$2:B2, $B$2:B3, $B$2:B4, …로 한 칸씩 참조 범위가 확장됩니다.

3 수식 복사 및 오류 무시하기

❶ [A2] 셀의 채우기 핸들을 더블클릭하여 [A150] 셀까지 수식을 복사합니다. [A3] 셀부터 나타나는 셀 오류를 무시하기 위해 ❷ [A3] 셀에서 Ctrl+Shift+↓을 눌러 끝까지 범위 지정합니다. ❸ ⬧를 클릭한 후 [오류 무시]를 클릭합니다.

◉해당 셀 오류는 수식에서 참조하는 범위가 달라 나타나는 오류이므로 무시합니다.

4 필터하기

❶ [팀] 필드의 필터(▼)를 클릭하여 ❷ '정보콘텐츠사업부'에 체크 표시한 후 ❸ [확인] 버튼을 클릭합니다. '정보콘텐츠사업부' 팀이 필터됩니다.

5 결과 확인하기

필터 후 일련번호를 확인하면 숨겨진 행을 무시하고 일련번호가 매겨져 있습니다.

고급 필터

자동 필터는 간편하게 필터할 수 있다는 장점이 있지만 복잡한 조건을 설정할 수 없습니다. 예를 들어 필드 간에 OR조건으로 필터하거나 필터 결과를 다른 장소로 복사하거나 필드 조건에 수식을 넣어 필터할 수 없습니다. 고급 필터는 자동 필터로는 할 수 없는 다양한 조건으로 필터할 수 있습니다. 고급 필터에 대해 알아보겠습니다.

고급 필터는 [데이터] 탭의 [정렬 및 필터] 그룹에서 [고급]을 클릭합니다.

[고급 필터] 대화상자가 나타나면 목록 범위, 조건 범위, 복사 위치를 지정하여 필터합니다.

○[고급 필터] 대화상자에서 목록 범위, 조건 범위, 복사 위치를 지정할 때 필드명까지 범위에 포함시켜야 합니다.

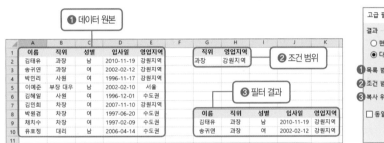

고급 필터 조건을 만드는 규칙

고급 필터는 빈 셀에 조건을 입력한 후 실행할 수 있습니다. 고급 필터 조건은 원본 데이터에 있는 필드명을 쓰고 조건을 입력하여 만듭니다. 상황에 따라 조건을 만드는 규칙은 아래와 같습니다.

AND 조건 조건을 같은 행에 입력하면 AND 조건이 됩니다.

직위가 과장이면서 나이가 35세 이상인 사람을 필터

나이가 20세 이상이면서 30세 미만인 사람을 필터. 즉, 20대만 필터

OR 조건 조건을 다른 행에 입력하면 OR 조건이 됩니다.

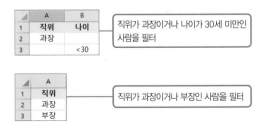

직위가 과장이거나 나이가 30세 미만인 사람을 필터

직위가 과장이거나 부장인 사람을 필터

수식으로 조건 작성하기

조건을 수식으로 작성할 경우는 원본 데이터 목록에 없는 필드명을 사용하거나 필드명을 비워둡니다. 필드명을 빈 셀로 비워둔 경우라도 조건 범위는 빈 셀까지 지정해야 합니다.

데이터 원본에 없는 임의의 필드명 '수식'을 입력하거나 비워둡니다.

수식 「=YEAR(G2)=2010」은 입사일이 2010년이면 필터하겠다는 조건입니다.

고급 필터 조건 작성하기

▲ 직위에 '부장' 키워드를 포함하는 것을 추출합니다.

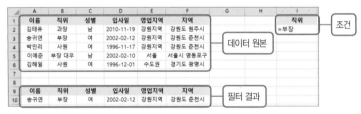

▲ 직위가 '부장'인 사람을 추출합니다. 조건은 「=부장」으로 입력합니다.

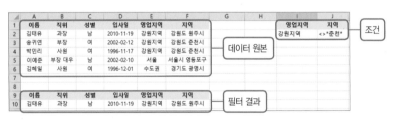

▲ 조건에 와일드카드(*)를 사용할 수 있습니다.
영업지역이 '강원지역' 중에서 '춘천'이 아닌 지역을 추출합니다.

필드 간에 OR 조건으로 필터하기

예제 파일 Sample\Theme08\필터.xlsx 완성 파일 Sample\Theme08\필터_완성.xlsx

키 워 드 고급 필터, OR조건
길라잡이 필드 간에 OR조건으로 필터하려면 고급 필터를 이용해야 합니다. 매출 데이터에서 1월, 2월, 3월 중 한 번이라도 2억 이상의 매출을 달성한 내역을 추출하는 방법을 알아보겠습니다.

01 데이터 목록 이름 정의하기

❶ [고급필터] 시트를 클릭합니다. 데이터 원본을 미리 이름 정의한 후 사용하면 고급 필터에서 범위 지정하기가 편리합니다. ❷ 임의의 셀 [A3]에서 Ctrl+A를 눌러 데이터 전체를 범위 지정합니다. ❸ 이름 상자에 임의의 이름 'DB'을 입력한 후 Enter를 누릅니다.

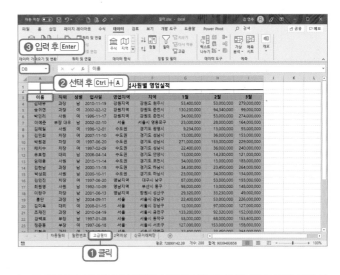

◉ 필터 결과를 복사할 시트에서 [고급] 명령을 실행합니다. 즉, 필터 결과를 [2억이상] 시트에 복사하려면 [2억이상] 시트를 선택한 후 명령을 실행해야 합니다.

◉ '1월', '2월', '3월' 필드명은 원본 데이터의 필드명과 같아야 합니다. 직접 입력해도 되지만 원본에서 복사해 사용하는 것이 좋습니다.

02 고급 필터 조건입력하기

❶ [2억이상] 시트를 선택합니다. 1월, 2월, 3월 중 2억 이상 매출을 필터 하는 조건을 입력하기 위해 ❷ 다음과 같이 조건을 입력합니다. 필드 간에 OR 조건이어야 하므로 "2억 이상"이라는 조건을 다른 행에 입력합니다.

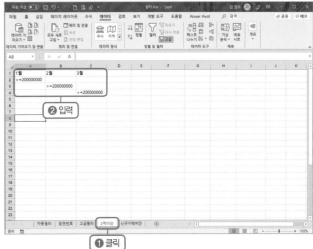

복사 위치는 조건 범위나 원본 범위와 2줄 이상의 간격을 두고 선택하는 것이 좋습니다.

필터를 실행하면 필터 결과는 [A7] 셀에 나타납니다. 다시 필터하면 이전의 필터 결과가 [A7] 셀부터 존재하므로 [고급 필터] 대화상자에서 복사 위치를 [A7:I7]까지, 즉 필드 개수만큼 지정합니다. 그러면 자동으로 기존의 필터 결과를 지우고 새로운 필터 결과를 복사합니다.

03 고급 필터 지정하기

❶ [데이터] 탭의 [정렬 및 필터] 그룹에서 [고급]을 클릭합니다. [고급 필터] 대화상자가 나타나면 ❷ '다른 장소에 복사'를 선택, ❸ 목록 범위에 "DB", ❹ 조건 범위에 커서를 두고 「A1:C4」를 범위 지정, ❺ 복사 위치에 커서를 두고 [A7] 셀을 클릭한 후 ❻ [확인] 버튼을 클릭합니다.

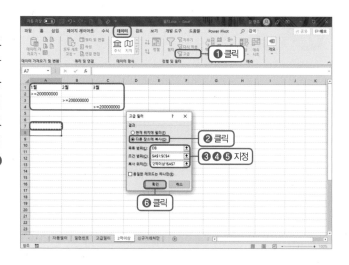

04 필터 결과 확인하기

다음과 같이 1월, 2월, 3월 중 한 번이라도 2억 이상 매출을 달성한 건수를 필터합니다.

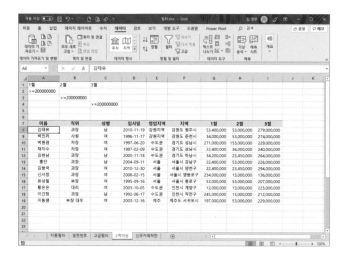

전년도와 비교해 신규 거래처만 필터하기

2019년과 2020년 거래처 현황 표에서 2020년에 새로 추가된 거래처와의 거래 현황만 필터하는 방법을 알아보겠습니다. COUNTIF 함수로 조건을 작성하면 되므로 고급 필터에서 수식으로 필터하는 방법을 알아보겠습니다.

【예제 파일】Sample\Theme08\필터.xlsx

【완성 파일】Sample\Theme08\필터_완성.xlsx

완성예제 미리 보기

	2019년 거래현황			2020년 거래현황							거래처	지출액
	거래처	지출액		거래처	지출액		수식					
	성장화학공업	4,682,230		성장화학공업	3,428,000		FALSE				GS 상사 ㈜	497,562
	인경전자	1,107,315		GS 상사 ㈜	497,562						ABC 상사	5,649,000
	명암전기	6,623,781		인경전자	1,198,000		조건				양재공업	950,000
	교육증권	2,477,396		명암전기	2,010,000							
	가나정기	127,967,623		교육증권	1,999,305							
	톤톤타이어	420,000		ABC 상사	5,649,000							
	창원백화점	15,767,106		가나정기	4,583,858							
	내일합동지주	1,058,066		양재공업	950,000							
	한영강업	11,406,172		톤톤타이어	1,702,851							
	백일제당	1,806,539		창원백화점	6,684,943							
	영주엔지니어링	7,242,816		내일합동지주	1,000,000							
	조선선박투자	19,361,716		한영강업	5,500,000							
	표준지질	577,241		백일제당	528,000							
	양재공업㈜	185,000		영주엔지니어링	697,463							
				조선선박투자	649,837							

> 2019년과 비교해 2020년에 추가된 신규 거래처와의 거래 현황만 추출해옴

1 고급 필터 조건을 수식으로 작성하기

❶ [신규거래처만] 시트를 클릭합니다. 조건을 수식으로 작성해야 하므로 필드명은 임의의 필드명을 쓰거나 빈 칸으로 비워둡니다. ❷ [G3] 셀에 '수식'이라는 필드명을 입력합니다. ❸ [G4] 셀에 수식 「=COUNTIF($A$4:$A$17,D4)=0」을 입력한 후 Enter를 누릅니다.

NOTE

수식 「=COUNTIF($A$4:$A$17,D4)=0」은 2019년 거래처($A$4:$A$17) 중에서 2020년의 거래처(D4)의 개수를 집계하여 그 결과가 0이면 필터하겠다는 의미입니다. 집계 결과가 0인 것은 2019년에는 해당 거래처가 없었다는 뜻이 되겠죠?

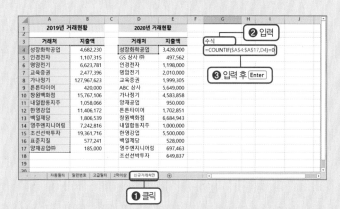

2 고급 필터 실행하기

❶ [데이터] 탭의 [정렬 및 필터] 그룹에서 [고급]을 클릭합니다. [고급 필터] 대화상자가 나타나면 ❷ '다른 장소에 복사'를 선택, ❸ 목록 범위는 $D$3:$E$18, 조건 범위는 $G$3:$G$4, 복사위치는 I3를 지정한 후 ❹ [확인] 버튼을 클릭합니다.

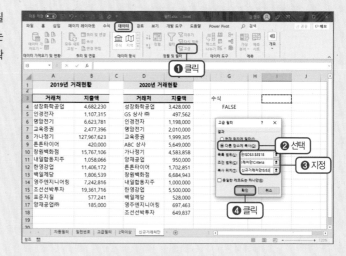

○ 대화상자 각 칸에 셀 포인터를 두고 해당 범위를 드래그하면 범위가 자동으로 입력됩니다.

3 결과 확인하기

다음과 같이 2020년에 신규로 거래하게 된 거래처의 거래현황이 추출됩니다.

거래처별로 매출 데이터 통합하기

데이터 통합을 이용하여 흩어진 데이터를 하나의 표로 통합하는 과정을 살펴보겠습니다. 통합은 합계, 평균, 개수, 표준편차 등 11개의 함수를 선택하여 통합할 수 있고, 데이터 위치 또는 레이블에 따라 통합할 수 있습니다. 여기서는 레이블에 따라 통합하는 방법을 알아보겠습니다.

【예제 파일】Sample\Theme08\필터.xlsx　　【완성 파일】Sample\Theme08\필터_완성.xlsx

1 [통합] 명령 실행하기

❶ [통합] 시트를 클릭합니다. ❷ 통합할 임의의 셀 [F3]을 선택한 후 ❸ [데이터] 탭의 [데이터 도구] 그룹에서 [통합]을 클릭합니다.

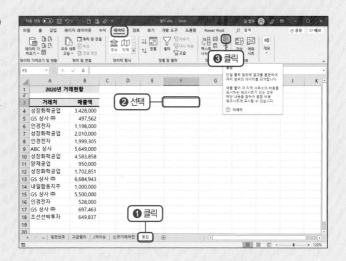

2 통합할 영역 지정하기

[통합] 대화상자가 나타나면 ❶ '합계' 함수가 선택된 것을 확인한 후 ❷ 참조 영역에 커서를 두고 [A3:B18] 영역을 범위 지정합니다. ❸ [추가] 버튼을 클릭한 후 ❹ '첫 행', '왼쪽 열'을 체크 표시하고 ❺ [확인] 버튼을 클릭합니다.

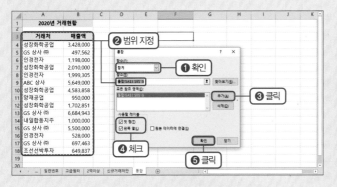

3 완성

다음과 같이 거래처별로 매출액의 합이 통합됩니다.

Lesson 02 _ 자동 필터와 고급 필터　**393**

03 데이터 관리를 위한 '표'

'표'는 효율적인 데이터 관리를 위해 제공된 기능으로 필터를 하거나 피벗 테이블을 만들기 전에 데이터 목록을 '표'로 만들 수 있습니다. '표'를 적용하는 방법과 특징에 대해 알아보겠습니다.

‼ '표'를 적용하는 방법

[홈] 탭의 [스타일] 그룹에서 [표 서식]을 클릭하거나

◉ 표를 적용하는 단축키는
Ctrl+T입니다.

[삽입] 탭의 [표] 그룹에서 [표]를 클릭합니다.

‼ '표'를 적용했을 때 나타나는 특징

'표'는 데이터 관리를 효율적으로 하기 위해 제공하는 기능입니다. '표'의 특징과 장점, '표'를 적용 및 해제하는 방법에 대해 알아보겠습니다.

1 표 범위 자동 확장

차트와 피벗 테이블을 만든 후 데이터 원본에 새로운 레코드를 추가하면 추가한 레코드를 반영하지 못하므로 데이터 원본 범위를 다시 지정해야 합니다. 그러나 데이터 원본을 '표'로 만들면 이러한 문제를 해결할 수 있습니다. '표'는 데이터를 추가함에 따라 범위를 자동 확장하기 때문입니다.

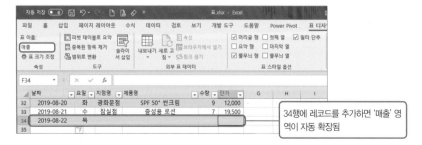

34행에 레코드를 추가하면 '매출' 영역이 자동 확장됨

2 필드명으로 수식 작성

셀 참조 방식이 아닌 필드명으로 수식을 작성할 수 있으므로 수식을 이해하기 쉽고 복사하지 않아도 전체 열에 수식이 자동 계산됩니다.

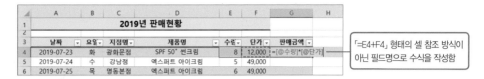

「=E4+F4」형태의 셀 참조 방식이 아닌 필드명으로 수식을 작성함

3 요약 행

[표 디자인] 탭의 [표 스타일 옵션] 그룹에서 '요약 행'에 체크 표시하면 표 마지막 행에 요약 행을 표시합니다. 제공되는 함수를 이용하여 데이터를 빠르게 요약할 수 있습니다.

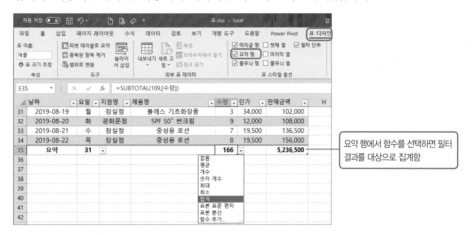

요약 행에서 함수를 선택하면 필터 결과를 대상으로 집계함

4 표 머리글 고정 및 자동 필터 적용

표를 아래로 스크롤하면 표 머리글이 열 머리글로 변경되므로 '틀 고정' 명령을 별도로 사용할 필요가 없습니다. 또한 자동 필터(▼)가 적용됩니다.

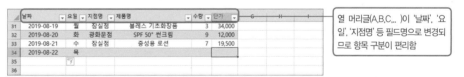

열 머리글(A,B,C...)이 '날짜', '요일', '지점명' 등 필드명으로 변경되므로 항목 구분이 편리함

5 슬라이서 삽입

슬라이서는 엑셀 2013버전부터 추가된 기능으로 편리하게 필터할 수 있는 기능입니다. [표 디자인] 탭의 [도구] 그룹에서 [슬라이서 삽입]을 클릭합니다. [슬라이서 삽입] 대화상자가 나타나면 조건으로 사용할 필드를 체크 표시한 후 [확인] 버튼을 클릭하면 슬라이서가 삽입됩니다.

삽입한 [지점명] 슬라이서에서 원하는 조건을 클릭하면 해당 조건으로 추출됩니다. 조건을 변경하여 필터하는 것이 편리해졌습니다.

'잠실점'을 클릭하면 잠실점이 추출됩니다.

6 표 기능 제거하기

'표'가 데이터 관리의 효율성을 제공하지만 '표'가 적용되면 '부분합'과 같이 사용할 수 없는 기능도 있습니다. '표' 기능을 제거할 때는 [표 디자인] 탭의 [도구] 그룹에서 [범위로 변환]을 클릭하여 제거합니다.

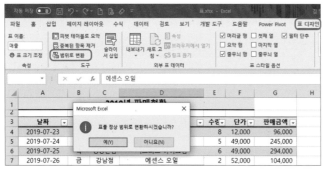

수식에 표 이름 사용

표에서 필드명을 사용하여 수식을 작성할 수 있는 것은 '수식에 표 이름 사용' 옵션이 설정되어 있기 때문입니다.

[파일] 탭의 [옵션]을 클릭하여 [Excel 옵션] 대화상자가 나타나면 [수식] 탭에서 '수식에 표 이름 사용' 에 체크 표시합니다.

'수식에 표 이름 사용'에 체크하면 「=[@수량]*[@단가]」로 작성됩니다.
'수식에 표 이름 사용'에 해제하면 「=E4*F4」로 작성됩니다.

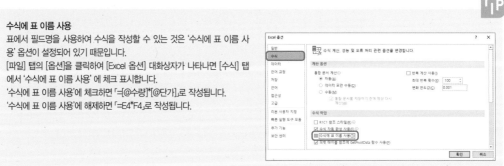

'표' 활용하기

예제 파일 Sample\Theme08\표.xlsx 완성 파일 Sample\Theme08\표_완성.xlsx

키 워 드 표

길라잡이 판매현황 데이터에 '표'를 삽입하고 표의 스타일 변경, 수식 작성, 슬라이서 추가, 요약 행 기능을 추가하면서 데이터를 관리하는 방법을 알아보겠습니다.

● 단축기 Ctrl+T를 눌러도 됩니다.

01 '표' 기능 적용하기

❶ [매출1] 시트에서 데이터 목록 위에 셀 포인터를 두고 ❷ [삽입] 탭의 [표] 그룹에서 [표]를 클릭합니다.

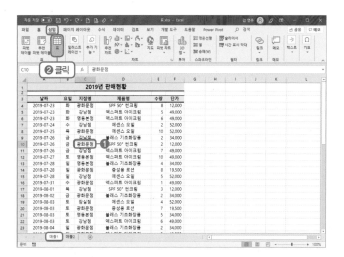

02 '머리글 포함'에 체크하기

[표 만들기] 대화상자가 나타나면 ❶ 머리글 포함'에 체크 표시한 후 ❷ [확인] 버튼을 클릭합니다.

● 셀 포인터가 표 영역 위에 있어야 [표 디자인] 상황 메뉴가 나타납니다.

03 표 스타일 적용하기

[표 디자인] 탭의 [표 스타일] 그룹에서 [자세히(▽)]를 클릭하여 임의의 스타일을 선택합니다. 여기서는 '없음'을 선택합니다.

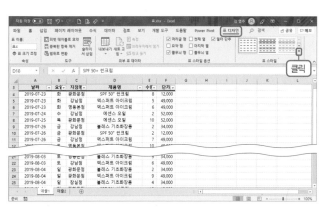

◉ 셀 포인터가 표 영역 위에 있어야 [표 디자인] 상황 메뉴가 나타납니다.

04 표 이름 변경하기

[표 디자인] 탭의 [속성] 그룹에서 표 이름을 '매출현황'으로 수정합니다.

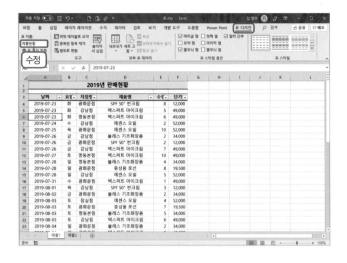

◉ 표에서 수식을 작성하면 작성한 수식이 자동으로 열 끝까지 계산되므로 복사할 필요가 없습니다.

◉ 수식
「=[@수량]*[@단가]」에서 '@'는 해당 필드의 한 셀을 참조합니다.

05 판매 금액 계산하기

❶ [G3] 셀에 '판매금액'을 입력하면 서식이 자동 확장됩니다. ❷ [G4] 셀에 「=」을 입력하고 [E4] 클릭, '*' 입력, [F4] 클릭하여 Enter를 누르면 수식이 「=[@수량]*[@단가]」로 작성됩니다.

06 요약 행 나타내기

❶ [표 디자인] 탭의 [표 스타일 옵션] 그룹에서 '요약 행'에 체크 표시합니다. 마지막 행에 요약 행이 추가되면 ❷ 집계하려는 필드를 클릭하여 집계 함수를 선택합니다.

07 슬라이서 삽입하기

❶ [표 디자인] 탭의 [도구] 그룹에서 [슬라이서 삽입] 버튼을 클릭합니다. [슬라이서 삽입] 대화상자가 나타나면 ❷ '지점명' 필드에 체크 표시한 후 ❸ [확인] 버튼을 클릭합니다.

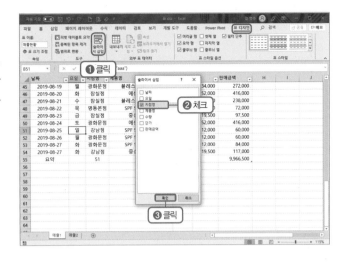

● 다중으로 조건을 선택하려면 Ctrl이나 Shift를 누릅니다. 떨어진 영역의 조건은 Ctrl를 누른 상태로, 연속된 영역의 조건은 Shift를 누른 상태로 클릭합니다.

08 슬라이서로 필터하기

❶ [지점명] 슬라이서에서 원하는 지점명을 선택합니다. ❷ 선택한 조건을 지우려면 슬라이서 창의 '필터 지우기(▿)'를 클릭합니다.

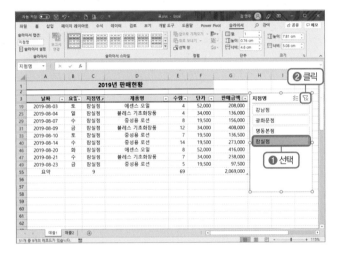

09 슬라이서의 서식 변경하기

❶ 슬라이서를 선택한 후 ❷ [슬라이서] 탭의 [슬라이서 스타일] 그룹에서 원하는 스타일을 선택합니다. ❸ [슬라이서] 탭의 [단추] 그룹에서 열의 개수를 '2'로 지정합니다. ❹ 슬라이서 테두리 점에 마우스 포인터를 맞춘 후 드래그하여 크기를 조절합니다.

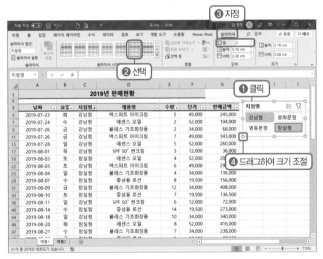

10 슬라이서 삭제하기

슬라이서를 삭제하기 전에 필터 조건
을 지우려면 슬라이서 창의 ❶ '필터
지우기( )'를 클릭합니다. ❷ 슬라이
서를 선택한 후 Del 을 눌러 삭제합니
다.

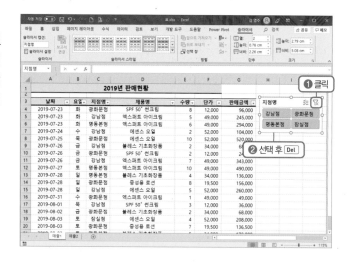

◉ 셀 포인터가 표 영역 위에 있어야 [표 디자인] 상황 메뉴가 나타납니다.

11 표 제거하기

표 기능을 제거하기 전에 ❶ [표 디자
인] 탭의 [표 스타일 옵션] 그룹에서
'요약 행'의 체크 표시를 해제합니다.
❷ [표 디자인] 탭의 [도구] 그룹에서
[범위로 변환]을 클릭합니다. "표를 정
상 범위로 변환하시겠습니까?" 라는
정보창이 나타나면 ❸ [예] 버튼을 클
릭합니다.

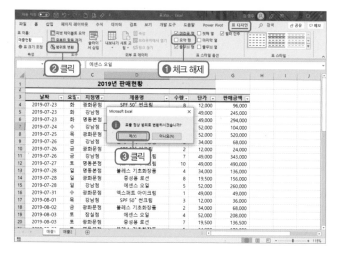

12 확인하기

[표 디자인] 상황 메뉴와 필터가 사라
지면서 일반 범위로 변환됩니다.

'표' 참조하여 수식 작성하기

함수를 이용하여 합계나 개수를 집계한 결과는 참조한 데이터 원본에 레코드가 추가되어도 자동으로 반영하지 못하므로 '표'로 만든 후에 집계하는 것이 효율적입니다. 판매현황 데이터를 '표'로 만들고 '표'를 참조하여 지점별 판매금액의 합을 계산하는 방법을 알아보겠습니다.

【예제 파일】 Sample\Theme08\표.xlsx

【완성 파일】 Sample\Theme08\표_완성.xlsx

1 상황 확인하기

[매출2] 시트를 클릭합니다. '판매현황'이라는 이름의 '표'가 작성되어 있습니다. 이 표를 참조하여 지점별 판매금액의 합을 집계하겠습니다.

2 SUMIF 함수로 지점별 판매금액의 합 집계하기

❶ [K4]셀에서 수식 「=SUMIF(판매현황[지점명],J4,판매현황[판매금액])」을 작성합니다. 참조하는 범위는 드래그하면 자동으로 '판매현황[지점명]' 형태로 입력됩니다. ❷ [K4] 셀의 채우기 핸들을 더블클릭하여 [K7] 셀까지 복사합니다. 광화문점의 판매금액의 합은 200,000원입니다.

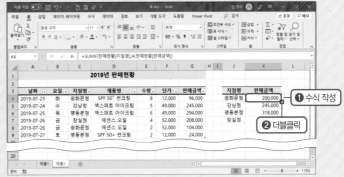

3 레코드 추가하기

10행에 새로운 레코드를 추가합니다. [K4] 셀의 수식이 추가된 레코드까지 반영하여 408,000원으로 변경됩니다. 이는 '표' 기능이 레코드를 추가하면 범위를 자동 확장하기 때문입니다.

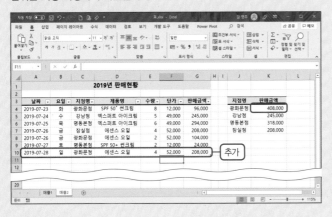

NOTE

수식에서 표를 참조하는 방식

참조 형태	설명	사례
표	표의 필드명은 제외하고 데이터 범위만 참조합니다.	=판매현황
표[#데이터]	표의 필드명은 제외하고 데이터 범위만 참조합니다.	=판매현황[#데이터]
표[#모두]	표의 필드명을 포함한 표 전체를 참조합니다.	=판매현황[#모두]
표[#머리글]	표의 필드명만 참조합니다.	=판매현황[#머리글]
표[#요약]	표의 요약 행 영역만 참조합니다.	=판매현황[#요약]
표[필드명]	표에서 해당 필드에 해당하는 데이터 범위를 참조합니다.	=판매현황[지점명]
표[@필드명]	표에서 해당 필드의 한 셀만 참조합니다.	=판매현황[@단가]

04 피벗 테이블로 데이터 분석하기

피벗 테이블은 많은 양의 데이터를 쉽고 빠르게 요약하는 데이터 분석의 중요한 도구입니다. 피벗 테이블을 잘 사용하면 데이터 요약과 분석이 편리하므로 비즈니스 의사 결정에 도움을 줍니다. 피벗 테이블을 만들고 활용하는 방법을 알아보겠습니다.

핵심기능 ▶ 피벗 테이블의 이해

피벗(Pivot)의 사전적 의미는 축을 중심으로 회전한다는 의미를 가지고 있습니다. 피벗 테이블은 데이터를 다양한 관점으로 요약 및 집계하는 도구입니다. 예를 들어 여행사는 항공권 매출 데이터를 항공사별 판매금액, 월별 판매금액, 좌석별 판매금액 등의 요약 보고서를 만들 것입니다. 피벗 테이블은 이러한 여러 요약 보고서를 드래그&드롭으로 쉽게 만들 수 있습니다.

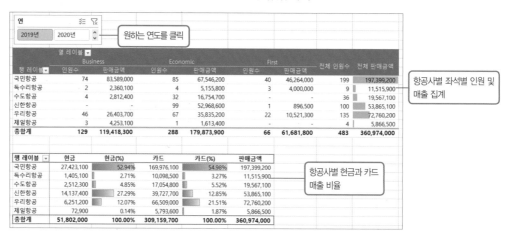

∷ 피벗 테이블 만드는 방법

원본 데이터가 엑셀에 있을 경우, 원본 데이터를 '표'로 만든 후 피벗 테이블을 만드는 것이 좋습니다. 이는 피벗 테이블 또는 피벗 차트를 만든 후에 레코드를 추가하면 추가된 레코드를 '새로고침'을 눌러 보고서에 바로 반영할 수 있기 때문입니다.

피벗 테이블은 [삽입] 탭의 [표] 그룹에서 [피벗 테이블]을 클릭하여 만듭니다.

❶ 피벗 테이블 : 피벗 테이블을 만듭니다.

❷ 추천 피벗 테이블 : 데이터에 적합한 피벗 테이블 레이아웃을 추천하므로 피벗 테이블을 다뤄본 경험
이 없을 경우 도움을 받을 수 있습니다.

❸ 표 : 엑셀 데이터 원본을 '표'로 만듭니다.

피벗 테이블 레이아웃 설정 방법

피벗 테이블은 레이아웃 설정에 따라 보고서 형태가 결정됩니다. 레이아웃은 [피벗 테이블 필드] 작업창
에서 필터, 열, 행, Σ 값 영역에 필드를 드래그&드롭하여 배치합니다. 기준이 되는 필드는 행과 열 영역
에, 계산하는 필드는 Σ 값 영역에, 필터를 원하는 필드는 필터 영역에 배치합니다.

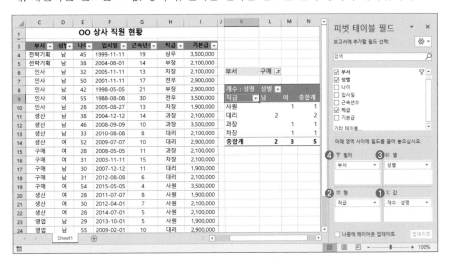

레이아웃	설명
① Σ 값	계산할 필드를 배치합니다. 문자 필드는 '개수', 숫자 필드는 '합계'로 계산합니다. 함수의 종류는 개수, 합계 외 9개의 함수로 변경할 수 있습니다.
② 행 레이블	기준이 되는 필드를 배치합니다. 필드를 그룹화하여 보고서의 왼쪽 행에 표시합니다.
③ 열 레이블	기준이 되는 필드를 배치합니다. 필드를 그룹화하여 보고서의 위쪽 열에 표시합니다. 행 레이블과 같은 역할입니다.
④ 보고서 필터	필터할 필드를 배치합니다. 2010 버전부터 슬라이서 기능이 추가되어 필터가 목적인 경우엔 보고서 필터에 필드를 배치하기보다 슬라이서를 추가하여 필터합니다.

피벗 테이블 만들기
(모든 필드 항목 표시, 빈 셀 표시 옵션)

예제 파일 Sample\Theme08\피벗.xlsx 완성 파일 Sample\Theme08\피벗_완성.xlsx

키 워 드 피벗 테이블 만들기, 필드 표시형식, 빈 셀 표시, 필드 설정 옵션
길라잡이 여행사 항공권 매출 데이터로 항공사별 좌석별 판매금액, 할인금액, 수수료의 합을 집계하는 피벗 테이블을 만들겠
습니다. 이를 통해 피벗 테이블 만드는 방법, 스타일 변경, 필드 표시형식, 필드 설정 옵션, 빈 셀 표시 옵션을 학습하게 됩니다.

완성예제 미리 보기

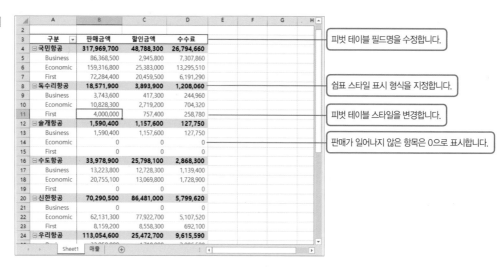

피벗 테이블 필드명을 수정합니다.

쉼표 스타일 표시 형식을 지정합니다.

피벗 테이블 스타일을 변경합니다.

판매가 일어나지 않은 항목은 0으로 표시합니다.

● 단축키 Ctrl+T를 눌러도
됩니다.

01 '표' 적용하기

❶ 데이터 목록 위에 셀 포인터를 두고
❷ [삽입] 탭의 [표] 그룹에서 [표]를
클릭합니다. [표 만들기] 대화상자가
나타나면 ❸ '머리글 포함'에 체크 표
시한 후 ❹ [확인] 버튼을 클릭합니다.

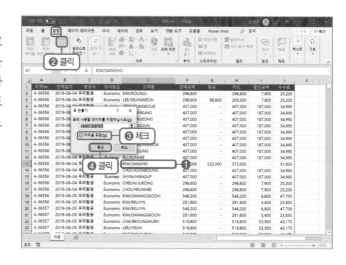

◉ [피벗 테이블 만들기] 대화상자의 기본 설정은 '표 또는 범위 선택', '새 워크시트'가 선택된 상태입니다.

02 피벗 테이블 만들기

❶ 표 위에 셀 포인터를 두고 ❷ [삽입] 탭의 [표] 그룹에서 [피벗 테이블]을 클릭합니다. ❸ [피벗 테이블 만들기] 대화상자가 나타나면 기본 설정 상태에서 ❹ [확인] 버튼을 클릭합니다.

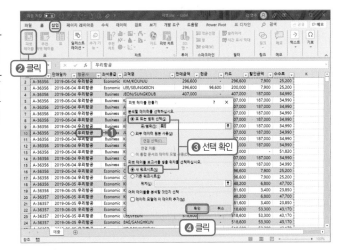

◉ [피벗 테이블 필드] 작업창은 셀 포인터가 피벗 테이블 보고서 위에 있어야 나타납니다. 그래도 나타나지 않으면 [피벗 테이블 분석] 탭의 [표시] 그룹에서 [필드 목록]을 클릭합니다.

03 새 피벗 테이블 보고서 확인하기

새로운 시트가 삽입되면서 피벗 테이블 보고서가 나타납니다. 오른쪽에는 [피벗 테이블 필드] 작업창이 나타납니다.

◉ 필드 체크 박스에 체크하거나 드래그&드롭하여 각 영역으로 이동합니다. 숫자 필드를 Σ 값 영역에 추가하면 합계 함수가 기본으로 설정됩니다. 함수를 변경하려면 Σ 값 영역에 추가된 필드를 클릭한 후 [값 필드 설정]에서 변경합니다.

04 피벗 테이블 레이아웃 설정하기

행 영역에 '항공사', '좌석등급' 필드를 Σ 값 영역에 '판매금액', '할인금액', '수수료' 필드를 추가합니다.

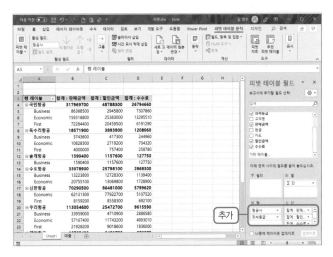

05 피벗 테이블 스타일 변경하기

[디자인] 탭의 [피벗 테이블 스타일] 그룹에서 '연한 파랑, 피벗 스타일 밝게 9'를 선택합니다.

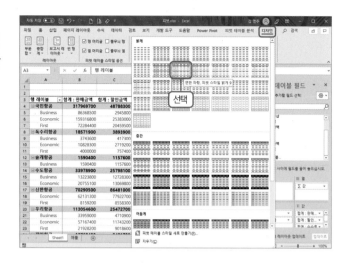

06 피벗 테이블 필드명 및 표시형식 변경하기

❶ 피벗 테이블 필드 3행을 다음과 같이 수정합니다. 단 피벗 테이블 필드명은 원본 데이터 필드명과 같을 수 없으므로 "판매금액 "과 같이 공백(Space Bar)을 입력하여 원본 필드명과 다르게 만듭니다. ❷ '수수료' 필드에서 마우스 오른쪽 버튼을 클릭하여 [필드 표시 형식] 명령을 클릭합니다.

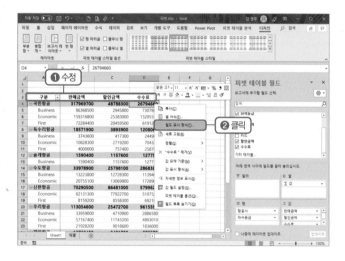

07 쉼표 스타일 적용하기

◉ 수수료, 할인금액 필드도 같은 방법으로 쉼표 스타일을 적용합니다.

[셀 서식] 대화상자가 나타나면 ❶ [숫자] 범주에서 ❷ '1000 단위 구분 기호(,) 사용'에 체크 표시한 후 ❸ [확인] 버튼을 클릭합니다.

08 데이터가 없는 항목 모두 표시하기

판매가 일어나지 않은 항목은 피벗 보고서에 나타나지 않습니다. 판매되지 않은 항목까지 모두 표시하기 위해 좌석 등급 임의의 필드 ❶ [A5] 셀에서 마우스 오른쪽 버튼을 클릭합니다. ❷ [필드 설정] 명령을 클릭합니다.

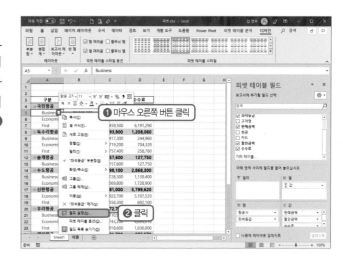

09 데이터가 없는 항목 표시에 체크 표시하기

[필드 설정] 대화상자가 나타나면 ❶ [레이아웃 및 인쇄] 탭에서 ❷ '데이터가 없는 항목 표시'에 체크 표시한 후 ❸ [확인] 버튼을 클릭합니다.

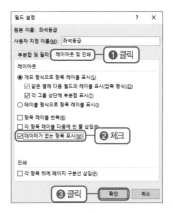

10 빈 셀 표시 여부 결정하기

따라하기 08~09에 의해 판매되지 않은 항목이 모두 표시되었으나 빈 셀로 표시되어 있습니다. [피벗 테이블 분석] 탭의 [피벗 테이블] 그룹에서 [옵션]을 클릭합니다.

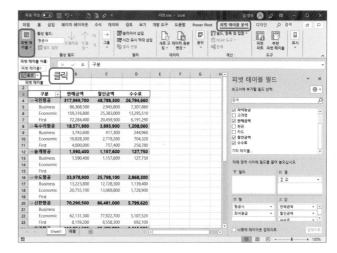

11 빈 셀을 0으로 표시하기

[피벗 테이블 옵션] 대화상자가 나타
나면 ❶ [레이아웃 및 서식] 탭에서 ❷
'빈 셀 표시'에 체크 표시한 후 '0'을 입
력하고 ❸ [확인] 버튼을 클릭합니다.

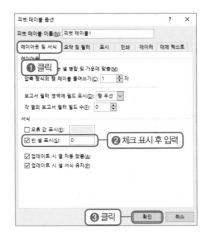

12 완성

다음과 같이 항공사별 좌석별 판매금
액, 할인금액, 수수료의 합이 집계됩
니다.

구분		판매금액	할인금액	수수료
국민항공		317,969,700	48,788,300	26,794,660
	Business	86,368,500	2,945,800	7,307,860
	Economic	159,316,800	25,383,000	13,295,510
	First	72,284,400	20,459,500	6,191,290
독수리항공		18,571,900	3,893,900	1,208,060
	Business	3,743,600	417,300	244,960
	Economic	10,828,300	2,719,200	704,320
	First	4,000,000	757,400	258,780
솔개항공		1,590,400	1,157,600	127,750
	Business	1,590,400	1,157,600	127,750
	Economic	0	0	0
	First	0	0	0
수도항공		33,978,900	25,798,100	2,868,300
	Business	13,223,800	12,728,300	1,139,400
	Economic	20,755,100	13,069,800	1,728,900
	First	0	0	0
신한항공		70,290,500	86,481,000	5,799,620
	Business	0	0	0
	Economic	62,131,300	77,922,700	5,107,520
	First	8,159,200	8,558,300	692,100
우리항공		113,054,600	25,472,700	9,615,590

작성한 피벗 테이블을 삭제하려면 [Ctrl]+[A] 눌러 피벗 테이블 전체를 선택하고 [Del]을 눌러 삭제합니다. 또는 시트 자체를 삭제합니다.

슬라이서와 시간 표시 막대로 피벗 보고서 필터하기

예제 파일 Sample\Theme08\피벗2.xlsx   완성 파일 Sample\Theme08\피벗2_완성.xlsx

키 워 드   피벗 테이블 만들기, 슬라이서, 시간 표시 막대
길라잡이   제품 데이터에서 분류별 제품별 매출의 합을 집계하는 피벗 테이블을 만든 후에 슬라이서와 시간 표시 막대를 삽
입하여 필터하는 방법을 알아보겠습니다.

완성예제 미리 보기

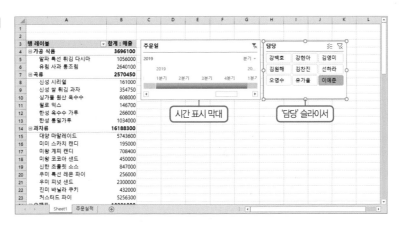

● '표' 만드는 단축키는 Ctrl
+T입니다.

01 '표' 적용하기

데이터 목록 위에 셀 포인터를 두고 ❶
[삽입] 탭의 [표] 그룹에서 [표]를 클
릭합니다. [표 만들기] 대화상자가 나
타나면 ❷ '머리글 포함'에 체크 표시
한 후 ❸ [확인] 버튼을 클릭합니다.

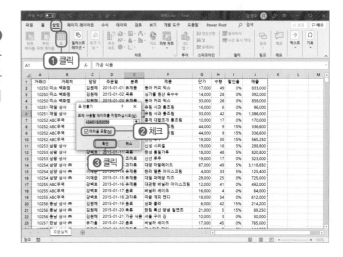

02 피벗 테이블 만들기

표 위에 셀 포인터를 두고 ❶ [삽입] 탭의 [표] 그룹에서 [피벗 테이블]을 클릭합니다. ❷ [피벗 테이블 만들기] 대화상자가 나타나면 기본 설정 상태에서 ❸ [확인] 버튼을 클릭합니다.

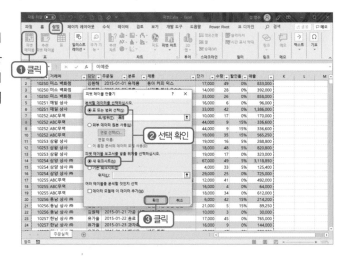

03 피벗 테이블 레이아웃 설정하기

행 영역에 '분류', '제품' 필드를, Σ 값 영역에 '매출' 필드를 추가합니다.

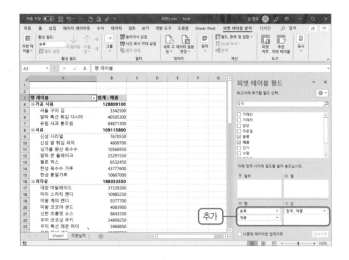

◉ 셀 포인터가 피벗 테이블 보고서 위에 있어야 [피벗 테이블 분석] 상황 메뉴가 나타납니다.

04 시간 표시 막대 삽입하기

❶ [피벗 테이블 분석] 탭의 [필터] 그룹에서 [시간 표시 막대 삽입]을 클릭합니다. [시간 표시 막대 삽입] 대화상자가 나타나면 ❷ '주문일'에 체크 표시한 후 ❸ [확인] 버튼을 클릭합니다.

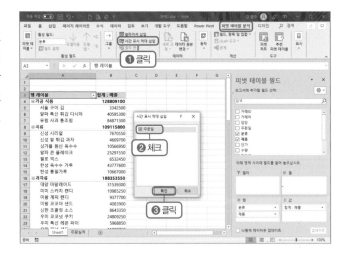

05 시간 표시 막대의 날짜 옵션 변경하기

[시간 표시 막대]의 날짜 옵션을 '분기'로 변경합니다.

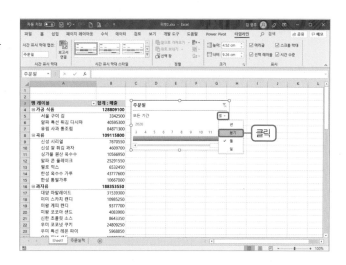

06 슬라이서 삽입하기

❶ 셀 포인터를 피벗 테이블 위에 두고 ❷ [피벗 테이블 분석] 탭의 [필터] 그룹에서 [슬라이서 삽입]을 클릭합니다. [슬라이서 삽입] 대화상자가 나타나면 ❸ '담당' 필드에 체크 표시한 후 ❹ [확인] 버튼을 클릭합니다.

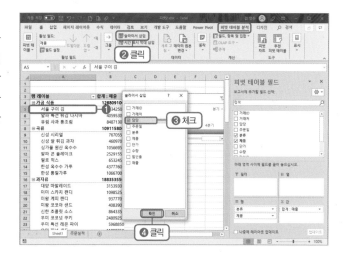

07 슬라이서 서식 변경하기

❶ 슬라이서를 선택한 상태에서 ❷ [슬라이서] 탭의 [단추] 그룹에서 열 개수를 '3'으로 지정합니다. ❸ 슬라이서 크기와 위치를 마우스로 드래그하여 조절합니다.

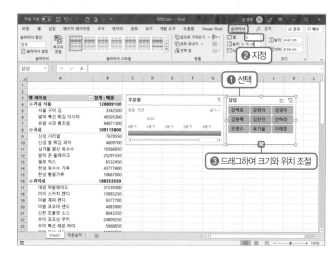

08 필터하며 피벗 보고서 집계 확인하기

[주문일] 시간 표시 막대와 [담당] 슬라이서에서 원하는 조건을 클릭하며 피벗 테이블 보고서를 확인합니다.

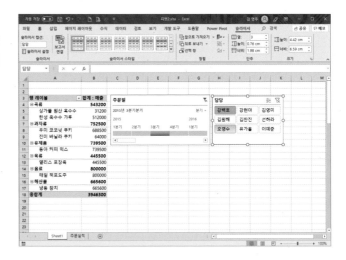

피벗 테이블 새로 고침하기
피벗 테이블을 작성한 후 원본 데이터가 수정되었거나 추가되었다면 [피벗 테이블 분석] 탭의 [데이터] 그룹에서 [새로 고침]을 클릭하여 수정 및 추가된 내용을 피벗 테이블에 반영합니다.

그룹화(날짜, 숫자)로 요약하기

예제 파일 Sample\Theme08\피벗3.xlsx 완성 파일 Sample\Theme08\피벗3_완성.xlsx

키 워 드 그룹화, 총합계 비율
길라잡이 보험 관련 데이터에서 상품별 가입연도별 가입금액을 집계하고, 가입금액 규모별 인원수를 집계하는 피벗 보고서를 만듭니다. 날짜 데이터와 숫자 데이터를 그룹화는 방법에 대해 알아보겠습니다.

완성예제 미리 보기

합계 : 가입금액	열 레이블						
행 레이블	2009년	2010년	2011년	2012년	2013년	2014년	총합계
무배당암보험	15,000,000	2,000,000	-	8,000,000	-	6,000,000	31,000,000
변액연금보험	-	-	-	46,000,000	-	-	46,000,000
여성건강보험	-	-	-	-	3,000,000	1,000,000	4,000,000
연금보험	5,000,000	7,000,000	7,000,000	38,000,000	-	-	57,000,000
의료실비보험	-	-	-	44,000,000	-	17,000,000	61,000,000
종신보험	10,000,000	-	28,000,000	42,000,000	27,000,000	7,000,000	114,000,000
총합계	30,000,000	9,000,000	35,000,000	178,000,000	30,000,000	31,000,000	313,000,000

▲ 상품별 가입연도별 금액의 합 보고서

가입금액	인원수	인원수(%)
1-5000000	26	59.09%
5000001-10000000	11	25.00%
10000001-15000000	1	2.27%
15000001-20000000	4	9.09%
20000001-25000000	2	4.55%
총합계	44	100.00%

▲ 가입금액 규모별 인원수와 비율 보고서

STEP 01 상품별 가입연도별 가입금액을 집계하는 피벗 테이블 만들기

◉ Ctrl + T 를 눌러도 됩니다.

01 '표' 적용하기

❶ 데이터 목록 위에 셀 포인터를 두고 ❷ [삽입] 탭의 [표] 그룹에서 [표]를 클릭합니다. [표 만들기] 대화상자가 나타나면 ❸ '머리글 포함'에 체크 표시한 후 ❹ [확인] 버튼을 클릭합니다.

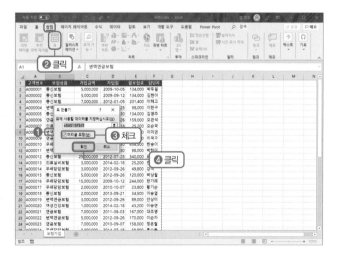

02 피벗 테이블 만들기

❶ 표 위에 셀 포인터를 두고 [삽입] 탭의 [표] 그룹에서 [피벗 테이블]을 클릭합니다. ❷ [피벗 테이블 만들기] 대화상자가 나타나면 기본 설정 상태에서 ❸ [확인] 버튼을 클릭합니다.

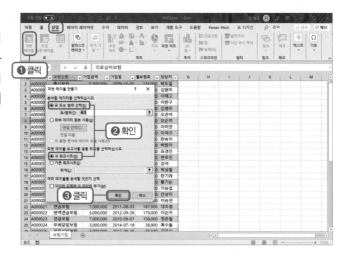

● '가입일' 필드를 열 영역에 추가하면 날짜가 자동으로 그룹화되어 연, 분기, 가입일로 분할됩니다. 이는 엑셀 2013버전부터 날짜 필드를 행 또는 열 영역에 추가하면 자동 그룹화되도록 옵션으로 설정되었기 때문입니다. 이 옵션 해제는 P.417을 참고합니다.

03 피벗 테이블 레이아웃 설정하기

행 영역에 '보험상품', 열 영역에 '가입일' 필드를, Σ 값 영역에 '가입금액' 필드를 추가합니다.

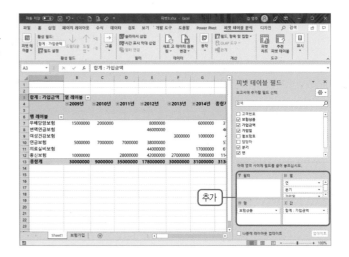

04 열 영역에 연도만 남기기

그룹화된 날짜에서 분기와 월을 해제하기 위해 [피벗 테이블 필드] 작업창에서 '분기', '가입일' 필드의 체크 표시를 해제합니다.

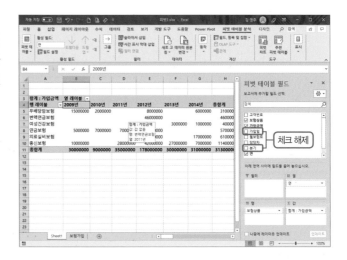

STEP 02 가입금액 규모별 인원수를 집계하는 피벗 보고서

01 레이아웃 모두 해제하기

이번에는 가입금액 규모별 인원수를 집계하는 피벗 보고서를 만들기 위해 [피벗 테이블 필드] 작업창에서 체크 표시된 모든 필드를 해제합니다.

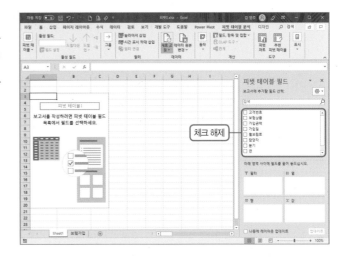

02 레이아웃 새로 설정하기

❶ 행 영역에 '가입금액', Σ 값 영역에 '고객번호' 필드를 추가합니다. ❷ 피벗 테이블에서 필드 이름을 '가입금액', '인원수'로 수정합니다.

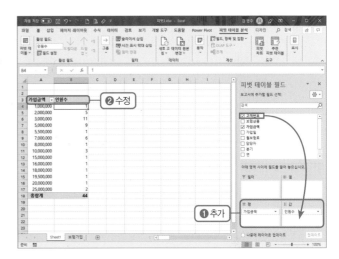

03 그룹화 실행하기

피벗 테이블의 가입 금액 임의의 셀에서 마우스 오른쪽 버튼을 클릭한 후 [그룹] 명령을 클릭합니다.

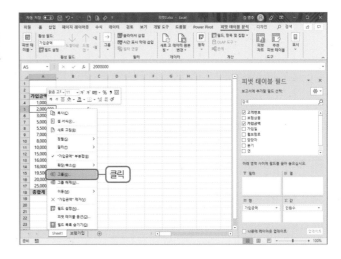

◉ [그룹화] 대화상자의 '시작', '끝'은 데이터 원본에 기초하여 생성됩니다.

04 그룹화 지정하기

[그룹화] 대화상자가 나타나면 ❶ 시작에 '1', 단위에 '5000000'을 입력한 후 ❷ [확인] 버튼을 클릭합니다.

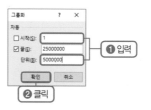

05 인원수에 대한 비율 표시하기

가입 금액이 5백만 원 단위로 그룹화된 것을 확인한 후 Σ 값 영역에 '고객번호' 필드를 하나 더 추가합니다.

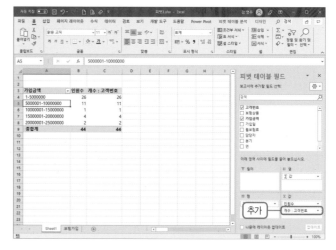

06 총합계 비율 표시하기

'개수:고객번호' 필드에서 마우스 오른쪽 버튼을 클릭하여 [값 표시 형식 – 총합계 비율]을 클릭합니다.

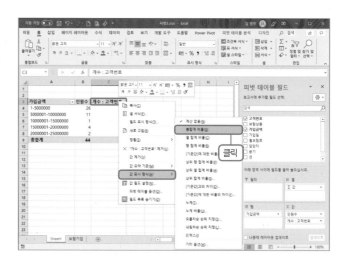

07 조건부 서식 지정하기

❶ [C4:C8] 영역을 범위 지정한 후
❷ [홈] 탭의 [스타일] 그룹에서 [조건부 서식 – 데이터 막대]에서 임의의 서식을 선택합니다.

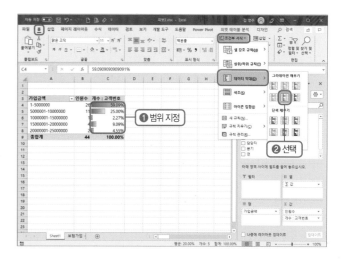

08 필드명 변경하여 완성하기

[C3] 셀의 필드명을 '인원수(%)'로 수정하여 완성합니다.

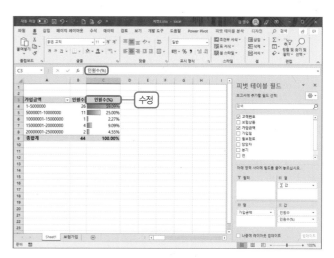

날짜/시간 열의 자동 그룹화 해제하기

엑셀 2013 버전부터 날짜 필드를 행이나 열 영역에 추가하면 날짜가 자동으로 그룹화되어 연, 분기, 월로 그룹화됩니다. 자동 그룹화를 해제하려면 [파일] 탭의 [옵션]을 클릭합니다. [Excel 옵션] 대화상자 나타나면 [데이터] 탭에서 '피벗 테이블에서 날짜/시간 열의 자동 그룹화 사용 안 함'에 체크 표시를 해제한 후 [확인] 버튼을 클릭합니다.

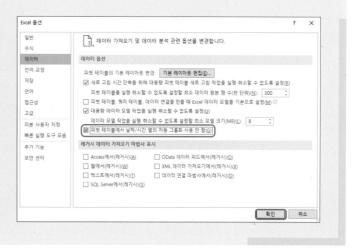

피벗 테이블 결과를 실제 보고서 양식으로 가져오기

피벗 테이블 결과를 양식보고서로 가져오려면 GETPIVOTDATA 함수를 이용합니다. GETPIVOTDATA 함수를 사용하는 방법을 알아보겠습니다.

【예제 파일】Sample\Theme08\getpivotdata.xlsx

【완성 파일】Sample\Theme08\getpivotdata_완성.xlsx

1 GETPIVOTDATA 함수 입력하기

피벗 테이블 결과를 [I6:S8] 영역으로 가져오기 위해 ❶ [I6] 셀에 셀 포인터를 두고 ❷ [수식] 탭의 [함수 라이브러리] 그룹에서 [찾기/참조 영역 – GETPPIVOTDATA] 함수를 선택합니다.

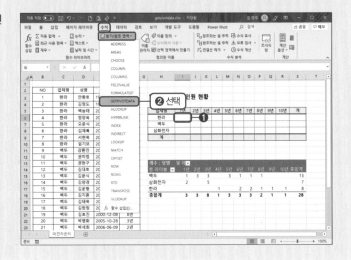

2 인수 지정하기

[함수 인수] 대화상자가 나타나면 ❶ 다음과 같이 지정한 후 ❷ [확인] 버튼을 클릭합니다.

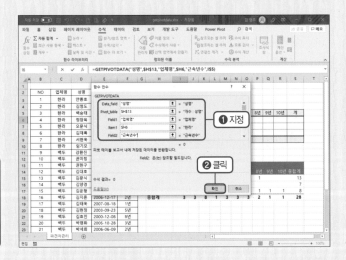

Data_Field : "성명" (데이터 필드의 이름(Σ 값 영역에 추가한 필드)을 입력)
Pivot_table : $H$13 (피벗 테이블 보고서 임의의 위치를 지정)
Field1 : "업체명" (참조할 필드)
Item1 : $H6 (Field1에서 지정한 필드의 항목을 지정)
Field2 : "근속년수" (참조할 필드)
Item2 : I$5 (Field2에서 지정한 필드의 항목을 지정)

3 수식 복사하기

❶ [I6] 셀의 채우기 핸들을 [I8] 셀까지 드래그하여 수식을 복사합니다. ❷ [자동 채우기 옵션]을 클릭하여 '서식 없이 채우기'를 선택합니다.

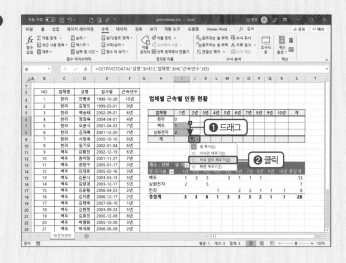

4 수식 복사하기

❶ [I6:I8] 영역의 채우기 핸들을 [R6:R8] 영역까지 드래그하여 수식을 복사합니다. ❷ [자동 채우기 옵션]을 클릭하여 '서식 없이 채우기'를 선택합니다.

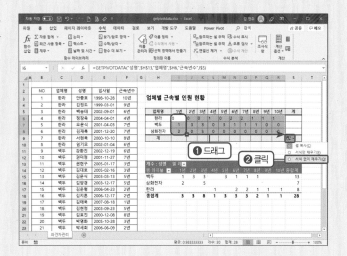

5 합계 계산하기

❶ [I6:S9] 영역을 범위 지정한 후 ❷ [수식] 탭의 [함수 라이브러리] 그룹에서 [자동 합계]를 클릭하여 완성합니다.

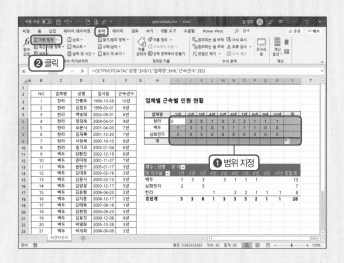

관련된 두 개의 표로 피벗 테이블 &차트 만들기

엑셀 2013 버전에 추가된 [관계] 기능은 DBMS의 테이블을 조인하는 것과 같습니다. 두 표를 [관계]로 연결하려면 각 데이터는 먼저 '표'로 작성되어야 하고, 두 개의 표를 [관계]로 연결하면 데이터 모델에 등록됩니다.

【예제 파일】Sample\Theme08\데이터모델.xlsx　　　　【완성 파일】Sample\Theme08\데이터모델_완성.xlsx

완성예제 미리 보기

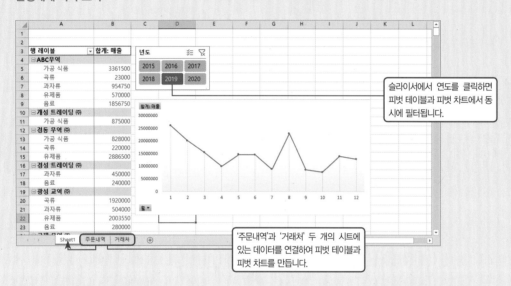

슬라이서에서 연도를 클릭하면 피벗 테이블과 피벗 차트에서 동시에 필터됩니다.

'주문내역'과 '거래처' 두 개의 시트에 있는 데이터를 연결하여 피벗 테이블과 피벗 차트를 만듭니다.

◉ 두 표를 관계로 연결하기

1 '표' 만들기

❶ [주문내역] 시트를 선택한 후 ❷ Ctrl + T 를 눌러 표를 만듭니다. ❸ 표 이름을 '주문내역'으로 수정합니다.

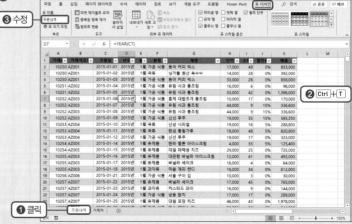

② '표' 만들기

① [거래처] 시트를 선택한 후 **②** `Ctrl`+`T`를 눌러 표를 만듭니다. **③** 표 이름을 '거래처'로 수정합니다.

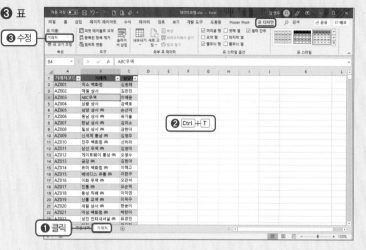

③ [관계] 실행하기

① [주문내역] 시트를 선택한 후 **②** 표 위에 셀 포인터를 두고 **③** [데이터] 탭의 [데이터 도구] 그룹에서 [관계]를 클릭합니다.

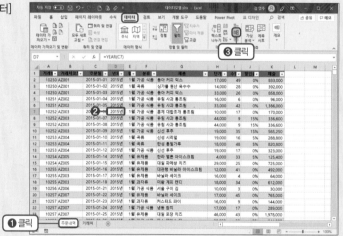

④ 관계 새로 만들기

[관계 관리] 대화상자가 나타나면 [새로 만들기] 버튼을 클릭합니다.

5 관계된 필드끼리 연결하기

[관계 만들기] 대화상자가 나타나면 ❶ 테이블에 '주문내역', 열(외래)에 '거래처코드'를 지정합니다. ❷ 관련 표에 '거래처', 관련 열(기본)에 '거래처코드'를 지정한 후 ❸ [확인] 버튼을 클릭합니다.

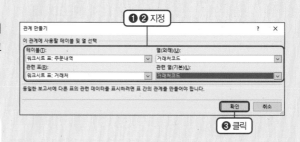

NOTE

열(외래)은 메인 표의 관련된 필드를 지정하고, 관련 열(기본)은 기본 표의 관련된 필드를 지정합니다. 즉, 거래처 표의 거래처코드는 고유해야 하며, 하나의 거래처는 여러 번에 걸쳐 주문할 수 있습니다(일대다 관계).

6 관계 현황 확인하기

다시 [관계 관리] 대화상자로 되돌아오면 ❶ 관계 현황을 확인한 후 ❷ [닫기] 버튼을 클릭합니다.

◎ 데이터 모델로 피벗 테이블 만들기

1 피벗 테이블 만들기

❶ [삽입] 탭의 [표] 그룹에서 [피벗 테이블]을 클릭합니다. [피벗 테이블 만들기] 대화상자가 나타나면 ❷ '이 통합 문서의 데이터 모델 사용'을 선택한 후 ❸ [확인] 버튼을 클릭합니다.

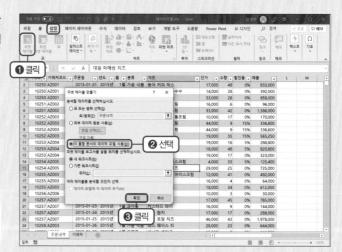

NOTE

엑셀 2013 버전은 '외부 데이터 원본 사용'을 선택한 후 [연결 선택]을 클릭하여 등록된 데이터 모델을 참조합니다.

2 피벗 테이블 레이아웃 설정하기

[피벗 테이블 필드] 작업창을 살펴보면 '거래처', '주문내역' 표가 나타납니다. 해당 표를 클릭하면 필드가 펼쳐집니다. 행 영역에 '거래처', '분류' 필드를, Σ 값 영역에 '매출' 필드를 추가합니다.

3 슬라이서 추가하기

❶ [피벗 테이블 분석] 탭의 [필터] 그룹에서 [슬라이서 삽입] 버튼을 클릭합니다. ❷ '년도' 필드에 체크 표시한 후 ❸ [확인] 버튼을 클릭합니다.

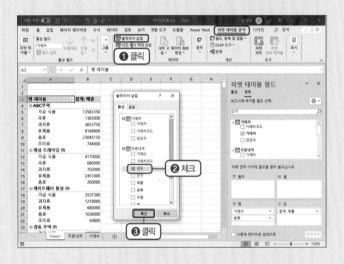

◉ 셀 포인터가 피벗 테이블 위에 있어야 [피벗 테이블 분석] 상황 메뉴가 나타납니다.

4 슬라이서 편집하기

❶ [슬라이서] 탭의 [단추] 그룹에서 열 개수를 '3'으로 지정하고, ❷ 크기와 위치를 조절합니다. 년도를 클릭하면 피벗 테이블의 요약 정보가 변경됩니다.

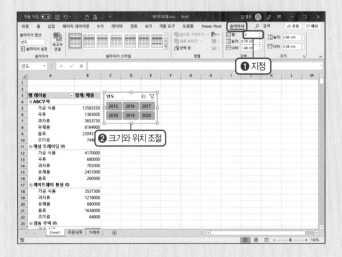

◎ 데이터 모델로 피벗 차트 만들기

1 ❶ 셀 포인터를 빈 셀에 두고 ❷ [삽입] 탭의 [차트] 그룹에서 [피벗 차트 – 피벗 차트]를 클릭합니다. [피벗 차트 만들기] 대화상자가 나타나면 ❸ '이 통합 문서의 데이터 모델 사용'을 선택한 후 ❹ [확인] 버튼을 클릭합니다.

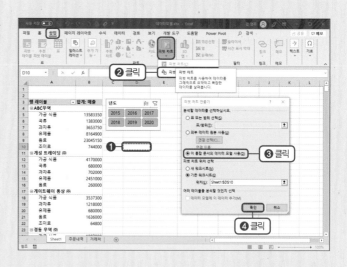

◎주의
셀 포인터가 피벗 테이블 위에 있으면 피벗 테이블 정보로 차트를 만듭니다. 피벗 테이블과 별도의 내용으로 차트를 만들 예정이므로 빈 셀에 셀 포인터를 둬야 합니다.

◎ 피벗 차트는 피벗 테이블에 종속되므로 피벗 차트만 독립적으로 만들 수 없습니다. 그러나 데이터 모델을 이용하면 독립된 피벗 차트를 만들 수 있습니다.

2 피벗 차트 레이아웃 설정하기

[피벗 차트 필드] 작업창에서 [주문내역] 테이블을 클릭합니다. 필드 목록이 펼쳐지면 '축(범주)' 영역에 '월' 필드를, 'Σ 값' 영역에 '매출' 필드를 추가합니다.

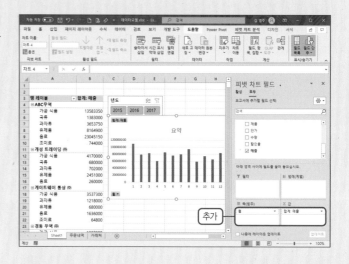

3 차트 종류 변경하기

차트가 선택된 상태에서 차트가 삽입되면 ❶ [디자인] 탭의 [종류] 그룹에서 [차트 종류 변경]을 클릭합니다. [차트 종류 변경] 대화상자가 나타나면 ❷ '꺾은선형' 중에서 '표식이 있는 꺾은선형'을 선택한 후 ❸ [확인] 버튼을 클릭합니다.

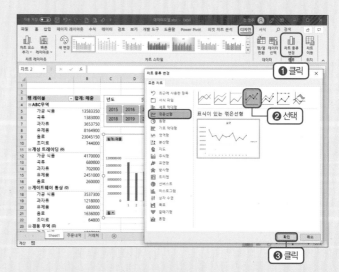

4 차트 스타일 변경하기

1 [디자인] 탭의 [차트 스타일] 그룹에서 [스타일 4]를 선택합니다. **2** 범례와 차트 제목을 삭제하고 차트 크기와 위치를 조절합니다.

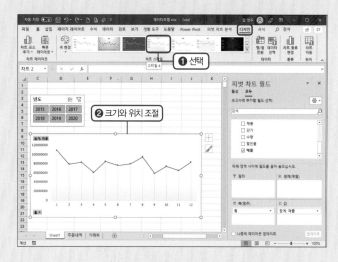

5 슬라이서와 피벗 차트 연결하기

[년도] 슬라이서에서 연도를 클릭하면 피벗 테이블은 필터되나 피벗 차트는 움직임이 없으므로 [년도] 슬라이서와 피벗 차트를 연결해야 합니다. **1** [년도] 슬라이서를 선택한 후 **2** [슬라이서] 탭의 [슬라이서] 그룹에서 [보고서 연결]을 클릭합니다. [보고서 연결(년도)] 대화상자가 나타나면 **3** '차트 2'에 체크 표시한 후 **4** [확인] 버튼을 클릭합니다.

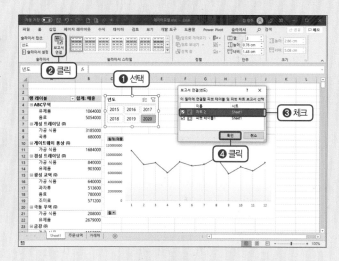

◎ [보고서 연결(년도)] 대화상자에서 '차트 2'의 인덱스 번호는 다를 수 있습니다.

6 완성

다음과 같이 완성됩니다.

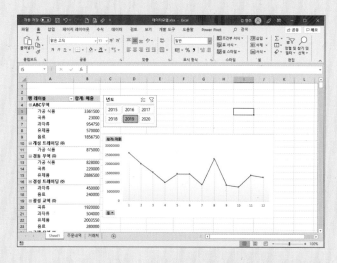

05 가상 분석과 예측

가상 분석은 결과를 예측하기 위해 사용하는 기능으로 시나리오, 데이터 표, 목표값 찾기가 있고, 예측 시트는 엑셀 2016 버전에 추가된 기능으로 데이터 추세를 반영하여 예측된 결과를 새로운 시트에 삽입하는 기능입니다.

핵심 기능 가상분석(시나리오, 데이터 표, 목표값 찾기)

엑셀의 가상분석 기능에는 시나리오, 데이터 표, 목표값 찾기가 있습니다. 시나리오와 데이터 표는 순방향 추정으로 입력 값을 변경해 결과를 추정하고, 목표값 찾기는 결과 값을 정한 후에 역으로 입력 값을 추정하며 결과를 예측합니다.

시나리오는 워크시트에 계산되어 있는 자료를 토대로 상황에 대한 결과를 예측합니다.

시나리오 요약			
	현재 값:	기본급을 15%로 인상했을 때	기본급을 20% 인상했을 때
기본급 인상률			
경영지원직군	5.0%	15.0%	20.0%
연구개발직군	5.0%	15.0%	20.0%
생산직군	5.0%	15.0%	20.0%
영업직군	5.0%	15.0%	20.0%
전체 인상률			
경영지원직군	3.7%	11.1%	14.8%
연구개발직군	3.8%	11.4%	15.2%
생산직군	3.7%	11.0%	14.6%
영업직군	2.6%	7.9%	10.5%

> 직군별로 기본급을 15%, 20% 인상했을 때 전체 급여의 인상률 변화를 알아보는 시나리오입니다.

데이터 표는 변수 셀을 임의로 설정한 후 행의 값과 열의 값을 변수 셀에 대입하여 결과를 추정합니다.

주택 담보 대출 월 상환액					
대출금액	연이율	대출기간	월상환액		
200,000,000	2.75%	20년	-₩1,084,333		
-₩1,084,333	2.750%	2.271%	2.970%	2.891%	2.913%
1년	-₩16,915,972	-₩16,872,398	-₩16,936,007	-₩16,928,811	-₩16,930,815
2년	-₩8,574,143	-₩8,531,897	-₩8,593,589	-₩8,586,603	-₩8,588,548
3년	-₩5,794,233	-₩5,752,208	-₩5,813,598	-₩5,806,639	-₩5,808,577
4년	-₩4,404,802	-₩4,362,720	-₩4,424,214	-₩4,417,237	-₩4,419,179
5년	-₩3,571,562	-₩3,529,314	-₩3,591,072	-₩3,584,059	-₩3,586,011
6년	-₩3,016,418	-₩2,973,948	-₩3,036,052	-₩3,028,992	-₩3,030,957
7년	-₩2,620,186	-₩2,577,462	-₩2,639,957	-₩2,632,846	-₩2,634,825
8년	-₩2,323,273	-₩2,280,276	-₩2,343,190	-₩2,336,026	-₩2,338,019
9년	-₩2,092,572	-₩2,049,290	-₩2,112,642	-₩2,105,421	-₩2,107,431
10년	-₩1,908,221	-₩1,864,643	-₩1,928,447	-₩1,921,168	-₩1,923,193
11년	-₩1,757,577	-₩1,713,699	-₩1,777,962	-₩1,770,625	-₩1,772,666
12년	-₩1,632,213	-₩1,588,030	-₩1,652,759	-₩1,645,363	-₩1,647,421
13년	-₩1,526,296	-₩1,481,804	-₩1,547,005	-₩1,539,549	-₩1,541,623
14년	-₩1,435,658	-₩1,390,854	-₩1,456,530	-₩1,449,014	-₩1,451,105
15년	-₩1,357,243	-₩1,312,126	-₩1,378,279	-₩1,370,703	-₩1,372,810
16년	-₩1,288,759	-₩1,243,327	-₩1,309,960	-₩1,302,323	-₩1,304,447
17년	-₩1,228,453	-₩1,182,705	-₩1,249,819	-₩1,242,121	-₩1,244,262
18년	-₩1,174,961	-₩1,128,898	-₩1,196,492	-₩1,188,734	-₩1,190,891
19년	-₩1,127,208	-₩1,080,828	-₩1,148,905	-₩1,141,085	-₩1,143,259

행(이율)을 대입할 변수 셀로 지정

열(기간)을 대입할 변수 셀

행과 열이 만나는 교차 지점에 수식이 작성되어 있습니다.

목표값 찾기는 목표값을 정한 후에 변수 값을 변화시켜 원하는 목표값을 찾는 기능입니다.

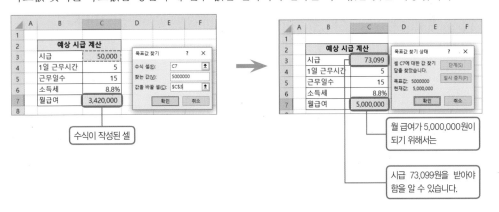

수식이 작성된 셀

월 급여가 5,000,000원이 되기 위해서는

시급 73,099원을 받아야 함을 알 수 있습니다.

임금 인상 시나리오 작성하기

예제 파일 Sample\Theme08\가상분석.xlsx 완성 파일 Sample\Theme08\가상분석_완성.xlsx

키 워 드 시나리오
길라잡이 A회사의 급여가 기본급 + 상여금 형태로 구성되어 있습니다. 기본급을 15%, 20% 인상했을 때 전체 급여의 인상률 변화를 살펴보기 위한 시나리오를 작성해보겠습니다.

01 수식 확인하기

[시나리오] 시트를 선택하면 [H4: H7] 영역은 전체 임금 인상률 수식이 작성되어 있습니다. 기본급 인상률 ([E4:E7]) 에 따라 전체 임금 인상률의 변화를 살펴보기 위해 시나리오를 작성합니다.

02 시나리오 관리자 실행하기

❶ [데이터] 탭의 [예측] 그룹에서 [가상 분석 – 시나리오 관리자]를 클릭합니다. [시나리오 관리자] 대화상자가 나타나면 [추가] 버튼을 클릭합니다.

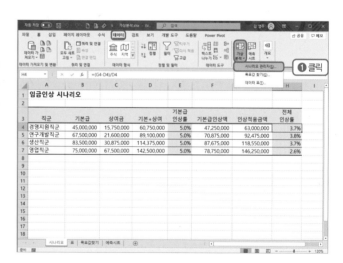

03 기본급을 15% 인상했을 때의 시나리오 작성하기

[시나리오 편집] 대화상자가 나타나면 ❶ 시나리오 이름에 "기본급을 15% 인상했을 때"를 입력하고, ❷ 변경 셀에 「E4:E7」을 지정한 후 ❸ [확인] 버튼을 클릭합니다.

04 기본급 인상률 입력하기

[시나리오 값] 대화상자가 나타나면 ❶ 모든 칸에 「0.15」를 입력한 후 ❷ [확인] 버튼을 클릭합니다.

05 시나리오 추가하기

다시 [시나리오 관리자] 대화상자가 나타나면 [추가] 버튼을 클릭합니다.

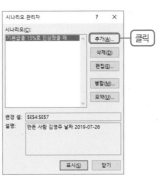

06 기본급을 20% 인상했을 때의 시나리오 작성하기

[시나리오 추가] 대화상자가 나타나면 ❶ 시나리오 이름에 "기본급을 20% 인상했을 때"를 입력하고, ❷ 변경 셀에 「E4:E7」을 지정한 후 ❸ [확인] 버튼을 클릭합니다.

07 기본급 인상률 입력하기

[시나리오 값] 대화상자가 나타나면 ❶ 모든 칸에 「0.2」를 입력한 후 ❷ [확인] 버튼을 클릭합니다.

● 기본급을 15%, 20% 인상했을 때의 시나리오를 현재 표에서 결과 셀(전체 인상률)을 확인하려면 [표시] 버튼을, 별도의 보고서 형태로 보려면 [요약] 버튼을 클릭합니다.

08 시나리오 요약하기

[시나리오 관리자] 대화상자가 나타나면 [요약] 버튼을 클릭합니다.

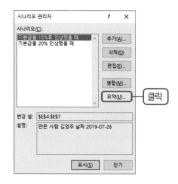

09 시나리오 요약하기

[시나리오 요약] 대화상자가 나타나면 ❶ 보고서 종류를 '시나리오 요약'을 선택하고, ❷ 결과 셀에 「H4:H7」을 지정한 후 ❸ [확인] 버튼을 클릭합니다.

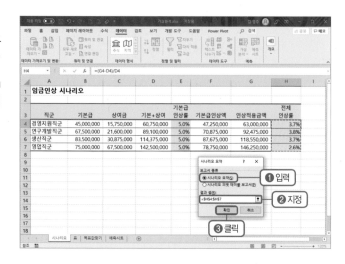

● 시나리오 요약 보고서에 변경 셀과 결과 셀을 알아보기 쉽게 하려면 시나리오 작성 전에 미리 각 셀의 이름을 정의해둡니다. (예 $E$4→경영지원직군)

10 결과 확인하기

[시나리오 요약]이라는 새로운 시트가 추가되며 현재 값, 기본급을 15% 인상했을 때, 기본급을 20% 인상했을 때에 대한 요약 보고서가 나타납니다.

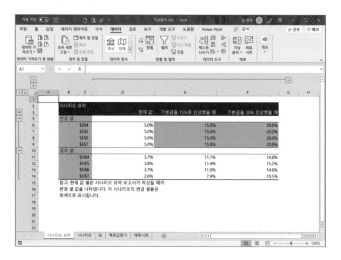

기능실습 02 기간과 이자율에 따른 월 상환액 추정하기 (데이터 표)

예제 파일 Sample\Theme08\가상분석.xlsx　**완성 파일** Sample\Theme08\가상분석_완성.xlsx

키 워 드 데이터 표
길라잡이 2억을 대출 받아 이율과 대출 기간에 따른 월상환액의 변화를 확인하기 위한 데이터 표를 만드는 방법을 알아보겠습니다. 단, 원리금과 이자를 같이 상환하는 조건입니다.

● 「=PMT(B4/12,C4*12,A4)」은 PMT(대출이자율, 대출기간, 대출금)입니다. 월 상환액을 계산하므로 연이율은 12로 나누고, 대출기간은 12를 곱합니다.

01 수식 연결하기

데이터 표는 행과 열이 만나는 교차 지점에 변수 셀을 참조한 수식이 작성되어 있어야 합니다.

[표] 시트를 클릭하여 [A6] 셀에 월 상환액을 계산하는 수식을 작성해야 하므로 미리 작성해둔 [D4] 셀의 수식을 연결합니다. ❶ [A6] 셀에서 「=D4」를 입력한 후 Enter를 누릅니다.

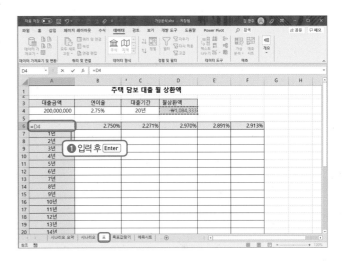

02 데이터 표 실행하기

❶ [A6:F26] 영역을 범위 지정한 후 ❷ [데이터] 탭의 [예측] 그룹에서 [가상 분석 – 데이터 표]를 클릭합니다.

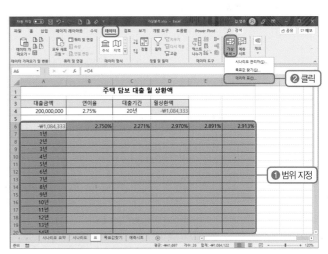

● 행 입력 셀 [B4]과 열 입력 셀 [C4]은 변수 셀로, 6행의 이율이 [B4] 셀에, A행의 대출기간이 [C4] 셀에 순차적으로 대입되어 PMT 함수가 순차적으로 참조합니다.

03 변수 셀 지정하기

[데이터 테이블] 대화상자가 나타나면 ❶ 행 입력 셀에 「B4」, 열 입력 셀에 「C4」를 지정한 후 ❷ [확인] 버튼을 클릭합니다.

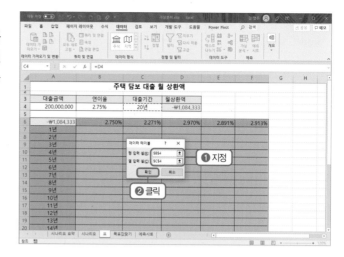

04 결과 확인하기

다음과 같이 대출기간과 이율에 따른 월 상환액을 추정할 수 있습니다.

PMT 함수

함수 설명	월 상환액을 계산합니다.
함수 형식	PMT(rate, nper, pv, [fv], [type])
인수 설명	rate : 대출 이자율입니다. nper : 대출금 총 상환 횟수(기간)입니다. pv : 현재 가치(대출금)입니다. [fv] : 미래 가치입니다. (최종 상환 후의 현금 잔고로 fv를 생략하면 0으로 간주됨) 　　　 ⓔ 대출금의 미래 가치는 0이 됩니다. [type] : 납입 시점을 지정합니다. 생략하면 기말로 지정합니다. 　　　　 생략 또는 0 : 납입시점을 기간 말,　1:기간 초

기능 실습 03 목표값 찾기 (목표 급여를 받기 위한 시간당 급여액은?)

예제 파일 Sample\Theme08\가상분석.xlsx 완성 파일 Sample\Theme08\가상분석_완성.xlsx

키 워 드 목표값 찾기

길라잡이 시급으로 월 급여액이 계산되어 있는 셀에서 월 급여액이 오백만 원이 되려면 얼마의 시급을 받아야 하는지 목표값 찾기로 알아보겠습니다.

01 목표값 찾기 실행하기

[목표값찾기] 시트의 [C7] 셀에 월 급여를 계산하는 수식이 작성되어 있습니다. [데이터] 탭의 [예측] 그룹에서 [가상 분석 – 목표값 찾기]를 클릭합니다.

02 수식 셀과 목표값 지정하기

[목표값 찾기] 대화상자가 나타나면 ❶ 수식 셀에 「C7」, 찾는 값에 목표 금액인 5,000,000원을 입력하고 ❷ 값을 바꿀 셀에 「C3」을 지정한 후 ❸ [확인] 버튼을 클릭합니다.

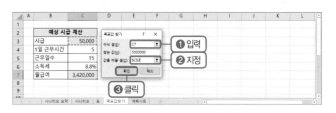

03 완성

목표값을 찾은 결과 시급 73,099원이 되어야 월급여 오백만 원이 됩니다.

연도별 출국자수 예측하기

엑셀 2016 버전부터 추가된 예측시트는 시간 데이터를 이용해 향후 판매량, 재고 필요량, 소비자 추세 등을 예측 표와 차트를 만들어 삽입할 수 있습니다.
연도별 내국인 출국자수를 바탕으로 향후 출국자수를 예측하는 예측 시트를 만들어보겠습니다.

【예제 파일】Sample\Theme08\가상분석.xlsx　　　　　　　　【완성 파일】Sample\Theme08\가상분석_완성.xlsx

1 예측시트 실행하기

❶ [A3:B19] 영역을 범위 지정한 후 ❷ [데이터] 탭의 [예측] 그룹에서 [예측 시트]를 클릭합니다. [예측 워크시트 만들기] 대화상자가 나타나면 ❸ [만들기] 버튼을 클릭합니다.

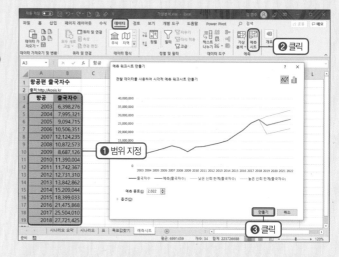

◉ 시간 데이터는 일정한 간격이 필요합니다. 예를 들면 연도별, 월별, 일별 간격입니다.

◉ '옵션'을 클릭하면 예측 시작일, 신뢰구간, 계절성 등에 대한 옵션을 설정할 수 있습니다.

2 결과 확인하기

새로운 시트가 추가되며 예측 표와 예측 차트가 삽입됩니다.

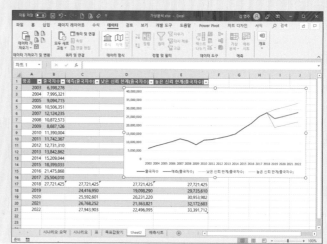

◉ 예측 시트는 시계열 데이터 중 최근 데이터에 더 많은 가중치를 부여하여 미래 값을 예측하는 지수 평활법 알고리즘을 사용합니다.

월별 증감률을 표시하는 피벗 테이블 만들기

항공권 데이터에서 항공사별 월별 판매현황을 요약하고, 증감률을 표시하는 피벗 테이블을 만든 후 조건부 서식으로 시각화합니다.

예제 파일 Sample₩Theme08₩피벗4.xlsx　　　**완성 파일** Sample₩Theme08₩피벗4_완성.xlsx

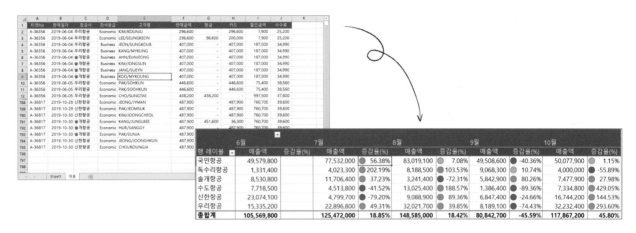

문제 해결

❶ '표' 만들기 : Ctrl + T

❷ 피벗 테이블 만들기 : [삽입] 탭의 [표] 그룹에서 [피벗 테이블] 클릭

❸ 피벗 테이블 레이아웃 구성
행 영역 : '항공사' 필드
열 영역 : '판매일자' 필드
Σ 값 영역 : '판매금액' 필드, '판매금액' 필드 한 번 더 추가(증감률로 변경할 필드)
※ 열 영역의 판매일자가 자동 그룹화되면 '판매일자'는 체크 표시 해제하여 '월' 필드만 남김

❹ 피벗 테이블 보고서에서 '합계:판매금액2' 입력된 셀에서 마우스 오른쪽 버튼 클릭 후 [값 표시 형식 – 기준값]에 대한 비율의 차이] 클릭

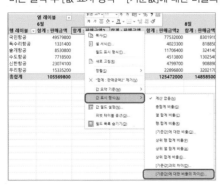

기준 필드 : 월
기준 항목 : (이전)

❺ 필드명 수정하기 : '매출액', '증감률(%)'

❻ 총합계 설정 : [디자인] 탭의 [레이아웃] 그룹에서 [총합계 – 열의 총합계만 설정] 클릭

❼ 스타일 변경 :
[디자인] 탭의 [피벗 테이블 스타일] 그룹에서 [연한 파랑, 피벗 스타일 보통 2] 클릭
[디자인] 탭의 [피벗 테이블 스타일 옵션] 그룹에서 '줄무늬 열'에 체크 표시

❽ 표시 형식 변경 : 피벗 테이블 '매출액' 필드에서 마우스 오른쪽 버튼 클릭 [필드 표시 형식] 클릭
: [셀 서식] 대화상자에서 [숫자] 범주를 선택한 후 '1000 단위 구분 기호(,) 사용'에 체크 표시

❾ 증감률(%) 필드에 '아이콘 집합' 조건부 서식 지정하기
: [E6] 셀에서 [홈] 탭의 [스타일] 그룹에서 [조건부 서식 – 아이콘 집합] 클릭
서식옵션(🔲)을 클릭하여 "항공사" 및 "월"에 대해 "증감률(%)" 값을 표시하는 모든 셀 선택

❿ [홈] 탭의 [스타일] 그룹에서 [조건부 서식 – 규칙 관리]를 클릭
[조건부 서식 규칙 관리자] 대화상자에서 [규칙 편집]을 클릭한 후 다음과 같이 규칙을 수정하여 완성

아이콘(N)		값(V)		종류(T)
● ▼	값 >=	0.2	⬆	숫자 ▼
● ▼	값 < 0.2 >=	0	⬆	숫자 ▼
● ▼	값 < 0			

엑셀에 콤보 상자, 옵션 버튼, 확인란 등의 양식 컨트롤을 삽입하면 입체적인
문서를 만들 수 있고 매크로를 이용하면 반복되는 작업을 자동화할 수 있습니다.
양식 컨트롤과 매크로를 만드는 방법 및 활용하는 방법을 알아보겠습니다.

양식 컨트롤과 매크로

01 양식 컨트롤로 문서 만들기

양식 컨트롤의 종류는 콤보 상자, 목록 상자, 옵션 단추, 확인란, 스핀 단추, 스크롤 막대, 단추 등이 있습니다. 이 컨트롤을 문서에 삽입하면 개체지만 '컨트롤 서식'을 설정하면 컨트롤 고유의 기능을 수행할 수 있습니다. 양식 컨트롤을 문서에 삽입하고 설정하는 방법을 알아보겠습니다.

 핵심 기능 **양식 컨트롤 사용하기**

양식 컨트롤 및 매크로를 사용하기 위해서는 [개발 도구] 탭이 필요합니다. [개발 도구] 탭은 기본으로 나타나 있지 않으므로 [Excel 옵션]에서 나타나도록 설정해야 합니다.
리본 메뉴 위에서 마우스 오른쪽 버튼을 클릭한 후 [리본 메뉴 사용자 지정]을 클릭합니다.

[Excel 옵션] 대화상자의 [리본 사용자 지정]에서 '개발 도구'에 체크 표시한 후 [확인] 버튼을 클릭합니다.

양식 컨트롤은 [개발 도구] 탭의 [컨트롤] 그룹에서 [삽입]을 클릭하면 나타나는 양식 컨트롤에서 원하는 컨트롤을 삽입합니다.

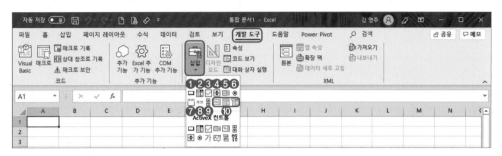

❶ **단추** 매크로를 연결하여 매크로를 실행할 때 사용

❷ **콤보 상자** 드롭다운 단추를 눌러 목록을 펼친 후 선택할 때 사용

❸ **확인란** 여러 개의 선택 항목 중에서 다중으로 값을 선택할 때 사용

❹ **스핀 단추** 최소값과 최대값을 설정한 후 버튼을 클릭하여 값을 증가하거나 감소시킬 때 사용

❺ **목록 상자** 콤보상자와 같은 기능으로 처음부터 목록이 펼쳐져 있으므로 바로 선택하여 사용할 수 있음

❻ **옵션 단추** 여러 개의 선택 항목 중에서 하나만 선택할 때 사용

❼ **그룹 상자** 관련된 항목을 그룹으로 묶을 때 사용

❽ **레이블** 컨트롤의 캡션을 입력할 때 사용

❾ **스크롤 막대** 스핀 단추와 같은 기능으로 증가와 감소를 페이지 단위로 할 때 사용

❿ **텍스트 필드, 콤보 목록, 콤보 드롭다운** 워크시트에서 사용할 수 없고, 대화상자 시트에서 사용 가능

양식 컨트롤과 ActiveX 컨트롤

[개발 도구] 탭의 [컨트롤] 그룹에서 [삽입]을 클릭하면 양식 컨트롤과 ActiveX 컨트롤이 있습니다. 양식 컨트롤은 엑셀 자체 기능으로 사용할 수 있고, ActiveX 컨트롤은 VBA 코드로 사용할 수 있습니다.

❶ 양식 컨트롤은 엑셀에서 사용하는 컨트롤로 [컨트롤 서식] 대화상자에서 간단한 옵션과 셀 연결을 통해 컨트롤을 제어합니다.

❷ ActiveX 컨트롤은 속성창과 VBA 이벤트 코드로 컨트롤을 제어합니다.

양식 컨트롤로 주문서 만들기

예제 파일 Sample\Theme09\양식컨트롤.xlsx 완성 파일 Sample\Theme09\양식컨트롤_완성.xlsx

키 워 드 양식 컨트롤, 확인란, 스핀 단추
길라잡이 판매하는 제품의 품목이 8가지로 정해져 있다고 가정했을 때, 확인란으로 품목의 구입 여부를 결정하고 스핀 단추로 수량을 입력하는 주문서를 작성하면 편리할 것입니다. 확인란과 스핀 단추로 주문서를 작성하는 방법을 알아보겠습니다.

완성예제 미리 보기

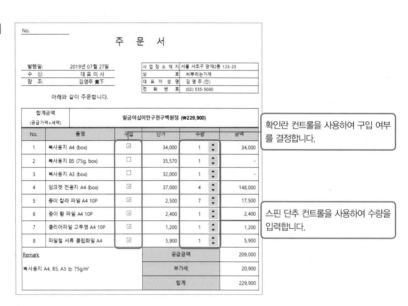

확인란 컨트롤을 사용하여 구입 여부를 결정합니다.

스핀 단추 컨트롤을 사용하여 수량을 입력합니다.

01 [개체 선택] 명령 빠른 실행 도구 모음에 추가하기

양식 컨트롤은 개체입니다. 엑셀에서 개체를 선택하는 것은 불편하므로 [개체 선택] 명령을 빠른 실행 도구 모음에 추가해두면 편리합니다.

❶ [홈] 탭의 [편집] 그룹에서 [찾기 및 선택 - 개체 선택] 명령에서 마우스 오른쪽 버튼을 클릭하여 ❷ [빠른 실행 도구 모음에 추가]를 클릭합니다.

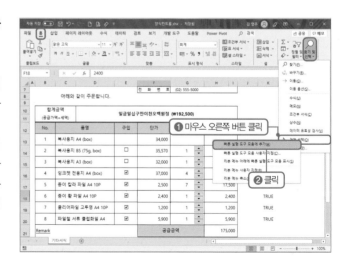

❶ 마우스 오른쪽 버튼 클릭

❷ 클릭

● 확인란 컨트롤은 선택
(true) 및 해제(false)를 표현
할 때 사용하는 컨트롤입니
다.

02 확인란 컨트롤 삽입하기

2행에서 8행은 미리 완성해 두었으므
로 1행에 확인란 컨트롤을 삽입합니
다. ❶ [개발 도구] 탭의 [컨트롤] 그
룹에서 [삽입 – 확인란]을 선택합니
다.

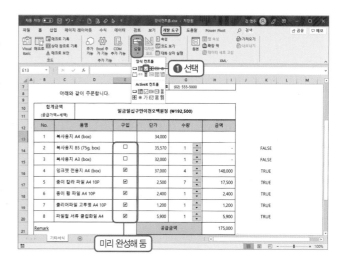

● 컨트롤을 선택한 후 삽입
할 위치에서 클릭하면 기본
크기로, 드래그하면 사용자
가 원하는 크기로 삽입됩니
다.

● 컨트롤을 Ctrl+클릭하면
편집 상태가 됩니다.

03 [컨트롤 서식] 명령 실행하기

❶ [E13] 셀에서 클릭하여 확인란 컨
트롤을 삽입합니다. '확인란 1'이라는
텍스트를 지우고 ❷ 확인란 위에서 마
우스 오른쪽 버튼을 클릭하여 ❸ [컨
트롤 서식]을 선택합니다.

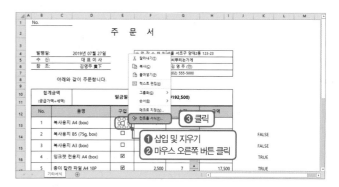

04 셀 연결하기

[컨트롤 서식] 대화상자가 나타나면
❶ 셀 연결에 [K13]을 지정한 후 ❷
[확인] 버튼을 클릭합니다.

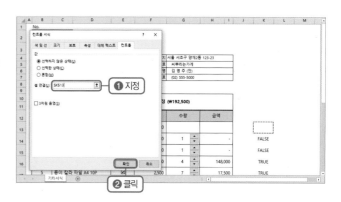

05 확인하기

확인란 컨트롤을 체크 표시하면 연결
된 셀인 [K13]에 'TRUE', 해제하면
'FALSE'가 입력됩니다.

● 스핀 단추 컨트롤은 숫자
를 증감하는 용도로 사용합
니다.

06 스핀 단추 컨트롤 삽입하기

[개발 도구] 탭의 [컨트롤] 그룹에서
[삽입 – 스핀 단추]를 클릭합니다.

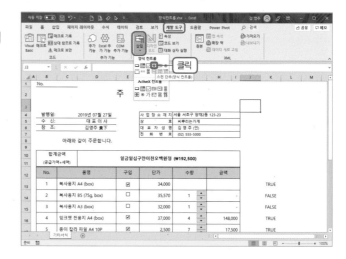

07 [컨트롤 서식] 명령 실행하기

❶ [G13] 셀에서 드래그하여 스핀 단
추 컨트롤을 삽입합니다. ❷ 스핀 단
추 위에서 마우스 오른쪽 버튼을 클릭
하여 ❸ [컨트롤 서식]을 선택합니다.

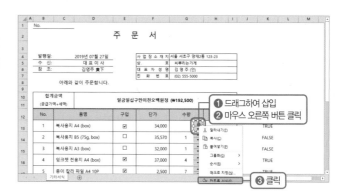

08 컨트롤 서식 지정하기

❶ '현재값:0, 최소값:0, 최대값:100,
증분 변경:1'을 지정합니다. ❷ 셀 연
결에 [G13] 셀을 지정한 후 ❸ [확인]
버튼을 클릭합니다.

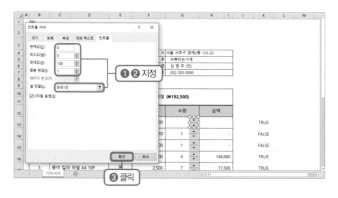

● 수식 「=IF(K13,F13*G13,0)」
은 [K13] 셀이 TRUE이면 단
가*수량을 반환하고, 아니면
0을 반환합니다.

09 수식 작성하기

❶ 스핀 단추를 누를 때마다 수량이
증가하거나 감소합니다. ❷ [H13] 셀
에 수식 「=IF(K13,F13*G13,0)」을
입력한 후 Enter 를 누릅니다.

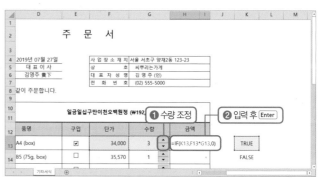

02 매크로로 반복 작업 자동화하기

매크로란 반복되는 작업을 자동화하는 기능으로 VBA(Visual Basic for Application) 언어로 작성합니다. 엑셀은 VBA 언어를 몰라도 '자동 매크로 기록기' 기능을 이용하여 매크로를 만들 수 있습니다. 자동 매크로 기록기로 매크로를 만들고 편집하는 방법에 대해 알아보겠습니다.

자동 매크로 기록/실행/편집/저장

'자동 매크로 기록기'는 엑셀에서 작업하는 동작을 코드로 기록하는 기능입니다. 자동 매크로 기록기로 기록한 후 VBA 코드를 수정하거나 편집하면 더 효율적인 매크로를 만들 수 있습니다. 매크로를 기록하는 방식은 절대 참조와 상대 참조 방식이 있습니다.

기록 방식 (절대 참조와 상대 참조)

절대 참조는 셀 주소를 그대로 기록하고, 상대 참조는 기준 셀을 기점으로 좌표를 이동(OFFSET)하는 형태로 기록합니다. 매크로 기록기에서 기록한 방식에 따라 매크로 실행에도 영향을 미칩니다. 절대 참조로 기록한 매크로는 항상 동일한 위치에서 실행되고, 상대 참조로 기록한 매크로는 실행하는 시점의 셀 포인터 위치에 따라 다른 위치에서 실행됩니다.

```
// 절대 참조로 기록한 형태로 어디에서 실행하든 [C5] 셀에 100을 입력합니다.
Range("C5").Value = 100

// 상대 참조로 기록한 형태로 활성화된 셀에서 4행 2열로 이동한 셀에 100을 입력합니다.
// 만약, [B1]에서 매크로를 실행하면 [B1]에서 4행 2열로 이동한 셀에 100을 입력하고
// [A3]에서 매크로를 실행하면 [A3]에서 4행 2열로 이동한 셀에 100을 입력합니다.
ActiveCell.Offset(4,2) = 100
```

매크로를 기록하려면 [개발 도구] 탭의 [코드] 그룹에서 [상대 참조로 기록] 여부를 결정한 후 [매크로 기록] 버튼을 클릭합니다.

[매크로 기록] 대화상자가 나타나면 매크로 이름, 바로 가기 키를 설정한 후 [확인] 버튼을 클릭하면 기록이 시작됩니다.

❶ **매크로 이름** : 매크로 이름은 반드시 문자로 시작해야 하며 공백과 특수문자는 사용할 수 없습니다.

❷ **바로 가기 키** : 대소문자를 구분합니다. 기존에 있는 단축키를 사용하면 덮어쓰기되므로 엑셀 자체 단축키를 피해 지정합니다. **예** Ctrl + C 는 복사하는 단축키이므로 피합니다.

❸ **매크로 저장 위치**
- 현재 통합 문서 : 현재 통합 문서에 매크로를 저장합니다(*.xlsm).
- 개인용 매크로 통합 문서 : 개인용 통합 문서(Personal.xlsb)에 저장합니다(Personal.xlsb 파일은 엑셀 실행 시 자동으로 열리는 파일로 엑셀 속도가 느려질 수 있으므로 가급적 저장하지 않습니다).
- 새 통합 문서 : 새 통합 문서에 매크로를 저장합니다(*.xlsm).

매크로 기록이 끝나면 [개발 도구] 탭의 [코드] 그룹에서 [기록 중지] 버튼을 클릭하여 중지합니다.

매크로 기록이 진행 중이면 [매크로 기록] 버튼이 [기록 중지] 버튼으로 변경됩니다.

매크로 실행하기

매크로를 실행하는 방법은 여러 가지가 있지만 일반적으로 사용하는 세 가지 방법은 다음과 같습니다.

1 매크로 기록 시 지정한 단축키(바로 가기 키)로 실행합니다.

2 [개발 도구] 탭의 [코드] 그룹에서 [매크로]를 클릭하여 나타나는 [매크로] 대화상자에서 실행합니다.

❷ [실행] 버튼 클릭

❶ 실행할 매크로를 선택한 후

3 양식 컨트롤 단추에 매크로를 연결하여 실행합니다.

매크로 편집 및 삭제

기록한 매크로는 VBA(Visual Basic for Application) 언어로 기록됩니다. 기록한 코드를 확인 및 편집하려면 Alt + F11 을 누르거나 [개발 도구] 탭의 [코드] 그룹에서 [Visual Basic]을 클릭합니다.

[Microsoft Visual Basic for Applications] 편집기 창이 나타나면 매크로를 편집하거나 삭제할 수 있습니다.

매크로가 포함된 문서 저장하기

매크로가 포함된 문서는 'Excel 매크로 사용 통합 문서(*.xlsm)'로 저장해야 매크로 코드가 저장됩니다.

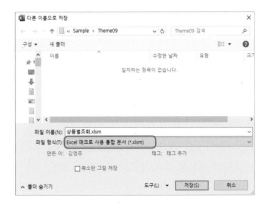

∷ 매크로 보안 설정

매크로를 포함하는 엑셀 파일(*.xlsm)에 대한 보안 설정은 매크로 포함 문서를 열면 보안 경고가 나타나도록 설정되어 있습니다. 매크로 파일을 신뢰한다면 [콘텐츠 사용] 버튼을 클릭하여 매크로를 사용할 수 있도록 합니다.

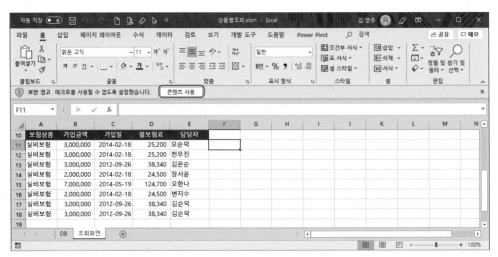

매크로 보안 설정을 변경하려면 [개발 도구] 탭의 [코드] 그룹에서 [매크로 보안] 을 클릭하여 변경합니다.

❶**모든 매크로 제외(알림 표시 없음)** 매크로가 포함된 파일을 열 때 보안 경고 없이 무조건 매크로를 제외합니다.

❷**모든 매크로 제외(알림 표시)** 매크로가 포함된 파일을 열 때 보안 경고가 나타나므로 신뢰할 경우 [콘텐츠 사용] 버튼을 클릭하여 엽니다.

❸**디지털 서명된 매크로를 제외한 나머지 모든 매크로를 사용 안 함** 디지털 서명된 매크로만 엽니다.

❹**모든 매크로 포함(위험성 있는 코드가 실행될 수 있으므로 권장하지 않음)** 이 옵션은 컴퓨터에 악성 코드가 노출될 수 있으므로 사용하지 않는 것이 좋습니다.

조회 매크로 만들기(절대 참조)

예제 파일 Sample\Theme09\상품별조회.xlsx 완성 파일 Sample\Theme09\상품별조회_완성.xlsx

키 워 드 자동 매크로, 절대 참조로 기록하기
길라잡이 옵션 컨트롤과 자동 매크로 기록기를 사용하여 보험 상품을 조회하는 매크로를 만들겠습니다. 또한 만든 매크로를
저장하는 방법을 알아보겠습니다.

STEP 01 옵션 버튼으로 조회 화면 디자인하기

◎ '표'로 만든 이유는 레코
드를 추가하면 추가한 레코
드도 데이터 원본으로 설정
하기 위함입니다.

01 데이터 원본을 '표'로 정의하기

❶ [DB] 시트를 선택한 후 ❷ 데이터
위에 셀 포인터를 두고 ❸ [삽입] 탭
의 [표] 그룹에서 [표]를 클릭합니다.
[표 만들기] 대화상자가 나타나면 ❹
'머리글 포함'에 체크 표시한 후 ❺
[확인] 버튼을 클릭합니다.

02 보험 상품 종류 이름 정의하기

❶ [J2:J6] 영역을 범위 지정한 후
❷ 이름상자에서 '상품종류'를 입력한
후 Enter를 누릅니다.

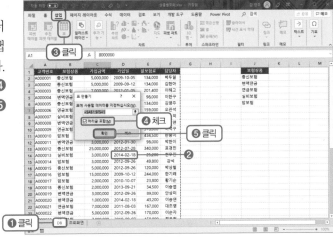

03 옵션 단추 삽입하기

❶ [조회화면] 시트를 클릭한 후 ❷ [개발 도구] 탭의 [컨트롤] 그룹에서 [삽입 – 옵션 단추]를 클릭합니다.

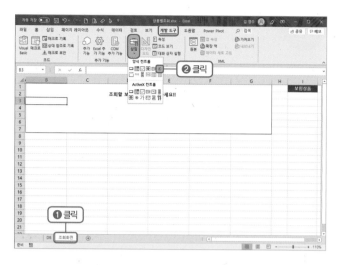

● 컨트롤의 편집(수정) 상태가 해제되면 [Ctrl]+클릭하여 편집 상태로 전환합니다.

04 옵션 단추 편집하기

임의의 위치에서 드래그하여 삽입한 후 '종신 보험'으로 수정합니다.

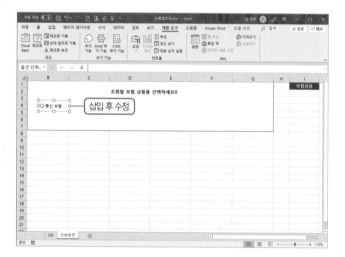

● 주의
옵션 컨트롤을 만든 순서대로 인덱스 번호가 부여되므로 순서대로 복사해야 합니다. 만약, 순차적으로 복사하지 않았다면 삭제한 후 다시 삽입하거나 복사합니다.

05 옵션 단추 복사하기

미리 만든 '종신 보험' 컨트롤을 [Ctrl]+[Shift]+드래그로 4개 더 복사합니다. 각 컨트롤의 이름을 '변액 연금', '연금 보험', '실비 보험', '암보험'으로 수정합니다.

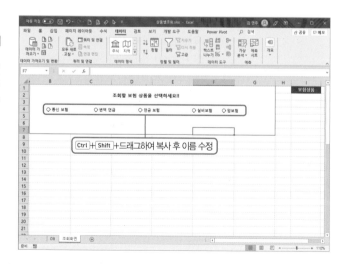

◉ 빠른 실행 도구 모음에
[개체 선택] 명령이 추가되
어 있지 않으면 [홈] 탭의
[편집] 그룹에서 [찾기 및 선
택 – 개체 선택]을 선택합
니다.

◉ 개체 선택을 해제하려면
Esc 를 누릅니다.

06 컨트롤 정렬하기

빠른 실행 도구 모음에 추가한 ❶ [개
체 선택] 명령을 선택한 후 ❷ 컨트롤
주변을 드래그하여 모두 선택합니다.
❸ [도형 서식] 탭의 [정렬] 그룹에서
[개체 맞춤 – 가로 간격을 동일하게]
를 클릭합니다.

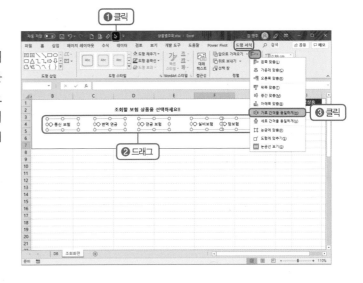

07 컨트롤 서식 지정하기

옵션 버튼 위에서 마우스 오른쪽 버
튼을 클릭한 후 [컨트롤 서식]을 클
릭합니다.

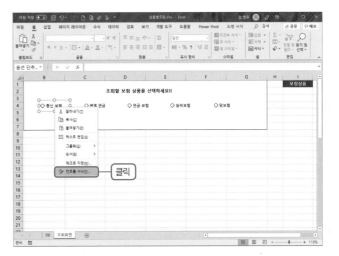

08 셀 연결하기

[컨트롤 서식] 대화상자가 나타나면
❶ 셀 연결에서 [H1] 셀을 지정한 후
❷ [확인] 버튼을 클릭합니다.

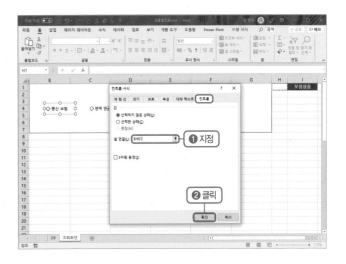

INDEX 함수의 인수는 INDEX(참조범위,행,열)입니다. 수식 「=INDEX(상품종류,H1,1)」에서 [H1] 셀은 옵션 단추와 연결되어 있습니다. 첫 번째 옵션 단추를 선택하면 [H1] 셀에 '1', 두 번째 옵션 단추를 선택하면 [H1] 셀에 '2', 세 번째 옵션 단추를 선택하면 [H1] 셀에 '3', 네 번째 옵션 단추를 선택하면 [H1] 셀에 '4'가 입력됩니다.

09 고급 필터 조건 만들기

고급 필터 조건을 [I1:I2] 영역에 만들겠습니다. 옵션 단추에서 '연금 보험'을 선택하면 [I2] 셀에 '연금 보험'이 입력되어야 하므로 수식 「=INDEX(상품종류,H1,1)」을 입력한 후 Enter를 누릅니다.

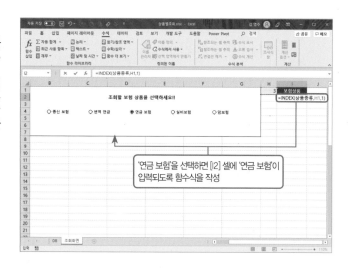

'연금 보험'을 선택하면 [I2] 셀에 '연금 보험'이 입력되도록 함수식을 작성

STEP 02 고급 필터를 매크로 기억하기

절대 참조로 기록해야 하므로 [상대 참조로 기록] 버튼이 눌려 있으면 안 됩니다.

01 매크로 기록하기

❶ [개발 도구] 탭의 [코드] 그룹에서 [매크로 기록]을 클릭합니다. [매크로 기록] 대화상자가 나타나면 ❷ 매크로 이름에 '상품별_조회', ❸ 매크로 저장 위치는 '현재 통합 문서'를 지정한 후 ❹ [확인] 버튼을 클릭합니다.

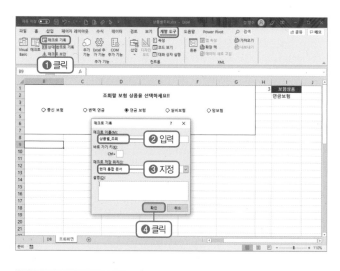

매크로 기록기가 동작 중이므로 기록할 내용(고급 필터)만 실행합니다. 그렇지 않으면 불필요한 동작이 기록될 수도 있습니다.

02 고급 필터 실행하기

[데이터] 탭의 [정렬 및 필터] 그룹에서 [고급]을 클릭합니다.

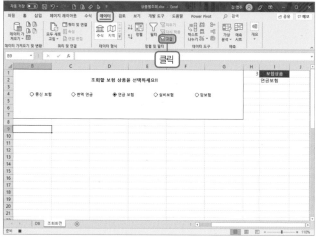

● 복사 위치는 원본 데이터
의 필드 너비만큼 지정합니
다.

03 고급 필터 설정하기

[고급 필터] 대화상자가 나타나면
❶ '다른 장소에 복사'를 선택, ❷ 목
록 범위는 [DB] 시트를 선택한 후
전체 데이터 범위를 지정, ❸ 조건 범
위는 [I1:I2]를 지정, ❹ 복사 위치는
[B9:G9] 영역을 지정한 후 ❺ [확인]
버튼을 클릭합니다.

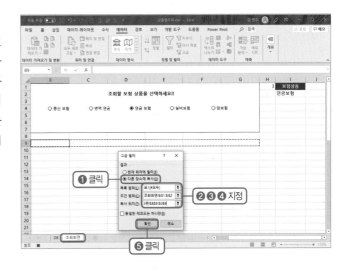

04 기록 중지하기

기록할 내용이 끝났으면 [개발 도구]
탭의 [코드] 그룹에서 [기록 중지]를
클릭합니다.

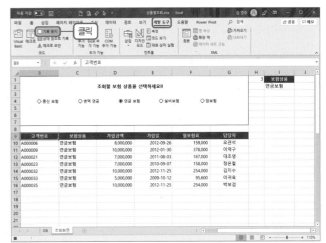

05 옵션 단추와 매크로 연결하기 1

'종신 보험' 옵션 단추에서 마우스 오
른쪽 버튼을 클릭한 후 [매크로 지정]
을 선택합니다.

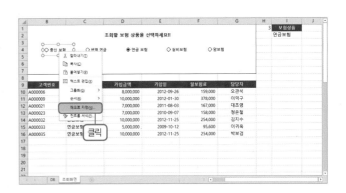

06 옵션 단추와 매크로 연결하기 2

[매크로 지정] 대화상자가 나타나면
❶ '상품별_조회' 버튼을 선택한 후
❷ [확인] 버튼을 클릭합니다.

07 나머지 옵션 단추와 매크로 연결 및 실행하기

'변액 연금', '연금 보험', '실비보험', '암보험' 컨트롤도 따라하기 05~06을 반복하여 모든 컨트롤에 매크로를 연결합니다.
연결이 모두 끝났으면 옵션 단추를 클릭하여 조회 결과를 확인합니다.

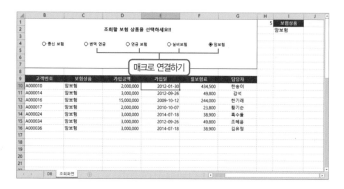

08 기록한 코드 확인하기

[개발 도구] 탭의 [코드] 그룹에서 [Visual Basic]을 클릭하거나 Alt + F11을 누릅니다.

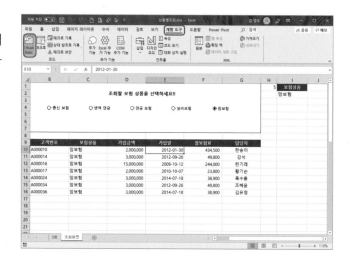

09 VBA에서 코드 확인하기

[Microsoft Visual Basic for Application] 편집 창이 나타나면 ❶ '모듈'을 더블 클릭, ❷ 'Module1'을 더블클릭합니다. 다시 엑셀로 돌아가려면 Alt + F11 을 누릅니다.

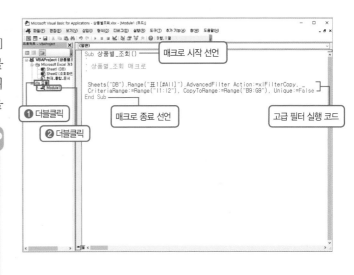

❶ 더블클릭 | ❷ 더블클릭

매크로 시작 선언 | 매크로 종료 선언 | 고급 필터 실행 코드

만약 편집기 창 왼쪽에 프로젝트 탐색기가 나타나지 않으면 [보기] – [프로젝트 탐색기]를 클릭합니다.

10 저장하기 1

[파일] 탭의 [다른 이름으로 저장]을 클릭합니다.

🔘 저장 경로를 변경하려면 [찾아보기]를 클릭합니다.

11 저장하기 2

[다른 이름으로 저장] 대화상자가 나타나면 ❶ 파일 이름과 형식을 'Excel 매크로 사용 통합 문서(*.xlsm)'로 지정한 후 ❷ [저장] 버튼을 클릭합니다.

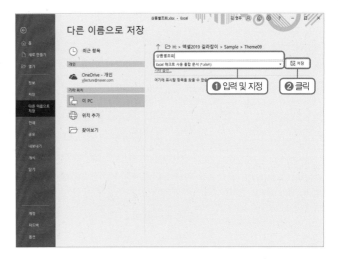

❶ 입력 및 지정 | ❷ 클릭

거래처 관리 대장 DB형으로 변경하기(상대 참조)

예제 파일 Sample\Theme09\구조변경.xlsx **완성 파일** Sample\Theme09\구조변경_완성.xlsx

키 워 드 상대 참조 매크로 기록
길라잡이 거래처의 기본 정보가 행 단위로 누적되어 있어 데이터를 관리할 수 없습니다. 2행부터 217행까지 있는 데이터 구조를 일일이 변경하기 힘드므로 데이터를 이동하는 매크로 작성 방법을 알아보겠습니다.

완성예제 미리 보기

상호	아공방
사업자등록번호	7098099897
e-mail	mr9877abcd@nznmzml.
상호	키즈박스
사업자등록번호	7580095075
e-mail	tkgkx7700@nztu.tom
상호	키드히트템
사업자등록번호	7888779087
e-mail	kmxmtum07@nzvur.tom
상호	맘스쿨릭
사업자등록번호	7888997890
e-mail	unvmustylu@nzvur.tom
상호	zytsnop
사업자등록번호	8757770870
e-mail	sgxkoruz@nzvur.tom
상호	조은토피아
사업자등록번호	9719055807
e-mail	zptmzn@nzvur.tom
상호	gzn스토리
사업자등록번호	9790755110
e-mail	zrtmtlu9005@nzvur.tom
상호	마이하브티
사업자등록번호	8007880059
e-mail	mzstur@nurytuz.nzmu
상호	도담스토리
사업자등록번호	5797870579
e-mail	xoxzm@xxstory.to.kr

→

상호	사업자등록번호	e-mail
아공방	7098099897	mr9877abcd@nznmzm
키즈박스	7580095075	tkgkx7700@nztu.tom
키드히트템	7888779087	kmxmtum07@nzvur.to
맘스쿨릭	7888997890	unvmustylu@nzvur.to
zytsnop	8757770870	sgxkoruz@nzvur.tom
조은토피아	9719055807	zptmzn@nzvur.tom
gzn스토리	9790755110	zrtmtlu9005@nzvur.to
마이하브티	8007880059	mzstur@nurytuz.nzmu
도담스토리	5797870579	xoxzm@xxstory.to.kr
구화사	7823970879	gzmnzylu@nzvur.tom
에스메이트	7878823788	xrzmz5777@nznmzml.
에브리원플러스	7097834778	uvuryonuplus@nznmz
히트베이비월드	9758059850	mmsun778@nztu.tom
플레이코스	7777995808	znxtyx@nzvur.tom
xG테크	8077987891	glywmnx9@gmzml.to
Sv상사	7909909958	plzzp@nznmzml.nut
진바스	7097055009	wuymzstur@vmnvzs.to
poluxmt	5708787705	poluxmt@nzu.yz
nONuYOLmVu	7889897050	ktg0abcd05@nznmzml
xys유통	7057880508	sms78770@nzvur.tom
종합몰	5750897078	zllmnmzrkut@nznmz
Mzxyust	7959889578	mzxyust@nzvur.tom
오아시스기프트	7899079700	kztu5555@nzvur.tom
화이통상	7090987757	snrsnr808@nzvur.tom
유미플라워	5708905597	vognnz@nzvur.tom
abcd마트	7889080808	yspo78abcd@nzvur.to

STEP 01 매크로 기록하기

● 상대 참조는 기록하기 전 셀 포인터 위치가 중요합니다. 반드시 처음 이동 대상이 되는 [C2] 셀을 선택한 후 [매크로 기록]을 해야 합니다.

01 상대 참조로 기록하기

이동할 데이터의 위치가 고정된 것이 아니므로 상대 참조로 기록합니다. ❶ [C2] 셀을 선택한 후 ❷ [개발 도구] 탭의 [코드] 그룹에서 [상대 참조로 기록]을 클릭합니다. ❸ [개발 도구] 탭의 [코드] 그룹에서 [매크로 기록]을 클릭합니다. [매크로 기록] 대화상자가 나타나면 ❹ 매크로 이름에 '이동', 바로 가기 키는 'q'를, ❺ 매크로 저장 위치는 '현재 통합 문서'를 지정한 후 ❻ [확인] 버튼을 클릭합니다.

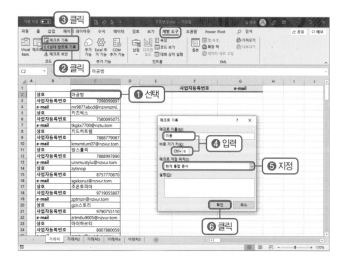

◉ 매크로 기록이 시작되었
으므로 필요한 작업만 진행
합니다.

02 데이터 이동하기

❶ [C2]셀 → [E2]셀, ❷ [C3]셀 →
[F2]셀로, ❸ [C4]셀 → [G2]셀로 드
래그하여 이동합니다.

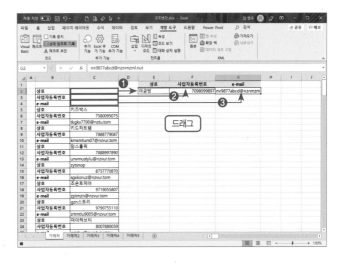

03 불필요한 행 삭제하기

❶ [C3:C4] 영역을 범위 지정한 후
❷ 마우스 오른쪽 버튼을 클릭하고
[삭제] 버튼을 클릭합니다.

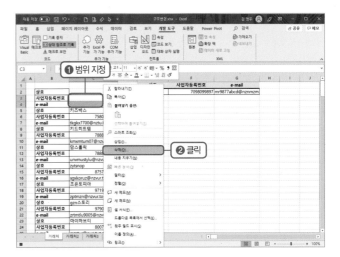

04 행 전체 삭제하기

[삭제] 대화상자가 나타나면 ❶ '행 전
체'를 선택한 후 ❷ [확인] 버튼을 클
릭합니다.

05 다음 작업 셀 선택 및 기록 중지하기

❶ 다음 작업 대상이 되는 [C3] 셀을 선택한 후 ❷ [개발 도구] 탭의 [코드] 그룹에서 [기록 중지]를 클릭합니다.

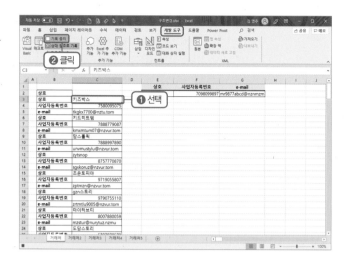

◉ 상대참조로 기록한 매크로는 기록하기 전 셀 포인터의 위치와 실행할 때의 셀 포인터 위치가 중요합니다. 현재 매크로는 처음 실행할 때 [C3] 셀에서 Ctrl + q 를 눌러야 올바르게 실행됩니다.

06 단축키로 매크로 실행하기

Ctrl + q 를 눌러 만든 매크로를 실행합니다. 데이터 전체를 이동할 때까지 Ctrl + q 를 누릅니다. 아직 반복문이 추가되지 않았으므로 일일이 매크로를 실행해야 합니다.

STEP 02 반복문 추가하기

01 코드 창 실행하기

[개발 도구] 탭의 [코드] 그룹에서 [Visual Basic]을 클릭하거나 Alt + F11 을 누릅니다. [Microsoft Visual Basic for Applications] 편집 창이 나타나면 ❶ '모듈'을 더블클릭합니다. ❷ 'Module1'을 클릭합니다.

02 반복문 추가하기

다음과 같이 코드를 추가합니다.

Do While ~ Loop 문은 조건을 만족하는
동안 Do While ~ Loop 사이의 코드를 반
복실행한다는 의미.
즉, ActiveCell이 빈 칸이 아닌 동안 데이
터 이동을 반복하겠다는 의미

03 엑셀에서 매크로 실행하기

[Alt]+[F11]을 눌러 엑셀 창으로 전환합니
다. ① [거래처2] 시트를 클릭한 후 ②
[Ctrl]+[q]를 눌러 매크로를 실행합니다.
반복문이 추가되었으므로 한 번만 실
행하면 완료됩니다. 아주 빠른 속도로
데이터가 이동하여 화면이 떨려 어지
럽게 느껴집니다.

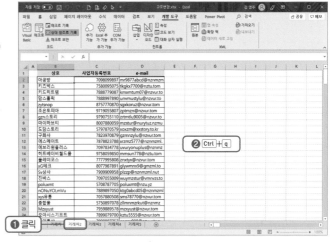

04 화면 움직임 보이지 않도록 하기

화면 움직임을 보이지 않도록 하는 코
드를 추가합니다.

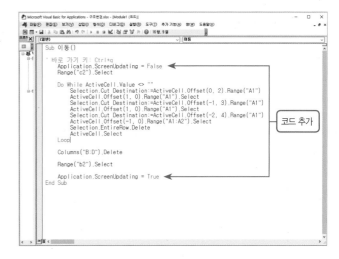

05 엑셀에서 매크로 실행하기

Alt+F11을 눌러 엑셀로 전환합니다. [거래처3] 시트를 클릭하여 Ctrl+q를 눌러 매크로를 실행합니다. 화면 떨림이 없이 실행됩니다.

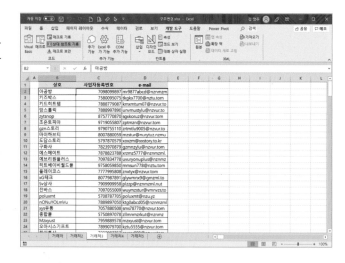

06 저장하기

❶ [파일] 탭의 [다른 이름으로 저장]을 클릭하여 ❷ 파일 형식을 'Excel 매크로 사용 통합 문서(*.xlsm)'으로 저장합니다.

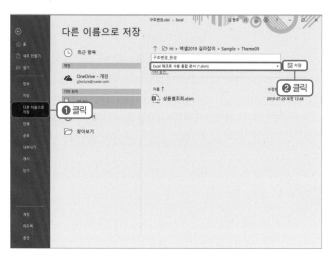

찾아보기

찾아보기